성서·역사신학적 관점에서 본

하나님의 경제 I

성서 · 역사신학적 관점에서 본

하나님의 경제 I

2013년 2월 10일 초판 인쇄
2013년 2월 14일 초판 발행

지 은 이 | 공적신학과 교회연구소 편
펴 낸 이 | 이찬규
펴 낸 곳 | 북코리아
등록번호 | 제03-01240호
주   소 | 462-807 경기도 성남시 중원구 상대원동 146-8
            우림2차 A동 1007호
전   화 | 02) 704-7840
팩   스 | 02) 704-7848
이 메 일 | sunhaksa@korea.com
홈페이지 | www.북코리아.kr
I S B N | 978-89-6324-294-1(93230)

값 17,000원

성서 · 역사신학적 관점에서 본

하나님의 경제 I

공적신학과 교회연구소 편

북코리아

2008년에 출범한 '공적신학연구소'는 2010년에 『공적신학과 공적교회』를 출판하였다. 우리는 '공적신학' 일반에 대한 글들을 발표한 후 이 책에 실었다. 그리고 2012년에 발간할 본 저서에선 그 이후 발표된 글들을 『하나님의 경제』라고 하는 제목 하에 두 권으로 묶어내기로 하였다. 그 중 제1권에 '성서적이고 역사적인 글들'(?)을, 그리고 제2권에는 '신학적인 글들'(?)을 포함시켰다. 그리고 향후 세 번째 책은 『하나님의 정치』로 하기로 하였으니, 우리는 공적신학 일반이 아니라 좀 더 구체적인 공적 영역(public spheres)에 대한 신학적인 탐구로 진입하였다.

그러면 왜 우리는 '경제' 문제를 구체적인 공적 영역의 첫 번째 신학적인 과제로 삼았을까? 이는 아마도 '경제' 이슈가 21세기를 살아가는 모든 사람들의 피부에 가장 가까이 와 닿기 때문일 것이다. 카(E .H. Carr)는 『역사란 무엇인가?』(1961)에서 역사연구란 '현재와의 대화'를 위한 것이라 하였다. 그러니까, 『하나님의 경제』는 지금 현재 우리의 글로벌 경제와의 대화를 위한 것이다. 지금 생각하면, 우리가 두 권의 책으로 출판할 만큼 많은 글들을 발표한 이유는 오늘날 우리가 처한 '신자유주의 패러다임'의 글로벌 자본주의(global capitalism)라고 하는 삶의 자리 때문인 것으로 보인다. 여기에 더하여 본 저서에 실릴 '기독교 신앙과 하나님의 경제'라고 하는 '성명서' 역시 이를 말해주고 있다. 따라서 우리는 21세기의 경제적 삶의 정황을 잠시 떠 올려

볼 필요가 있을 것 같다.

　19세기 유럽에선 고전주의적인 자본주의가 꽃 피어났다. 하지만 1920~30년 미국으로 비롯된 세계경제 공황에 대한 대안으로 케인즈의 경제 이론과 실천이 힘을 얻었다. 그리고 1973년과 1979년 두 차례의 오일 쇼크로 '신고전주의적 자본주의' 혹은 '신자유주의적 자본주의'가 다시 등장하였고 1980년대 대처 수상과 레이건 대통령에 의하여 글로벌화되었다. 그리고 2008년 미국의 금융위기의 글로벌화로 인하여 '신자유주의적 시장경제'에 대한 수정이 요청되는 상황에서 우리는 오늘의 경제를 염려하고 있다. 우리는 그 동안의 서구경제와 나머지 나라들의 경제가 겪어 온 시행착오와 부족함들을 반성하면서 새로운 '경제'의 길을 모색해 나가야 할 것이다. '세계사회포럼'(the World Social Forum)과 달리 '글로벌 자본주의 국가들'의 협의체인, 다보스 포럼은 최근 '신자유주의 시장경제' 패러다임의 글로벌 자본주의가 미래 세대를 위한 경제이념이 아님을 암시하고 있다.

　　다보스포럼 창설자인 클라우스 슈밥 회장은 24일(현지시각) 포럼 개막 전야에 열린 리셉션에서 본지 등 일부 언론과 만나 '나는 자유시장 경제체제 신봉자이지만, 자유시장 경제체제는 사회를 위해 봉사해야 한다'고 말했다. 그는 '자본주의 체제에서 사회통합이 빠져(자본주의 시스템에) 문제가 생겼다'고 지적하며 '우리는 죄를 지었다. 이제 자본주의 시스템을 개선할 때가 됐다'고 주장했다. 세계화로 인한 치열한 경쟁 일변도의 자본주의 시스템은 어느 국가·사회를 막론하고 20~30%의 낙오자를 양산했으며, 이들을 껴안지 못하면서 사회통합문제가 생겼다는 설명이다. (조선일보 2012년 1월 26일 목요일 51판 제28325호)

　　다보스포럼 이틀째인 26일에도 현행 자본주의 체제의 변화에 대한 활발한 논의가 이어졌다. 블룸버그 통신은 다보스에 참석한 국제 투자자·애널리스트·트레이너 등 1209명을 상대로 설문조사한 결과, 응답자의 70%가 '현행 자본주의 체제를 바꿔야 한다'고 답했다고 25일 보도했다. 현행 체제를 유지해야 한다는 답변은 25%에 그쳤다. 응답자들은 특히 갈수록 심화되는 빈부격차 때문에 자본주의의 위기가 도래했다고 답했다. 설문에 응답한 투자자는 '정부의 대대적인 시장개입이 있어야 자본주의의 위기를 해결할 수 있다'고 답했다. 또 응답자의 70%는 '유럽의 경제위기는 사회적 불안을 야기할 것'이라고 우려했다.(조선일보 2012년 1월 27일 금요일 51판 28326호)

마태복음 16:3절은 "아침에 하늘이 붉고 흐리면 오늘은 날이 궂겠다 하나니 너희가 천기는 분별할 줄 알면서 시대의 표적은 분별할 수 없느냐?"라고 한다. 오늘날 세계경제의 상황에서 '시대의 표적(semeia = signs)'은 무엇일까? 우리는 성육신, 십자가 사건과 부활 사건, 성령의 사역, 그리고 하나님 나라를 '보편사'의 표적들 속에서 해석해 내고 분별하며 '보편사'에 참여해야 한다. 만약에 '신자유주의 패러다임'의 글로벌 자본주의가 '기아, 고통, 빈곤, 실업', '자연과 생명파괴' 등 흑암의 세력을 매개하고, '성령의 사역 혹은 은폐된 하나님의 사역 혹은 장차 도래할 하나님의 나라의 세력'이 '복지, 자유와 평등, 형제애', '환경보전과 생명 살리기' 등을 매개시킨다고 볼 때, 우리는 '인류 공동체(the human Community of diverse cultural and religious communities)'와 '생명 공동체(the creation Community of diverse life communities)'를 파괴하는 세력에 맞대응해야 할 것이다. 물론, 흑암의 권세는 십자가 사건에서 그 기세가 꺾였고, 부활을 통하여 종말론적인 승리가 계시되고 약속되었지만 말이다.

오늘날 우리는 깨어진 생명 공동체를 경험하고 있다. '신자유주의'의 글로벌화로 인한 인종차별에 맞먹은 빈익빈 부익부로 인하여, '신자유주의' 이념으로 추동되는 무한경쟁 무한개발 무한소비로 인한 생태계파괴로 인하여, 글로벌 차원의 '빈익빈 부익부'로 인한 이민과 인구 이동으로 발생하는 다민족 다문화 다종교의 갈등으로 인하여, 그리고 타 종교들, 특히 이슬람과 기독교의 충돌, 그리고 근본주의 기독교들과 에큐메니칼 기독교의 분열로 인하여 지구생명 공동체는 몸살을 앓고 있다. 그런즉, 21세기의 인류와 창조세계는 온전한 지구 생명공동체를 갈망하고 있다(롬 8:18-25). 지구생명

공동체를 깨뜨린 것은, 비단 잘못된 '경제'나 글로벌 '경제생활'만이 그 원인은 아니겠으나, 오늘날 그것이 우리에 미치는 악영향은 엄청난 것이리라.

오늘날 21세기는 '시대의 표적'을 읽어내어, 새로운 대안을 제시하려고 몸부림치고 있다. 각 나라의 정부(정치적 경제)와 경제석학들도 그와 같은 노력을 하고 있으며, 기독교 신학자들과 교회들 역시 그와 같은 해석과 분별과 동참에 착안하고 있다. 그러나 우리 기독교인들은 WCC 주도 하에 세계교회가 제시하는, 경제문제에 대한 '시대의 표적'에 주목해야 할 것이다. 그래서 필자는 '에큐메니칼 운동에 나타난 신학적 경제윤리의 이정표'라고 하는 제목으로 그것을 시도해 보았다. 특히, 2006년 포르트 알레그로 제9차 WCC 총회의 'AGAPE(Alternative Globalization Addressing Peoples and Earth)'문서는 '신자유주의 시장경제'의 글로벌화에 대한 대안이었다. 그리고 이 문서는 1992년 『기독교 신앙과 오늘의 세계경제』 이래로 본격화된 세계경제문제(특히 '신자유주의의 세계화')에 대한 대안 과정을 전제하고, 1979년 'MIT 교회와 사회 세계대회'의 JPSS(a Just, Participatory and Sustainable Society)와 1990년 서울 JPIC 대회를 전역사로 가지고 있다. 그리고 이와 같은 경제문제에 대한 신학적인 작업을 1937년 '옥스포드 삶과 봉사 세계대회'에서 출발하였다.

우리의 모든 기독교적 해석은 버림을 받으시고(십자가) 승리하신(부활) 주 예수 그리스도를 초석으로 이루어져야 한다. 이 초석 위에서, '표적'에 대한 교회들의 다양한 해석이 가능한데, 그 해석의 집을 지을 때에 각각 다른 재료들을 사용하는바, 우리의 다양한 해석들은 마지막 때 주님의 검증으로 그것들의 옳고 그름이 판가름 날 것이다(고전 3:10-15). 즉 우리는 오늘의 세계경제 상황에 대응하여 여러 다양한 해석과 분별과 참여를 추구해야 할 것이다. 그리고 WCC의 회원교회들과 WCC에 동조하는 교회들은 WCC의 '경제문제'에 대한 대응 방안들을 통하여 나타난 '신학적 경제윤리'에 주목해야할 것이다. 우리는 '보편사' 속에서 성육신, 십자가와 부활, 성령의 사역과 은폐된 하나님의 사역, 그리고 하나님 나라에 대한 희망과 관련하여 오늘

21세기의 '시대의 표적'을 읽고, 해석하며 분별하고 연대하며 실천으로 나아가야 할 것이다.

장신대명예교수 · 공적신학과 교회연구소소장 · 바른교회아카데미연구위원회위원장

차 례

기독교 신앙과 '하나님의 경제'

1. 문명의 글로벌화와 '신자유주의'의 글로벌화

　　오늘의 문명은 교통·통신기술의 혁명적 발달로 인한 시공의 압축과 세계의식의 확장을 통하여 새로운 위계의 세계와 계급이 만들어 지는 과정인 세계화에 의하여 주도되고 있다. 정치, 경제, 문화적 삶의 점증하는 상호연관성으로도 이해되는 세계화는 인류에게 다양한 혜택을 가져다 준 것이 사실이다. 하지만 인류의 행복을 전적으로 보장해 주는 듯한 세계화의 장밋빛 공약(公約)은 공약(空約)으로 드러나고 있으며, 오늘 우리는 불투명한 복합위험을 초래하는 세계화의 소용돌이에 갇히고 말았다. 특히 오늘의 세계는 신자유주의에 기초한 지구적 자본주의가 초래한 거대한 경제위기의 늪에 갇혀서 헤어나지 못하고 있다. 2011년 글로벌 금융시장의 상징인 월가 시위의 구호에 나타난 것처럼 이제 우리는 부유한 1%와 가난한 99%로 양분되는, 즉, 통제되지 않는 극심한 양극화의 시대를 살아가고 있다. 신자유주의가 주도해 온 이러한 경제적 현실은 전 지구적 차원에서 가정과 사회를 해체시키고 엄청난 갈등과 반목으로 우리들을 몰아가고 있으며 더 나아가 생태계에 대한 착취와 파괴로 이어지고 있다. 이는 단순히 경제의 위기가 아니라 오늘의 세계를 이끌어 온 정치철학, 경제 시스템, 세계관, 가치관의 붕괴이며, 더 나아가 올바른 하나님 신앙에 대한 왜곡을 초래하였다.

이러한 위기상황에서 공적인 공동체로서 오늘의 한국교회는 신자유주의에 기초한 지구적 자본주의 경제체제가 가져온 위기를 극복하고 그 대안을 모색하기 위하여 "하나님의 경제"에 기초한 경제질서를 세워나가는데 헌신해야 할 것이다. 넓은 의미에서 하나님의 경제(oikonomia tou theou)는 피조세계 전체라는 집(oikos)을 창조하시고, 유지하시고, 재창조하시는 삼위일체 하나님의 사역에 대한 신앙고백에서 시작된다. 하나님의 경제는 삼위일체 하나님의 공동체에서 이루어지는 영원한 상호 내재적 사귐과 나눔에 기초하여 하나님의 창조세계를 유지하고 재창조하는 원리이다. 하나님의 경제는 인간의 경제로 하여금 끝없는 시장논리에 의한 무한 경쟁과 권력의 투쟁이 아니라 공생과 공존을 지향하는 가운데 은혜의 복음에 터하여 사회적 재화를 생산하고 분배하는 경제이다. 특정 소수 그룹이 재화와 권력을 불의하게 독점하고, 이 과정에서 인간의 공동체적 삶과 자연을 파괴하고 혼란에 빠뜨리는 신자유주적 경제체제는 따라서 하나님의 경제와 대립된다. 이러한 맥락에서 우리는 본 성명서를 통하여 하나님의 경제에 기초한 경제 질서를 세워 나갈 것을 촉구한다. 그러나 그 과정에서 우리는 자본주의적 경제질서를 전면적으로 부정하고 폐기하기 보다는 대안적인 형태의 보다 더 사회적이고, 공동체적이며, 인간의 얼굴을 지닌 따뜻한 시장경제를 지향한다.

2. 신자유주의 시장경제 체제하에서의 한국경제와 한국교회

신자유주의적 경제체제에 대한 대안을 모색하기 위하여 먼저 우리는 신자유주의 시장 경제가 한국경제와 한국교회에 과연 어떠한 영향을 끼쳐 왔는지를 질문할 필요가 있다. 우리나라에서 신자유주의 시장경제는 '세계화'란 이름으로 OECD(경제개발협력기구)에 가입했던 1996년에 금융시장을 개방하면서 본격적으로 도입이 되었다. OECD 가입 직후 국회는 정리해고제, 변형근로제, 근로자파견제 등을 날치기로 통과시켰다. 그 이후에 우리나라는 작은 정부, 노동시장의 유연화(해고와 감원을 자유롭게), 자유 시장경제질서, 규제완화, FTA(자유무역협정)중시, 사유화 또는 민영화(공기업, 의료, 방송), 학교(대학)의 경쟁력과 자율화, 세금 완화(상속세, 법인세, 종합부동산세), 복지예산 축소 등의 신자유주의 경제정책을 시행해왔다. 특히 현 정부가 추진해온 신자유주의 경제정책은 '작은 정부 큰 시장'을 기본골격으로 삼아 공기업 민영화, (부자) 감세정책, 금산분리 완화, 노동시장 유연화 등으로 추진되었다.

그런데, 지난 30년 동안 세계의 경제질서를 지배해 오던 신자유주의 경제체제는 2008년 전 세계적으로 불어 닥친 금융위기로 말미암아 난관에 봉착하게 되었다. 그 동안 투자금융 중심의 거대한 독점 자본이 아무런 견제 장치가 없이 전 지구적 시장을 지배해 오다가, 2008년도 말에 미국 발 경제위기(금융자본의 위기)가 전 세계로 확산되었다. 신자유주의 경제체제에서 대중은 경제동물이 되어 그저 열심히 일해서 돈 벌고 소비하느라 바빴고, 인문학적 가치는 일상생활에서 배제되었고 인류의 역사 속에서 축적된 삶의 지혜를 잊어버렸다. 사람들은 성장과 풍요에 취했고, 불로소득으로 흥청망청 사치에 매료된 사람들은 물질적 쾌락에 빠져서 이것을 제어하는 규제와 제도의 필요성마저 망각하였다. 신학자 한스 큉이 지적한대로, 신자유주의 경제 체제하에서 소위 발전이데올로기의 마술인 "더 빨리, 더 많이, 더 높이!"를 추구해왔던 인류는 무한 발전(양적 팽창)을 위해 유한한 지구 자원을 마구 소비하며 먹고 쓰고 버림으로써 생태계 질서를 무너뜨리고 심지어는 후손의 자원까지 끌어다가 소비해 치우는 일을 서슴지 않았다. 인간의 존재방식이 비인간적인 모습으로 전락했고, 또 이러한 인간의 행위가 하나님의 창조질서를 파괴하게 되었다.

이 시기에 한국 교회 또한 신자유주의 경제질서에 의하여 직 · 간접적으로 깊이 영향을 받았다. 이미 산업화 시대에 농어촌인구의 도시 집중화와 맞물려 대도시(특히 서울)에 교회가 집중적으로 설립되었고, 포스트모던 시대에 상응하여 다양한 형태의 개(個) 교회들이 도시 여기저기에 우후죽순 생겨나면서 난립하는 현상을 보였다. 이러한 현상은 신자유주의 경제질서의 무한 경쟁논리와 맞물려 사회의 양극화 현상과 같은 교회의 양극화(교인 수 양극화, 교회 재정 양극화 등)로 나타나게 되었다. 소수의 대형교회는 계속 수적인 성장을 지속하고 있으며 이에 따른 인적, 물적 자원들도 매우 풍부하게 소유하고 있는 반면, 중소형 교회들은, 한국의 중소기업들이 경험하고 있는 것처럼, 심각한 어려움을 겪고 있다.

또한 한국교회의 강단에서는 이러한 신자유주의 경제질서 체제에 대한 예언자적인 비판과 개혁의 목소리 보다는 어떻게 하면 이러한 체제하에서 개인적인 성공을 성취해 나갈 것인가라는 성공지향 또는 성취지향주의적인 메시지가 주로 선포되어왔다. 이로 인하여 그리스도인들의 신앙과 삶은 더욱 더 사사화(私事化)되었고, 교회 공동체도 의식적, 무의식적으로 기득계층의 이익을 종교적으로 옹호하는 이익집단의 형태로 변모되어왔다. 그 결과 모든 생명이 함께 더불어 살아가는 정의롭고, 평화로운 생명세계의 건설에 대한 하나님 나라의 비전을 점차 상실하게 되었고 사회로부터 심각한 비판과 도전에 직면하게 되었다.

3. 신자유주의 시장경제와 이에 대한 신학적 평가

이러한 신자유주의 시장 경제에 대해 우리는 어떠한 신학적 평가를 내릴 수 있는가? 신자유주의 시장 경제는 미국의 대통령 레이건과 영국의 수상 대처가 국가적 차원에서 실천했고, 미국이 세계를 지배하는 20세기 후반의 상황 때문에 마침내 세계를 지배하는 경제 질서가 되었다. 이 경제 질서는 가능한 한 국가의 경제적 간섭을 줄이고 경제 주체들의 자율성을 극대화해서 경제를 성장시키고자 하는 경제 질서이다. 이 경제 질서의 장점은 기업과 인간을 노력 하도록 만들고, 인간의 창의성을 자극해서 기술을 발전시키고 생산과 재화를 크게 증가시키는데 있다. 이 점 때문에 노박(Michael Novak)을 비롯한 북미의 우파 신학자들은 신자유주의 시장 경제를 세계를 구원하는 경제 질서로 합리화했다. 그러나 신자유주의 시장경제는 다음과 같은 심각한 문제를 갖고 있기 때문에 하나님의 경제와는 상당한 거리가 있다고 평가할 수밖에 없다.

첫째, 신자유주의 시장 경제는 세계 경제를 투기 자본주의로 변질시킬 위험이 있다. 그런데 이 위험은 그동안 세계 도처에서 일어난 경제 위기 속에 실재적으로 나타났고 이로 인해 수많은 국가들이 엄청난 피해를 경험했다. 투기 자본주의는 신학적으로 용납될 수 없는 악임에도 불구하고 신자유주의 시장 경제의 중심 국가인 영국은 여전히 이를 규제하고자 하는 EU의 노력에 대해 비판적이다. 신자유주의 시장 경제의 자본의 제한받지 않는 자유로운 이동에 대한 이론은 투기 자본주의로 가는 길을 열고 있기 때문에 신학적으로 비판하지 않을 수 없다.

둘째, 신자유주의 시장 경제의 과도한 경쟁은 노동 현장을 잔혹하게 만들고, 노동자들의 권익을 크게 훼손시키고, 노동자들은 이윤과 경쟁을 위한 도구로 전락될 위험이 크다. 이는 인간의 얼굴을 가진 경제 질서를 추구하는 하나님의 경제와 충돌된다.

셋째, 신자유주의 시장 경제는 중소기업은 대기업에 종속되고, 제3세계는 제1세계에 종속되는 종속경제의 위험이 매우 큰 경제 질서이다. 이 경제 질서가 계속되면 세계를 삼키는 공룡 대기업이 등장하고 이런 기업들에 의해 제국주의적 경제 질서가 만들어질 위험이 있다.

넷째, 신자유주의 시장 경제는 약육강식의 정글경제이기 때문에 너무나 많은 경제적 희생자들을 만들어 낸다. 무한경쟁의 정글경제에서는 희생자들도 무한히 많이 배출될 수밖에 없다. 이런 약육강식의 정글경제는 공존과 상생을 바라시는 하나님의 뜻과는 매우 거리가 있다.

　다섯째, 신자유주의의 시장 경제는 공정한 분배라는 성서적 가치를 결정적으로 파괴시킨다. 신자유주의 시장 경제는 승자의 독식을 정당화시키는 경제 질서인데, 이것은 빈부격차를 극단적으로 증가시킬 큰 위험이 있다. 신자유주의 시장 경제를 통해 재화의 양이 증가한다 해도 공정한 분배가 불가능하다면 이는 근원적으로 위험한 질서이다. 왜냐하면 이런 경제 질서는 결국 심각한 저항과 혁명의 위험을 안고 있기 때문이다.

　여섯째, 신자유주의 시장 경제의 옹호자들은 위와 같은 문제점을 스스로 알고 있으면서도 경제를 성장시키고 재화를 증가시키는 가장 좋은 길이 신자유주의 시장 경제라고 주장했다. 그러나 신자유주의 시장 경제 실천의 30여년의 결과는 과거의 케인즈주의 시대 보다 상당히 못한 것으로 판명되었다. 이는 너무 자주 일어난 경제 위기와 마이너스 성장의 참혹함 때문인데, 이런 문제들은 신자유주의 경제 질서 속에 본질적으로 내재하는 문제들이다. 무한경쟁의 정글경제가 경제성장의 측면에서도 큰 약점이 있다면 하루 속히 인간의 얼굴을 가진 경제 질서로 개혁해야 할 것이다.

4. 기독교 신앙과 신학에 기초한 대안공동체 추구

　그렇다면 우리가 추구해야 할 대안공동체는 어떠해야 하는가?『역사의 종언』(1992)에서 푸쿠야마는 역사의 최종단계를 '글로벌 자본주의'의 세계화로 보면서, 그 외의 어떤 대안도 없다고 주장하였다. 그러나 WCC(세계교회협의회)는 1970년 나이로비로부터 2006년 알레그로에 이르기 까지 글로벌 자본주의에 대한 '대안 글로벌화'(an alternative globalization)의 운동을 펼쳐왔다. 그 핵심가치는 북반구와 남반구 그리고 심지어 북반구 안에서도 초래된 빈익빈 부익부의 정치적 경제의 갈등구조의 해소와 환경파괴의 극복이다. 즉, '생명'이 그 핵심가치였다(레 25).

우리가 궁극적으로 추구하는 대안 공동체는 관계망 속에 있는 샬롬(정의와 평화)의 생명공동체(창 1-2; 요 10:10; 계 21-22)이다. 이 생명공동체는 이념과 체제를 초월한다. 교회 공동체, 교회 밖의 공동체들, 그리고 지구 생명공동체들은 각각 그리고 상호 간에 생명의 관계망 속에서 살고 있다. 생명의 문제는 단순히 생태학적이고 생물학적인 차원의 문제만이 아니다. 정치·경제·사회·문화와의 관계망이 다름 아닌 '생명'이다. 역사 차원과 창조세계 차원은 불가 불리한 관계망 속에 있다. 정의와 평화문제는 창조세계 보전문제와 맞물려 있기 때문이다. 그러나 오늘의 신자유주의 시장경제는 빈부 격차의 확대와 환경파괴의 가속화로 인류공동체와 창조 공동체를 파국으로 몰아넣고 있다. 그래서 2006년 포르트 알레그로에서 개최된 제9차 WCC 총회의 '아가페(AGAPE: Alternative Globalization Addressing Peoples and Earth)'문서는 아가페 사랑을 전제하는 희년의 실천을 선언하는 맥락에서, '글로벌 자본주의'에 대한 '대안 경제'로서 "긍휼과 정의가 넘치는 세계"를 선포하였다. 그것은 곧 "하나님의 생명 집 살림살이"(God's Household of Life)에 다름 아니다.

- 하나님의 은혜의 경제는 넉넉함의 경제로 만민에게 풍요를 선사하고 그것을 보전한다.
- 하나님의 은혜의 경제는 그 풍성한 생명을 정의롭고 참여적이며 지속가능한 방법으로 관리 할 것을 요구한다.
- 하나님의 은혜의 경제는 나눔, 지구적 연대, 인간의 존엄성, 창조세계의 보전을 중요시하는 생명의 경제이다.
- 하나님의 경제는 전체 오이쿠메네, 즉 온 지구 공동체를 섬기는 경제이다.
- 하나님의 정의와 가난한 자에 대한 우대적 선택은 하나님 경제의 징표이다.

오늘의 교회공동체는 이와 같은 하나님의 은혜의 경제를 실천하는 대안 공동체를 건설해 나가야 할 것이다. 또한 교회 공동체와 인류 공동체의 구성원들은 삼위의 각 위격(位格)들처럼 '공동체 속의 인격'이 되어야 한다. 그래야만 글로벌 자본주의의 개인주의를 극복할 수 있다. 우리는 무엇보다도 교회의 예배와 교회의 공동체적 삶을 통하여 형성된 영성과 도덕성으로 신자유주의 경제세계화에 대한 치유와 화해의 사역에 동참해야 할 것이다. 뿐만 아니라 교회와 그리스도인들은 다른 민족, 다른 문화, 다른 종교 공동체들과 더불어, 나아가 유엔과 같은 초국적 기구를 통하여 신자유주의 시장경제가 낳은 폐해들을 극복하고 지구적 생명 대안공동체를 지향해야 할 것이다.

5. 한국교회의 나아갈 길

한국교회는 역사상 유래 없는 경제적 양극화와 지속되는 경제적 위기로 절망에 빠진 한국의 경제현실에 책임적으로 응답해야 한다. 한국교회는 위기의 근본적 원인인 신자유주의 경제세계화에 대한 진지한 반성과 성찰을 통하여 하나님의 경제를 실현해야 한다는 신앙적 결단을 요구받고 있다. 신자유주의적 경제세계화는 이미 경제적 문제를 넘어서 생태적, 윤리적, 그리고 영적인 문제를 포함한 범세계적 문제가 되어 인류의 재앙을 예고하고 있다. 따라서 한국교회는 경제세계화의 본질을 올바로 파악하고 신자유주의에 대한 반(反) 신앙적, 반(反) 복음적 실체를 바르게 인식하여 그리스도인들이 진정으로 추구하고 만들어 가야할 세상에 대한 구체적 비전을 제시하여야 한다. 따라서 한국교회는 성령을 통하여 하나님의 경제 원리에 따른 하나님의 통치와 그리스도의 주권을 고백하는 교회의 예언자적 사명을 감당해야 할 중대하고 시급한 시대적 사명이 있음을 깨달아야 할 것이다.

1) 한국교회는 신자유주의와 경제세계화의 반(反) 신앙적 본질에 대하여 바르게 인식하고 교육하여야 한다.

신학교를 비롯한 다양한 교육기관에서 목회자들을 대상으로 하여 올바른 기독교 경제관을 교육해야 하며, 특별히 교회교육을 통해 자라나는 세대들에게 하나님의 정의와 공의에 기반 한 경제 원리를 가르쳐야 한다. 또한 한국교회는 교육을 통하여 신자유주의적 경제세계화의 물신 숭배적 구조와 성격을 폭로하고 신학적으로 비판하는 이론적 작업을 넘어 하나님의 경제를 실현할 수 있는 구체적인 일을 자신이 사는 지역에서 작은 일부터 시작해야 한다. 이러한 인식과 교육은 앎으로 끝나는 것이 아니라 신앙으로 고백되어 우리의 삶과 현실을 변화시키는 힘이 되어야한다.

2) 한국교회는 세상의 경제 질서와 하나님의 경제 정의 사이에서 신앙적 결단을 통한 생명살림의 목회적 모델을 창조해야 한다.

한국교회는 오늘의 왜곡된 경제현실과 생태계의 심각한 파괴가 하나님께서 허락하신 자원의 부족 때문이 아니라, 인간의 잘못된 제도와 신념으로 인해 부가 편중되고 자연이 착취당함으로 나타난 결과임을 고백하고, 급증하는 가난한 사람들에 대한 목회적 돌봄과 파괴된 생태계의 치유를 위한 다양한 생명목회적 대안을 제시해야 한다. 또한 한국교회는 교회 안에서 하나님의 경제를 실현하기 위하여 교회 간의 양극화 극복을 위해 농어촌 교회와 미자립 교회 문제 해결을 위한 제도적 장치를 마련하여야 한다.

3) 한국교회는 경제적 양극화 해소를 위한 구체적인 법적, 제도적 장치 마련을 위해 노력하여야 한다.

신자유주의 경제체제가 도입된 후 한국경제는 자본의 재벌집중으로 인한 중소기업과 자영업자의 몰락, 노동시장 유연화로 야기된 비정규직 문제와 청년실업의 문제로 사회적 양극화를 심화시켰다. 이러한 경제적 현실 속에서 한국교회는 정부의 신자유주의 경제정책을 감시하고 비판하는 기능에서 한걸음 더 나아가, 하나님의 긍휼과 경제적 정의가 담긴 법적, 제도적 장치를 제안하고, 이를 법제화하는데 노력하여야 할 것이다.

4) 한국교회는 신자유주의 경제위기를 극복하기 위하여 시민단체 및 에큐메니칼 단체들과의 협력을 적극적으로 모색해야 한다.

국가가 사회적 약자에게 도움을 줄 수 있도록 하기 위해서는 시민사회가 국가를 견인할 수 있을 정도로 활성화되는 것이 필요하다. 세계교회는 에큐메니칼 운동을 통하여 지구적 관점을 가지고 구체적으로 NGO와 함께 신자유주의에 대항하는 중요한 일들을 전개하고 있다. 한국교회 또한 국내외 NGO와 함께 연대하여 신자유주의 경제세계화를 저지하고, 감시하며, 그 실체를 밝힘으로써, 시민운동의 협력자로, 후원자로, 때로는 비판자로서의 역할을 감당해나가야 한다.

5) 한국교회는 경제적 절망을 넘어 하나님의 경제에 대한 희망을 선포해야 한다.

신자유주의 경제세계화는 신자유주의에 기초한 자본주의 외에는 대안이 없다는 절대적 신념으로 하나님의 경제에 대한 철저한 부정을 의미한다. 신자유주의 경제세계화의 신념에 내재한 물질숭배의 결과는 정의와 평화를 거부하고 생명을 파괴하는 체제 안에 안주하는 것이며, 물질의 노예가 되어 인간의 불가능성을 초월하시는 하나님에 대한 믿음과 소망을 포기하게 하는 것이다. 따라서 한국교회는 하나님 나라에 대한 확신과 희망을 가지고 신자유주의가 보여주는 세상에 대한 거짓된 신화와 환상을 버리고 하나님의 경제 실현을 위한 대안을 찾아나서야 한다. 그리스도인들은 하나님은 정의의 하나님임을 믿는다. 그러므로 한국교회는 사람보다 이익을 앞세우고, 모든 사람들과 창조세계를 위한 하나님의 선물을 사유화하는 어떤 경제체제나 이념도 거부해야 한다. 더욱이 신자유주의 경제세계화의 이념을 복음의 이름으로 지지하거나 정당화하는 어떠한 가르침에 대해서도 저항해야 한다.

비록 신자유주의 경제세계화라는 이념이 맘몬과 권력의 형태를 띠고 생명공동체의 나눔의 삶을 파괴하며 우리의 의식을 통제하면서 하나님의 자리를 빼앗으려고 시도한다 할지라도, 신앙은 우리들의 생명과 삶을 가능하도록 하는 희망, 즉 하나님의 가능성을 발견하도록 돕는 것이다. 하나님에 대한 절대적 신앙은 인간이 보장하는 희망을 발견하는 것이 아니라 작은 불씨처럼 남겨진 그러나 꺼지지 않는 희망의 불을 살리는 힘이다. 한국교회는 하나님의 경제로 새 세상이 가능하다는 희망을 만드는 일이야말로 누구도 대신 할 수 없는 교회의 본질적이고 예언자적 사명임을 인식하고, 하나님 경제의 비전을 사회와 그리스도인들에게 계속적으로 선포해야한다.

2012년 6월 25일

선언문작성자 - 김명배, 김명용, 김은혜, 박경수, 박화경, 이형기, 임희국, 장신근(가나다 순)

구약의 경제사상*
– 희년과 하나님나라

성경은 개인구원을 위한 구원의 도(道)만을 가르치는 책이 아니라 사람들이 한데 어울려사는 모듬살이의 대강과 세목을 가르치는 책이다. 그것은 믿음에만 호소하는 책이 아니라 인간의 이성과 양심에도 호소한다. 교회의 울타리를 넘어 세상 한복판에서 이뤄질 공적 질서에 대한 지혜와 강령을 제공한다는 것이다. 그리스-로마에서 신에 대한 담론은 온통 형이상학적 신화에 불과하고 신의 신탁을 전하는 중개자들은 기층 민중들의 삶에 무관심했으나 성경에서 하나님 담론을 주도하는 예언자들은 가난한 자들의 삶에 집중하는 자들이었다. 가난한 자들의 삶에 대한 신적 관찰과 동정심이 비무장 단기필마의 예언자들을 왕과 지주 등 지배계층의 죄를 질타하도록 추동했다. 고대 이스라엘 예언자들의 관심은 하나님의 보좌로 아우성치는 탄식을 토해내는 노예들, 소작농들, 그리고 유랑하는 나그네들의 삶의 자리였다. 이런 예언자적인 예지가 가득 찬 성경이 제시하는 이상적인 공적 질서는 지배층과 유력자들에 대한 예언자적 감시와 견제로 유지되는 사회였다. 특히

---

*   김회권 교수(숭실대학교 인문대 기독교학과)
     이 글의 확장판이 남기업 외 (공저), 『희년, 한국사회, 하나님 나라』(서울: 홍성사, 2012), 11-73쪽에 실려있음을 일러둔다.

가난한 자들의 생존권과 인간 존엄성이 유린되어 재기불능 상태가 될 정도의 사회적 불의와 불평등은 예언자들을 격앙시켰다. 곧 하나님을 격동시켰다. 그런 점에서 성경은 지주, 기업가, 고위관리, 왕들과 종교권력자들의 담합체들이 이끄는 경제활동에 대해 부릅 뜬 눈으로 감시를 멈추지 않는다. 그것이 바로 구약의 희년제도에 반영되어 있다. 나사렛 예수의 하나님 나라 운동은 개개인의 영혼을 형이상학적 영의 영역으로 이주시키는 방식의 구원을 선사하는 데 치중하기보다는 이 땅에 하나님의 자애로운 돌봄과 다스림이 뿌리내리게 하는 데 있다. 이런 하나님 나라의 도래는 가난한 자들에게 복음이 된다. 가난한 자들에게 복음이 들리는 시점부터는 인류역사는 이제 신기원의 단계로 접어들게 되었다. 인류사는 하나님 나라의 완성을 위해 달려가는 종말론적인 지향을 갖게 되었다. 하나님 나라는 모든 단위의 인류공동체를 창조적으로 흡수할 것이다. 모든 무장 주권국가들은 예수 그리스도의 왕국 안에서 비무장 지방자치 단체수준으로 무장해제를 당할 것이며 세계지도는 그리스도의 왕국 하나로 귀일되며 통일될 것이다. 그리스도의 종말론적인 통치를 앞당겨 실험하는 것이 교회의 신앙이요 선교요 하나님 나라 운동이다. 인류의 공적 질서는 하나님 나라의 완성에 근사치적 접근을 향해 미세하게 조정되고 있다. 이 공적 질서의 변동양상은 하나님 아버지 우편보좌에 앉으신 주와 그리스도가 이 세상을 통치하고 계시는 산 증거다. 이제 인류는 예수 그리스도처럼 의롭지만 권력의 기득권을 포기하는 지도자 아니면 받아들일 수 없는 민주주의적 각성의 극한에 이르게 될 것이다. 그리스도와 같은 자기희생적 지도력을 발휘하지 못하는 인류의 어떤 정치체제도 항구적으로 작동하지 못할 것이다. 그리스도 우리 주가 왕이 되셔서 다스리기까지는 인류공동체는 가히 사사시대적 무정부상황을 겪을 수밖에 없다. 이 글은 성경의 경제사상을 통해 인류가 지향해야 할 공적 질서의 양상을 그려보는 서설(序說)이다.

1. 외연(外延)을 넓혀 가는 한국교회의 하나님나라 운동

2000년대에 들어와 기독 청년들의 사회 참여가 점차 그 외연을 넓혀가고 있다. 공의 정치 실현, 한반도의 평화와 통일, 성경적 토지 정의의 입법화, 공정 무역, 교회 갱신, 교육 개혁과 사교육 폐해 극복, 세상에 대한 기독교의 선한 영향력 확장 및 교회에 대한 자기비판적 담론형성을 위한 언론운동, 기독교 윤리의 실천, 그리고 평신도들을 위한 각종 교육 프로그램 운영 등 열의와 진정성으로 가득 찬 기독 청년들의 사회적 활동은 한국 기독교의 앞날에 대해 밝은 전망을 갖게 한다. 이들의 활동은 한국의 주류 교회로부터 아직 두터운 지지와 환영을 받지는 못하지만 생각 있는 그리스도인들의 기대를 받고 있다. 이런 활동에 종사하는 청년들을 통합시키고 집중시키는 중심 주제는 하나님나라다. 여기서 하나님나라는 공간적 실체를 가리키기보다는 일차적으로 하나님의 통치 자체를 의미한다. 하나님나라는 개인의 인격, 가정, 조직체, 국가, 국제 질서, 그리고 피조 세계 전체에 하나님의 통치가 온전히 관철되는 사건이요 상태다. 하나님 통치의 완성으로서 하나님 나라는 예수 그리스도의 재림으로 실현될 것이지만, 인간 역사를 통해 귀납적으로 그리고 점진적으로 성취될 것이다. 그것은 죄악된 권력 집단들과 개인들의 집단적인 반대와 완강한 저항을 감수하면서도 소수의 남은 자들인 하나님 자녀들의 부단한 순종과 견결한 실천을 통해 완성될 것이다. 즉 예수 그리스도의 재림을 통해 종말에 완성될 하나님나라는, 특정한 시공간의 역사 속에서 점진적으로 건축되어져 가는 것이다. '영원한' 하나님나라가 '특정한' 시대의 과업을 통해 건축되어져 간다. 세계사는 하나님 나라의 가치와 목표를 인류에게 각인시키는 사건들로, 즉 하나님 나라 운동들로 가득 차 있다. 하나님나라는 하나님 당신의 고유한 과업이지만 동시에 하나님에게 공명하고 응답하는 사람들의 과업이다. 하나님나라는 하나님의 고유하고 '절대 주권적인' 통치 확장 행위이지만 특정한 시대와 장소에 사는 하나님의 자녀들에게 위임된 과업인 것이다. 그것은 하나님의 절대 주권적 운동임과 동시에 하나님께 붙잡힌 하나님 자녀들의 '응답적'인 운동이다. '운동'이라는 말 때문에 하나님나라가 인간 주도적인 기획 혹은 인간의 힘만으로 성취되는 특정한 역사 발전이나 정치 · 경제상의 진보를 의미하는 말로 오해될지도 모른다. 그러나 단연코 그런 말이 아니다. '운동'이라는 개념은 성경에 근거를 두고 있다.

2. 하나님나라 '운동'의 의미와 그 성경적 기원

첫째, 창세기 1:2이 하나님의 창조 운동을 증언한다. '하나님의 신이 수면에 운행하고 있었다'는 구절은 하나님의 세계 창조가 하나님의 명령과 하나님의 신이 주도한 '운행'의 산물임을 보여 준다. '운행하고 있었다'라고 번역된 히브리어는 '머라헤페트'는 '라하프'(rāḥaph)라는 동사의 능동강세동사의 분사형으로 "지속적으로 품는 운동" 혹은 "바닷물을 말리는 운동"을 의미한다. 하나님의 신(혹은 바람)이 지속적으로 흑암에 뒤덮인 바다를 향해 뭍을 드러내기 위해 운동했다는 뜻이다. 흑암의 원시 바다에 뒤덮여 있는 '땅'을 건져내기 위해 하나님의 신이 알을 품듯이 원시바다를 품고 있었다는 것이다(창 1:9-10; 출 14:21; 15:19). 출애굽 구원을 위해 하나님의 동풍이 밤새도록 홍해 위에 불어서 마른 땅이 드러나게 했듯이(출 14:21) 하나님나라의 기초가 될 마른 땅이 드러나도록 불어 대는 바람같은 야훼 하나님의 운행이, 바로 하나님나라 '운동'의 으뜸되는 신학적 근거다. 하나님 나라 운동원천은 마른 땅을 원시바다 속에서 건져올려 모든 피조물들을 위한 보금자리로 창조하신 하나님의 신(혹은 신적인 바람, 큰 바람)이다. 하나님 나라는 하나님께서 친히 세워가신다는 명제는 항상 참이다. 하나님께서는 하나님의 통치를 피조물 속에 온전히 관철하실 때가지 부는 거룩한 바람이시며, 생명의 숨결이시다.

둘째, 하나님 나라 운동론의 성경적 토대를 제공하는 또 다른 본문은 사도행전 2:1~4이다. 여기서 우리는 오순절 이후의 신약교회를 탄생시키는 불의 혀같이 갈라져 예루살렘 120문도의 예수 제자들을 강습한 바람같은 성령의 강림과 사역을 만난다. 성령의 불같고 바람같은 역동적 '운동'은 낱개의 개인들을 공동체로 변형시키는 운동이며, 하나님의 영에 100% 공명하고 공감하도록 결단케 하는 설복 운동이다. 바람같고 불같은 성령의 내습(來襲)을 경험한 개인들은 하나님나라 운동의 대의에 합류할 수 있는 능력을 덧입게 된다. 성령은 고립되고 파편화된 예수의 제자들을 강력한 하나님 말씀 순종공동체로 만들어내신 하나님의 바람이요 생명숨결이다. 이 본문은 하나님 나라 운동은 하나님의 큰 바람과 생명숨결운동임과 동시에, 그것은 하나님의 영에 사로잡힌 예수 그리스도의 제자들의 운동임을 강조한다. 하나님 나라 운동은 성령충만한 사람들의 공동체적인 운동이라는 것이다.

셋째, 히브리서 4:12~13은 하나님 나라 운동은 하나님 말씀에 노출되어, 하나님 말씀에 자복하는 운동임을 강조한다. '하나님의 말씀은 살아있고 운동력이 있어 … 관절과 골수를 찔러 쪼갠다'라는 이 본문은 하나님 나라는 곧 하나님께 인격 가장 깊은 곳에서부터 우러나오는 순종을 드리는 운동이며, 그것은 하나님의 인격을 대표하는 하나님의 말씀에 자신을 쳐서 복종시키는 운동임을 강조한다. 하나님 말씀의 운동력은 인간의 가장 깊은 마음까지 분석해 내고 폭로하는 신적 분석력이자, 설복시키는 능력이다. 관절과 골수를 찔러 쪼갤 정도로 하나님의 말씀에 설복되고 감화되어 발생하는 활동이 바로 하나님나라 운동이다. 관절과 골수 등으로 대표되는 인간존재의 중심은 계급적, 계층적 토대 위에 영위되는 인간의 삶 전체가 하나님의 말씀으로 재구성된다는 말을 의미한다. 결국 이 본문도 하나님나라 운동의 두 가지 요소인, 신적 주도성 및 인간적 응답성을 동시에 부각시킨다. 하나님 나라 운동은 하나님의 영과 말씀에 사로잡혀 파생되는 사람들의 운동이라는 것이다. 그것은 하나님께 지극히 순전한 복종을 바치는 운동이며, 자기 기득권(계급적 · 계층적 · 신분적 기득권)을 희생해 가면서까지 추진하는 자기 부인 운동이다.

하나님나라는 성경의 중심 주제요 기독교 신앙의 핵심임에도 불구하고 현실의 종교 권력에게는 철저하게 외면당하고 배제된 성경 사상이었다. 왜냐하면 하나님나라는 지상에 존재하는 모든 기득권자나 권력 체제를 향해 항구적인 자기 갱신과 자발적 변혁을 요청할 뿐만 아니라 모든 개인들에게는 급진적 전향을 요구하기 때문이다. 하나님나라라는 성경의 중심 메시지는 패역하고 음란한 세대에 살면서 정신적 불안정과 고독을 느껴 보지 못한 사람들에게는 위기요 거추장스러운 신탁으로 들릴 것이다. 2,000년 교회사를 보면, 이스라엘 본토에서 시작된 기독교 복음이 유럽 문명에 이식될 때 기독교 신앙은 본래의 체제 변혁적이고 급진적인 신선함을 잃고 기존 세계의 상류층 문화에 길들여진 채 전파되었다는 사실을 확인할 수 있다. 그 결과 하나님나라 복음은 제왕들과 영주들의 종교로 전락했고, 기독교회는 적어도 1500년 이상 세상 정치권력과 종교, 경제적 권력의 최상층부에 자리 잡은 사람들에 의해 대표되는 귀족들과 왕후들의 지배자 종교가 되어 버렸다. 우리는 이 시점에서 다시 한 번 기독교 신앙이 거룩한 문화 창조의 에너지도 발출하기도 전에 세속화의 위협 아래 굴러 떨어진 한국사회와 한국교회의 앞날을 걱정하며, 하나님나라의 성경적 가르침을 깊이 묵상해 보아야 한다.

3. 하나님 나라의 신적 주도성과 인간적 응답성

1) 하나님나라는 하나님에 의해 시작되고 완성되는 나라이다.

하나님나라는 창세기 1~2장에서 그 첫 모습을 드러낸다. 창세기 1장은 하나님나라의 기원과 토대를 말하고, 2장은 하나님나라의 역사적 지향을 부각시킨다. 1장에서는 하나님께서는 우주의 최고 주재권을 가지신 왕만이 내리실 수 있는 명령(fiat)으로 세계를 창조하신다. 하나님의 세계 창조는 인간의 협조와 지지, 믿음과 순종의 매개없이 일어났다. 하나님께서 아무에게도 의논하지 않고 인간과 세계를 창조하셨다. 하나님은 자기만족적 자기평가를 일곱 차례나 반복하심으로써 이 세계가 하나님의 의도대로 창조되었음을 인정하셨다. 화가가 자기 그림에 낙관을 찍듯이, 하나님은 "보시기에 좋았더라"라는 반복된 소감으로 자신의 창조물을 긍정적으로 품평하신다. 이 세계에 대한 하나님의 애착과 무한 긍정을 표현하신 것이다. 적어도 우리는 창세기 1장에서 이 세계의 창조 목적이 하나님의 자기만족, 자기 왕권의 과시요 확장임을 짐작할 수 있다.

후대의 예언자들은 하나님의 창조 목적에 부연 해설을 제공했다. 이사야에 따르면 하나님의 세계 창조 목적은 하나님을 아는 지식을 창조 세계에 가득 채우는 것이었다(사 6:5; 11:9). 하박국에 따르면 그것은 하나님의 영광을 알고 인정하는 거룩한 교양이 온 피조 세계에 넘치게 하기 위함이었다(합 2:14). 이 두 구절은 하나님께서 통치하시기 위해 이 세상을 창조하셨음을 강조한다. 온 세계가 하나님의 보좌요 발등상이라는 말(사 66:1)이 바로 온 세계가 하나님의 통치 대상임을 의미한다. 하나님의 통치는 온 세계 안에 하나님을 아는 지식, 하나님의 영광을 인정하는 지식과 교양을 충만케 하는 사역인 것이다. 창세기 2장은 이 하나님나라가 인간의 순종과 믿음을 통해 역사 속에 뿌리를 내릴 것을 보여 준다. 하나님나라는 천상 영역, 이데아 영역에 머무는 것이 아니라 인간을 대표로 하는 피조물의 세계 속으로 내려오는 것이다. 이 과정에서 하나님의 세계 통치에 결정적인 동반자인 '사람'이 등장한다. 하나님나라는 하나님의 말씀과 그것에 대한 피조물의 대표자인 사람의 순종과 응답으로 완성되는 것이다. 여기에 바로 피조물인 인간의 믿음과 자발적 순종의 위치가 드러난다. 인류의 대표자인 마지막 아담, 그리스도의 순종이 첫 사람 아담의 실패를 일거에 만회하는 사건이 된 것은 바로 이러한 연유 때문이다(롬 5:12~21). 결국 창세기 1~2장은 하나님나라는 전적으로 하나님의 말씀과 명령이 성취해 가는 하나님 스스로의 통치권 확장 활동이면서 동시에 피조물 인간의 응답을 요청하는 매우 인간적이고 역사적인 과업임을 강조한다. 하나님나라는 하나님의 전적인 고유 절대 주권과 권능으로 시작되고 세워지는 나라임과 동시에, 인간의 자발적인 순종으로 완성되어 간다는 것이다(행 19:20).

창세기 1~2장에서 인간에게 위탁된 중심 활동은 다스리고 통치하고, 관리하고 지키는 행위다. 하나님나라와 인간에게 위임된 이러한 사명은 긴밀하게 결속되어 있다. 하나님나라 운동은 하나님의 창조에서 시작된다. 창조는 물과 땅이 뒤얽힌 혼돈(混沌)으로부터 경작지를 건져 내어 피조물들을 위한 생명의 왕국을 건설하는 행위였다. 하나님의 창조는 질서 부여 행위였으며, 더 구체적으로 말하면 이 세계의 기초를 하나님의 성품인 공평과 정의 위에 세우는 일이었다. 하나님의 창조는 정치적으로 중립적인 물리적 환경의 창조를 넘어서서, 하나님의 성품에 맞는 질서, 신적 친절과 공평(시 89:13~14)으로 운영되는 생명 공동체의 창조까지 포함하는 활동이었다.

그러나 창세기 1~2장 이후의 하나님나라의 행로는 아담 자손의 불순종과 저항으로 숱한 좌절과 퇴행을 겪었다. 구약성서의 첫 책인 창세기 3~11장의 인류 원역사는 하나님나라 운동의 전진을 가로막는 인간적 저항과 방해들로 점철되어 있다. 하나님께서는 인간적 저항과 방해에 대하여 징벌과 심판으로 응답하셨다. 인간의 죄악을 징치하는 징벌 행위는 하나님께서 이 세계를 다스리신다는 증거였다. 그러나 사람과 피조 세계에 대한 하나님의 통치는 징벌과 심판만으로 관철되지는 않았다. 하나님은 일부 인간을 먼저 선택하셔서 구원하는 구원사를 개시하심으로써 당신의 세계 통치를 이어가셨다. 죄와 불순종으로 부패하는 인간을 갱생시켜, 자발적으로 순종하는 하나님의 동역자로 변혁시키기 위해 믿음의 사람들을 이 땅에 일으키셔서 세상에 파송하신 것이다. 아담-셋-에노스-노아-셈-아브라함-이삭-야곱으로 이어지는 믿음의 계보는 하나님께서 이 세상을 다스리고 계심을 보여 주는 증거다. 또한 하나님의 특별 계시인 율법을 받아 나라를 구성하고 사회를 이루도록 부름받은 아브라함의 후손, 이스라엘 민족의 역사 자체가 하나님의 세계 통치의 증거였다. 특히 하나님께서 이스라엘 역사에 일으키신 예언자들은 인간 왕국들을 아우르시고 어거하시는 초월적인 세계 통치 지휘부가 존재함을 보여 준다(사 6:1~3; 렘 22:18~22; 암 3:7~8; 왕하 22; 시 103:19~22). 이스라엘 역사를 세계 만민의 역사와 결정적으로 구분짓는 표지는 초월적인 하나님나라의 특명 전권대사로 활약한 예언자들이었다. 그들은 이스라엘 역사의 참된 왕이 인간 왕들이 아니라 천상 보좌에 앉아 세계를 통치하시는 야훼 하나님임을 결정적으로 증거했다.

이스라엘 예언자들의 역사의 종점에 나사렛 예수가 등장했다. 하나님나라 운동은 구약 예언자들을 거쳐 독생 성자 나사렛 예수 그리스도를 통해 절정에 이르렀던 것이다. 구약 예언자들의 야훼의 말씀 대언은 창조 때 시작된 하나님나라 건설 과업을 계승하는 작업이었고, 나사렛 예수의 하나님나라 선포는 창세기 1장에서 시작된 하나님나라를 완성시키려는 활동이었다. 나사렛 예수는 단지 하나님의 말씀을 잠시간 혹은 부분적으로 대언하는 예언자가 아니라 하나님의 말씀 자체였다. 창조적 권능을 내뿜는 하나님의 말씀 자체면서 아버지 하나님의 말씀에 대한 전적 순종의 화신이었다. 그래서 나사렛 예수의 인격과 사역 전체는 태초부터 이 세계 속에 활동해 온 하나님나라의 총체적 면모를 일시에 계시했다. 나사렛 예수의 순종을 격려하고 돕는 성령이 예수의 하나님나라 운동의 고갱이였다. 12사도와 사도 바울의 복음 전파 사역은 성령으로 추동된 자발적인 순종 운동이었다.

하나님나라는 이처럼 철저하게 하나님 주도적인 나라다. 성령의 감화 감동으로 하나님의 말씀에 순전하게 순종하는 자들에게 하나님의 통치, 즉 하나님이 이 세계를 다스린다는 증거가 나타난다. 사랑, 평화, 희락, 연대와 우정, 돌봄과 치유가 일어난다. 나사렛 예수가 하나님나라를 말할 때에는,

십자가에서 죽기까지 이어지는 부단하고 순전한 순종이 담보로 한 것이었다. 따라서 우리가 하나님나라를 말하려면 스스로 성령의 감화 감동으로 하나님의 말씀에 순종하는 삶을 살아야 한다. 순종이 담보된 사람들의 입술에서 하나님나라가 선포될 때 그것은 자아 갱신적이고 세계 변혁적인 파급력이 발산되기 때문이다. 하나님나라 운동은 철저히 하나님의 일방적인 은총으로 주도되는 운동이다. 하나님께서 성령의 감화 감동과 말씀의 감화력으로 개인과 공동체를 추동시켜 하나님나라에 근사치적인 세계를 만들어 가는 운동이다. 한국교회의 영적 분투나 열심만으로는 하나님 통치를 매개할수 없다. 하나님나라 운동은 약간 더 의로운, 약간 더 청빈한 그리스도인들이 주도하는 대중 계몽운동도 아니고 윤리 각성운동도 아니다. 그런 행동들도 의미 있기는 하나 성경적인 하나님 나라 운동의 전모는 아니다. 물론 이말이 모든 점진적이고 상대적인 의미의 사회 개선 활동의 의의를 훼손하는말로 오해되어서는 안 된다.

2) 하나님나라는 다양한 단위로 존재하며 역사 속에서 점진적이며 유기적으로 성장한다.

하나님나라는 하나님이 선택하신 피조물에게, 더 나아가 하나님의 말씀에 순종하는 피조물에게 나타나는 은총이다. 그것은 구원의 형태, 약속과인도의 형태로 나타나지만 종종 징벌, 정화적 심판, 그리고 쉼 없는 징계와연단으로 나타나기도 한다. 아담과 하와가 범죄하기 이전의 에덴동산은 물리적 인간세계에 나타난 하나님나라였다. 하나님나라는 먼저 하나님의 생명에 연합된 자 거듭난 자, 믿는 자에게 영생으로 나타난다. 영생은 하나님의 성품에 참여하는 삶으로서 의와 진리, 거룩함으로 거듭난 개인의 삶이다. 둘째, 하나님나라는 믿음의 가정에 나타난다. 셋째, 하나님나라는 하나님의 사랑이 지배하는 확대된 가족공동체나 교회 공동체에 나타난다. 넷째,

하나님나라는 하나님의 사랑과 정의가 지배하는 국가 공동체다. 다섯째, 하나님나라는 하나님의 인애와 정의가 지배하는 국제 질서다. 마지막으로 하나님나라는 하나님의 인애와 정의가 지배하는 피조물 전 생태계 공동체다 (사 11, 65장). 이 때는 천사들을 포함한 모든 피조물들이 예수를 주권을 인정하고 고백하게 된다(빌 2:11).

따라서 하나님나라 운동은 그리스도의 형상을 닮기 위한 개인의 부단한 인격 갱신과 하나님나라의 질서에 근접하는 공동체를 이루기 위한 중단 없는 사회변혁 운동을 내포한다. 무엇보다도 하나님나라 운동은 하나님의 감화 감동으로, 혹은 하나님의 강력한 부름에 응답한 개인들의 복음 영접과 회개운동이다(눅 24:47). 세례 요한과 나사렛 예수 모두 하나님나라가 도래했다는 복음 선포를 통해 복음 영접과 회개를 동시에 요청했다(마 3:2; 막 1:4; 눅 3:3-16). 개인의 믿음과 회개가 하나님나라 운동의 가장 기초적인 단위이기 때문이다. 하나님나라의 복음을 듣고 하나님나라의 질서에 편입되려면, 개인이 하나님나라의 도래의 현실성을 인정하고, 즉각 하나님 없이 살던 삶을 전적으로 혁파하고 돌이켜야 한다. 하나님 없이 살던 때는 돈과 권력, 부동산과 동산, 인맥과 학맥, 종교적 열심과 세습적 상속 등이 구원과 안정감을 주었다. 그러나 하나님나라의 질서에서 이런 세상적인 토대들은 아무런 가치가 없다. 그래서 그것들을 버리고 나사렛 예수가 전파하는 하나님나라의 가치에 순복하는 것이다. 이런 점에서 복음을 믿고 회개한 시민들이 많아지면 사회구조적 변혁 가능성이 그만큼 커진다. 로마제국의 콜로세움 검투사 경기장이 사라지는 역사가 이런 진실을 잘 예증한다.

콜로세움 원형경기장은 주후 72년에 유대 전쟁을 통해 이스라엘을 멸망시키고 예루살렘 성전을 초토화했던 베스피안 황제가 짓기 시작하여 400년 이상 로마제국의 대중오락장으로 성황을 누렸으나 주후 500년경에는 사실상 용도 폐기되었다(523년경 마지막 검투 경기 기록). 그렇게 된 이유는 로마 인구의 대부분이 기독교인들로 바뀌면서 검투사 경기가 흥행에 실패했기 때문이다.

이것은 로마의 원형경기장 2층의 베스피안 황제 유물 전시장에 걸린 해설문의 분석이기도 하다. 이것은 한 사회의 구조악을 해체하는 데 개인들의 자각적이고 의식 있는 조용한 결단이 얼마나 중요한지를 보여 주는 일화다. 초대 로마의 기독교인들이 콜로세움 경기장 안 가기 운동을 한 것이 아니다. 그들의 신앙 고백상과 가치 지향 자체가 잔인한 동물 학대, 전쟁 노예 학대, 잔악한 살인 경기와는 상극이었다. 기독교인들 개개인의 사사로운 소비 행위, 내밀한 윤리·도덕적 결단 등이 중요한 이유가 여기에 있다. 기독교인들의 내밀하고도 자발적인 결단이 축적되어야 비로소 한 사회에 기독교적 가치를 표방하는 문화가 생겨난다. 예를 들어, 그리스도인들이 교회력에 충실한 신앙생활만 해도 한국의 대중문화를 어느 정도 순화시킬 수 있을 것이다. 40여 일의 사순절 기간이나 종교개혁 주간에 모든 기독교인들이 절제와 금욕을 실천한다면 그 기간 동안에는 영화사들이 자극적인 블록버스터를 만들어 흥행을 시도하지 않을 것이며, 과도한 육류 소비가 줄어들 것이다. 이것을 통해 기독교가 어떤 가치를 지향하는지를 세상에 널리 공포할 수 있을 것이며, 절제와 겸손, 자비와 나눔의 기독교 문화를 형성할 수 있을 것이다.

그러나 동시에 하나님나라 운동은 개인들에게 엄청난 영향을 끼치는 사회 관습, 제도, 법, 그리고 가치관이나 세계관을 성경적 진리와 일치시키는 사회구조를 만들어가는 운동이어야 한다. 하나님나라 운동은 한 사회의 운영 원리를 성서적 정의와 공평, 인애와 자비의 원칙에 수렴시키는 운동인 것이다. 가령 먼지가 가득 찬 체육관에서 성실하게 운동하는 개인을 생각해 보자. 성실하게 운동하는 것은 건강에 좋은 일이나 먼지가 가득 찬 체육관에서 막무가내로 성실하게 운동하면 할수록 건강에 해롭다. 먼지가 가득 찬 체육관 시설과 구조의 문제를 해결하지 않고는 개인의 건강 증진은 어렵다. 한국사회가 부동산 투기로 재테크를 하거나 온갖 편법과 탈법, 위법과 불의로 토지를 매입하여 부를 구축하는 틀을 바꾸지 않고 개인의 양심만 세차게 담금질해서는 한계가 있다. 마약 밀수업 조직에 뛰어든 조직폭력배가 아무리 성실하게 일해도 그 조직의 목표 자체가 반사회적이라면 그의 성실한 조직 생활은 반사회적일 수밖에 없다. 나치 체제가 흉악무도한 악의 왕국이었기에 그의 지휘 계통에 따라 성실하게 공무를 수행한 아돌프 아이히만의 행동 자체가 악의 실행 이상 아무 것도 아니었듯이, 우리가 속한 조직이나 사회의 구조적 악과 불의를 해소하지 않고는 개인의 윤리적 청정화만 강행해서는 안 되는 것이다. 우리 기독 청년들의 하나님나라 운동은 개인의 양심을 더럽히고 죄를 짓지 않고는 살 수 없게 만드는 사회 운영의 틀 즉 법, 제도, 관습, 심지어 가치관까지 바꾸고자 하는 활동이다.

3) 점진적이면서도 귀납적인 세계변혁운동으로 그 현존을 드러내는 하나님 나라이다.

이상에서 살펴본 것처럼 하나님나라 운동은 하나님의 거룩한 영에 추동된 하나님의 자녀들의 자발적이고 자기희생적인 헌신 운동이다. 그것은 성령의 감화 감동을 덧입은 하나님 자녀들에게 위탁된 운동이다. 그것은 정치권력을 휘둘러 타인의 의지를 복속시키는 현실 정치 운동이 아니다. 유다의 예언자 예레미야에 따르면 하나님의 영이 임하면 고도의 민중 자치적·자율적인 계약 공동체가 형성된다(렘 31:31-34; 겔 36:25-26). 아무도 다른 사람에게 "너는 이렇게 살아야 한다"라고 하는 강제적 율법 준수를 강요하지 않는다. 하나님의 영에 감동된 사람들은 인간의 어떤 시민적 법적 강제가 요구하는 것을 훨씬 초월하는 자기희생적인 봉사를 할 능력으로 가득 차게 되기 때문이다. 사도행전 2장과 4장에서 성령의 감화 감동에 사로잡힌 120문도는 자발적으로 자신의 사유재산을 팔아 가난한 형제자매들의 생존권을 옹호해 준다. 그 결과 아무도 핍절한 사람이 없는 공동체가 탄생된다. 사도 바울은 하나님의 영에 사로잡힌 그리스도인들의 자발적이고 자원적인 물적 희사로 유지되는 공동체적인 삶을 그리스도의 몸이라고 불렀다. 한 지체가 다른 지체의 불편과 고통을 자동적으로 공감하고 체휼하는 완벽한 공동체인 것이다. 교회는 그리스도의 몸, 이상 사회의 표본이다. 교회, 즉 그리스도의 몸에 붙어 있는 지체들의 삶이야말로 육법전서로 대표되는 법적 강제력으로 유지되는 세속 왕국을 거룩하게 해체하는 참 대안 사회, 곧 하나님나라라고 본 것이다. 사랑이 율법의 완성이라는 말은 바로 그것이다. 예수 그리스도의 자발적이고 자원적인 십자가 순종을 재현하는 그리스도인의 삶은 십계명의 금지 조항이 요구하는 윤리적인 기대를 상회하는 사랑과 공의의 능력을 발휘한다(롬 13:8). 이처럼 하나님나라 운동에 동참한 그리스도인들의 삶은 하나님의 감미로운 생명력 넘치는 통치가 구현되는 현장이어야 한다. 약간 더 의로운 삶을 살아서는 다른 사람의 불의를 고칠 수도 없고, 이 세상을 거룩하게 변혁시킬 수도 없다. 하나님의 영에 사로잡힌 하나님의 자녀들만이 하나님께 순종할 수 있다. 바로 이런 점에서 하나님나라는 하나님께서 친히 세워 가신다는 말이 맞다. 하나님의 성령으로 감동된 자들만이 하나님의 율법 요구에 복종할 수 있기 때문이다.

4. 하나님 나라 운동의 총본산, 몸소 하나님 나라이신 예수 그리스도

1) 구약성경은 하나님 나라를 꿈꾸었다.

앞에서 잠시 살펴보았듯이, 구약성경의 주제는 하나님의 통치, 하나님 나라다. 하나님은 창세기 1장부터 아예 처음부터 왕으로 등장하신다. 우주 창조 자체가 왕이신 하나님의 통치행위이다. 왕이신 하나님의 왕적 권능은 무질서와 혼돈의 원시우주에 질서를 부여하시는 창조행위로 표현된다. 창조 자체가 하나님의 왕적 통치행위의 시작이라는 말이다. 오직 왕만이 말씀

(명령이나 포고령)으로 현실을 창조한다. 불완전하게나마 지상의 모든 왕들도 칙령과 포고령으로 자신들이 원하는 현실세계를 창조하고 구성한다. 창세기 1장에서 하나님은 왕적 명령(fiat)으로 천지를 창조하신다. 모세오경은 하나님의 명령과 율법에 복종하는 한 나라와 공동체(이것은 영토와 국가적인 틀과 상관없는 사람들 중심의 공동체)를 형성하시려는 하나님의 분투를 증언한다. 모세오경이 묘사하는 하나님 백성은 영토적 안정성과 신정통치의 대리자들이 매개하는 인간왕정에 속하지 않는 절대적 의미의 순례공동체, 도상에 있는 공동체다. 여호수아-열왕기하는 하나님의 뜻에 따라 운영되는 영토적인 하나님 백성 공동체를 세우시려고 하지만 이스라엘의 불순종으로 좌절을 겪으시는 하나님과 그 나라 이야기다. 가나안에서 이뤄진 하나님 나라 운동은 실패로 끝났다. 예언서에서 하나님의 천상보좌에서 파견된 예언자들은 왜 이스라엘 백성 안에 하나님 나라를 세우려고 했던 하나님의 열망이 좌절되었는지를 규명할 뿐만 아니라, 인간왕정의 실패와 좌절을 초극하며 다시금 귀환포로들을 중심으로 하나님 나라의 토대를 세우실 하나님의 꿈을 노래한다. 그들은 인간의 실패와 불순종을 너머 계속되는 하나님 당신 자신의 절대주권적인 희망과 미래를 증언한다.

시편은 하나님 나라의 흔적이 사라진 현실에서 하나님의 통치를 갈망하는 눌린 백성들의 기도문이자 하나님 백성들을 위한 하나님의 부단한 복원과 재활복구적 응답을 이야기한다. 성문서는 이 세상 질서 안에 내재된 하나님의 통치현존을 깊이 사색하고 반성하면서 동시에 하나님 나라의 현실에 회의하고 하나님 나라의 부재에 저항하고 냉소하며, 그 의심과 냉소마저 신앙의 이름으로 포용하는 하나님 나라의 광대하고 신비한 외연을 탐색하는 이야기다. 묵시문서인 다니엘서는 하나님 나라의 대적자인 악의 원형적 세력들이 성도들을 죽이는 데까지 승리하는 악의 이야기임과 동시에 죽음 너머까지 확산되는 하나님 나라 이야기다. 다니엘서 때문에 하나님 나라 운동의 지평은 죽음 저편, 부활까지 포섭하게 되었다. 역대기상하와 에스라

-느헤미야는 두 번째 시도되는 하나님 나라 운동이야기다. 예언서의 희망과 위로에 기대를 걸고 다시금 하나님의 통치가 남은 이스라엘 백성들에게 임하도록 대망하는 메시야 대망 공동체의 영적 분투와 좌절을 증언한다. 이처럼 구약은 철두철미하게 하나님 나라 이야기다. 나사렛 예수는 구약을 단숨에 하나님 나라 이야기로 읽어내셨고 구약의 구원사가 완전한 순종자인 독생자에 관한 예언임을 선포했다.

구약성서를 하나님 나라 신학으로 읽게 만드는 주요 성경구절들은 무수하게 많지만 몇 개만 간추리며 다음과 같다.

① 창세기 1:1-31 명령하시는 하나님, 천지만물은 하나님의 명령에 의한 창조물이다. 인간이 피조된 세계의 위임통치자로 부름받는다. 인간은 하나님의 피조세계 대리 통치자로 창조되었다. 하나님 나라 안에 하나의 진부분 집합으로 인간 정치, 인간의 나라가 내포되어 있다. 하나님 나라는 아담과 하와로 대표되는 지상의 인간대리자에 의하여 위임되는 나라이기도 하다. 1:26-28은 인간의 사명이 하나님을 대신한 피조물을 향한 위임통치임을 가르친다.

② 창세기 2:6-7, 16-17 하나님 나라는 인간 나라, 하나님의 통치에 대한 인간의 복종 여부에 따라 그 진로가 결정될 듯한 나라다. 인간의 하나님 동산 관리, 다스려 지킴 사명이 하나님 나라의 일어서고 무너짐의 관건이다. 황무지를 개간하고 야수적 동물을 다스리는 활동이 하나님 나라의 구현행위다. 이 세상을 하나님과 인간이 동거하고 연합할 수 있게 만드는 활동이 하나님 나라의 구현활동이다. 인간 안에 하나님의 말씀이 거하여 그리스도 예수의 형상이 구현되고 이 세상질서는 하나님을 아는 지식, 하나님의 영광에 대한 인정과 고백이 가득 넘치는 것이 하나님 나라다.

③ 창세기 12:1-3 아브라함을 통해 이룰 한 위대한 민족, 바벨론 축조세대의 대안 공동체가 형성된다. 이 세상에 믿음의 사람들과 그 계보

를 일으키시는 것 자체가 하나님의 통치 현장이다.

④ 창세기 18:19 아브라함의 후손을 통해 이룰 의와 공도의 나라가 소돔성의 대안공동체, 곧 하나님 나라의 구체적 양태다. 히브리서 11:8-16은 그 나라를 진동하지 않을 나라, 하나님이 친히 지으시고 경영하시는 도성이라고 말한다.

⑤ 출애굽기 15:18 출애굽의 목적은 하나님의 영원히 다스리기 위함임을 부각시킨다.

⑥ 출애굽기 19:5-6 거룩한 백성, 제사장 나라, 하나님의 보화된 백성이 온 세계를 하나님께 이끄는 사명을 부여받았다.

⑦ 사무엘하 7:12-16 다윗의 후손을 통해 세워질 하나님의 집, 다윗왕조가 이 하나님 나라를 구현할 나라로 선택받았다.

⑧ 사무엘하 8:15 의와 공도의 지상 구현자 다윗이 세운 왕국은 후손 왕들의 실패로 하나님 나라 구현에 실패하고 다윗왕국 프로젝트는 실패로 끝난다. 종말에 올 다윗의 후손, 메시아에게 모든 기대와 소망이 집중된다. 다윗의 종말론적인 후손 왕에게 기대감을 집중시키고 그 열망을 점화시킨 사람이 예언자들이다. 그 중에 이사야가 최고봉이다.

⑨ 이사야 9:5-6 다윗의 후손이 이룰 의와 정의 공동체를 예견한다.

⑩ 이사야 11:1-9 이새의 줄기에서 난 싹이 이룰 공동체, 온 피조물과 만민에게 공평과 정의 를 구현할 이상왕과 그의 왕국을 노래한다.

⑪ 이사야 53:1-12, 이사야 61:1-4, 이상적인 메시아는 여호와의 기름 부음을 받은 왕이면서도 동시에 백성들의 죄를 대신 짊어지고 대속적인 죽음을 자발적으로 감수하시는 제사장이시다. 하나님 나라를 이 땅에 뿌리내리게 할 그 이상적인 다윗의 후손이자 이상왕은 자신의 대속적 죽음을 통해 하나님께 순종할 새 세대의 하나님 백성을 창조하신다.

2) 구약성경을 하나님 나라라는 틀로 요약하신 분이 예수 그리스도이시 며 그것을 온 세상에 확산시킨 하나님 나라운동가들은 사도들이다.

사사기부터 시작해서 말라기까지 구약은 하나님나라가 인간의 불순종으로 만신창이가 되는 이야기이기도 하다. 그래서 하나님나라의 꿈은 결론적으로 좌절되었다. 말라기로부터 세례요한까지 400년간 하나님께서 침묵하셨다. 이 400년의 침묵과 구원사적 공백기같은 역사적 여백은 하나님 통치의 세상 철수가 아니라 하나님 통치의 또 다른 양상이었다. 하나님 나라에 대한 앙망을 심화시키는 시기였다는 말이다. 세례자 요한과 나사렛 예수가 이 400년의 침묵을 깨고 돌연히 하나님 나라 운동을 펼쳤다. 세례자 요한은 구약성경을 집약적으로 선포한 마지막 예언자로 메시아 예수의 선구자였다. 구약성경을 하나님나라라는 틀로 요약하시고 총체적으로 화육시킨 분은 나사렛 예수다. 치유, 귀신축출사역, 그의 비유, 그의 논쟁, 그리고 그의 주기도문 등에 대한 강론은 이 땅에 임하는 하나님 나라의 현존을 여실하게 보여주었다. 그런데 중요한 것은 하나님 나라는 예수의 십자가의 순종으로 시작되고 완성된다는 진리다. 예수님의 기적은 예수님의 복종을 담보로 일어난다. 예수의 병자치유 사역은 초인적 파워의 과시가 아니라 자신의 생명력으로 죽음의 권세를 무력화하는 행위다. 생명과 죽음의 맞교환행위였고 자신의 생명력을 소진시키는 행위였다(마 8:15-17). 예수가 어떤 병을 낫게 했다는 말은 하나님의 통치가 드러나기 위해 그가 하나님께 죽기까지 복종하는 결단이 동반되었다는 말이다. 12년 동안 혈루병 걸린 여인이 예수의 몸을 만지는 순간 그는 그 순간 "누가 내 옷을 만졌느냐"하고 말하신다(막 5:21). 자신의 능력이 빠져나가는 것을 현저하게 느꼈기(빈혈) 때문에 누군가 자신을 치료를 받을 목적으로 의도적으로 만졌다고 본 것이다. 예수의 생명력이 빠져나가면서 12년간 혈루병 걸렸던 여인이 살아났다. 생명과 죽음이 맞교환된 것이다. 하나님나라의 기적을 일으키는 모든 순간에는 예수의 복종이 담보되었다. 이것이 바로 우리가 모방하고 실현해야 할 하나님 나라 운동 원리다. 최소한 우리가 복종해야 하나님의 능력이 나타난다는 뜻이다. 우리가 현기증을 느낄 만큼 자신의 생명력을 소진할 때에야 누군가가 낫는다는 것이다. 우리가 옆구리에서 물과 피를 막 쏟아내면 다른 누군가가 소생한다는 말이다. 예수 그리스도 그는 하나님나라가 자신의 복종을 담보로 그의 주변 사람들에게 나타나는 현장을 보고, 구약이 꿈꾸었던 하나님나라가 가까이 왔다고 선포할 수 있었다. 그러나 동시에 하나님 나라는 예수에게마저도 미래의 일이었고 아직도 이루어야 할 꿈이었다.

하나님의 이름이 거룩하게 여김을 받게 해달라는 예수의 주기도문 간청은 하나님의 이름을 거룩하게 받드는 순종공동체의 탄생을 간청하는 기도였다. 거룩하신 하나님의 이름을 거룩하게 받드는 한 공동체가 탄생할 때만이 하나님의 이름이 거룩해진다(겔 36:20-23). 한 무리의 거룩한 공동체를 창조해주시도록 간청하던 예수의 기도는 12제자 공동체로 응답되었다(눅 6:12). 예수 그리스도는 12제자 공동체를 창조해서 12지파로 구성되었던 고대 이스라엘의 신앙적 정치적 이상을 회복하시려고 했다(마 10:1-6; 23:37). 다섯 나라의 강대국(앗수르, 바벨론, 페르샤, 그리스, 로마)에 의해서 파괴되고 부서진 이스라엘 역사를 재활복구해서 야웨 하나님의 언약백성으로서 흩어진 이스라엘 12지파를 회복하려고 하셨다. 이스라엘 지배층과 파워 엘리트들의 불순종과 이방제국들의 잔혹한 압제정치에 의해 파괴된 이스라엘 언약백성 공동체를 회복하려고 하신 것이다. 다윗의 위에 앉아 다윗왕적인 공평과 정의의 나라를 구현할 비전을 품고 나사렛 예수는 당대의 백성들을 목자없는 양처럼 불쌍히 여기시며 사랑의 통치를 집행하셨다. 세속적인 의미에서는 너무나 왕 같지 않은 진짜 왕이신 나사렛 예수가 12지파를 대표하는 12제자를 부름으로써, 즉 한 무리의 공동체를 건설함으로써 하나님 나라를 세우시려고 한 것이다. 이 하나님 나라의 회복과 세계적 확산을 증언하는 대표적인 신약성경 구절들은 다음과 같다.

① 마가복음 1:15 때가 찼고 하나님 나라가 가까이 왔으니…. 하나님의 친정통치가 시작된다. 하나님 나라는 급진적이고 총체적인 회개를 요구하며 도래한다.

② 요한복음 1:12 하나님의 독생성자, 즉 순종의 화신이 세상에 도래했다. 나사렛 예수는 걸어 다니는 하나님 나라, 아우토 바실레이아가 되었다.

③ 요한복음 3:16 이 독생자, 하나님의 다스림을 100% 받고 사시는 그리스도를 하나님 통치의 현장으로 받아들이고 믿는 자는 영생을 선사받는다.

④ 사도행전 2:31-36 주와 그리스도가 되신 예수 그리스도의 대리통치 시대가 도래한다.

⑤ 고린도전서 15:20 예수는 자신에게 위임된 메시아 왕국을 마침내 하나님께 바쳐 하나님의 통치가 완성되도록 한다.

⑥ 에베소서 2:11-22, 4:16 지상에서 하나님 나라의 근사치는 성령충만한 교회다. 성령의 역사로 각종 은사와 재능이 꽃핀 개인들이 한 몸을 이룬 공동체가 동터오는 하나님 나라를 예해한다.

⑦ 빌립보서 2:6-11 모든 피조물들의 입술이 예수를 주라고 고백하는 시대가 도래한다.

⑧ 요한계시록 1-3장 하나님 나라의 전위부대인 교회는 배교, 세속화, 호전적 야만화의 위협과 유혹에 시달리면서 하나님 나라 운동 지평선에서 명멸을 거듭한다. 그래서 종말에 가까워져갈수록 하나님 나라 운동은 소규모화 되고, 세속문명의 중심권에서 소외된 자들의 활동처럼 보일 때가 많다. 너무나 많은 배교와 세속화에 직면한 교회는 커다란 용에 쫓김을 당하는 여인으로 비유된다. 하나님 나라가 가까워져 갈수록 하나님 나라에 속할 참 백성들의 삶은 불 섞인 유리바다를 통과하는 고난과 환난의 여정이 될 것이다.

⑨ 요한계시록 1:7, 19-22장 그러나 예수 그리스도의 재림으로 사탄은 멸절되고 죽음도 극복되고 새 하늘과 새 땅에서 하나님 나라가 열린다. 하나님의 장막과 사람의 장막이 한 데 어울리는 나라, 하나님 나라가 새 하늘과 새 땅에서 완성된다. 이렇게 종말에 완성될 하나님 나라는 인간의 역사와 연속적이면서도 초극적이며 단절적이다.

예수 그리스도는 구약성서, 즉 모세의 글과 시편의 글과 선지자의 글들이 자신에 대하여 말한다고 주장한다(눅 24:44). 이 말은 구약성서가 곧 하나님 나라에 대하여 말한다는 것과 같은 말이다. 왜냐하면 오리게네스가 말한 것처럼 예수 그리스도 자신이 하나님의 다스림 아래 자신을 철두철미하게 복종한, 걸어 다니는 하나님 나라, 즉 몸소 하나님 나라(auto basileia)였기 때문이다. 나사렛 예수는 하나님의 왕적인 통치를 극대화하기 위하여 자신을 극소화, 즉 십자가에 죽기까지 복종하신 분이다. 그분이 하나님 나라를 말할 때마다 그는 하나님 아버지에 대한 자신의 순도 높은 복종을 담보했다. 하나님 나라의 핵심주장은 이스라엘/그리스도인이 하나님의 말씀(명령)에 순종할 때 하나님의 통치(하나님 나라)가 양적으로, 질적으로 확장된다는 사실이다. 예수님이 주기도문에서 "(하나님) 나라가 임하옵소서"라고 기도할 때, 그것은 기도하는 사람의 하나님의 말씀에 대한 복종을 요청하는 기도다. 성경을 공부하면서 우리는 다시금 하나님 나라가 그리스도인들의 십자가를 지는 자기부인과 복종이 없이는 지상에 정착하지 못하고 그리스도교 형이상학으로 증발할 수밖에 없음을 발견한다. 하나님의 말씀에 대한 순종은 그분의 명령에 대한 순종이며, 그리스도인이 하나님의 말씀 때문에 자기의 기득권을 부인하는 결단이다. 이런 의미의 말씀에 대한 순종을 통하여 거대한 로마 가톨릭 권력체계를 뚫고 탄생한 것이 바로 종교개혁 교회다.

5. 성령에 의해 항상 "개혁당하는" 교회, 하나님 나라의 전위부대

개혁교회는 말씀에 대한 순종의 힘이 거대하고 막강한 교회 위계질서, 세상 군왕들의 비호 아래 발호하는 제사장 권력 엘리트들을 압도한 역사적 경험을 갖고 있다. 개혁 교회는 하나님의 말씀에 따라 자신을 부단히 개혁의 대상으로 바침으로써 스스로 갱신되고, 바깥 세상을 향하여 개혁의 에너지를 방출한다. 우리가 꿈꾸는 교회갱신의 기준점과 목표는 하나님 나라의 완성이지만 개혁교회는 하나님 나라의 완성을 향해 전진하는 도상에 있다. 하나님 나라가 온 세계를 온전히 다스릴 때까지 교회는 항상 하나님의 왕적 다스림에 목말라한다. 교회는 그 안에 속한 그리스도인들 개개인이 그리고 조직체와 유기체로서의 교회가 삼위일체 하나님의 왕적인 통치 아래 온전히 복속될 때까지 성령의 역사에 항상 자신을 노출시킨다. 교회 갱신의 시발점은 교회/개인의 양심이 하나님의 왕적인 통치 앞에 굴복하고 엎드리는 것이다. 하나님의 사죄의 은총을 경험함으로써 하나님의 왕적 다스림 아래로 복속되는 것이다. 믿음으로 말미암아 이신칭의를 경험하는 것, 즉 사죄 경험(눅 24:47)은 하나님의 왕적인 다스림 아래로 들어가기 위한 준비다. "구원"은 하나님의 왕적인 통치 아래 복종할 수 있는 자유 획득이다. 하나님의 왕적인 통치 아래 복종하기 위하여 우리가 구원을 받아야 하는 것이다. 그러므로 하나님께서 죄인을 구원하는 행위는 죄인을 거룩하게 하는 행위인 것이다. 구원받은 죄인은 하나님의 거룩한 인격 앞에서 자유함을 누리며, 그분 앞에 자발적으로 복종하는 존재로 변화된다.

그래서 사죄의 은총을 맛본 그리스도인들은 죄인이면서 동시에 의인으로서 하나님 나라의 도래 메시지가 회개 촉구 메시지임을 이해할 수 있다. "하나님 나라가 가까이 왔으니 회개하고 복음을 믿으라"는 나사렛 예수의 메시지는 자신의 복종을 통하여 분출되는 하나님의 생명력을 받아들이라는 초청이자 명령이다. 예수가 자기를 부인하고 복종한 그 여백에 하나님 나라가 임하였다. 예수는 "네가 하나님의 아들이거든 십자가에서 내려오라"고 조롱하던 자들의 야유에도 불구하고 십자가에 달려 있었다. 전능자의 무한한 자기비움이었다. 하나님 아들로서의 권력포기였다. 전능자가 무능자처럼 십자가에 달려있어야 하나님의 다스림이 극대화되기 때문이다. 예수는 이런 극단적인 자기비움을 통해-유대광야에서 시험을 이김. 무기력한 메시야가 되기로 결단함-자신의 십자가상의 대속적 죽음의 효력을 앞당겨 씀으로써 공생애 동안 여러 차례 대담하게 하나님의 사죄 선언을 집행하였다. 그의 하나님 나라에 대한 초청은 사실상 "선(先)복음 경험"(선 사죄의 은총 경험), "후(後)회개" 결단으로의 초청이었다. 그의 하나님 나라는 자신의 공로로 획득할 수 없고 하나님의 사죄 은총으로만 누릴 수 있다. 교회는 이런 사죄은총을 맛본 개인들로 이뤄진 공동체이면서 하나님의 직접통치를 받는 거룩한 식민지다.

그러나 또 다른 한편 성령의 피조물로서 교회는 도래하는 하나님 나라의 전위(前衛)이지 하나님 나라 자체는 아니다. 주기도문에서 나사렛 예수는 "나라이 임하옵소서!"라고 기도하지 않았던가? 예수에게 하나님 나라는 아직도 미래형이다. 개혁교회는 하나님 나라가 자신을 접수하도록 자기 자신을 드리는 존재다. 교회는 하나님 나라의 운동과 상관없이 자율적으로 성장하는 인간의 조직체로 변질되어서는 안된다. 교회는 부활절-오순절에 태어나고 주의 재림 때까지 과도기로 설정된 유예된 시간 사이에 산다. 교회는 하나님 나라의 완성을 기대하며, 성령의 역사와 그리스도의 살아 계신 현존(부활 현존-사도행전/요한계시록-일곱 교회를 거니신다)을 통하여 이미 충만해지고 그 충만케 된 경험으로 세계 변혁을 주도할 수 있다(히 6:5). 그래서 교회갱신은 사회 변혁이자 국가/문화 변혁의 에너지를 창출한다. 그러나 성령의 상시적이고 항상적인 충만 없이는 그리스도교회는 하나님 나라 운동에 자신을 드릴 수 없게 된다.

하지만 교회가 존재하는 영역인 이 세계는 하나님의 다스림을 벗어난 찬탈자들의 도시다. 이 세계 안에는 하나님께서 종말을 진압하실 때까지 최대한 반역을 시도하는 자율적인 권력기관들과 체계들이 철옹성처럼 버티고 있다. 이런 세계에 대하여 하나님 나라(통치)는 위기이며 변혁을 의미한다. 세계는 하나님 나라를 "회개"없이는 맞이할 수 없다. 회개 없는 모든 자율적인 개인, 조직, 기관, 국가들은 하나님 나라의 왕권을 잠정적으로 탈취한 찬탈자들인 정사(principalities)와 권세(authorities)일 뿐이다(골 2:15, 엡 6:12). 자연인과 자연세계는 급진적인 자기부인과 자기갱신을 통해서만 도래하는 하나님 나라와 직면할 수 있다. 개혁교회는 새로운 공동체적 사회생활과 자기비판적인 삶을 통하여 하나님께 등을 돌린 세상을 변혁하고, 그 세상의 기초를 허물고 이 세상의 신으로부터 사람들을 건져내고 해방시키는 하나님 나라의 증인이다. 그러나 교회공동체는 주변 세계의 질서와 지배적인 이데올로기에 적응하도록 항구적으로 유혹당하고 있다. 그러므로 자신의 사회적인 삶에 대한 자기비판적인 비판과 검토를 통하여 교회는 주변 사회 · 경제 · 정치 · 문화적인 체제를 상대화하고 비판함으로써 주류 지배 이데올로기 및 체제의 정당성에 대한 질문을 부단하게 제기해야 한다.

교회공동체는 선포를 통하여, 또 성령의 능력에 의하여 변화된 공동체적인 삶을 통하여, 세상을 밝혀주는 빛과 세상을 보존하는 소금이 된다. 세상의 빛과 소금이 되도록 부름 받은 교회 공동체는 하나님 나라를 위하여, 주변세계를 위하여 자신을 헌신하고 아낌없이 자신을 내어주도록 이끌리는 것이다. 기존 상황에 대한 복되고 해방적인 공격으로서 교회 공동체 안에서 시작된 하나님 나라 운동은 사회적이고 정치적인 삶의 모든 영역에 침투하여, 주변세계를 변혁하려고 분투한다. 교회는 자신 안에서 시작된 사건, 즉 하나님 나라의 공격사건을 집요하고 일관성 있게 따름으로써 모든 사회적 · 정치적 영역에 침투하는 하나님 나라 운동에 참여한다. 그러기 위하여 교회는 일차적으로 교회 공동체에서 드러나는, 그러나 모든 지역과 나라들을 혁신하려는 하나님의 정치활동에 참여한다. 주변사회의 삶과 직접 관련시키지 않고는 복음을 교회 공동체 안에서 선포하고 받아들일 수 없다. 비록 잠정적이지만 포괄적인 의미에서의 하나님 나라 운동에 참여함으로써 성령의 능력 안에서 교회는 세상을 향한 복된, 해방적 공격을 감행한다. 그래서 모든 인간적인 정치체제에 대하여 하나님 나라는 엄청난 정치적인 동요를 의미한다. 자신의 비판적인 책임의식을 통해서만 교회는 특정 사회질서의 상부 이데올로기로 고착되지 않으며, 특정한 정치사회체제를 유지시키는 역할에서 면제될 수 있다. 예수 그리스도가 선포하는 하나님 나라의 관점에서 보면 모든 단위의 인간적 정치적 결사체들(민족, 국가, 정당, 국제기구)은 극도의 자기중심적 편집증과 그로 인하여 야기된 정신착란에 빠져 있는 형국이다. 세계 속에 흩어져 있는 모든 그리스도인은 극도의 자기중심적인 혈과 육의 집단(국가와 민족)의 편집증과 정신착란을 경각시키며, 하나님 나라의 도래에 대면시켜야 한다. 모든 민족 속에 흩어진 그리스도인들은 국가주의 및 민족주의라는 이름의 완강한 저항세력을 예상해야 한다.

　따라서 교회공동체의 신앙은 하나님 나라의 완성을 기다리면서도 한편 서둘러야 한다. 그리스도의 부활과 승천 이후의 역사는 재림의 지연이며 이 지연은 인간들의 회개를 위한 하나님의 인내를 드러내는 유예선언이기 때문이다. 하나님 나라의 궁극적인 성취를 교회가 주도할 수 없다는 뜻에서 하나님 나라의 도래에 대한 교회 공동체의 기다림은 수동적이다. 그러나 이 기다림은 단순히 수동적인 태도가 아니라 긴장 속에서 살펴보고 망보고 서둘러 신랑을 마중 나가는 신부와 같은 깨어 있는 기다림이다(마 25장). 그것은 하나님 나라의 도래를 지상 속에 앞당겨진 현실이 되도록, 세상을 향하여 하나님 나라의 도래를 준비하도록 호소하는 예언자적 기다림이다. 하나님 나라의 궁극적 완성을 믿는 그리스도인들은 하나님을 감히 대신하려는 이데올로기들과 신들을 거부하며 해방자와 구원자를 끈기있게 앙망한다. 이런 하나님 나라와 개혁교회에 대한 이해에 입각하여 우리는 구약성경의 이상적인 모듬살이를 규정해준 희년사상을 주목하며 그것의 한국사회에의 창조적 접목가능성을 탐색해 보고자 한다.

6. 하나님 나라의 근사치 모델, 희년공동체 이스라엘

희년은 고대 이스라엘의 이상적인 계약 공동체의 유지를 위한 면제년 법(출 21:1-2; 신 15:1-11; 렘 34장)의 후기 수정증보판으로서 가장 이른 시기의 면 제년법을 다소 완화시킨 법이다. 희년은 일곱 번의 안식년을 마친 후 50년 째 되는 해를 특별 안식년으로 선포하여 이스라엘 계약공동체 구성원들을 총제적으로 자유케 하고 야웨신앙의 법도대로 살 수 있는 토대를 회복해주 는 주기적인 사회적 예전혁명이다(liturgical social revolution). 희년은 성막을 중 심으로, 하나님의 기업의 땅인 가나안 땅에서 이뤄지던 이스라엘의 공동체 생활을 전제하고 있다. 레위기의 모든 율법들과 계명들은 이스라엘 백성들 이 시내산에 머물던 1년간 모세를 통하여 중개된 율법들이라고 선포되고 있 다. 그러나 그 율법들을 자세히 살펴보면, 레위기의 많은 율법들은 이스라 엘이 가나안 땅에서 들어가 살았던 상황을 전제하거나 반영하는 율법들이 다. 모세 시대가 아니라, 사사시대, 왕국시대, 그리고 심지어 포로기 이후의 귀환 공동체 시대를 반영하는 율법들도 포함되어 있다(성전세겔, 땅과 가옥법, 경 작지 유지법 등). 특히 "성결법전(the Holiness Code)"이라고 불리는 레위기 17-26 장의 대부분은 이미 가나안 땅에 오래 정착했던 상황을 반영하고 있으며 가 나안 문화와의 충돌과 혼합을 동시에 겪고 있던 이스라엘 백성들에게 선포 되었던 계명들이다. 그런데 왜 레위기는 그 안에 포함되어 있는 율법들 모 두 "모세가 시내산에서 중개한 율법(27:34)"이라고 말하고 있는가? 이것을 이 해하기 위해서는 이스라엘의 계약갱신신학을 먼저 알아야 한다. 신명기 5:1-11(특히 3-6절)에 의하면 이스라엘 출애굽 2세대들이 제2대 시내산 계약체

결 당사자 세대로 규정된다. 계약의 "동시대화"인 것이다(contemporization). 즉 이스라엘 모든 세대는 "실존적으로는" 한결같이 시내산 계약에 참여하는 세대라는 것이다. 또한 신명기 18:15-18은 하나님께서 각 시대에 모세적 권위를 가진 예언자를 일으켜 주셔서 하나님의 말씀을 각 시대의 백성들에게 적용가능한 율법이 되도록 중개해 주시겠다는 약속을 담고 있다. 이런 식으로 보면 여호수아는 제2대 모세적 예언자가 되는 것이다. 주전 10세기에는 사무엘이, 주전 9세기에는 엘리야와 엘리사가 모세적 예언자는 되는 셈이다. 시내산에서 모세를 통하여 주신 중개된 "하나님의 율법"들은 역사가 진행될수록 수정되고 보완되고 대체되는 과정에서 탄생되었다. "시내산에서 모세를 통하여 중개되고 가르쳐진 율법들"이란 "이스라엘 백성들에 의하여 하나님의 율법이라고 승인된 율법들로서 공동체의 안녕과 존립에 결정적으로 중요한 율법들"을 총칭하는 말이다. "모세의 율법"이란 모세 시대의 법만을 가리키지 않는다는 것이다. 따라서 우리가 레위기 17-26장에서 포로기 이후 유다의 삶의 정황에 잘 부합하는 법들을 발견한다고 해서 당황할 필요가 없다. 이스라엘이 계약공동체로서 존립하기 위한 최소한의 경제적 안전장치인 희년을 다루는 레위기 25장은 성결법전의 일부로서 바벨론 귀환포로들의 상황에서 연원한 율법이었을 가능성이 크다.

1) 출애굽 구원의 영원한 기념 축제, 희년법(레위기 25장)

레위기 25장은 모세 오경에 보존되어 있는 "땅 점유" 주제에 관한 유일한 실례를 담은 규정이다(25:23-25). 그것은 고대 이스라엘 문중(clans), 지파, 개인들에 의하여 점유된 땅의 법적 지위를 규정하는 유일한 율법규정이다. 이 규정의 근저에는 하나님께서 이스라엘에게 영원한 *아후자*, 즉 "영구임대 토지"로 주셨다는 사상이 깔려있다. 그래서 영구 매매나 양도는 있을 수 없다. 구체적으로 보면 25장은 안식년 규정(1-7절)과 희년 규정(8-55절)으로 구성되어 있음을 알 수 있다. 여기서 땅과 야웨 관계가 대단히 직접적이라는 사실은 주목할만하다. 이스라엘 백성이 야웨께 직접 소속된 하나님의 백성이듯이 가나안 땅 또한 직접적이고 특별한 의미에서 야웨께 소속된 땅이라는 것이다.

1-7절은 안식년 법을 규정하는 더 오래된 전승인 출애굽기 23:10-11(땅의 안식)을 되풀이하고 있다. 이스라엘 백성들이 약속의 땅에 들어온 시점부터 계산하여 매 7년마다 순환적으로 땅은 안식년 휴식을 가져야 한다는 것이다. 희년은 일곱 째 안식년의 그 다음 해, 즉 50년되는 해를 가리킨다. 나팔을 풀어 땅과 채무노예들을 동시에 자유케 하는 해방의 축제절기다. 8-12절은 희년이 "너희(이스라엘)에게 거룩할 것이다(12절; 참조. 10절)"라는 사실을 전면에 부각시킨다. 희년이 이스라엘 백성의 거룩한 품격을 드러내는 표징 중 하나가 된다는 말이다. 13-28절이 희년법의 뼈대다. 여기서 이스라엘은 하나의 거대한 가족 집단으로 이해되고 있다. 특히 빈번하게 사용되는 "형제," "이웃"이라는 용어가 희년 제도의 사회학적 배경을 명료하게 드러낸다. 희년법의 중심관심은 하나님이 선물로 주신 땅이요 조상으로 유산으로 받은 땅에서 가족구조를 형성된 이스라엘 공동체가 가나안 땅에 계속 정착할 수 있게 만드는 토대 구축을 가능케 하는 법이었다. 희년법은 이스라엘 공동체에 속한 거류민이나 가난한 자들의 생존을 가능케 하는 공동체적 돌봄을 법제화하고 예전화(sacramentalize)하고 있다. 가난한 자와 신분이 불안정한 경제적 약자인 거류민들에 대한 돌봄과 공동체적 자비 구현을 법(명령)과 축제적인 예전(자발적 참여)이라는 맥락 속에 배치하는 것이다. 따라서 희년은 기쁨의 해로서 나팔(요벨)을 불어서 그것의 도래를 알릴 만한 50년 주기의 자발적 사회변혁적 축제절기였다.

하지만 사회학적인 견지에서 보면 그것은 모든 사람들에게 나팔을 불어 그것의 도래를 알릴만한 보편적인 기쁨의 해가 아니었다. 희년 절기는 가난한 자 중심의 축제였기 때문이다. 부자들은 오히려 재산을 상실하고 기득권의 상실을 감수하면서 축제에 참여해야만 했을 것이다. 하나님의 은혜로 마음이 감동되어 있지 못한 부자들과 지주들은 나사렛 회당의 지주들처럼 예수님의 희년 도래 선포에 드세게 저항할 수밖에 없었을 것이다(눅 4:28-30). 이처럼 희년의 목표는 어떤 이유로든지 파산되어 생존 경계선 밖으로 추방당한 자들을, 계약공동체를 지탱시키는 하나님의 구원은혜에 수혜자로 재활복구시키는 것이었다. 이스라엘의 잃어버린 양이었던 삭개오를 아브라함의 자손으로 재활복구시키는 과정은 이런 희년의 영적인 적용인 셈이었다(눅 19장). 되듯이). 희년은 법제화된 신적 친절과 자비였던 것이다. 법제화된 친절과 이웃 사랑의 중심에는 23절에서 잘 요약되듯이, 땅에 대한 하나님의 배타적 소유권 신앙이 있다. 빚으로 혹은 기근이나 전쟁으로 파산된 이스라엘의 자유시민들은 자신의 기업의 땅에서 소외되고 이산과 방랑의 삶을 살수밖에 없을 것이다(룻기). 자신의 본거지를 떠나 이방 지역의 주변지역에 간신히 살아가는 불안정한 빈곤층을 게르(gēr, גר)라고 부르는데, 23절은 이스라엘 백성 모두가 하나님 앞에서는 땅에 대한 어떤 기득권도 주장할 수 없는 거류민, 게르라고 규정한다. 하나님은 이스라엘 땅 한 복판에 사는 경제적 약자인 게르를 보호하기 위하여 이스라엘 모두를 하나님께 붙여사는 게르라고 규정해 버린 것이다. 원칙적으로 페르샤 제국이나 로마제국 아래 식민지 백성으로 살아가는 모든 이스라엘이 게르였던 셈이다.

이처럼 희년법의 근저에는 거류민과 가난한 자의 생존권과 인간 존엄성을 확보해 주려는 신적 자비가 흐르고 있다. 이미 땅을 가진 유산자와, 유력자들이 되어버린 일부의 이스라엘 자유시민들에게 그들이 본디 이스라엘 땅에 정착할 때의 법적 신분이 이주민 정착자요 거류민이었다는 깨우침으로써 그들이 붙여사는 거류민들과 나그네들을 신적 자비로 돌보도록 촉구하는 전략이었던 것이다. 이주민들이었던 이스라엘에게 "땅은 영속적으로 매각될 수 있는 사유재산이 될 수 없을 것이다. 왜냐하면 땅은 하나님의 것이요 이스라엘 백성들은 "이주한 나에게 붙여사는 나그네들이요 거류민들이기 때문이다"(23절). 이 절은 몇 가지 중요한 결과들을 내포하고 있다.

첫째, 그것은 하나님께서 땅에 사는 인간 거주자들과는 전적으로 독립적으로 존재하는 땅을 스스로 소유하신다는 것이다. 둘째, 그것은 하나님께서 토지재산을 매매가능한 일반적 상품과는 다른 차원으로 취급하신다는 것이다. 즉 어떤 사람도 어떤 땅을 사서 영구적으로 소유할 수 없다는 것이다. 절대적인 의미에서 인간은 땅의 소유자가 될 수 없다. 셋째, 이스라엘이 하나님 앞에서 거류자요 나그네라는 사실은 거류민과 나그네 일반에 대한 친절과 환대라는 사상을 발전시키는 신학적 준거를 제공한다. 이스라엘 계약공동체는 가난한 자들의 살림살이가 파탄되지 않도록 공동체적으로 돌볼 윤리적 신앙적 의무 아래 속박된 것이다(39-42절). 25절은 23절에 상관없이, 사람들이 재정적인 이유 때문에 현실적으로 자신들의 토지재산을 팔지 않으면 안 될 상황에 직면할 것을 인정하고 있다. 이 사실은 단지 인정되고 있을 뿐만 아니라, 그러한 팔린 토지재산이 원소유자(경작자)에게 궁극적으로 회복되는 과정에 대한 규정들에 반영되어 있다. 어떻게 매각된 땅이 다시 회복될 수 있는가?

첫째, 원주인은 그것을 다시 사들일 수 있다(26-27절). 둘째, 친족이 팔린 토지를 다시 사서 가문의 재산으로 복구시킬 수 있다. 기업 무르는 일이 가능했다(25절 하반절). 셋째, 희년이 오면 성벽으로 둘러싸인 지역 안에 있는 집을 제외하고는 토지재산은 원소유주에게 다시 회복되었다(레 25:8-12, 29-31). 아마도 희년이 안식년의 확장이었기 때문에(레 25:1-8, 25-28), 어떤 땅이 원래의 재산으로 회복되는 것은 원래 매매거래와 관련된 채무의 탕감이라는 전제 아래서 가능한 일이었을 것이다. 이런 규정들을 통해서 안식일법과 안식년법(희년법 포함)에 명령하는 두 가지 특징적인 사건은 땅의 안식(휴경)과 이스라엘 동포 노예들의 해방, 채무탕감이었음을 알 수 있다. 그래서 우리는 사회복지라고 부르는 일이 이스라엘 백성(한 때 애굽의 노예요 가나안 땅에서 들어와서는 약 200년간 거류민 신세를 경험한 이스라엘)을 향해 베푸신 하나님의 선행적

(先行的)인 환대와 돌봄을 반영하는 법과 축제절기 속에서 시행되고 있었던 것이다.

35-46절은 이스라엘 공동체 안에서의 극빈자에 대한 공동체적인 돌봄을 명령하고 있다는 점에서 희년 정신의 적용사례다. 이방인은 종으로 부릴 수 있지만 동포 이스라엘은 종으로 팔리더라도 희년까지만 섬기게 하고 풀어주어야 한다. 47-55절은 이방인에게 노예로 팔린 이스라엘 동포를 속량하도록 하되 가까운 친족부터 속량 책임을 더욱 직접적으로 느껴야 한다. 결국 희년법은 광범위한 공동체적인 사랑의 연습을 위한 제도적 장치였던 셈이다.

희년에 취해야 할 이상의 조치들은 이스라엘 백성들뿐만 아니라 가나안 땅도 야웨 하나님 자신에게 할당된 기업(基業)이라는 보다 더 오래된 전제에 근거하고 있다(삼상 26:19; 삼하 14:16; 렘 2:7; 16:18; 50:11; 시 68:10; 79:1). 그래서 희년의 법적 예전적 조치들의 핵심은 영구적인 땅 상실과 땅의 소출로부터의 소외라는 현실에 직면하였을 때, 옛 조상들에게 할당해 주신 가문의 토지재산을 지켜주시겠다는 하나님의 계약적 투신에서 찾아볼 수 있다. 토지재산의 복구와 관련된 친족-기업 무를 자 사상은 성경의 다른 책들에서도 잘 알려져 있는데 확실히 그것은 오래된 가족 공동소유 재산을 보전하는 데 영향을 끼쳤다(룻 4:3-6; 렘 32:6-12; 왕상 21:1-19). 희년 제도의 근저에 깔려있는 세계관은 확실히 자발적인 평등주의적인 사회를 지향하고 있다. 그러나 이 평등은 개인의 행복의 총량을 균등하게 배분하거나 물질적 재화나 용역을 산술적으로 균등하게 배분하는 평등주의적 이데올로기로 각질화되지 않는다. 한 공동체의 건강하고 평화로운 존립을 해치지 않는 한에서의 개인별, 가족별 재산상의 차이를 인정한다. 다만 묵은 땅을 주기적으로 갈아엎고 객토를 함으로써 땅의 비옥도를 높이듯이, 공동체의 불평등과 거의 세습화된 가난을 상대화시키는 사회학적 기경과 객토작업을 해주자는 것이었다. 구약이 말하는 하나님 나라는 두 가지 사건으로 구성되어 있다. 죄사함을 통한 하나님과의 언약관계 돌입(참여), 하나님의 은혜에 추동되어 이스라엘 백성이 서로에게 하나님되어 주기(기업무르는 자 되어 주기)이었다. 결국 구약성경과 신약성경이 말하는 하나님 나라는 이런 점에서, 영적인 기업무르기(죄사함을 통한 언약공동체 구성원 자격 획득)와 물질적 기업무르기(땅회복을 통한 언약공동체 구성원 자격획득)을 통한 희년사회의 구현을 의미했다.

2) 어떻게 희년정신을 오늘날의 하나님 나라 운동 안에서 구현할 수 있을까?

앞에서 살펴보았듯이, 이스라엘의 이상적인 국가공동체의 구성과 생활에 대한 강령들과 율법들은 모세오경의 면제년법이나 희년 사상에 잘 집약되어 있다. 이 두 율법들은 출애굽 구원과 가나안 땅 정복이라는 하나님의 선행적(先行的)인 구원에 대한 이스라엘의 응답차원에서 실행되기로 예정된 가르침들이었다. 이스라엘에게 주어진 국가공동체의 삶에 대한 모든 율법들은 하나님께서 파라오의 압제에서 자신들을 해방시키시고 가나안 땅을 선물로 주신 하나님에 대한 감사의 응답으로 지켜져야 할 것들이었다. 이 두 사상의 핵심은 이스라엘에게 선물, 즉 기업으로 주어진 가나안 땅이 원천적으로 하나님의 땅이요 이스라엘 백성은 땅의 거류민(일시적 경작자)이었기에 땅의 영구적 사적 소유의 금지였다. 특히 희년은 땅의 일시적 매매를 허용했으나 매입된 땅의 수익권을 49년만 보장했고 50년이 되는 해에는 모든 팔린 땅들이 원래의 주인에게로 되돌아가도록 규정했다. 가난이 50년 이상, 즉 두 세대 이상 세습될 수가 없었다. 따라서 이스라엘에서 계약공동체의 일원으로 태어나는 사람은 누구나 하나님의 땅 선물을 누릴 자격을 갖게된다. 어떤 가난한 이스라엘 국민도 땅의 소출로부터 영구적으로 소외될 수는 없도록 한 것이다. 이처럼 희년법으로 대표되는 모세오경의 이상적 공동체 규정은 자발적인 우애실천 상호견인적 사랑실천을 최고의 덕목으로 삼는 계약공동체 사회였다. 이스라엘 사람들은 하나님과 맺은 언약으로 동포와 이웃과 자신을 결박시켰다. 하나님께 속한 계약백성은 자연적으로 동포들과 이웃들과 계약관계에 묶여있음을 인정했다. 희년 율법이 상정하는 이상적인 국가는 우애와 협동, 상호돌봄과 지지가 전제된 공동체다. 이 이상적인 성서적 국가공동체는 어떤 파라오의 압제도 허용하지 않는 자유사회이면서 동시에 어떤 특정 계급이나 계층의 절대적 지배권력의 소유도 인정하지 않는 균등적인 우애공동체였다. 그것은 전체주의나 압제, 독재정치, 노예화를 금지하며, 사유재산을 보유할 자유나 거주이전의 자유가 보장되지만 그 개인의 자유는 공동체의 공공선을 해치지 않는 범위 안에서 보장된 자유다. 결국 희년사상이 설정하는 이상적인 사회는 하나님과의 계약적 친밀성 안에서 수평적인 동포와 이웃과 결속되는 공동체적인 인애주의 공동체였다. 인애(헤세드)는 계약공동체의 의리와 친절을 가리킨다. 따라서 3일 굶은 장발장이 고대 이스라엘에 태어났다면 절도죄로 감옥에 가지 않는다. 구약의 법에 의하면 굶은 자의 생존권이 사유재산권보다 더 신성한 권리였기 때문이었다. 거칠게 말하면 모세오경이 설정하는 이상적인 국가는 개인의 자유와 형제자매적 우애 의무를 절묘하게 길항시키며, 빈부격차의 영구적 세습을 금지하는 사회다. 이런 사회는 법적 강제와 외적 규제를 통해서가 아니라, 하나님의 은혜에 대한 응답으로서의 자발적인 헌신과 우애로 유지되기로 기대되었다.

나사렛 예수는 헬레니즘화된 개인주의가 유대사회를 지배하던 당시에 아주 보수적인 원칙을 선포한 신앙인이었다. 그는 오래 전 12지파 시대의 모세율법을 존숭(尊崇)했고 그것을 어기며 사는 동시대인들을 향해 예언자적 비판을 서슴지 않았다. 나사렛 예수가 선포한 하나님 나라는 모세오경과 예언자들이 가르친 하나님께 순종하는 백성들의 공동체로서 하나님을 지극정성으로 사랑하고 이웃을 자기 몸처럼 사랑하는 우애공동체였다. 부재지주들에게 땅을 빼앗기고 광범위한 유민들과 소작인으로 전락한 팔레스틴

농민들에게 이런 하나님 나라를 선포했다. 메시아 취임설교로 알려진 나사렛 회당 설교에서 그는 청중들에게 오래 동안 잊혀졌던 희년법을 구현하라고 촉구했다가 큰 반발을 샀다. 희년을 선포하는 이사야 61:1-4을 인증하면서 청중들에게 "희년실천을 촉구하는 이사야 말씀이 오늘 여러분들의 귀에 응했습니다"라고 선포했다. 듣는 자들에게 실천 의무를 일깨운 것이다. 하지만 구약성경의 토라 말씀은 정치와 경제, 종교와 문화의 권력 상층부로 진입한 엘리트들에게는 실천하기 어려운 계명들로 가득 차 있다. 7년에 한 번씩 종들을 풀어주고, 채무를 탕감하고, 50년에 한 번씩은 땅의 원소유자들에게 땅을 넘기라고 요구하는 것은, 힘써 부를 일군 성실한 지주들에게나 부당한 방법으로 지주가 된 자들에게나 모두 지난한 과제였다. 하나님의 압도적인 은혜에 사로잡힌 자들만이 모세오경의 희년 강령들을 실천할 수 있었다. 오순절 성령강림 때에야 이런 희년적 사랑과 우애실천이 일어났다. 성령의 첫 열매인 원시 예루살렘교회가 탄생했고, 압도적인 성령의 감동으로 초대교회는 물질적 유무상통의 공동체를 이루어낼 수 있었다(행 2장과 4장).

그런데 이런 나사렛 예수의 하나님 나라 메시지가 바울에게 오면 개인 구원의 메시지, 자신이 전하는 나사렛 예수가 주와 그리스도가 되셨다는 말을 믿으라는 복음초청의 메시지로 바뀐다. 가장 큰 이유는 토라의 가르침을 실천할 사회정치적 맥락이 사라졌기 때문이다. 주후 70년 이후 모세오경을 산출했던 팔레스틴의 영토적 국가적 실체인 이스라엘은 사라져 버렸다. 결과적으로 바울 서신들과 신약의 기타 책들은 팔레스틴의 이스라엘을 상대로 쓰여진 글들이 아니라 그레코-로만 제국의 헬레니즘화된 도시공동체에 흩어져 살던 소수의 이주민 공동체에게 보내진 글들이었다. 이런 상황에서 유대교인들이 가장 중요하게 생각하는 모세오경의 토지법, 재판법, 가정법, 민법, 상법 등을 지중해 일대의 유대인 디아스포라에게 적용하는 데는 무리가 있었다. 하지만 바울이 희년정신 안에 담긴 이상적인 모둠살이의 원칙, 모세오경이 상정한 강력한 상호돌봄적인 계약공동체주의를 포기한 것은 아니다. 오히려 그는 그것을 팔레스틴적 무대를 넘어 국제주의적인 영적 공동체의 구성원리로 활용했다. 그는 이방교회의 물질적인 기부로 기근을 당한 예루살렘 성도들을 돕는 일을 자신의 필생의 선교사명 중 하나로 설정했다 (고후 8-9장; 롬 15:16, 25-27). 이것은 단지 일과성 구제활동이 아니라 희년 율법이 설정한 이상적인 공동체 정신을 디아스포라 교회공동체 안에 접목하려고 한 시도로 보인다. 비록 그는 희년 율법을 자신의 이방교회공동체에 문자적으로 적용하지는 못했으나 그것의 핵심인 계약공동체주의나 나사렛 예수가 그토록 강조했던 가난한 자들을 위한 사랑실천을 포기하지는 않았다. 다른 신약성경의 문헌들도 마찬가지다. 신약성경의 많은 책들이 비록 과도한 종말론과 임박한 재림신앙으로 채색되어 있지만 이 세상에 어떤 모듬살이를 펼칠 것인가에 대한 전망도 제시하고 있다. 야고보서와 요한복음, 요한서신들, 그리고 대부분의 바울서신들은 한결같이 종말에 나타날 하나님 나라의 완성시점에 실현될 과격한 사랑과 돌봄을 과시하도록 격려하고 촉구하고 있다. 바울은 지극히 조밀한 종말론적인 형제자매 공동체를 구성하는 것을 목표로 사역에 매진했다. 형제우애가 구현된 사랑의 공동체를 지중해 여러 거점도시들에 형성하여 예루살렘의 성도들과 교제, 즉 신코이노니아(synkoinonia)라고 불리는 물질적 유무상통을 실천하는 데까지 성장하도록 도왔다. 이렇게 함으로써 바울은 가난한 자들의 구제와 물질적 유무상통까지 포함하는 복음의 교제를 이방교회에 가르침으로써, 팔레스틴의 이스라엘 국가공동체를 떠나서도 실천가능한 신앙의 중간공리를 개발해 낸 것이다. 여기서 한국교회의 하나님 나라 운동이 배울 점이 있다.

요약하면 국가를 재구성하고자 할 때 우리가 주목해야 하는 성서적 진리는, 압제주의에 대한 자유주의, 원자화된 개인주의를 초극하는 계약공동체주의, 무한양극화로 고착되는 빈부격차 대신에 주기적인 희년적 형평주의, 고도로 조밀한 형제자매돌봄주의다. 이런 희년적 계약공동체주의와 나사렛 예수 안에서 선포된 하나님 나라의 진리를 과연 무한경쟁주의적 신자유주의를 채택한 오늘의 한국사회가 어느 정도 감당할 수 있을까? 무한경쟁을 동력으로 삼아 개인을 동력화시키고 생산성을 높이려는 한국사회에, 어떻게 상호돌봄적인 인애와 계약공동체주의라는 성서적 진리가 접목될 수 있을까? 바울처럼 희년사상의 근본정신을 살리되 적용상의 변화를 가미한 중간실천공리를 개발할 필요가 있다. 하지만 우리가 이런 국가공동체의 구성과 운영에 관한 성서적 진리를 먼저 세속적인 국가를 향해 외칠 것이 아니라 하나님의 선행적인 구원을 경험한 교회 공동체에 먼저 외쳐야 한다. 하나님의 선행적인 구원을 경험한 교회 공동체 안에서 그 성서적 진리가 먼저 적용되고 실험되어진 후에 세속사회로 그 파급력을 확장해가야 한다는 것이다. 이런 점에서 희년사상 운동은 한국과 같은 세속국가에게 문자적으로 적용하기에는 무리가 있을 수 있다. 그러므로 하나님의 선행적인 구원을 경험한 교회공동체가 우선적으로 실천한 후, 그 실천의 성과 위에서 세속사회를 향해 일반적인 입법운동을 추진할 수 있을 것이다.

3) 결론

우리가 예수 그리스도를 주와 구세주로 고백하여 구원을 받아도 이 땅의 질서를 순식간에 박차고 영적인 천국으로 직행하거나 순간이동하지 않는다. 상당한 긴 시간 동안 땅의 질서 안에서 살아야 한다. 기독교 구원은 이 세상으로부터의 도피, 즉 정치적 책임과 시민적 의무의 방기나 그것으로부터의 도피가 아니다. 하나님 나라 운동은 인류사의 마지막 단계에 가서야 꽃필 수 있는 종말론적 사랑과 우애를 앞당겨 맛보고 실천하는 운동이다. 그것은 정책적 특혜나 여론을 통해 기독교적 영향력을 일시에 행사할 수 있는 고관대작의 자리를 기독교인들이 차지하는 운동이 아니며, 특정도시를 하나님께 봉헌하겠다고 선언하는 조야한 선교열정의 방출도 아니며, 성서적 진리를 일반인들이 알아들을 수 있게 실천하는 운동이다. 그것은 그리스도인들의 자기희생적 이웃사랑과 기독교적 영성실천을 통해서만 가능하다. 성서적 진리가 한국사회 일반에 통용되는 진리임을 증명하기 위해서는 먼저 교회 공동체 안에서 실험해보고 실증해보는 일이 중요하다. 따라서 현단계 하나님 나라 운동은, 참 감람나무인 이스라엘에 접목된 돌감람나무인 이방교회인 한국교회가 먼저 모세오경 율법을 교회 공동체의 신앙실천 안에 탄력적으로 실천하는 것이다. 교회 안에서 빈부격차가 형제우애와 돌봄의 계기가 되고, 사회적 신분 차이가 적대의 담벼락으로 더 이상 기능하지 못할 때, 세상은 교회 공동체 안에 역사하는 진리에 비상한 관심을 집중시킬 것이다. 교회가 모세오경과 공관복음서, 바울서신과 사도행전이 묘사하는 물질적 영적 유무상통의 신코이노니아를 실현할 때, 기독교진리가 세상을 설득할 수 있을 것이다.

2

신약의 경제사상[*]

– 주후 1세기 팔레스틴의 구제제도와 원시기독교 구제활동

1. 서 론

    인간과 세계는 빈부격차가 없는 공동체를 꿈꾸며, 빈부의 차이가 있다
하더라도 그것이 최소한의 정도에서 억제되기를 바란다. 그러나 현실은 너
무나 달라서 어떤 시대, 어떤 공간에도 절대적으로 빈곤한 사람들이 존재한
다. 이런 현실 속에서 기독교와 교회는 적어도 양식이 없어서 영양실조에
걸리거나 생명이 위협받는 사람이 없고 혹 있다 하더라도 그러한 사람들에
게 최소한의 양식을 제공하는 구제제도를 갖춘 사회를 꿈꾸고 이를 위해 노
력해왔다. 본 연구는 원시기독교의 배경이 되는 유대교와 팔레스틴[1]에는 어
떠한 구제제도가 존재했는지 그리고 그제도가 어떻게 변천되어갔는지를 파
악하여 오늘에 필요한 교훈으로 삼으려는데 그 목적이 있다. 이를 위해서

---

*   최재덕 (장로회신학대학교)
      이 논문은 2011년 7월 8일 공적신학연구소에서 발표한 내용을 수정보완 한 것임.
1   "팔레스틴"은 유대왕국이 존재했던 지역을 뜻한다. 1세기 유대왕국을 이스라엘이라고 칭하
    는 것이 적절치 않기 때문에 이 용어를 사용한다.

유대교와 원시기독교의 구제제도 및 헬라세계와 로마제국의 제도를 비교 검토하고 기독교의 등장이 이러 제도에 끼친 영향을 살펴보는 것이 필요하다. 이 연구의 결과가 급속한 경제성장을 이뤘지만 이로 인해 생겨난 빈부 격차의 문제로 고민하고 있는 한국사회안에 존재하는 한국기독교가 이 문제에 어떻게 접근하는 것이 바람직할 지를 모색하는데 도움을 줄 것이라 믿는다.

2. 본 론

1) 그리스의 구제제도

고대 그리스에도 배급제도가 있었지만 구체적인 구제제도는 없었던 것으로 보인다. 크레타와 사모스의 두 예외적인 경우를 포함해서 그리스 사회의 배급제도는 시민들을 위한 것이었다. 크레타의 경우 어떠한 재화가 전리품, 벌금, 세금, 생산물의 형태로 취득되든지 그것은 시민들의 소유로서 그들에게 분배되어야 한다고 했다.[2] 플라톤과 아리스토텔레스는 이 도시를 공급과 배급 제도의 모델로서 소개하면서 칭찬한 바 있다.[3] 그러나 이 제도도 주전 4세기까지 큰 변화를 겪고 주후 2세기가 되자 배급은 오히려 부자들에 의해 유지되었다. 사모스의 경우도 주전 3세기까지는 유일하게 지속적으로

---

2   P. Garnsey, *Famine and Food Supply in the Greco-Roman World*(Cambridge: Cambridge University Press, 1988), 79. 김경진, 『제자도와 청지기도』(서울: 솔로몬, 1996), 357. Kim Kyung Jin, *Stewardship and Almsgiving in Luke's Theology* (Sheffield: Sheffield Academic Press, 1998).

3   Plato/R. G. Bury, *Laws*, 847, Vol. II (Cambridge: Harvard University Press, 1968), 79-81. Aristoteles/E. Barker, *The Politics of Aristotle* (Oxford: Oxford University Press, 1969), 80-81. "The arrangements for common meals in Crete are better than they are at Sparta." 이 두 해석의 공통점은 시민들이 공동기금에 의해 부양받았다는 것이다.

배급이 시행되었는데 이는 식량공급과 관련한 긴급 상황에 대비해 공급에
필요한 일종의 기금을 확보하려는데 그 목적이 있었다.[4] 여기서 유의할 점
은 이런 이상적인 제도를 갖추고 있는 도시에서 조차도 만성적인 식량문제
를 해결하기 위해서는 부자들에 의한 자선금(ἐπίδοσις)이 절대적으로 필요했
다는 사실이다.[5] 아테네의 경우도 무료배급을 위한 항구적인 기금이 존재했
다는 증거는 없으며 심지어 외국에서 보내온 곡물을 무료로 배급할 때도 비
시민을 제외하기 위한 명단조사를 실시하면서 가장 궁핍한 자들에게 배급
하려는 노력을 하지 않았다.[6]

2) 로마세계에서의 빈곤한 자들의 상황과 구제제도

시대에 따라 다소 변경되었지만 주후 1세기의 로마제국에도 정규적인
자선제도가 없었다고 할 수 있다.[7] 다른 제국과 달리 로마제국은 지중해를
제패하고 광대한 식민지에서 거둬들인 각 종 세금 및 해외재산에서 얻는 수
익금 및 농산물 등 막대한 부를 빨아들이고 있었지만 어느 고대사회에서와
마찬가지로 빈곤은 여전히 중요한 그리고 고질적인 사회적인 문제였다.[8] 로

---

4   A. R. Hands, *Charities and Social Aid in Greece and Rome* (London: Thames & Hudson,
     1968). 179. G. R. Rickman, *The Corn Supply of Ancient Rome* (Oxford: Clarendon Press,
     1980), 156. 릭맨은 사모스의 배급 제도를 국가의 만성적인 경제문제에 대처하기 위한 수단
     으로 보았고 곡물공급의 실패 때문이 아니라 일련의 우발적인 사건들로 인해 여러 국가에
     서 경제문제가 발생했다고 보았다.

5   Hands, *Charities*, 179. 사모스 인들은 부자들이 곡물기금으로 보이는 자선금을 기부할 것
     을 기대하였다. Garnsey는 어떤 도시국가도 사모스의 제도에 비견할 만한 제도를 가지지
     않았다고 주장한다(*Famine*, 81-82, 86).

6   Hands, *Charities*, 97. Garnsey, *Famine*, 81.

7   Garnsey, *Famine*, 84-85, 273. P. E. Esler, *Community and Gospel in Luke-Acts: The Social and
     Political Motivations of Lucan Theology* Cambridge: Cambridge University Press, 1987), 175.
     김경진, 『제자도와 청지기도』, 364.

8   Garnsey, *Famine*, 84, 274. P. A. Brunt, *Social Conflicts in the Roman Empire* (London:
     Chatto & Windus, 1971), 20. W. Meeks, *The Moral World of the First Christians* (London:

마 제국 전체 인구의 일 퍼센트에 불과한 중앙 및 지방귀족들은 더욱 더 부를 축적해가고 있었지만 빈곤층은 더욱 더 한계상황으로 몰렸다.[9] 왜냐하면 그들의 사회적 신분을 유지할 수 없었기 때문이다.[10] 특히 부유층이 토지를 사들여서 소작을 주었기에 소작인들은 더욱 더 빈곤해졌다.[11] 식량이 부족할 때나 기근시에는 당시 지방정부도 개인의 희사와 자선에 의존했기에 특권적인 지위를 가진 부자들의 자선이 매우 중요했다.[12]

"가난한 자(πτωχός)"는 전혀 일할 수 없었던 사람들, 즉 소경, 앉은뱅이, 저는 자, 문둥병자, 귀머거리, 정신장애자 등과 같이 고대 세계의 힘겨운 삶에서 생존하기 위한 유일한 방편이 구걸이었던 사람들에게 적용되는 것이다."[13] 이런 불평등한 구조외에 자연현상 또한 가난한 자들을 더욱 궁핍하게 만들었는데 그 이유는 잦은 흉작이나 기근으로 인해 곡식이 심각하게 부족해지면 그 막대한 고통을 겪는 것은 언제나 가난한 자들이었기 때문이다.[14]

그럼에도 불구하고 빈곤층만을 위한 항구적인 자선제도는 없었다고 할

SPCK, 1987), 33.

9   Garnsey, *Famine*, 84. 갠지는 로마세계는 빈부의 격차가 극심했다고 설명한다. W. Meeks, *The Moral World*, 33. 믹스는 1퍼센트도 안되는 특권계급층의 사람들이 제국을 지배하고 있었다고 설명한다. 김경진, 『제자도와 청지기도』(서울: 솔로몬, 1996), 352-353.

10 B. Malina, "Wealth and Poverty in the New Testament and Its World" *Interpretation* (1987) Vol. 41 No. 4. 354-358.

11 S. Dill, *Roman Society from Nero to Marcus Aurelius* (London: Macmillan, 1904), 94-95. P. Garnsey & R. P. Saller, *The Roman Empire, Economy, Society and Culture* (Berkeley: University of California Press, 1987), 112. 갠지는 소작인들은 착취를 당했고 심지어 로마인 소작인들도 착취당했다고 주장한다. Brunt, Social Conflicts, 20.

12 Garnsey, *Famine*, 86, 272-276.

13 Dill, *Roman Society*, 94-96. M. I. Finley, *The Ancient Economy* (Berkeley: Univ. of California Press, 1973), 41. 핀리는 프로코스(πτωχός)와 페네스(πένης)의 대조를 통해 프로코스를 "전혀 재산을 갖고 있지 않았던 사람"으로 정의하고 있다.

14 Dill, *Roman Society*, 94-95. P. A. Brunt/허승일 역, 『로마사회사』(서울: 탐구당, 1971), 39. 브런트는 기아는 항존하는 위험이었으며, 정규적으로 수입하는 식량에 의존할 수 있는 사람들이나 도시는 거의 없었고 "로마시는 그 경비를 제국의 이익에서 충당할 수 있었지만 곡물 보급의 조직은 어려움이 많아 굶주림은 결코 사라지지 않았다."고 주장한다.

수 있는데 이는 로마 정부가 무료로 곡물을 배급받는 시민들의 숫자를 최소한도로 줄이려고 정책을 펼쳤기 때문이다.[15] 원래 로마 정부는 수도의 곡물 공급에 개입했고 다양한 시기에 고정가격으로 특별배급을 실시하였는데 클로디우스(Clodius)는 주전 58년에 무료로 배급하는 방식으로 곡물법(lex frumentaria)을 극적으로 변경시켰다.[16] 하지만 이후 이 제도의 수혜자의 숫자를 최소한도로 줄이려는 정책을 계속적으로 펼쳤고 이에 따라 필히 언제든 무료로 곡물을 배급받아야 할 극빈층은 무시되었다.[17] 즉 시민으로서의 권리를 중시하던 바람에 빈민들에 대한 특별한 필요가 무시된 것이다.[18] 이렇게 "오늘날 우리에게 전해진 고대문헌과 서적에 따르면 그런 위기에 어떠한 국가나 사회도 가난한 자들을 기아와 궁핍으로부터 벗어날 수 있도록 하기 위한 제도나 장치를 갖고 있지 않았던 것으로 알려져 있다."[19]

3) 팔레스틴에서의 구제제도

(1) 예루살렘 성전의 구제제도

고대로부터 그리스와 로마제국과는 달리 팔레스틴에서는 가난한 사람들이 생존하는데 필요한 최소한의 양식을 얻을 수 있는 구제제도가 유지되었다. 가난한 사람과 거류민은 주인이 남겨두거나 땅에 떨어져 있던 이삭과 포도로 연명할 수 있었다(레 19:9-10; 23:22). 객과 과부와 고아를 배려한 이러한 가르침은 오늘날의 관점에서 보아도 매우 탁월한 제도라고 할 수 있다(신

15　김경진, 『제자도와 청지기도』, 361-362.

16　Rickman, *Corn Supply*, 172. Garnsey, *Famine*, 275.

17　김경진, 『제자도와 청지기도』, 362. 시이저(Julius Caesar) 재임기간에는 곡물을 무료로 받는 세대주를 32만에서 15만으로 축소했다. 이후 주전 5년까지 32만으로 증가했으나 아우구스투스 황제 재임시 인구 재조사를 실시하여 수혜를 20만으로 줄였고 주후 37년 티베리우스 황제 재임시인 37년 경에 최종적으로 15만으로 고정시켰다.

18　Hands, *Charities*, 103. Garnsey, *Famine*, 276.

19　김경진, 『제자도와 청지기도』, 356.

24:19-22). [20] 더욱이 제2의 십일조 즉 성전 제사장들을 위한 제1의 십일조와 구분되는 것으로, 축제 때 예루살렘성전으로 가져가 순례자의 거룩한 식사를 위해 떼어놓은 경비는 매 삼 년 끝에는 나중에 그 해 소산의 십분의 일을 내어 성읍에 저축하여 성중에 거류하는 객과 및 고아와 과부들이 와서 먹고 배부르게 한 규례가 되었는데 이는 유대 사회가 가난한 사람들의 상황을 깊이 이해하고 있었음을 보여주는 단적인 예가 된다. [21] 이렇게 일종의 구제기금을 성읍에 저축하여 두고 있었다는 것은 빈자를 위한 기금제도를 운영하고 있었다는 말이 된다.

그러나 이러한 우수한 제도도 후대로 가면서 강력한 외세의 지배로 인해 유대국가로서의 독립을 상실하면서 되면서 원래의 취지를 유지하기가 어려워졌던 것으로 보인다. 신약시대라고 할 수 있는 주후 1세기를 전후한 시대에 유대의 구제제도는 어떤 모습을 띄었는가? 유의할 점은 그러한 혼란하고 불안정한 상황에서도 예루살렘 성전에서는 빈자를 위한 구제제도가 확실히 있었다는 것이다. [22]

요세푸스에 따르면 예루살렘 성전에는 가조플락(γαζοφυλαξ)이라고 불리는 대제사장 다음의 직위를 갖는 고위직 재무 담당자가 있었다. [23] 여기서 구제와 관련해 γαζοφυλαξ의 직책에 유의할 필요가 있다. 마가복음 12장 41-44절과 그 병행구인 누가복음 21장 1-4절에 의하면 예수께서는 예루살렘 성전에서 "무리가 어떻게 헌금함에 돈 넣는가를 보실 새" 한 가난한 과부가 두 렙톤 곧 한 고드란트를 넣은 행위를 극찬하신다. 이 때 사용된 "헌금함"이란

---

20 Josephus, *Antiquities*. 4. 232.

21 신 14:28-29, 26:12-15. E. Schuerer/rev. & ed. G. Vermes, F. Millar, M. Black, *The history of the Jewish People in the age of Jesus Christ(175 B.C.-135 A.D.*, Vol. II (Edinburgh: T. & T. Clark, 1979), 264. 『예수시대의 예루살렘』(천안: 한국신학연구소, 1999), 181-183. 예레미야스는 제2의 십일조는 가져가기 좋게 헌금화했고 추가로 4분의 1을 더 가져갔다고 주장한다.

22 Schuerer, *The History*, Vol. II. 283.

23 Schuerer, *The History*, Vol. II. 282-283.

단어가 헬라어로 가조플라키온(γαζοφυλάκιον: treasury)이다. 이는 성전에 있었 던 헌금함을 가리킨다. 미쉬나(m.) *Shekalim* 6, 5에 따르면 성전에는 트럼펫 모양으로 생긴 13개의 헌금 용기가 있었고 그 중에 6개는 "자원하여 드리는 예물(Free Will offering)"을 위해 배정되었다.[24] 여기에는 속죄와 같은 분명한 목적을 위해 바치지 않는 "자유의지에 따른 헌금"이 드려졌으며 이는 가난 한 사람들을 구제하는 일에 사용되었을 가능성이 높다. 헬라어 단어가 아주 비슷하기에 이 헌금함의 총 책임자를 고위직 재무자로 불렀다는 점에서 구 제가 성전의 중요한 기능중의 하나였다고 추측할 수 있다.[25]

가조플락스(γαζοφυλαξ) 다음으로는 기자바림(μψρβζγ)이라고 불리는 상위 직 재무담당자가 있었으며 또한 그보다 하위직으로 여겨지는 아마르켈린 (νλκρμα)이라는 불리는 재무 담당자가 있었다.[26] 역대하 31장 11-19절에 따르 면 성전에서는 성전예물을 관리하는 자와 분배하는 자가 명확하게 구분되 어 있었다. 따라서 m. Shek. 5:2와 m. Pea. 8:7를 종합해 보면 기자바림은 성전예물을 관리하고 아마르켈린은 분배하는 역할을 맡았을 가능성이 높 다.[27] 이렇게 레위인 사제들 중에는 적어도 세 명 이상의 재무담당자가 있었 으며 이들은 성전 제사장들을 위한 십일조와 함께 빈자들을 위한 구제헌금 의 집행도 맡았던 것으로 여겨진다.

그러면 성전은 구체적으로 어떻게 구제제도를 운영하고 있었는가? 그

---

24 H. Danby, *Mishnah* (Oxford: Oxford University Press, 1933), 159. Josephus/L. H. Feldmann, *Jewish Antiquities*, 19. 294. W. Bauer. *A Greek English Lexicon of the New Testament and other early Christian Literature*, *3rd ed.*(Chicago: University of Chicago Press, 2000), 186.

25 그런 점에서 한국교회가 선교초기부터 '구제헌금'을 별도로 거두어 그 목적에만 사용했다는 것은 성경이 가르치는 구제정신을 아주 적절히 실행한 것이라고 평가할 수 있다.

26 Schuerer, Vol. II. 282-283. 요세푸스는 총독 훼스투스(베스도)가 대제사장 이스마엘과 재 정담당자 힐기아스를 네로황제에게 보낸 것을 언급한다(Josephus, *Jewish Antiquities*, 20. 194).

27 Schuerer, Vol. II. 283.

지역에 사는 가난한 사람들이 한 주일 한 번씩 정기적으로 지원을 받았던 히 브리어로 쿠파(ηπωθ)라고 불리는 "가난한 사람의 광주리"와 구제가 필요한 사람(특히 외국인들)이면 누구나 빵, 콩, 열매 그리고 유월절에 포도주를 배급하는 제도인 매일의 양식을 지원받는 탐후이(ψωξμτ)라고 불리는 "가난한 사람들의 주발" 두 가지 종류가 있었다.[28] 쿠파는 두 사람 이상이 걷었으며, 세 사람 이상이 탐후이를 분배했는데 이 구제제도의 제한 사항은 14번 이상 식사를 한 사람은 탐후이에서 양식을 가져 갈 수 없었으며, 적어도 두 번 이상 식사를 한 사람은 쿠파에서 양식을 가져갈 수 없었다는 점이다(m. Pea. 8:7).[29]

성전에 구제하는 기능이 있었다고 볼 수 있는 또 다른 증거가 있다. 세리들의 경우 특히 관세를 걷는 일을 할 경우 정한액수를 넘어 과세했을 때 그 잘못을 회개한 뒤에 납부한 당사자에게 돌려주기가 매우 어렵다. 과잉과세된 사람들을 일일이 기억할 수 없거나 기억한다 하더라도 이미 국경을 넘어 자기나라로 돌아가 버렸을 수 있기 때문이다. 그렇지만 간접적으로 나마 죄과를 보상할 수 있는 길이 있었는데 환급될 수 없는 세금을 성전에 헌납해서 이를 공공적인 목적에 사용케 하는 것이다. 이러한 제도에 대한 언급이 유대문헌에 나타나있다.

바빌론 탈무드 Mes. 8:26: "A. 세금을 도급받는 자들과 세리들에 대해서 말하자면 그들이 회개하는 것은 어렵다. B. 그들은 그들이 인지하는 사람들에게

---

28 Schuerer, Vol. II. 437. 슈러는 과일, 채소, 콩, 생선을 얻을 수 있었다고 기록하고 있다. E. Haenchen / 박경미 역, 『사도행전』 I (천안: 한국신학연구소, 1987), 403. 예레미야스, 『예수시대의 예루살렘』, 176-177. 예레미야스도 농산물과 의복과 같은 물건이었다고 설명한다. 그러나 핸헨은 이는 미리 세 명의 빈민 구호자들이 집집마다 돌며 모아온 돈을 받은 것이었다고 설명한다. 즉 물건이라는 주장과 돈이라는 주장이 엇갈리고 있다. 연구자들의 전문성을 볼 때 농산물과 의복같은 물건일 가능성이 높다. 레빈도 쿠파에 의복이 포함되었다고 주장한다. Lee I. Levine, The Ancient Synagogue: The First Thousand Years (New Haven and London: Yale University Press, 2000), 373.

29 m. Peah 8:7.

는 (할 수 있으면) 돌려줄 수 있을 것이다. 그리고 [그들이 돌려주기 원하는] 나머지 세금은 공공의 이익을 위해서 사용할 수 있다."

바빌론 탈무드 Qum. 94b-95a: "다시 말하지만 왜 그들이 주인을 모르는 물건들은 공적인 목적에 사용되어야 한다고 결론부분에 언급되어 있는가? 그리고 랍비 히스다는 이런 재화는 우물과 도랑과 동굴을 파는데 사용되어야 한다고 말한 바 있다.

여기서 공공의 목적에 동굴을 파는 일이 언급되어 있는데 1세기 당시 유대사회에서 많은 사람들이 동굴에 기거하고 있었기에 이를 집이 없는 극빈층 사람들을 위한 주거지를 만들어주는 것으로 해석할 수 있다.

(2) 유대회당에서의 구제제도

그러면 성전이 있는 예루살렘이외의 지역에는 어떤 구제제도가 있었는가? 이와 관련된 문헌이나 언급을 찾기가 쉽지 않거나 일치하지 않아서 정확한 상황을 파악하기 어렵다. 예로 예레미야스는 쿠파와 탐후이제도를 예루살렘 성전에서 시행된 것으로 설명하나 슈러는 회당에서 시행된 것으로 설명한다.[30] 따라서 다음과 같이 판단하는 것이 가장 적절한 것으로 보인다. 구제제도에 깊은 관심을 갖고 있던 유대공동체는 회당에서도 예루살렘 성전의 구제제도에 준하는 제도 즉 쿠파와 탐후이 제도를 시행했다.[31] 이는 안식일에도 시행되었으며 또한 가난한 사람들을 돕기 위한 자선의 약속도 회당에서 할 수 있었다.[32] 나아가 회당은 재해나 위급시에는 재난을 겪은 사람

---

30 E. Schuerer, *The history*, Vol. II(Edinburgh: T. & T. Clark, 1979), 437. 예레미야스, 『예수 시대의 예루살렘』, 176-180.

31 Lee I. Levine, *The Ancient Synagogue*, 373. 레빈은 이를 회당에서도 시행된 제도로 설명한다. 레빈은 회당에서도 예루살렘 성전에서 행해진 자선과 유사한 것이 행해졌다고 추론하는 것으로 보인다. 레빈은 회당에도 구제를 전담하는 사람들이 있었다고 주장한다(373).

32 T. *Peah* 8a. I. Epstein, *The Babylonian Talmud* (London: Soncino Press, 1981). Levine, *The*

들을 임시 수용하는 역할도 감당했던 것으로 보인다.[33]

유대회당에도 구제제도가 있었다는 또 다른 중요한 증거가 있다. 마태복음 6장 2절은 회당이 구제금을 받는 장소였다는 점을 분명히 시사해준다. "그러므로 구제할 때에 외식하는 자가 사람에게서 영광을 받으려고 회당과 거리에서 하는 것 같이 너희 앞에 나팔을 불지 말라 진실로 너희에게 이르노니 그들은 자기 상을 이미 받았느니라". 이 말씀이 역사적 예수의 말씀이냐 원시교회공동체의 말씀이냐를 놓고 논란을 벌일 수 있겠지만 그 어느쪽이라 하더라도 이 말씀은 당시의 팔레스틴상황을 설명하고 있는 것은 분명하다. 유대인의 삶의 중심인 회당을 중심한 이 탁월한 구제제도는 로마제국의 통치로 인해 크게 영향을 받을 수밖에 없는 상황에 처하게 된다.

(3) 쿰란공동체의 구제제도

쿰란공동체는 특별한 공동체였지만 그렇다고 획일적인 공동체는 아니었다. 에세네파 중에는 쿰란파처럼 결혼을 하지 않고 금욕적인 생활을 하는 공동체도 있었지만, 유대인들이 사는 마을이나 도시에서 수공업을 하며 사는 사람들도 있었다. 다마스커스 문서에 의하면 이들은 가족을 부양하면서도 한 달에 이틀분의 임금을 가난 구제의 명목으로 납부했다(CD 14:12-13). 따라서 이들도 자기들만의 구제제도가 있었으며 에세네파안에서도 재산의 문제에 있어서는 다양한 입장을 취했다는 사실을 알 수 있다.[34]

이상에서 살펴본 바와 같이 로마와 그리스에 비해 팔레스틴에서는 매우 탁월한 구제제도를 유지 및 시행하고 있었다. 이는 로마황제 율리안의 언급에서도 증명된다. 그는 유대공동체가 공동체원들을 돌보는 것을 주목

Ancient Synagogue, 372.

33 Ben-Zion Rosenfelf and Joseph Menirav, "The Ancient Synagogue as an Economic Center," *Journal of Near Eastern Studies* 58(1999), 269.

34 Haenchen, 『사도행전』 I, 366.

하고 다음과 같이 진술한 바 있다. "어떤 유대인들도 구걸할 필요가 없고 경건치 않은 갈릴리인들[기독교인들]이 그들 공동체의 가난한 사람들만이 아니라 우리 민족까지 돌본다는 것 즉 우리 민족이 스스로 돕지 못하고 있다는 것을 모든 사람들이 보고 있다는 것은 불명예스러운 일이다."(Julian, Epistle 22, 430D).[35]

4) 로마제국 통치하의 팔레스틴지역의 조세제도

(1) 로마제국의 조세제도와 팔레스틴지역의 경제적 상황

자료가 부족하기 때문에 1세기 전후의 세금제도를 완벽하게 파악하는 것은 어렵다.[36] 그러나 대체적으로 다음과 같이 설명할 수 있을 것이다. 로마제국의 통치는 팔레스틴의 사회적 상황 특히 경제적 상황에 엄청난 충격을 주었다.[37] 로마가 통치하던 팔레스틴의 경제적인 상황을 절망적이었다. 이는 특히 새로운 세금제도 때문에 그러했는데 식민지에 대한 로마제국의 지배목적 중의 하나가 세금을 징수하는 것이었기 때문이다. 기원전 63년에 유대지역을 합병한 로마제국은 팔레스틴에 원래부터 있었던 세금제도 즉 토라에 근거한 십일조제도에 그들만의 새로운 세금제도를 추가했다. 팔레스틴의 십일조제도는 근본적으로 제사장들을 위한 것이었지만 또한 성전과 성전 및 관련된 사람들의 생활을 보장해 주는 기능도 했기 때문에 성전유대교가 유지되는 한 존속되어야 할 제도였다. 따라서 로마제국하에서 유대인들은 유대인들의 법에 따라 모두 다 합쳐 수확의 20퍼센트 정도를 종교세로 내야만 했다.[38] 팔레스틴의 유대인들에게는 토지세와 인두세와 같은 공물

---

35 필자의 번역임.

36 T. E. Schmidt, "Taxes", ed. J. Green, S. McKnight, H. Marshall, *Dictionary of Jesus and Gospel* (Downer Grove: Inter Varsity Press, 1992), 804-807.

37 M. Borg, *Jesus A New Vision* (San Francisco: Harper & Row Publishers, 1987), 84-86.

38 농민들은 자신들의 소출의 십일조에 제2의 십일조라고 불린 추가된 십일조를 냈는데 다양

(*tributum*)이라고 불렸던 직접세가 부과되었는데 이중에서 가장 많은 부분은 토지세(*tributum soli*)였다. 예로 시저는 안식년을 제외하고 매 2년마다 수확의 25퍼센트를 바치도록 법령화하였다. 따라서 토지를 소유한 자의 경우 매년 수확의 약 10퍼센트 이상을 세금으로 내야했다.[39] 인두세(*tributum capitis*)는 정기 및 부정기적인 인구조사의 결과에 의해 부과되었는데 한 사람당 매년 1데나리온을 요구하였다(*Appian, Syr*. 50:8).[40] 이를 위해 로마제국은 인구조사에 집착했고 유대인들은 이에 대한 반감을 가지게 되었다(행 5:37).[41] "유대지역이 제국의 지방지역(imperial province)에 속하기에 거기서 모은 재원(revenue)은 제국재정(fiscus)에 들어가지 않고 공적재정(public treasury)으로 들어갔지만 유대인들은 자신들의 세금이 케사르에게 간다고 말했다(막 12:14).[42] 이러한 징세가 유대인들의 허리를 휘게 만드는 엄청난 부담이 된 것은 명백한 사실이다.

게다가 정기적인 세금이외에 특별세가 부과되기도 했다. 예로 갈릴리의 통치권자였던 젊은 시절의 헤롯은 시저가 암살당한 뒤 도착한 실권자 카시우스의 무모한 청을 들어주기 위해 특별세를 과도하게 부과하여 갈릴리에서만 일백만 데나리온에 달하는 일백달란트나 거둬들였다(Josephus, *Jewish War*, 1. 220; *Jewish Antiquities*, 14. 274).

유대인들은 직접세외에도 주둔군의 필요에 따라 식량보급과 강제노역의 형식을 취한 연례소출(*annona*), 간접세와 관세로 이루어진 공공세금

한 십일조를 합치면 20 퍼센트에 달했다(Borg, *Jesus*, 84). 이는 제1과 제2의 십일조를 합친 것이다.

39 Borg는 이외에도 토지평가액의 1퍼센트를 내는 토지세가 부과되었다고 주장한다(*Vision*, 84).

40 조태연, "갈릴리 경제학," 『신약논단』 제4권(1998) 62-88중에서 73. Appian, *Appian's Roman History Vol. II* (Harvard University Press, 1962), "The Syrian War" 50.8. [Book XI].

41 눅 2:1-5에 언급된 구레뇨 총독의 명에 의한 인구조사도 실시시기에 논란이 있지만 실시된 것은 사실이다.

42 Schuerer, *The History*, II. 372.

(*publicum*)을 내야했다. 관세는 물건의 통관시에 부과되었는데 대략 물건가치의 2-5퍼센트를 징수되었다.[43] 물론 유대인들만이 내는 종교세는 별도의 제도였다.

결국 갈릴리 주민들은 빚이 전혀 없는 경우라 하더라도 연간 수확량의 35~40퍼센트를 세금과 종교세로 내야 했다.[44] 이는 당시 주민의 대다수를 차지하고 있었던 소농들에게는 감당할 수 없는 부담이었다. 그러니 빚이 있는 경우에는 농사자체를 포기해야 할 지경이었다. 게다가 예기치 않았던 흉년과 기근, 갑작스런 질병이나 전쟁은 토지 자체를 포기하게 만들거나 파산하게 만들었다.[45] 그래서 일용직 노동자의 증가와 국외이주를 야기시켰고 도둑과 강도를 만들어냈다는 주장도 있다. 그러나 로마제국의 과도한 세금제도와 농업생산의 어려움이 도둑과 강도를 만들었다는 해석에는 신중을 기할 필요가 있는데 그러한 주장은 다음과 같은 요세푸스의 기록에 근거한 것이기 때문이다. "토지가 경작되지 않아 세금요구를 충족시킬 수 없었기에 도둑의 추수만이 있을 뿐이었다. ("Let him point that, since the land was unsown, there would be a harvest of banditry, because the requirement of tribute could not be met.")(*Jewish Antiquites*, 18. 274)[46] 그러나 "도둑질의 추수"란 도둑이나 강도가 되었다는 뜻보다는 추수를 도둑질 하는 것 즉 추수한 양(量)을 속여 거짓보고 했다는 뜻으로 해석할 수 있기 때문이다. 이런 제도 속에서 자신의 토지를 잃지 않기 위해 율법이 정한 계명(십일조)을 내지 않아 율법을 온전히 지키지 않는 유대인들이 생겨났다.[47]

---

43   T. E. Schmidt, "Taxes", 804-807.

44   M. Borg, *Vision*, 84. 보그도 약 35%에 달했다고 주장한다.

45   Willibald Boesen / 황현숙 역, 『예수시대의 갈릴래아: 예수의 생활공간과 활동으로서의 갈릴래아에 대한 시대사적 신학적 연구』(천안: 한국신학연구소, 1998), 307-309.

46   Josephus/H. Feldmann, *Jewish Antiquities Books XVIII-IX* (Cambridge: Harvard University Press, 1988), 161.

47   Borg, *Vision*, 85.

갈릴리는 상류층, 중간층, 하류층으로 구분했는데 상류층에는 대토지 소유자, 대상인, 납세임차인, 중간층에는 수공업자, 소상인, 소농, 어부를 하층에는 임차인, 일일품꾼, 무직자, 노예, 거지, 병자가 포함된다.[48] 팔레스틴 주민들의 다수가 기원후 2세기 말까지 년 간 최저생활비가 200데나리온을 조금 넘거나 이에 못 미쳤기에 고통을 받았다.[49] 여기서 중간계층에 속하는 소농의 경우를 살펴보자.[50] 이들의 평균 8-10헥타르의 땅을 6-9명 가족이 경작한다. 소출의 많은 부분을 자신들이 사용하고 나머지는 장에 가서 다른 물건으로 교환하여 생활한다. 밀 생산을 전문으로 하는 소농이 벌어들이는 금액은 순수하게 150데나리온이다. 따라서 적자는 확실하며 식량은 최소한의 양만 먹을 수 있다. 농사 자체에 들어가는 경비는 물론 의복이나 가재도구는 상상할 수도 없다. 게다가 흉년이나 질병, 전쟁과 기근이 닥치면 있는 소유지마저 팔아야 하며 일일노동자가 될 가능성이 농후하다. 한 마디로 말해 격심한 노동에도 불구하고 가족을 근근이 먹여 살릴 정도며 절약을 해도 언제나 빈곤했다. 2년간 계속된 한발이나 질병은 소농을 일용노동자로 만들 수 있었다. 시리아와 팔레스틴지역에서 이에 대해 불평을 많이 했기에 로마의 세금제도가 폭압적이었다.[51] 이러한 과중한 세금에 저항하는 것은 죽음을 각오할 때만 가능한 일이었다.[52]

따라서 아무것도 소유한 것이 없는 하류층에 속하는 사람들은 자신의 노동력에 전적으로 의존할 수밖에 없었다. 이들이 비상상황에 처하게 되면

---

48   Boesen, 『예수시대의 갈릴래아』, 299-300.

49   Boesen, 『예수시대의 갈릴래아』, 300.

50   이는 뵈젠의 해석이다.

51   Schuerer, *The History,* Vol. I. 373. 그래서 시리아와 유다속주는 주후 17년에 급기야 세금의 삭감을 요청하였다(Tacitus, *Annals*, II, 42).

52   그래서 일부 학자들은 이런 제도가 팔레스틴인들을 저항하거나 자포자기하게 만들었다고 주장한다. S. P. Freyne, *Galilee from Alexander the Great to the Hadrian 323 BCE* (Wilmington and Notre Dame, 1980), 280-287. R. A. Horsley, *Jesus and the Spiral of Violence* (Minneapolis: Augusburg Fortress, 1987), 61-62.

전혀 무방비 상태가 될 수 밖에 없었다. 이런 사람들을 위해서 공적인 사회조직이 구제 빵을 주어 연명할 수 있게 했는데 그럼에도 불구하고 충분한 영양을 섭취할 수 없어 기력이 지속적으로 떨어졌기에 이들을 "약한 자"들이라고 불렀다.[53] 이런 점에서 "네게 있는 것을 다 팔아 가난한 자들에게 주라"(막 11:21), "소유를 팔아 구제하여 낡아지지 아니하는 배낭을 만들라"(눅 12:33), 호화롭게 즐기면서도 자기 대문 앞에서 죽어가는 거지를 돌보지 않는 극단적인 무관심과 자신만을 위한 재물을 쌓아두고 하나님께 대해 부요하지 못한 자의 어리석음을 날카롭게 지적하신 예수의 말씀은 당시 상황의 심각성을 잘 보여준다(눅 12:21; 16:19-21).

이러한 상황은 유대인들로 하여금 로마제국이 정한 세금이나 유대인으로서 당연히 내야하는 종교세를 내는 것을 소홀히 하거나 포기하게 만들었고 이는 곧바로 이스라엘의 성전이나 회당의 구제제도에 영향을 주어 극빈자들을 한계상황으로 내모는 결과를 가져왔다. 왜냐하면 제2 또는 제3의 십일조라고 불린 제도는 바로 전혀 도움을 받을 곳이 없거나 최소한의 양식도 얻지 못하는 사람들을 돕는데 꼭 필요한 제도였기 때문이다. 유대인들로서는 종교세보다는 로마제국에게 바치는 세금을 거부하고 싶었겠지만 생명의 위협을 받을 수 있는 경우 전자까지 포기했을 가능성이 있다. 따라서 차후에 이 제도는 명맥만 유지하였을 가능성이 높다.

5) 원시기독교의 형성과 새로운 구제제도의 발전

(1) 성령강림사건과 새로운 구제제도의 성립

기원후 30년에서 33년 사이에 있었던 성령강림사건 후 유무상통하는 공동체가 형성됨으로 인해 원시기독교만의 독특한 구제제도가 생겨났다.[54]

---

53 뷔젠의 설명은 여기까지 이어진다.
54 핸헨은 누가의 재산공유 묘사를 "이상화된 것"이라고 주장하여 이의 역사성을 부정한다.

이는 유대사회에 이미 존재하고 있었던 전통적인 구제제도의 대안으로 만들어진 것이 아니라 성령의 역사로 자연스럽게 자신들의 공동체 안에 형성된 새로운 구제제도다. 그렇지만 원시기독교는 그로 인해 성전이나 회당을 중심으로 시행되는 이 전통적인 구제제도를 더 이상 이용하지 않거나 의존하지 않게 되었을 가능성이 높다. 유대교도 원시기독교와 갈등상황에 있었기에 내심 이를 반겼을 것이다.

원시기독교의 구제제도는 유대교의 전통적인 구제제도보다 몇몇 측면에서 우수했던 것으로 판단된다. 우선 구제의 지속성이다. 사도행전 6장 1절에 따르면 그 지역 사회의 빈민들은 "매일" 구제를 받았는데 반해 전통적인 유대제도의 경우에는 일주일에 한번만 지원을 받았다.[55] 또 다른 점은 구제의 범위다. 전통적인 구제의 경우 연명하는데 필요한 양식만을 주는데 그쳤지만 원시교회의 구제는 그 외에도 생활에 꼭 필요한 것들까지도 공급했기 때문이다. 모든 물건을 통용하고 또 재산과 소유를 팔아 "각 사람의 필요를 따라 나눠주었다"(διεμέριζον αὐτὰ πᾶσιν καθότι ἄν τις χρείαν εἶχεν)(행 2:45)는 것은 매일의 양식은 물론 필요로 하는 의복과 생필품 그리고 그 이상의 것까지 공급했다는 뜻으로 해석할 수 있다. 사도행전 4장 35절도 같은 점을 시사한다(διεδίδετο δὲ ἐκάστῳ καθότι ἄν τις χρείαν εἶχεν.). 사도행전 2장 42절의 "그들이 사도들의 가르침을 받아 서로 교제하고"라는 말씀에서 교제를 나타내는 명사(διακονία)는 사도행전 6장 1절에서는 "구제하는 일"로 사용되었기에 구제를 위한 "일반적인 물품 및 금품을 모으고 나눠주는 행위"를 포함했을 가능성이 높다.[56]

Haenchen/박경미 역, 『사도행전』I 310-313. 콘젤만도 핸헨과 같은 입장을 취한다. H. Conzelmann, *Acts of the Apostles* (Philadelphia Fortress Press, 1987), 24. 그러나 행겔은 역사성을 인정한다. M. Hengel/이정희 역, 『초대교회의 사회경제사상』(서울: 대한기독교서회, 1981), 61.

55   핸헨, 『사도행전』, I, 313.
56   핸헨, 『사도행전』, I, 306. 핸헨이 그렇게 주장한다.

유의할 점은 이런 구제가 일회성 행사로 끝난 것이 아니라 계속적으로 이루어졌고 도움을 필요로 하는 사람의 필요에 적극적으로 부응할 수 있었다는 점이다. 본문에 나오는 "나눠주었다"는 표현은 미완료형 동사로 기록되어 있는데 이는 각 사람의 필요에 부응하기 위해 재산과 소유까지 "팔고" "나눠주는" 행위가 반복적으로 계속적으로 이루어졌다는 뜻이 되기 때문이다. 그 점은 원시교회공동체 회원들이 가진 것을 일괄 처분한 것이 아니라 필요한 경우 집을 가지고 있으면서 공동체의 요구에 계속적으로 부응하고 있었다는 점에서도 나타난다(행 12:12).

그러나 자발성에 근거한 원시기독교의 이상적인 공유공동체는 지속되지 못했던 것으로 판단된다. 왜냐하면 특별한 수입으로 보정되지 않는 한 계속적으로 요구되는 지출을 감당할 수 없었을 뿐 아니라 이스라엘의 경제적 상황도 점차 악화되었기 때문이다.[57] 따라서 다시 유대사회의 전통적인 구제제도로 복귀하려고 시도했을 가능성도 있으며 유대사회가 이를 받아들이려 했는지도 알 수 없다. 그러나 일단 그 제도의 혜택을 받는 대상에서 벗어났었기에 다시 돌아가는 것은 용이하지 않았고 또한 유대교도 구제대상에서 배제한 사람들을 받아들이려 하지 않았을 가능성이 높다. 이런 위험한 상황 즉 종전의 구제제도는 중지되고 새로운 제도는 도입되지 않은 공백기는 속히 메워져야 했다. 따라서 항구적인 제도를 찾는 방법이 모색되었을 것이며 그런 면에서 사도행전 6장 1-6절에 언급된 구제제도가 자연스럽게 요청되고 그 방향으로 발전되었을 것이다.

(2) 긴급 구제 상황의 발생 (행 11:27-30)

원시교회의 구제제도는 매우 훌륭한 제도였지만 기근과 자연재해와 같

---

57 그렇게 된 이유가 성서에 기술되어 있지 않기 때문에 정확히 알 수는 없지만 시간의 흐름에 따라 공동체 구성원들의 필요성에 대한 정확한 판단과 재화의 배정 등과 같은 문제를 놓고 서로 갈등하게 되었을 가능성도 있다.

은 긴급 상황에도 대처할 수 있는 절대적인 제도는 아니었는데 우려했던 일이 발생함으로 인해 아주 난처한 입장에 빠지게 되었던 것으로 보인다. 로마황제 글라우디오의 재임시에 기근이 발생한 바 원시교회의 선지자인 아가보가 안디옥에 와서 예언한 일이 일어난 것이다. 실제로 주후 46-48에 팔레스타인에는 심한 기근이 들었다는 기록이 이것이 사실임을 증명해 준다 (*Jewish Antiquities*, 20. 51, 101)(Suetonius, *Life of Claudius*, 18.2; Tacitus, *Annals*, 12.43).[58] 사도행전에 따르면 이 비상상황에서 안디옥 교회는 팔레스틴에 사는 형제들에게 부조(διακονία)하기로 결정한 뒤 즉각적으로 실행하여 그 모은 것을 바울의 손에 들려 장로들에게 보냈다(행 11:28-30; 12:25). 각 자 내고 싶은 만큼 내고 또한 짧은 시간 안에 그것을 모아 보냈다는 점에서 이 움직임은 시의적절한 것이었다.[59] 그런 점에서 이 구제헌금은 이후 바울이 장기적인 계획을 가지고 추진한 헌금과는 다른 성격의 것이었다. 이 구제헌금은 성령의 인도함에 예민한 교회일수록 구제의 호소에 민감하게 반응하고 있다는 점을 보여준다. 또한 이 부조를 나눠주는 일도 성전이나 회당에 있는 구제제

---

58 Suetonius/박광순, 『12인의 로마황제』(서울: 풀빛미디어, 1998), 98. Tacitus/박광순, 『타키투스의 연대기』(서울: 범우, 2005), 500-501. 요세푸스에 의하면 티베리우스 알렉산더 (Tiberius Alexander) 재임시인 46-48년 사이에 팔레스틴에 심한 기근이 닥쳤다고 한다(『유대고대사』 20.101). E. Haenchen, 『사도행전』 I (천안: 한국신학연구소, 1987), 543. 핸헨은 팔레스틴에 심한 기근이 들었음을 인정하나 "전 세계적인"기근은 아니었다고 주장한다. 그러나 이는 오이쿠메네를 어떻게 해석하느냐에 달렸다(ὅλην τὴν οἰκουμένη). 또한 "모든"이라는 단어를 과장된 의미로 사용하는 경향이 있다. 행 19:27(참조 눅 2:1). 핸헨은 바울이 안디옥에서 예루살렘으로 간 여행은 사도회의를 위한 단 한번 뿐이었다고 주장하면서 이 사건의 역사적 사실성을 부정한다(548-550). 그는 누가가 아가보의 예언과 바울의 예루살렘으로 헌금 전달 여행을 결합시켰다고 주장한다. 그러나 후자를 부정하면 전자가 왜 일어났는지를 설명되지 않는다. 그리고 핸헨도 바나바 혼자서 헌금을 예루살렘에 전달했을 가능성을 주장하고 있다(122). 따라서 이 표현의 정확성을 문제삼아 이 사건의 진정성을 부정하는 것은 적절치 않다고 판단된다. D. J. Downs, *The Offering of the Gentiles* (Tuebingen: Mohr Siebeck, 2009), 38. 다운즈도 이 사건을 별개의 역사적 사건으로 해석한다. 예레미야스도 이 사건의 역사성을 인정한다.

59 Haenchen, 『사도행전』 I, 544. 핸헨의 그 점을 정확하게 설명하고 있다. 이 부조는 안디옥 교회와 이방교회와 예루살렘 교회가 화합하는데 큰 도움을 주었을 것이다.

도처럼 조직적으로 시행되었다는 것을 알 수 있는데 바울이 거둔 부조를 "장로들"에게 전달했다고 하기 때문이다(행 11:30). 그 당시 장로들의 존재와 역할에 대해서는 분명히 설명되어 있지 않지만 6장에 설명된 헬라계의 일곱 집사와 병행하는 조직이거나 그런 조직이 아직 형성되지 않았기에 팔레스틴의 지역 지도자들로 하여금 구제의 일을 맡아서 집행하도록 했을 가능성을 추측할 수 있다(행 14:23).[60]

사실 기근과 같은 재난은 교회의 구제제도를 가지고는 감당할 수 없는 상황이었고 따라서 이는 국가가 나서서 대처할 문제였다. 글라우디오 때의 기근으로 곡물가격이 평소의 13배로 폭등했기 때문이다.[61] 그렇지만 기독교 공동체의 경우 유대의 국가적인 구제의 시혜대상에 배제되었거나 대상에 있다하더라도 우선순위에서 밀려있었을 가능성이 높기 때문에 이와 같은 긴급한 조치가 절대적으로 필요했을 것이다.[62]

이러한 관점에서 주목할 점이 있다. 당시 예루살렘 교회는 유대의 통치자인 헤롯 아그리파 I세는 물론 유대인들에 의한 죽음의 핍박을 받고 있었다는 사실이다. 아그리파는 41년에 로마의 허락을 받아 유대지역을 통치하기 시작했고 유대인들의 환심을 사기위해 예수님의 제자인 요한의 형제 야고보를 살해했으며 같은 의도를 가지고 베드로를 투옥시켰다(행 12:1-6). 이후 그의 죽음까지 3년 이상 지속된 핍박속에서 기독교회공동체가 극심한 고

---

60 핸헨은 이 장로조직이 사도조직과 같이 생겼거나 아니면 주의 형제 야고보에 의해서 권한을 받았을 가능성을 추측한다. 『사도행전』 I, 544.

61 J. Jeremias/번역실 역, 『예수시대의 예루살렘』(천안: 한국신학연구소, 1988), 168.

62 핸헨은 예루살렘 교회공동체의 구성원들의 일부는 갈릴리 출신 농민이나 어부였으며 그들의 생업을 위한 토지나 재산을 현지에 임대하고 왔지만 생활을 위해 날품팔이나 머슴살이를 해야 했다고 주장한다. 원래부터 예루살렘에 정착한 경우에는 훨씬 나아겠지만 이들은 그리스도인이 되어 새로운 공동체의 구성원이 된 뒤에도 그들이 해왔던 일을 계속했을 것이라고 본다. 다만 많은 유대인들이 그들이 묻히기 원하는 예루살렘으로 왔을 때 부양해 줄 가족이 없어서 원시교회공동체의 구제사업이 44년 박해 이전에 이미 시작되었고 헬라계 교인들이 박해받기 이전에 시작되었을 것이라고 추측한다. Haenchen, 『사도행전』 I, 367.

난을 겪었을 것은 자명하다(행 12:20-23).[63] 그래서 그의 행위는 하나님의 뜻과 하나님의 나라에 반한 사탄적인 행동이며 그의 죽음은 이에 대한 형벌이라고 해석된다.[64] 실제로 기독교인들에 대한 헤롯아그리파 1세의 박해(41~44년)는 팔레스틴 지역의 기근 전에 일어났다(46~48년)(행 12:23).[65] 그렇다면 기근 이전과 이후에 유대인들의 기독교회공동체에 대한 엄청난 핍박으로 인해 교회공동체의 삶은 극한상황에 있었다고 판단되며 구제가 절대적으로 필요했었음을 인식하게 된다.

(3) 예루살렘 교인들의 구제를 위한 바울의 지속적인 노력

그러면 사도행전 11장에 기록된 즉각적인 부조 이외에 여러 다른 서신에 기록된 상당한 기간에 걸쳐 여러 지역에서 이루어진 바울의 모금을 위한 노력은 구제와 어떤 관련이 있는가(갈 2:10; 고전 16:1-4; 고후 8-9장; 롬 15:25-26)? 이를 파악하기 위한 핵심적인 질문은 앞서 설명한 안디옥 교회의 구제금 전달의 역사성을 인정하면서 바울의 모금이 두 번에 걸쳐 이루어졌다고 보느냐 아니면 이의 역사성을 부정하고 예루살렘 교회를 위한 모금은 오직 한 번만 있었던 일로 보느냐 하는 것이다. 이 중 첫 번째 주장이 사실이었을 가능성이 높다. 왜냐하면 바울이 안디옥 교회의 요청을 받아 구제금을 전달한 것은 이미 완료된 사건으로 기록되어 있고 그 이후 상당한 기간에 걸쳐 새로운 구제금을 모금한 뒤 최종적으로 이를 예루살렘에 전달했을 가능성이 높기 때문이다. 이 논란과 관련된 핵심적인 질문은 갈라디아서 2장 10절을 어떻게 해석하느냐 하는 것이다.

---

63 44년에 있었던 헤롯 아그리파 죽음(Acts 12:20-23; Josephus, *Jewish Antiquities*, 19.342-354)에 이어진 소동 이후에도 기독교인들에 대한 유대인들의 적대적인 태도는 바뀌지 않았을 것이다.

64 Kazuhiko Yamazaki-Ransom, *The Roman Empire in Luke's Narrative* (T. & T. Clark, 2010), 180-186.

65 핸헨도 이를 인정한다, 『사도행전』 I, 118.

"다만 우리에게 가난한 자들을 기억하도록 부탁하였으니 이것은 나도 본래부터 힘써 행하여 왔노라"(μόνον τῶν πτωχῶν ἵνα μνημονεύωμεν, ὃ καὶ ἐσπούδασα αὐτὸ τοῦτο ποιῆσαι)(갈 2:10).

이 절의 하반부를 이루고 있는 "나도 본래부터 힘써 행하여 왔노라"는 언급은 해석하기 어려운 난제(*crux interpretum*)로서 그 정확히 의미하는 바를 둘러싸고 논란이 계속되어 왔다.[66] 바울이 두 번에 걸쳐 모금을 했다고 주장하는 학자들은 이 절의 시제가 단순과거(ἐσπού δασα)이기에 바울이 안디옥 교회의 구제헌금을 이미 전달한 사실을 가리킨다고 주장한다.[67] 그렇게 되면 사도들이 가난한 자들을 기억할 것을 부탁한 것도 안디옥 교회와 이 교회를 대표한 바울과 바나바와 디도에게만 한 것으로 해석하게 된다(참고 갈 1:21; 2:11-13).

이러한 주장에 대한 반론을 펼치는 학자들은 이 구절을 예루살렘 교회의 지도자들과 사도 바울이 예루살렘 교회의 구제를 위해 모금하기로 합의한 내용으로 해석하면서 이 합의를 지키기 위해 바울이 노력했다고 해석해 왔다.[68] 이런 주장을 펼치는 학자들은 앞에서 언급한 사도행전 11장 27-30절에 기록된 구제헌금 전달의 역사성은 물론 부정한다.

그러나 이 구절을 꼭 지켜야만 하는 강제성이 있는 합의사항으로 해석하는 것은 잘못인 것으로 판단된다. 왜냐하면 그 주장에는 다음과 같은 문

---

66 Downs, *The Offering*, 36.

67 Downs, *The Offering*, 36. R. N. Longnecker/이덕신, 『갈라디아서』(서울: 솔로몬, 1990), 268. 김창락, 『갈라디아서』(서울: 대한기독교서회, 1999), 194.

68 김병모, "구제금의 본질"『신약이해』, 2008(34집) 30-50. 32. 김병모는 구제금을 추진하는 주체는 분명히 다르지만 헌금을 받는 상대가 예루살렘교회이기에 안디옥 교회의 구제금과 이방교회의 구제금을 같은 것으로 본다. "안디옥교회와 예루살렘교회 사이에 이루어진 구제금 합의에 대한 역사적인 고찰(갈 2:1-10)"『헤르메니아』(2003), 46-53. 핸헨도 바울이 안디옥에서 예루살렘으로 간 여행은 사도회의를 위한 단 한번 뿐이었다고 주장하면서 이 사건의 역사적 사실성을 부정한다. 『사도행전』 I (천안: 한국신학연구소, 1987), 548-550.

제점들이 있기 때문이다. 첫째로, 가장 핵심적인 이유인데 예루살렘 사도들과의 합의에 근거해 구제금 모금활동을 했다면 바울은 적어도 예루살렘 측이 그가 모금한 것을 수령할 지에 대해 확신을 갖지 못해 그토록 고민할 필요가 없었을 것이다(롬 15:31).[69] 둘째로, 야고보, 베드로, 요한이 교제의 악수를 하면서 바울과 바나바에게 "가난한 자들을 기억해 줄 것으로 요청했고 바울이 이에 합의했다면 이 중요한 사항을 갈라디아 교회에 분명하게 강조했을 텐데 그렇게 하지 않았다는 것이다. 이는 그가 당시에 예루살렘 교회를 위한 구제금모금에 적극적으로 참여하고 있었다면 이해할 수 없을 정도로 의아한 것이다.[70] 왜냐하면 그 합의에 근거한 모금에 갈라디아교회가 적극적으로 참여하도록 권면할 수 있는 가장 적절한 시점이었기 때문이다. 물론 바울은 고전 16장 1절에서 갈라디아 교회에게 헌금에 관해 명한 바를 언급하는데 이는 갈라디아서 2장 이후의 어떤 다른 모금상황이 있었음을 말해줄 뿐이다.[71] 사실 갈라디아서 2장 10절을 제외하면 바울이 그의 구제금 모금 노력이 예루살렘 교회와의 합의사항을 실천한다는 언급은 없다.[72]

따라서 바울이 조직적으로 추진한 구제헌금 모금은 예루살렘과의 강제성이 있는 합의의 직접적인 결과가 아니라고 보는 것이 보다 설득력이 있다.[73] 바울은 예루살렘 교회의 어려움을 인식하고 이를 도울 필요가 있다는 점에서는 사도들과 뜻을 같이 했을 것이다. 또한 예루살렘 교회와 이방교회

---

69 Downs, *The Offering*, 35-36.

70 Downs, *The Offering*, 34.

71 필자는 고린도전서가 갈라디아서 보다 후에 기록된 서신이라고 전제한다.

72 A. J. M. Wedderburn, "Paul's Collection: Chronology and History," *New Testament Studies* 48(2002), 95-110. 웨더본은 이 점을 잘 지적하고 있다. Downs, *The Offering*, 35,

73 Dieter Georgi, *Remembering the Poor: The History of Paul's Collection for Jerusalem* (Nashville: Abingdon, 1992), 49-58. 게오르기는 바울은 포기했던 모금활동을 '새롭게 다시 시작한 것"이라고 주장한다. 이는 안디옥교회에서의 사건으로 인해 바나바와 갈라서면서 안디옥 교회와의 관계가 한동안 소원해졌던 것이 새로운 계기로 회복된 것이라고 설명한다. M. E. Thrall, *A Critical Commentary on the Second Epistle in the Corinthians*. 2 Vol. (London: T. & T. Clark, 2000), 504-506. Downs, *The Offering*, 33-37.

가 서로 화해하고 협조하는 계기를 마련하기 위해서도 구제헌금을 모금하는 것이 필요하다고 판단했을 것이다.[74] 그래서 일차적으로 안디옥 교회의 헌금을 전달 한 뒤 어떤 시점에 예루살렘 교회를 위한 헌금을 조직적이고 구체적으로 계획하고 적극적으로 실천해서 그 결과를 전달했을 것이라고 주장한다.[75] 예로 고린도전서 16장 1-4절은 바울이 이 구제금을 모으는 일을 거의 명령할 정도로 적극성을 띠고 또한 모금의 구체적인 방법까지 제시하고 있을 뿐만 아니라, 모금한 것을 자신보다는 각 지역 교회대표들이 예루살렘으로 가져갈 것임을 언급할 정도로 계획적으로 추진하고 있음을 보여준다. 한계상황에 있는 빈곤한 사람들의 구제를 자체적으로 해결할 수 없었기에 이를 해결할 방안을 다방면으로 모색하는 가운데 해외에 있는 이방 교회에까지 그 도움을 청하게 된 것이다. 그렇게 볼 경우 아가야와 마게도냐 지방에서의 모금은 바울이 주도한 것이 된다(고후 8:1-5; 9:1-5; 롬 15:16-17). 바울은 이를 아가야와 마게도냐 지방에서 추진한 뒤 모음 총액을 예루살렘에 있는 야고보에게 맡김으로 책임을 완수한다(행 21:18).[76]

3. 결 론

이 연구를 통하여 얻은 결과는 다음과 같다. 고대로부터 팔레스틴에 존재했던 구제제도는 가난하고 의지할 것 없는 사람들을 언제나 보호하려는 하나님의 깊은 뜻을 구체적으로 계명에 기록하고 실제로 시행했던 매우 탁

---

74 김병모는 이 점을 특히 강조한다. 김병모, "구제금의 본질," 53.
75 그 시점을 정확히 알아내는 것은 어렵지만 고전 5:9에 언급되어 있는 서신에 들어있을 가능성이 있다. Downs, *The Offering*, 43.
76 본문은 바울이 예루살렘에 있던 형제들과 함께 야고보에게 들어가니 장로들도 있더라고 설명하고 모금한 것을 전달했다는 언급은 하지 않지만 그렇게 한 것으로 추정한다.

월한 제도였다. 이는 당시 세계를 지배했던 그리스나 로마제국이 그 엄청난 부와 힘을 가지고 있었음에도 불구하고 이런 핵심적이고 구체적인 제도를 가지고 있지 못했다는 점에서 더욱 그렇다. 이 나라들은 구제를 위한 재원을 특권층이나 부유층에 많이 의존하고 있었기 때문에 특권층과 시민권을 가진 국민들만을 중시하고 그들에게만 특혜를 주는 정책으로 일관하여 거기서 배제된 노예를 포함한 하층민과 거류민들을 생명의 보호막이 없는 존재들로 만들었다고 해도 과언이 아니다.

팔레스틴에서는 우선 농촌지역에서 농산물을 추수 할 때 극빈자들이 먹을 것을 남겨두라는 계명과 이들을 위해 일정한 기금을 마련하는 제도를 실천함으로 구제제도가 시행되었다. 또한 성전을 중심으로 운영되었는데 십일조와 함께 가난한 사람들을 위한 헌금을 헌금궤에 모았으며 이는 이 제도를 운영하는 가조플락스, 기자바림, 아마르켈린이라고 불리는 책임자들에 의해 전달되었다. 또한 쿠파와 탐후이라는 제도를 통해 가난한 사람들이 생존에 필요한 일용할 양식을 공급하였다. 그 외에도 다양한 이유로 성전에 기탁된 기금을 통해서도 구제를 하였다. 수도인 예루살렘 이외의 지역에서는 회당을 중심으로 구제하였는데 이는 몇 몇 문헌에 나타난다. 쿰란공동체에도 구제제도가 있었으며 이를 시행하였다는 문헌적 증거가 있다. 원시교회가 이에 영향을 받았을 가능성과 보다 자세한 사항은 앞으로 연구되어야 할 필요가 있다.

이러한 훌륭한 구제제도는 팔레스틴지역이 로마제국에 합병되면서 큰 변화를 겪게 된다. 로마제국의 강압적인 토지세, 인두세, 연례소출, 관세, 특별세 등 다양한 명목의 과세는 유대인들로서는 도저히 감당할 수 없었을 정도로 무거운 것으로서 정직한 유대인의 경우 자신의 소출의 35퍼센트를 내어줘야 했다. 이는 소출량을 허위로 보고하고 종교세를 내지 않는 죄를 범하게 만드는 결과로 이어졌으며 구제를 받지 않으면 생존할 수 없는 극빈층을 더욱 한계 상황으로 몰고 갔다 (참조 마 9:36).

원시교회의 성립과 성령의 강한 역사를 통해 형성된 재산공유개념에 근거한 독특한 구제활동은 이런 암흑의 상황에 비친 한 줄기 빛과 같은 것이었다. 이는 팔레스틴의 전통적인 구제제도보다 여러 면에서 우수했으면 아직 기독교인이 되지 않은 유대인들에게도 혜택을 베풂으로서 선교에 많은 도움을 주었다. 그러나 재원의 고갈과 여러 다른 이유들로 인해 인적조직을 갖춘 구제제도로 바뀌어 그 역할을 이어갔다. 이후 발생한 기근 시에 안디옥 교회가 실행한 시의적절한 모금을 사도 바울이 일차적으로 예루살렘에 전달함으로 구제는 국외를 포함한 광범위한 네트워크로 발전되었으며, 이어서 수년간 조직적인 모금활동을 여러 지역의 이방교회에서 헌신적이고 적극적으로 펼쳐 예루살렘 교회를 보다 구체적으로 도왔던 것으로 판단된다. 이를 여러 교회와 함께 장기간에 걸쳐 진행해야만 했다는 것은 당시의 기근상황이 매우 심각했었다는 것을 말해준다.

이 연구결과는 우리에게 다음과 같은 실천적인 메시지를 준다.

첫째로, 모든 기독교공동체는 극한 상황에 처해있는 사람들과 앞으로 그런 상황에 처할 수 있는 사람들을 도울 수 있는 상시적인 구제제도를 운영할 필요가 있다는 것이다. 이는 그 사회의 일반적인 경제적인 수준과 상관없이 진행되어야 할 사항인바, 이 제도가 효율적으로 운영되면 기근과 재난으로 인한 충격을 크게 줄일 수 있기 때문이다. 한국기독교도 이러한 상시구제제도를 연구해서 제도화해야 할 필요가 있으며, 물론 이는 참여하는 사람들의 자발성에 근거한 것이 되어야 한다.

둘째로, 고아와 과부와 같이 한계상황에 있는 사람들의 구제는 하나님과 역사적 예수와 사도바울의 중요한 관심사였고 하나님의 나라의 중요한 측면이라는 점이다. 고대에 그 힘을 자랑하던 그리스와 로마에 없었던 훌륭한 구제제도를 팔레스틴에서 운영하고 있었다는 사실은 유대교와 기독교의 신앙의 대상인 하나님과 예수 그리스도가 가난하고 버려진 사람들에게 심대한 관심을 가지고 계셨다는 것과, 재난과 기근을 겪는 사람들에게 도움을

주는 공동체가 건강하고 신실한 공동체라는 것을 가르쳐 준다. 이러한 정신
은 야고보서와 많은 다른 서신들은 물론 초대교부들에 의해서 이어져왔다.

셋째로, 성령이 강력하게 역사하는 가운데 원시교회가 생겨났고 동시
에 새롭고 온전한 구제제도가 동시에 생겼다는 사실이 시사하는 바가 크다.
구제는 성령의 인도함에 순종하는 공동체가 구체적으로 실천해야 할 바다.
반대로 성령의 인도함에 가장 효과적으로 순종하는 길 중의 하나가 구제라
고 할 수 있다.

참고문헌

김경진. 『제자도와 청지기도』. 서울: 솔로몬, 1996. *Stewardship and Almsgiving in Luke's Theology*. Sheffield: Sheffield Academic Press, 1998.

김득중. "초기 기독교공동체의 분배정의와 구현." 『기독교사상』 34권 제5호 (1990. 5), 13-23.

김창락, 『갈라디아서』. 서울: 대한기독교서회, 1999.

조태연. "갈릴리 경제학." 『신약논단』 제4권(1998. 8), 62-88.

Boesen W./황현숙 역, 『예수시대의 갈릴래아: 예수의 생활공간과 활동으로서의 갈릴래아에 대한 시대사적 신학적 연구』. 천안: 한국신학연구소, 1998.

Borg, M. *Jesus A New Vision*. San Francisco: Harper & Row Publishers, 1987.

Conzelmann, H. *Acts of the Apostles*. Philadelphia: Fortress Press, 1987.

Danby, H. *Mishnah*. Oxford: Oxford University Press, 1933. Josephus/L. H.

Dill, S. *Roman Society from Nero to Marcus Aurelius*. London: Macmillan, 1904.

Downs D. J. *The Offering of the Gentiles*. Tuebingen: Mohr Siebeck, 2009.

Finley, M. I. *Ancient Economy*. Berkeley: Univ. of California Press, 1973.

Esler, E. *Community and Gospel in Luke-Acts: The Social and Political Motivations of Lucan Theology*. Cambridge: Cambridge University Press, 1987.

Freyne, S. P. *Galilee from Alexander the Great the Hadrian 323 B.C.E.* Wilmington and Notre Dame, 1980.

Horsley, R. A. *Jesus and the Spiral of Violence*. Augusburg Fortress, 1987.

Garnsey, P. & Saller, R. P. *The Roman Empire, Economy, Society and Culture*. Berkeley: University of California Press, 1987.

Garnsey, P. *Famine and Food Supply in the Greco-Roman World*. Cambridge: Cambridge University Press, 1988.

Haenchen E./박경미 역, 『사도행전』 I, II. 천안: 한국신학연구소, 1987.

Hands, A. R. *Charities and Social Aid in Greece and Rome*. London: Thames & Hudson, 1968.

Hengel M./이정희 역, 『초기교회의 경제와 생활』. 서울: 대한기독교서회, 1981.

Jeremias, J./번역실 역, 『예수시대의 예루살렘』. 천안: 한국신학연구소, 1988.

Josephus/Feldmann, H. *Jewish Antiquities I-XX*. Cambridge: Harvard University Press.

Longnecker R. N. /이덕신, 『갈라디아서』. 서울: 솔로몬, 1990.

Malina, B. "Wealth and Poverty in the New Testament and Its World" *Interpretation* 41 (1987) No. 4. 354-358.

Malina B. and R. L. Rohrbaugh, *Social-Scientific Commentary on the Synoptic Gospels.* Philadelphia: Fortress Press, 1992.

Meeks, W. *The Moral World of the First Christians.* London: SPCK, 1987.

Rickman, G. R. *The Corn Supply of Ancient Rome.* Oxford: Clarendon Press, 1980.

Schmidt, T. E. "Taxes", ed. J. Green, S. McKnight, H. Marshall, *Dictionary of Jesus and Gospel.* Downer Grove: Inter Varsity Press, 1992. 804-807.

Schuerer E. rev. & ed. G. Vermes, F. Millar, M. Black, *The history of the Jewish People in the age of Jesus Christ(175 B.C.-135 A.D., Vol. I-VI.* Edinburgh: T. & T. Clark, 1979.

Vermes G, *The Dead Sea Scrolls in English*, 3rd ed. London: Penguin Books, 1987.

Yamazaki-Ransom Kazuhiko, *Roman Empire in Luke's narrative.* New York: T. & T. Clark, 2010.

Ze'ev, S. *The Economy of Roman Palestine.* London: Routledge, 1994.

3

고대 교부들의 경제사상[*]

1. 들어가는 말

"경제"라는 말을 국어사전에서 찾아보니 "인간의 생활에 필요한 재화나 용역을 생산·분배·소비하는 모든 활동. 또는 그것을 통하여 이루어지는 사회적 관계"라고 나와 있고 또 "세상을 다스리고 백성을 구제함"이라는 뜻을 지닌 "경세제민(經世濟民)"의 준말이라고 나와 있다.[1] 따라서 교부들의 경제사상은 재화와 용역의 생산·분배·소비 혹은 이를 통해 이루어지는 사회관계에 대한 고대 교부들의 가르침과 사상을 말한다고 볼 수 있겠다. 또한 이와 다른 각도에서 세상을 다스리고 백성을 구제하는 데 대한 교부들의 가르침과 사상도 교부들의 경제사상의 범주 안에 들어갈 수 있다고 본다. 또한 고대사회는 오늘날과 같이 정치, 경제, 사회, 문화의 범주가 뚜렷이 구분되지 않고 모든 영역이 얽혀있기 때문에 경제사상을 보다 포괄적으로 접

*   서원모(장로회신학대학교)
      이 글은 2008년 정부의 재원으로 한국학술연구재단의 지원(기초연구지원인문사회사업-창
      의주제공동연구)을 받아 수행된 연구이다(KRF 2008-321-A00053).
1   국립국어원 누리집에 있는 표준국어대사전의 "경제(經濟)04"와 "경세제민(經世濟民)" 항목
      을 참조하였다.

근하는 것이 좋겠다는 생각이 들어 글의 제목을 "교부들의 사회경제사상"이라고 잡아보았다.

이 글에서는 지난 2년간 필자가 참여했던 "고대후기 로마제국의 가난과 부" 프로젝트와 관련된 연구 성과물을 주요한 자료로 삼을 것이다. 이 프로젝트는 호주와 일본의 교부학자들과의 교류와 협력 속에 추진되었으며, 엄밀한 방법론, 뚜렷한 연구목표, 통일적 연구결과를 지향한 호주 교부학자들의 연구를 토대로 하여, 이를 더욱 발전시키고 새로운 영역을 계발하고 한국 기독교적인 상황에 기초한 문제의식에 따라 연구를 수행하고자 하였다. 여기서는 이러한 교부학자들의 연구를 "공적신학과교회연구소"의 취지와 목적에 맞게 종합적으로 정리 · 제시하고자 한다. 이 글의 초점은 경제활동에서 생산보다는 분배에, 특히 가난한 자에 대한 자선과 공적 부조나 기부에 두어질 것이다.

이 주제를 다루기 전에 먼저 교부들의 사회경제사상이라는 제목 자체가 여러 가지 한계를 가지고 있다는 점을 말하고 싶다. 호주의 저명한 교부학자 폴린 알렌(Pauline Allen)은 21세기 관점에서 교부들의 사회-윤리적인 본문을 읽을 때 일어나는 어려움을 토로했다.[2] 우선 교부들의 문헌은 500여년에 걸친 동방과 서방을 모두 포함하는 수많은 저자와 방대한 문헌을 포함하며 그 안에는 언어적이고 문화적이고 사상적인 다양성이 존재한다. 둘째, 교부들은 대게 정의로운 사회보다는 개인의 행복과 구원에 관심을 두었기 때문에 오늘날의 의미에서의 사회윤리 혹은 사회경제사상을 찾아내기는 쉽지 않다. 셋째, 교부시대에는 사회 윤리나 사회경제사상에 대한 체계적인 관심이 존재하지 않았으며 교부들은 대개 설교를 통해 사회윤리나 사회사상을 전개했기 때문에, 그 어조나 강조점이 상황에 따라 매우 달랐다. 이러

---

2   Pauline Allen, "Challenges in Approaching Patristic Socio-ethical Texts from a Twenty-First Perspective" (2009년 3월 24일 장로회신학대학교 한국교회사연구원 해외석학초청 특강 자료집).

한 이유로 교부들의 사회경제사상을 일관적이고 통일적으로 서술하는 것은 거의 불가능에 가깝다고 말할 수 있다.

하지만 그렇다고 해서 개별적인 교부의 삶과 사상에서 오늘날의 상황에 통찰력을 주는 수많은 실마리를 발견할 수 없다는 것은 아니다. 우리는 교부 문헌에서 장르의 특성과 각 저자의 역사적 정황과 주요 관심을 주의 깊게 관찰하고, 1500년이라는 역사적 거리를 충분히 고려하면서 교부들의 사회경제사상에 접근할 필요가 있다. 이 글은 교부학자들의 학문적 성과를 바탕으로 몇몇 대표적인 교부의 사상을 정리하고 그 현대적 의미를 살펴보는데 주안점을 두고자 한다.

이 글은 크게 네 가지 부분으로 이루어진다. 우선 교부들의 사회경제사상이 전개되는 역사적 맥락을 살피고, 그 다음에는 고대 그리스도교의 자선과 구제활동의 이념과 실천을 개관하고, 그 다음에는 주요 교부들의 사회경제사상을 가난과 부에 대한 이해를 중심으로 살펴보고, 마지막으로 몇 가지 쟁점을 중심으로 교부들의 사회경제사상과 실천을 평가하고 오늘날 우리에게 주는 의미를 고찰할 것이다. 본격적인 논의에 앞서 교부들의 사회경제사상에 대한 연구사를 간략히 다루는 것이 좋겠다.

2. 연구사

최근 서구 학계에서는 후기고대의 가난과 가난한 자에 대한 연구가 활발하게 전개되고 있다. 이러한 학문적 관심은 『후기 로마제국의 가난과 지도력』이라는 피터 브라운(Peter Brown)의 저서에서 영감을 얻었다고 해도 과언이 아니다.[3] 브라운은 사회경제사적 연구와 교회사적 연구를 종합하여 후

---

3   Peter Brown, *Poverty and Leadership in the Later Roman Empire*, The Menahem Stern

기고대 로마제국의 가난과 부의 문제를 새로운 관점에서 조명했다. 그는 유대-그리스도교 전통의 가난한 빈민구제의 확산을 고대사회에서 중세사회로 이행하는 중요한 요소로 제시한다. 그는 "가난한 자에 대한 사랑"은 그리스와 로마 사회에서는 발견될 수 없는 덕목이며, 후기고대의 유대-그리스도교 전통이 빈민구호를 강조했을 때, 이는 새로운 사회의 시작을 알리는 신호였으며, 이러한 빈민구제의 사상과 실천이 사회 속에 뿌리를 내리면서 도시 시민 중심의 고대 사회가 도시와 농촌을 아우르고 부자와 가난한 자를 포함하는 새로운 사회로 재편되었다고 주장한다. 더 나아가서 이러한 새로운 사회로의 이행 과정에서 감독이 핵심적인 역할을 수행했으며, 감독이 새로운 사회의 지도자로 등장할 수 있었던 요인 중에 가난한 자의 보호자로서 감독의 기능이 주요하게 작용했다는 것이 브라운의 주요한 논지이다.

브라운의 연구는 방대한 사료에 기초하여 해박한 지식과 날카로운 통찰력을 보여주지만, 근거가 빈약하거나 확대해석하거나 과도하게 일반화한 부분도 존재한다. 특히 최근에 폴린 알렌을 중심으로 하는 호주 연구진은 요안네스 크리소스토모스, 아우구스티누스, 레오 1세에 대한 집중적인 연구를 통해 브라운의 주장을 조목조목 비판했다.[4] 그들은 그리스-로마의 옛 전

Jerusalem Lectures (Hanover & London: University Press of New England, 2002). 최근에 이 책은 한글로 번역되었다. (서원모 · 이은혜 옮김, 『고대 후기 로마제국의 가난과 리더십』 파주: 태학사, 2012) 브라운 이후의 고대후기의 가난과 부에 대한 많은 연구가 이루어졌다. 대표적인 연구로는 Richard Finn, *Almsgiving in the Later Roman Empire: Christian Pormoting and Practice 313-450*, Oxford Classical Monographs (Oxford: Oxford University Press, 2006); Susan R. Holman, *The Hungry are Dying: Beggars and Bishops in Roman Cappadocia*, Oxford Studies in Historical Theology (Oxford: Oxford University Press, 2001); Susan R. Holman ed., *Wealth and Poverty in Early Church and Society*, Holy Cross Studies in Patristic Theology and History (Grand Rapids: Baker Academic, 2008); Geoffrey D. Dunn, David Luckenmeyer, & Lawrence Cross eds. *Prayer and Spirituality in the Early Church, Vol 5: Poverty and Riches* (Strafield: St Pauls Publications, 2009).

4 Pauline Allen, Bronwen Neil, & Wendy Mayer, *Preaching Poverty in Late Antiquity: Perceptions and Realities,* Arbeiten zur Kirchen- und Theologieschichte 28 (Leipzig: Evangelische Verlagsanstalt, 2009).

통은 4세기 중반에서 5세기 중반에도 견고하게 자리 잡아, 새로운 형태의 사회가 아직 뿌리를 내리지 못했으며, 이러한 변화는 6세기에나 일어났을 것이라고 주장한다. 또한 그들은 가난한 자의 보호자로서 감독의 역할에 중점을 두는 브라운을 비판하고 금욕주의/수도운동의 영향도 함께 고려할 것을 제안했다. 한국 연구진은 호주 연구진의 연구를 이어받아 이를 보완하고 발전시키며 새로운 방향에서 문제를 접근하려고 노력했다. 우선 한국 연구진은 호주 연구진이 새로운 연구 방향으로 제시한 가난과 부의 문제에서 수도운동의 영향을 고찰하고, 이 과정에서 성인전의 역사성을 보다 긍정적으로 이해할 것을 제안하고, 파피루스 자료나 수도사의 편지 등 새로운 자료를 통해 수도운동의 영향력을 실제적으로 밝히고자 했다.[5] 또한 호주 연구진이 5세기 초의 감독을 중심으로 연구를 전개했다면, 한국 연구진은 신약성경에서부터 6세기에 이르며, 알렉산드리아, 카파도키아, 밀라노, 시리아 그리스도교 지역과 팔레스티나의 가자 지역을 포함하는 종합적인 연구를 시도했다.[6] 또한 유대교의 자선을 그리스도교의 자선과 비교하여 새로운 각

---

5   남성현, "4-5세기 기독교 성인전에 나타난 '가난한' '자선사업가'(euergetes),"『서양고대사연구』제25권 (2009): 301-337와 "파피루스에 나타난 초기 비잔틴 시대 이집트 교회와 수도원의 수입구조,"『서양고대사연구』제26권 (2010): 281-321; 이은혜, "요한 크리소스토모스의 설교에 나타난 수도주의와 '가난한 자를 사랑한 자'(Lover of the Poor)의 관계성에 대한 이해,"『한국교회사학회지』26 (2010): 201-231와 "고대 후기 교회지도력의 새로운 패러다임, 수도자-감독 지도력(Monk-Bishop Leadership)의 발전: 크리소스토모스를 중심으로,"『한국교회사학회지』28 (2011): 89-113; 서원모, "6세기 가자수도원의 가난담론",『한국기독교논총』82 (2012): 203-230; "시리아 그리스도교의 가난담론-에데사(주후 4세기 말~5세기)를 중심으로,"『장신논단』44-2 (2012), 199-228.

6   염창선, "주기도의 ὁ ἐπιούσιος ἄρτος'에 대한 교부들의 해석,"『한국교회사학회지』25집 (2009): 7-28; "알렉산드리아의 클레멘스의 가난과 부에 대한 이해,"『서양고대사연구』25집(2009년): 283-300; "Reichtumsverzicht als Voeaussetzung der Erlösung bei Jesus, Paulus and Apostolischen Vätern," *The Journal of Greco-Roman Studies* 40 (2010): 233-254; 조병하, "Cyprianus의 '가난한 자들을 위한 선행과 자선'에 대한 교훈 연구,"『한국교회사학회지』제26집 (2010): 171-199; "가난한 자에 대한 암브로시우스의 교훈: '습관적 선행과 유용함'"『성경과 신학』제58권 (2011): 185-211; 하성수, "부와 가난에 대한 바실리우스의 이해,"『신학전망』172 (2011): 58-84.

도에서 로마제국의 가난한 부의 문제를 조명하고 노예제도의 문제도 다루려고 했다.[7]

한국 연구진은 호주 연구진의 연구가 엄밀하고 체계적이고 치밀하게 진행되었다는 것을 인정하지만 그 결론의 타당성에 대해서는 의문을 가진다. 한국 연구진은 수도운동의 연구가 호주 연구진의 결론을 다른 각도에서 접근할 수 있게 해준다고 확신한다. 또한 호주연구진은 주로 설교와 수사학 및 담론과 현실과의 관계에 초점을 두었는데, 필자는 설교와 성경 본문과의 관계, 또한 수도운동의 이상이 설교에 미치는 영향을 보다 엄밀하게 규명할 필요가 있다고 본다.

여기서 이 모든 쟁점을 낱낱이 논의할 필요는 없으며, 아직 연구가 진행 중이거나 새롭게 진행되어야 할 분야도 있다. 이런 점에서 이 글은 연구 성과를 종합하면서 오늘날의 상황과 관련해서 중요한 쟁점을 다루고자 한다.

3. 역사적인 맥락

우선 로마 제국의 경제 상황을 간략히 정리해보자.[8] 우리가 알다시피 로마 제국은 산업화 이전 사회였다. 경제는 기본적으로 농업에 기초하고 있었으며 대부분의 인구도 농촌에 있었다. 주민들의 기대수명은 20세에서 30세 사이였으며 영양결핍도 널리 퍼져있었다. 하지만 이는 로마 제국에만 고유한 현상은 아니었다. 로마 제국의 상황은 헬레니즘 시대의 왕국이나 고대

---

7   하성수, "니사의 그레고리우스의 노예제도 이해," 『신학과 철학』 제16호 (2010):123-153;
     유대교의 자선에 대한 연구는 아직 발표되지 않았다.

8   Robin Osborne, "Introduction: Roman poverty in context," in *Poverty in the Roman World*,
     eds. Margaret Atkins & Robin Osborn (Cambridge: Cambridge University Press, 2006),
     1-20을 참조하라.

그리스의 도시 국가의 상황과 그리 다르지 않았다.

산업화 이전 사회에서는 가난을 결정짓는 가장 중요한 변수는 생산수단인 토지를 이용할 수 있느냐는 것이었다. 토지를 소유하거나 빌릴 수 있는 자는 그 토지가 충분히 크고, 기후가 좋다면 생계를 유지할 수 있었다. 하지만 토지를 이용할 수 없는 자가 모두 가난하진 않았다. 기원전 8세기부터 그리스와 이탈리아에서는 도시화가 진행되었으며, 기술이나 용역을 제공하여 생계를 유지하는 자들이 상당수 존재했으며, 소도시는 이러한 활동의 중심지가 되었다. 또한 정치적인 발전으로 생계의 수단이 다양화되었는데, 예를 들면 다수의 용병이 존재했다.

풍년에는 토지가 없어도 경작지 밖에서 먹을 것을 구하거나 일자리를 얻을 수 있었다. 하지만 흉년이 되면 창고를 채운 자와 그렇지 못한 자의 차이가 컸으며, 치솟는 곡물 가격으로 자신이나 자녀를 노예로 파는 경우도 있었다. 최근에는 그레코-로마 세계의 가난을 사회학적인 개념을 통해 파악하려는 시도도 나타난다. 여기서는 가난을 구조적(structural, endemic), 위기적(conjunctural, epidemic), 일시적(occasional, episodic) 가난의 세 종류로 구분한다. 구조적으로 가난한 자들은 신체적으로 일할 수 없거나 사회적으로 노동이 금지된 사람들을 가리킨다. 위기적 가난이란 기술이 없거나 자산을 가지거나 저축하지 못한 사람들에 해당하는데, 이들은 흉년이나 전쟁 등 위기 상황을 맞이할 때 빈곤화의 위험에 처했다. 일시적 가난은 수공업자나 소매상인이나 하급 관료처럼 여러 가지 상황으로 일시적으로 수입이 줄어들거나 없어져서 빈곤에 처하게 되는 경우를 가리킨다.

역사적으로 볼 때 빈민구제 사상과 실천은 고대 그리스와 로마 사회에서는 찾아볼 수 없고, 근동 종교, 특히 유대교에서 실현되었으며, 유대교를 통해 그리스도교에 전달되었다. 다시 말하면 서구 역사에서 빈민구제 사상은 유대-그리스도교 전통을 통해 뿌리박기 시작했으며, 그리스도교가 후기 고대 사회에 널리 확산되면서 빈민구제가 종교적인 동기로 실천되고 교회적으로 조직되었다. 이미 볼케슈타인(H. Bolkestein)은 그리스 · 로마적인 공적 부조와 고대 근동에서 유래한 가난한 자의 돌봄의 이념과는 근본적인 차이가 있다고 주장한다.[9] 그는 고전고대 전통과는 이질적인 근동의 자선의 이념은 그리스도교의 성장과 기원후 3세기 로마 경제의 붕괴로 인해 그리스-로마 사회에 뿌리내리게 되었다고 본다. 하지만 이러한 변화가 지닌 의미를 본격적으로 부각시킨 연구는 1970년대 말에나 나왔다. 폴 벤(Paule Veyne)은 고전고대 전통에 토대를 둔 공적 부조 제도를 세밀하게 조사하며,[10] 에블린 파틀라장(Evelyne Patlagean)은 기념비적인 연구서에서 4세기부터 7세기에 이르는 사회경제적 변화를 철저하게 규명한다.[11] 특히 파틀라장은 4세기의 "시민적" 형태의 사회가 점차로 "경제적" 형태의 사회로 변화되었다고 이해한다. 브라운은 볼케슈타인, 벤, 파틀라장의 연구를 기초로 시민적 형태의 사회에서 경제적 형태의 사회로의 변화 과정에서 그리스도교의 구제와 자선을 강조한다. 브라운이 이 세 사람의 연구자와 다른 점은 이러한 변화 과정에 그리스도교의 가난한 자의 돌봄이 적극적으로 작용했다고 주장하는 점이다.

이러한 연구에 따르면, 그리스인과 로마인은 가난한 자에 대한 보호를 종교적, 도덕적, 국가적 의무로 생각하지 않았으며, 빈민구제는 그리스 · 로마의 사고와 삶의 양식에서 나타나지 않았다. 그리스인의 선행(*euergetein*)과 박애(*philanthropia*)과 같은 말은 구제란 뜻과는 구별된다. 그리스인의 사회정책은 양식의 분배, 건강, 교육 등 모든 시민을 대상으로 하며, 과부와 고아에 대한 돌봄은 가난한 자가 아니라 전몰 군인 유가족으로서 행해졌다. 로마인

---

9   Hendrik Bolkestein, *Wohltätiget und Armenpflege im vorchristlichen Altertum: Ein Beitrag zum Problem "Moral und Gesellschaft."* (Utrecht: A. Oosthoek: Verlag A. G., 1939).

10   Paul Veyne, *Le pain et le cirque: sociologie historique d'un pluralisme politique*, Univers historique (Paris: Seuil, 1976)

11   Evelyne Patlagean, *Pauvreté économique et pauvreté sociale à Byzance 4e-7e siècles* (Paris, Mouton & Ecole des Hautes Etudes en Sciences Sociales, 1977)

들에게는 종종 기부(*beneficium*)와 같이 모든 시민들에게 베풀어지는 후덕(*liberalitas*)의 전통이 있었다. 도움을 필요로 하는 개인들에게 주어지는 기부는 시민적인 덕목으로 표현된다. 여기선 주는 자와 받는 자의 연대가 이루어지며, 받는 자는 고유한 방식으로 상환하도록 독려되었다. 또한 협회활동을 물질적인 보호보다는 친교 혹은 명예로운 장례와 같은 특정한 목적을 지니고 있었다. 국가의 사회 정책도 가난한 자들이 아니라 모든 시민을 위해 시행되었으며, 대부분은 가난한 대도시 프롤레타리아의 보호를 목표로 했다. 그리스-로마 사회에서는 공적 부조가 도덕적이고 종교적인 의무가 아니라, 시민적인 덕목으로 이행되었다.

그리스 도시국가 시대부터 후기 로마제국에 이르기까지 공공선을 위해 사재를 터는 기부자들은 정치와 경제를 움직이는 원동력이었다. 로마제국의 도시들은 서서히, 하지만 계속적으로 이루어지 공적 부조로 인해 건설되었다. 사랑과 헌신으로, 또한 동료 시민들에게 칭찬과 존경을 받으리라는 기대로 도시를 장식한 건축과 예술에 대한 기부가 없었더라면, 오늘날 남아있는 로마제국의 도시의 모습을 상상하기 어렵다. 또한 기부자는 항상 "시민" 공동체를 염두에 두었다. 기부의 수혜 대상은 도시 전체든지, 아니면 시민들의 공동체, 도시의 시민들(*demos, populus*)이었으며 가난한 자는 아니었다. 부자 스스로도 이 시민 공동체에 소속되고 자신을 동료 시민으로 생각했다. 부자들은 자기 도시를 사랑하는 자(*philopatris*)로 칭송을 받았지, 가난한 자를 사랑하는 자(*philoptochos*)로 존경을 받지 않았다. 선행을 베푸는 자는 도시의 영예와 시민들의 위로와 열정을 더하기 위해 도시에 아낌없이 기부함으로써 "도시에 대한 사랑"을 보여주었다. 이 기부는 공공건물의 형태로 도시 전체에 주어지거나, 특정한 시민층과 민중(*demos, populus, plebs*)에게 주어졌다. 이러한 시민층의 핵심은 시민들의 후손들, 즉 그 도시에 오래 거주했던 자들이었다. 가난한 자들이 언급되었을 때는 그들이 사회 밑바닥에 있었기 때문이 아니라, 곤궁에 처하거나 이 세상에서 몰락할 위험이 있는 시민들이었기 때문이다. 따라서 이런 형태의 사회에서는 도시 빈민, 이주민, 비시민층에 대한 관심과 보호는 자리 잡을 수 없었다.

이는 1세기 로마제국의 황제가 로마의 시민이나 일부 이탈리아 도시에 하사한 무상의 양식 분배와 다른 형태의 부조를 위한 광범한 조치에도 적용될 수 있다. 황제의 선물로 수혜를 얻은 자들은 가난한 자들이었을 것이다. 로마의 민중 가운데는 영양이 부족하고 질병에 걸린 많은 사람들이 있었다. 하지만 그들은 가난하기 때문이 아니라 자신을 시민이라고 증명할 수 있는 증표(tessera)가 있었기 때문에 이 양식을 받을 수 있었다. 로마와 다른 도시에서 많은 부유한 시민들도 동일한 증표를 받았다. 그들은 가난하지 않았지만, 그들보다 더 가난한 다른 사람들과 똑같은 양의 곡물을 받았다.

이렇게 볼 때, "가난한 자에 대한 사랑"은 그리스와 로마 시대의 공적 기부자의 마음을 지배하고 행동을 결정했던 동기와는 거리가 멀었다고 볼 수 있다. 고전적 도시구조에 기초한 사회에서는 자선은 동료 시민들에게만 베풀어졌고, 시민적인 덕목으로 행해졌으며 이러한 점에서 유대-그리스도교적 전통과는 근본적으로 다르다. 고전 그리스 사회에서는 공적 부조가 존재했지만, 이는 시민으로서 동료 시민들에게 행해지는 시민적인 덕목이었으며, 특별히 "가난한 자"를 대상으로 하지는 않았다. 그런데 유대-그리스도교적 전통이 후기고대 사회에 뿌리를 내리면서 "가난한 자"가 전면에 부각되고 빈민구제와 빈민에 대한 사랑이 도덕적이고 종교적인 의무로 자리 잡기 시작했다. 이는 복지제도의 변화뿐만 아니라 도시 시민 중심의 고대사회(시민적 형태)에서 새로운 형태(경제적 형태)의 사회로의 이행을 보여주는 중대한 변화였다. 이러한 새로운 형태의 사회에서는 도시와 시골이 하나의 전체로 이해되었으며, 사회는 부자와 가난한 자로 나누어지고 부자는 가난한 자를 도울 의무가 있다)는 점이 강조되었다.

최근에 파킨(Parkin)은 로마 세계의 이교도의 자선에 대해서 연구하면서 이러한 견해를 약간 수정했다.[12] 그녀는 그리스도교의 자선이 이교도의 회사로부터 발전되지 않았다는 볼케슈타인의 명제를 받아들이며, 이교도 작가들이 사회의 가난한 자나 소외된 자에 대해 관심을 두지 않고, 곤경을 당해 몰락하거나 베풀어진 호의를 되갚을 수 있는 존경받을 만한 시민에게만 관심을 두었다는 것을 인정한다. 하지만 그녀는 그리스도교가 영향을 미치기 전에 이교도들의 자선이 존재했다고 주장한다. 하지만 이러한 이교도의 자선은 사회지도층에 속하지 않은 자들이 궁핍한 자들에게 아마도 소액으로 베풀어졌을 것이라고 이해한다.

더 나아가서 호주 연구진의 한 사람인 닐(Brownen Neil)은 브라운의 명제를 근본적으로 비판한다.[13] 브라운이 그리스도교를 통한 새로운 사회이념의 정착 과정을 콘스탄티누스 황제의 기독교 공인(312/313)부터 논의하려고 한다면, 닐은 5세기 중엽에도 이러한 변화를 찾아볼 수 없고, 그리스-로마 사회의 "시민적" 형태의 공적 부조가 여전히 큰 영향력을 미치고 있었다고 논증한다. 크리소스토모스나 아우구스티누스나 레오1세와 같은 대표적인 감독은 모두 자기 나름대로의 주요한 관심이 있었으며, 이러한 관점에서 가난한 자들을 돌보았기 때문에, "가난한 자의 보호자"라고 말하기는 어렵다는 것이다. 또한 닐은 그리스도교의 전통적인 "구속적 자선"이라는 관념이 이기적인 동기에 기초하므로 가난한 자에 대한 실질적인 배려와 자활을 강조하는 유대교의 자선과는 거리가 있으며 심지어 4-5세기의 가난한 자들은 교회의 빈민명부에 포함된 자들을 제외하곤 이전의 이방인 사회와 별로 다른 점을 느끼지 못했을 것이라고 주장한다.

필자는 닐의 주장이 한쪽으로 치우쳐있다고 생각하며, 브라운의 주장

---

12 Anneliese Parkin, "'You do him no service': an exploration of pagan almsgiving," in *Poverty in the Roman World,* eds. Margaret Atkins & Robin Osborn (Cambridge: Cambridge University Press, 2006), 60-82.

13 Bronwen Neil, "Conclusions," in *Preaching Poverty in Late Antiquity: Perceptions and Realities,* Arbeiten zur Kirchen-und Theologiegeschichte 28 (Leipzig: Evangelische Verlagsanstalt, 2009), 209-231.

의 세부적인 내용에 대해서는 많은 논란이 있지만, 그리스도교의 빈민 구호를 시민적 형태의 사회에서 경제적 형태의 사회로의 이행이라는 큰 틀에서 이해하는 것은 타당하다고 생각한다. 그리스도교의 자선은 그리스-로마 세계의 공적 부조와는 다른 전통에서 발전되었고, 결국 유대-그리스도교적 전통이 로마 세계에 뿌리를 내리면서 중세사회로의 이행이 이루어졌다고 말할 수 있다. 닐의 주장은 너무 수사학과 현실이라는 방법론에 사로잡혀 그리스도교의 설교가 성경의 해석과 전달이라는 것을 간과하지 않았나 생각해본다. 신약성경의 가르침은 그리스-로마 사회의 전통적인 윤리와는 구별되는 급진적인 가르침을 포함하고 있었으며, 그리스도교의 설교는 이러한 본문 말씀을 어느 정도 충실하게 전달했는지를 기준으로 판단될 수 있다. 또한 닐은 수도운동의 중요성을 앞으로의 연구 방향으로 제시했지만, 결국 수도운동도 초기 예수 전승에 나타난 부에 대한 과격한 가르침을 삶으로 옮긴 것이라고 볼 수 있다. 이러한 점에서 필자는 교부들의 사회경제사상과 실천을 성경해석사 또는 성경의 영향사적 입장에서 고찰하는 것이 필요하다고 생각한다. 이제 이러한 관점에서 로마 제국에서 고대 그리스도교의 빈민 구제 이념과 실제가 어떻게 전개되었는지 살펴보도록 하자.

4. 고대 그리스도교의 빈민 구제 이념과 실제

1) 유대교

먼저 유대교의 사회경제사상을 살펴보자. 고대 이스라엘에서는 친족 범위를 넘어서는 빈민구제는 존재하지 않았지만, 초기 자료인 계약법에서는 가난을 예방하고 가난한 자를 돌봐야 한다는 사상이 표현된다.[14] 이자 금지, 전당물의 제한, 안식년에 가난한 자의 해방과 빚의 탕감, 희년 토지 되물

림, 가난한 자를 위한 제3차년의 십일조 등의 규정들은 실제로 시행되지는 못했지만, 빈민구제와 보호의 이념을 잘 보여준다. 왕정 시대에는 빈부격차가 생겼고, 이스라엘의 예언자들은 이를 맹렬히 비판했다. 헬레니즘 시대의 "자본주의"가 발전하는 상황 속에서 유대교의 특정 집단, 특히 하시딤, 묵시가, 바리새 집단은 가난한 자들이 그 자체로 경건한 자들이며 부자는 하나님의 원수라는 사상을 발전시켰다.

라비들은 빈민구제의 의무를 종교적이며 실제적으로 강하게 요구했으며, 이는 유대교의 미쉬나-탈무드에서 다양한 방식으로 표현되었다. 성경과 라비 문헌에 나타난 빈민구제에 대한 권면은 농경사회를 반영한다. 여기서 가난한 자는 금식일과 절기에 자기 몫을 받을 수 있었다. 하지만 인구집중, 도시화, 디아스포라아의 확산으로 재정적 보조가 중요해졌다. 특별히 라비 문헌에서는 개별적인 자선이나 일반적인 의미의 돌봄을 나타내는 말로 구제(츠다카)란 표현이 나타났는데, "츠다카"란 말은 베르그만(Jehuda Bergmann)에 의해 집중적으로 연구되었다.[15]

제2성전 시대의 빈민구제에 대해서는 자료가 많지 않지만, 회당을 중심으로 빈민구제가 이루어졌으며, 장로들이 책임을 졌다는 것은 알 수 있다. 2세기 자료에 의하며, 유대인 공동체는 두 명의 관리(가베 츠다카)를 세워 항상 함께 일하도록 했다. 그들은 일주일에 한 번 "자선궤(쿠파)"에 집어넣을 돈을 모았다. 금요일마다 이루어지는 자선금의 분배는 보다 엄격하여 세 사람이 참여하도록 요구되었다. 이들은 곤궁한 자들의 처지와 형편을 살펴야 했고, 급한 경우에는 스스로 책임을 지그 돈을 빌려야 했다. 자선궤는 본래 양식을 위한 것이지만, 의복, 고아들의 지참금과 결혼, 죄수의 방면, 가난한 자의 매장을 위해서도 사용될 수 있었다. 자선궤가 정주자들을 위한 구체책

14 Michael Brocke, "Armenfürsorge I. Judentum." S. v. *Theologische Realenzyklopädie* 4: 10-14.

15 Jehuda Bergmann, *Hāṣ-ṣedaqā bejiśra'el.* (Jerusalem, 1943/4).

이었다면, 나그네와 유랑하는 가난한 자들을 위해 그날그날 농산물과 남은 음식물을 모으는 "접시(탐후즈)"도 있었다. 이 접시는 세 사람이 수집하여 즉시 배분되었다.

문밖에서 구걸하는 사람들은 공식적으로 보호 받을 권리를 상실했다. 배고픈 자들은 더 먹지 못하여 생계를 유지해야 했으며 다른 요구들은 증명할 수 있어야 했다. 하지만 30일 간 거주하면 정주자와 마찬가지로 "자선궤(어떤 자료에서는 "접시")"를 통해 구제를 받을 수 있었다. 6개월 후에는 의복을 주었고 9개월 후에는 매장기금을 주었으며, 12개월 후에는 시(市)에서 부과하는 세금을 낼 의무를 가졌다. 구제를 받아 살아가는 사람들도 자선궤와 접시에 조금씩 기부를 했다. 하지만 이것은 강제적인 것은 아니었다. 여인, 아이들, 고아는 기부할 필요가 없었지만, 모금자는 여인들에게서 자발적인 기부금을 받을 수 있었다. 여인과 아이들과 고아들에게는 개인적인 돌봄인 "선행(그밀룻 하사딤)"이 행해질 수 있었다. 구제(츠다카)와 선행(그밀룻 하사딤)은 유대교의 빈민구제의 두 기둥이었다.

빈민보호의 재정적 필요를 충당하기 위해 기부에 대한 호소가 중요한 역할을 했다. 또한 은밀한 구제가 덕목으로 강조되었고, 가난한 자의 명예를 지키기 위해 분별과 민감성을 발휘하도록 요구했다. 또한 자립을 위한 도움은 구제보다 더 높게 평가되었다. 게다가 유대인과 비유대인이 공동으로 빈민구제를 위해 노력했던 사례도 존재했다. 또한 유대교 공동체와 그리스도교 공동체의 경쟁관계도 찾아볼 수 있다. 두 공동체는 빈민구제로 선교했으며, 서로 상응하는 점이 많았다. 라비 문헌에는 이러한 상황에 대한 경계가 나타나며, 유대인들이 그리스도인들에게 구제를 받는 것에 대한 경멸이 표현된다.

라비 유대교의 빈민구호 사상은 익명적이고 간접적인 기부, 차별 없는 기부, 가난한 자를 위한 정의, 자선의 구속 능력의 네 가지로 정리될 수 있으며, 이러한 네 가지 요소가 고대 그리스도교 안에서도 나타난다. 하지만 닐은 라비 문헌에는 수혜자의 익명성을 존중하고 자선보다는 대부나 실제적인 도움을 강조했다는 점에서 가난한 사람에 대한 실질적인 배려가 나타나는 반면, 그리스도교의 빈민 구호의 담론, 특히 서방 그리스도교의 담론에서 이러한 내용이 잘 나타나지 않고, 오히려 자선을 함으로써 구원을 받는다는 이기적인 동기가 강조되었다고 주장한다.[16] 이에 대한 반론은 뒤에 다루어질 것이다.

2) 신약성경과 사도 교부

신약성경과 사도 교부의 가난과 부에 대한 논의는 다양한 방식으로 접근이 가능하지만, 여기서는 성경 해석사와 영향사적 관점을 염두에 두고 이를 정리하고자 한다. 신약성경 안에서는 재산 포기, 가난의 영성화와 연대성, 약자의 돌봄, 재산공동체, 과부 제도와 부에 대한 경고등의 주제를 발견할 수 있다.

(1) 초기 예수 전승-재산 포기

초기 예수 전승은 "낙타가 바늘귀로 나가는 것이 부자가 하나님의 나라에 들어가는 것보다 쉬우니라"(막 10:25)는 말씀처럼 부에 대한 급진적 견해를 지니고 있었다. 하워드 키(Howard Clark Kee)에 따르면 예수 운동은 사회지도층(Power elites)이 아니라 사회경제적으로 밑바닥 계층에 가까운 장인(artisan)층에서 나왔으며, 세리와의 교제에서 나타나듯 전통적 규범, 사회관계, 정결규례에 근본적인 도전을 주는 운동이었다.[17] 초기 예수 전승은 "가

---

16 Bronwen Neil, "Models of Gift Giving in the Preaching of Leo the Great," *Journal of Early Christian Studies* 18/2 (Summer 2010), 225-259.

17 Howard Clark Kee, "Rich and Poor in the New Testament and in Early Christianity," in *Through the Eye of a Needle: Judeo-Christian Roots of Social Welfare*, ed. Emily Albu Hanawalt & Carter Lindberg (Kirkville, The Thomas Jefferson University Press, 1994),

난한 자는 복이 있다"(눅 6:20-21)는 말씀에서 잘 표현되듯, 기존 사회 질서를 뒤집는 급진적인 성격을 지니고 있었다. 마가복음과 말씀 전승 전체에서 "가난한 자"는 경제적인 의미뿐만 아니라 여러 가지 이유로 주류 사회에 포함되지 못한 자를 모두 포함하고 있었지만, 특히 경제적인 요소가 강조되었다(눅 6:29-30).

키에 따르면 초기 예수 전승에서는 임박한 종말에 대한 기대로 물질적 소유가 중요하지 않았으며, 현재의 가난과 상실에 대한 미래의 보상이 약속되었다(눅 6:35, 38). 하나님과 맘몬을 섬길 수 없다(마 6:24), 먹을 것이나 입을 것을 걱정하지 말고 하나님 나라를 구하라(눅 12:22-31). 전도 여행에서 지팡이나 양식이나 돈을 가져가지 말라(눅 9:3; 10:4), 가진 것을 팔아 가난한 자들에게 주고 나를 따르라(막 10:17-31)등의 말씀은 재산 포기의 급진적 전통을 잘 보여준다.

키는 바울의 가난과 부에 대한 견해도 예수의 견해와 다르지 않았다고 주장한다. 바울은 예수처럼 장인 출신이었고 자기 생계를 벌어가며 복음을 전했다. 바울 교회의 교인들은 경제적으로 다양했으며, 예루살렘 교회의 가난한 자를 돕는데 참여할 수 있을 만큼 재산을 지닌 자들도 있었다. 바울의 부에 대한 원리는 균등하게 하는 것이었고(고후 8:13-14), 매일의 삶을 살아가기에 필요한 것만 소유하고 궁핍한 자들을 돕기를 원했다. 또한 바울도 종말이 가깝다고 생각했기 때문에 부를 중요하게 보지 않았으며 부자나 가난한 자가 새 공동체 안에서 자기 역할을 가지고 있다고 생각했다.

(2) 마태-가난의 영성화와 연대성

마태는 종말론적 선언을 도덕적이고 종교적인 원리로 바꾼다. "너희 가난한 자는 복이 있나니"(눅 6:20)는 "심령이 가난한 자는 복이 있나니"(마 5:3)

29-42.

로, "지금 주린 자는 복이 있나니"(눅 6:21)는 "의에 주리고 목마른 자는 복이 있나니"(마 5:6)로 바뀐다. 마태는 특히 의에 대해 관심을 두었는데, "그의 나라를 구하라(눅 12:31)"를 "그의 나라와 그의 의를 구하라(마 6:33)"라고 제시하고, 예수께서 세례를 받은 것은 모든 의를 이루기 위해서였다고 설명한다.

마태는 부에 대해 긍정적인 태도를 보여주었는데, 이는 예수 탄생 시에 동방박사가 방문하여 값비싼 황금과 유향과 몰약을 바치고 예수가 유대인의 왕으로 나타나고 헤롯은 예수의 탄생에서 자신의 부와 권세에 대한 위협을 보았다. 마태에서는 가난과 부가 영적인 가치로 변용되었으며, 심령이 가난한 자는 종말론적 보답을 기대하며 하나님을 신뢰하는 자를 의미했다.

하지만 마태는 주리고 목마르고 나그네 되고 헐벗고 병들고 갇힌 자들을 돌보는 것이 곧 예수 그리스도를 돌보는 것이며, 이렇게 가난한 자들과 사회적 약자를 돌보는 일이 최후 심판의 중요한 기준이 된다는 전승을 전해 준다(25:31-46). 여기서 나타난 주린 자를 먹이고, 헐벗은 자를 입히고 나그네를 환대하고 병든 자를 돌보고 갇힌 자를 보살피는 일은 이후의 교회의 모든 빈민 구호 활동의 구체적인 내용이 되었다. 또한 이렇게 가난한 자와 사회적 약자를 섬기는 일을 그리스도를 섬기는 일과 동일시한 일은 이들에 대한 사회적인 통념에 근본적인 도전을 주었다.

(3) 누가—약자의 돌봄

누가는 하나님이 경제적 약자와 사회적으로 소외되고 천대 받는 자들에게 일차적으로 관심을 두신다는 옛 전승을 계속 이어갔다. 누가는 부와 권세를 소유한 자들에 대한 자리를 마련하면서도 부와 소유에 대한 문제를 직접적으로 다루었다. 누가는 부자와 번영하는 자에 대한 저주를 덧붙였다(눅 6:24-26). 받기만 하고 꾸어주는 자에 대해서는 아무것도 바라지 말고 꾸어주라고 하며(눅 6:34-35), 남을 판단하지 말라는 가르침 다음에는 베풀면 "누르고 흔들어 넘치도록" 받게 될 것이라는 가르침이 덧붙여졌다(눅 6:38).

누가는 자신들의 소유로 예수를 섬긴 여인들의 이름을 기록하는데(눅 8:1-3), 여기에는 헤롯의 청지기 요안나가 포함되었다.

누가의 고유한 자료에서는 가난과 부의 문제가 매우 중요하게 다루어진다. 예수는 구유에서 태어났으며, 가난한 목자들의 축하를 받았다(눅 2). 이보다 앞서 마리아는 사회질서를 뒤엎으시는 하나님을 찬양한다(눅 1:51-53). 나사렛 회당에서 예수는 "주의 성령이 내게 임하셨으니 이는 가난한 자에게 복음을 전하게 하시"기 위함이라는 이사야서 61장의 말씀을 읽으신 후 "이 글이 오늘 너희 귀에 응하였다"고 선언하신다(눅 4:18, 21). 여기서는 경제적으로 가난한 자뿐만 아니라 신체적인 조건이나 사회적인 차별로 하나님의 백성에 참여하지 못한 자들의 회복이 나타나있다(참고. 눅 4:25-27; 7:11-17). 선한 사마리아인의 비유(눅 10:29-37), 어리석은 부자의 비유(눅 12:13-21)는 부에 대한 태도가 다루어지며, 큰잔치 비유에서는 원래의 비유에 "가난한 자들과 몸 불편한 자들과 맹인들과 저는 자들을 데려오라"는 말이 덧붙여진다(눅 14:21). 누가는 가난하거나 소외된 자를 돌보는 것이 공동체의 중요한 사명이라고 이해한다.

(4) 사도행전-재산공동체

사도행전에서는 그리스도교 공동체의 새로운 사회경제적 차원이 뚜렷하게 나타난다. 예루살렘 교회는 "모든 물건을 서로 통용하고 또 재산과 소유를 팔아 각 사람의 필요를 따라 나눠 주"었으며(행 2:44-45; 참고. 4:32-35), 아나니아와 삽비라는 재산의 일부를 남겨두고 공동체를 속이다가 죽임을 당했다(행 5:1-11). 예루살렘 재산공동체는 쿰란과 달리 자발성에 기초했으며 공동의 부를 만들어내기 보다는 이미 가지고 있는 재산을 나누었다. 이는 상호성에 기초하고 임박한 종말에 대한 기대 하에 이루어지는 재산의 나눔이었다고 말할 수 있다.

우리가 아는 한 이러한 재산 공동체는 예루살렘 교회에서만 시행되었다. 그럼에도 『열두 사도의 가르침(디다케)』과 『바나바의 편지』에서는 이러한 재산 공동체의 이념이 나타난다. 이 두 문서는 이웃과 모든 것을 나누고 자기 것이라고 부르지 말라고 권한다. 하지만 『열두 사도의 가르침』이 궁핍한 자들에 대한 긍휼에 대한 요구(1:4-6; 4:5)와 탐욕(2:6)과 돈에 대한 사랑(3:5)에 대한 경계를 가르친 점은 이러한 재산 공동체의 이념이 후대에는 시행되지 않았다는 것을 보여준다.

다른 한편으로 이러한 재산공동체는 집이나 토지를 소유했던 팔레스티나의 사회 지도층이 예수 운동에 참여했다는 것을 보여준다. 바나바나 아나니아와 삽비라는 이러한 사례에 해당된다. 바울의 편지나 사도행전에서는 부와 권력을 가진 자들이 교회로 들어왔다고 보여주는 사례가 많이 나타난다. 에라스도는 시의 재무관이었으며(롬 16:23), 사도행전에서 개종한 자들은 이디오피아 내시, 백부장 고넬료, 분봉 왕 헤롯의 젖동생 마나엔, 자색 옷감 장사 루디아, 아레오바고 관리 디오누시오 등이 있었다. 이것은 사회경제적인 지도층에도 복음을 전하려는 초기 그리스도인의 의도를 엿볼 수 있게 해준다. 도미티아누스 황제 시대에 도미틸라와 그의 남편이 무신론자라는 이유로 처형된 것이 이들이 그리스도교로 개종했고 오늘날 도미틸라의 카타콤으로 알려진 매장지를 기부했기 때문이라는 해석이 맞는다면, 그리스도교는 1세기 말에 황실에까지 전파되었다고 말할 수 있다.

(5) 디모데서-과부 제도와 부에 대한 경고

디모데서는 가난한 자에 돌봄을 특별히 강조하지 않지만, 유대인의 관행을 이어받아 예루살렘에서부터 시행되고 3세기까지 교회의 사회활동의 주요한 내용이 된 과부의 돌봄이 제도로 정착되었다는 것을 보여준다(딤전 5:3-16). 여기서는 과부 명부에 올릴 과부의 자격을 제시하는데, 이러한 전통을 이어받아 이그나티오스는 과부의 보호를 이단과 구분되는 참교회의 표지로 보았으며, 폴리카르포스는 그들을 "하나님의 제단"으로 불렀다. 또한 과부와 함께 고아들이 그리스도교 공동체의 돌봄을 받았다.

또한 디모데서는 부와 사치에 대한 경고를 포함한다. 디모데서는 경건은 자족하여 삶에 필요한 것으로 만족하는 삶이며, 돈을 사랑함은 일만 악의 뿌리가 된다고 경고한다(6:6-10; 참고. 히 13:5). 또한 부자들에게는 재물에 소망을 두지 말고 나누어주기를 좋아하고 너그러운 자가 되도록 요청한다(6:17-19). 이미 마가복음에서는 가시떨기에 뿌려진 씨앗은 "세상의 염려와 재물의 유혹과 기타 욕심" 때문에 열매를 맺지 못하는 자를 나타내며(마 4:18-19), 나중에 라오디게아 교회는 부자이며 부요한 자라고 자랑한다고 비난을 받았다(계 3:17), 야고보는 참된 경건은 고아와 과부를 돌보고 자기를 지키는 것이라고 제시하고(1:27) 공동체 안에서 부자와 가난한 자를 차별하는 것을 비판한다(2:1-7).

3) 2세기와 3세기

그리스도교의 사회경제사상과 실천은 콘스탄티누스 황제의 그리스도교 공인 이전과 이후의 시기로 나뉠 수 있다. 그리스도교 공인 이전에는 주로 공동체 내부에서 가난한 그리스도인을 돌보는 사역이 주로 행해졌으며, 가난한 자의 돌봄이 감독을 중심으로 제도화되었다.

(1) 자선의 실행

초기 그리스교의 발전에서 가난한 자의 돌봄으로 이름이 높은 교회는 로마 교회였다. 170년 경 코린토스의 디오니시오스는 로마 교회가 여러 교회에 기부금을 보내고, 궁핍한 자를 돕고, 광산에 있는 형제들에게 지원했다고 칭찬한다. 『클레멘스의 첫 번째 편지』는 유대교의 자선 이론과 실천을 받아들여 부자는 가난한 자의 필요를 공급하고, 가난한 자는 자신의 필요를 채울 사람을 주신 하나님을 송축하라고 권한다(38. 1-2). 이보다 한 걸음 더 나아가서『클레멘스의 두 번째 편지』는 사랑은 허다한 죄를 덮는다(벧전 4:8)는 말씀을 인용하면서 자선은 기도와 금식보다 나으며, 자선이 죄의 부담을 덜어준다고 가르친다(16.4).

시기적으로 두 편지 사이에 있는 헤르마스의『목자』는 부자에 대한 경고와 함께 가난한 자를 돌보라는 주요한 덕목으로 제시한다. 여기서 부자는 석탑에 쓸모없어 버려지는 돌로 비유된다. 그들은 부를 깎아낼 때, 즉 가난한 자와 소유를 나눌 때 공동체에 유익하다(환상 3.8.5-6). 헤르마스는 부자가 하나님 나라에 들어가는 것은 가시와 엉경퀴로 난 길을 맨발로 가는 것과 같이 어렵다고 말한다(비유 9.20.1-4) 하지만 부자는 회개하고 선행을 하며 하나님에 대해 살 수 있다. 또 헤르마스는 과부들을 돌보아주고 고아와 곤궁한 자들을 보살피라는 권면으로 덕행의 목록을 시작한다(계명 8.1.10).

150년 경 쓰인 유스티누스의『제1변증서』는 로마 교회의 예배를 소개하면서 긍휼의 사역에 대해 언급한다. 예배 후 교인들은 능력껏 헌물을 바치고 이것은 인도자에게 모아지며, 인도자는 고아와 과부 및 병자, 감옥에 있는 자들, 여행자들을 도왔다. 유스티누스의『제1변증서』는 예배의 인도자인 감독이 가난한 자의 돌봄에 중심적인 기능을 맡았으며, 빈민 구호가 예배와 긴밀하게 연결되었다는 것을 잘 보여준다.

북아프리카의 테르툴리아누스의『변증서』는 또 다른 형식의 빈민 구호 제도에 대해 알려준다. 그리스도인의 모임에 일종의 자선궤가 있어 각자가 매월 하루 혹은 원하는 때에 적은 돈을 기부했다. 이 돈은 입회비가 아니며, 누구도 강요받지 않고 자발적으로 본인이 원하는 만큼 능력껏 드려졌다. 또한 이 헌금은 잔치나 주연을 위해서가 아니라 가난하고 궁핍한 자를 위해 사용되었으므로 "경건의 기탁금"(deposita pietatis)이라고 부를 수 있었다.

유스티누스와 테르툴리아누스는 초대교회의 빈민 구호의 재원 마련의 두 가지 형태를 잘 보여준다. 유스티누스는 예배와 연관되어 가난한 자를 위한 헌물이 드려졌으며, 테르툴리아누스는 교인 각자가 매월 1회 정도 자선궤를 통한 정기적인 헌금이 기대되었으며, 이를 가난하고 궁핍한 자를 위해 사용한다고 밝힌다.

이렇게 거두어들여진 헌물과 헌금의 수혜자는 두 부류였다. 첫째 부류는 빈곤화된 동료 신자, 즉 고아와 과부와 병자와 감옥에 갇힌 자, 난민과 궁핍한 자들이었다. 이 시기의 그리스도교의 자선은 주로 공동체 내부의 활동이었으며 불신자를 포함하지 않았다. 둘째 부류는 감독과 다른 교역자들이 신자들의 예물의 일부로 지원을 받았다. 그들은 이 예물을 부분적으로는 가난한 자의 이름으로 받고 교역자의 생활비에서 남은 것은 과부와 고아와 궁핍한 자에게 주어야 했다.

(2) 감독 관리의 강화

3세기가 되어 교회가 제도적으로 공고화되면서 빈민 구호도 체계적으로 조직화되었다. 빈민 구호는 감독이 주관하도록 규정되었으며, 그리스도교 공동체의 예배의 일부로 자리 잡았다. 감독은 교회의 재화에 대하 청지기로 이해되었으며 이제 감독은 공동체의 지도자요, 예배의 인도자요, 빈민 구호를 담당하는 자가 되어 상당한 권한을 가지게 되었다.

오리게네스는 마태복음 주석에서 교회의 재산을 가난한 자에게 분별 있고 효과적으로 분배할 것을 요구했다. 그는 개개의 경우에 대해 가난의 원인과 필요한 자선의 수준을 살펴야 한다고 제안하고 남자와 여자, 노인과 청년, 병든 아이들을 구별하고, 생계 수단이 아무 것도 없는지, 아니면 조금은 지니고 있는지, 자녀가 많은 가정에서 자녀들을 다 돌볼 수 있는지, 혹은 모든 노력에도 불구하고 돌볼 수 없는 것인지 살펴야 한다고 주장했다. 그는 이러한 심사의 직무는 집사가 맡아야 한다고 가르친다. 집사는 심방을 통해 공동체에 대해 잘 알고, 도움이 필요한 자를 감독에게 알려야 했다.

감독 권한의 강화는 특히 『디다스칼리아』에서 잘 표현된다. 『디다스칼리아』는 구제는 오직 감독을 통해서만 이루어져야 하고, 의무적인 봉헌도 감독에게 주어야 한다고 규정한다. 왜냐하면 감독은 누가 지원이 필요한 지 알 수 있고, 하나님의 청지기처럼 일일 분배나 주간 분배에서 모든 궁핍한 자들을 동등하게 고려할 수 있기 때문이다(II.27.3-4). 『디다스칼리아』는 감독은 공동체가 아니라 하나님에게 책임을 진다고 규정한다(II.25.1-4).

이 결과 감독관은 교회의 재화 관리의 중심지가 되었다. 헌금은 정기적인 기부, 부정기적인 모금, 혹은 대규모 증여를 통해 이루어졌다. 이렇게 모아진 돈은 바로 분배되지 않고, *gazophylacium Dei*, 또는 *corban(korbanas)*라고 불리는 자선궤에 모아졌는데, 그는 디아스포라 유대교의 영향을 보여준다. *corban*이란 명칭은 제사로부터 유래되었는데, 이는 재화가 예배에서 빈민 구호를 위해 바쳐지는 것이 아니라 이것 자체가 예배로 이해되었다는 것을 보여준다. 헌물의 경우에는 일부는 바로 분배되고, 일부는 교회당이나 감독관에 비축되었다. 기름, 포도주, 빵, 꿀, 의복이나 다른 일상 용품이 헌물로 드려졌으며, 이는 예배 시의 예물이나 그때그때 드리는 만물 형태로 바쳐졌다. 돈이나 큰 예물을 드릴 수 없지만 다른 가난한 자들과 연대감과 하나님에 대한 예물의 준비를 나타내고자 하는 가난한 신자들은 금식일에 남겨준 음식을 주도록 권고되었다. 또한 이 시기에 따르면 아가페는 무엇보다도 가난한 자들을 먹이는 도구로 이해되었다.

이렇게 제도적으로 공고화된 교회의 모습은 251년 로마 감독 코르넬리우스가 안티오케이아의 감독에게 쓴 편지에서 잘 표현되었다.

한 교회에는 오직 한명의 감독이 있을 수 있다. 여기에는 46명의 사제들, 7명의 부제, 7명의 차부제, 42명의 복사, 52명의 축사자, 성경봉독자, 문지기, 1500명이 넘는 과부와 가난한 사람이 있었다.[18]

---

18 에우세비오스, 『교회사』, 6.43.11

(3) 자선에 대한 이론: 클레멘스와 키프리아누스

그리스도교는 빈민 구호를 통해 개인적인 안정뿐만 아니라 경제적인 안정까지도 제공할 수 있는 사회적인 결사체가 되었으며, 180년 이후의 경제적인 위기의 시대에 비그리스도교인에게도 매력적인 종교가 되었다. 이는 3세기에 그리스도교의 확장의 주요한 이유 중 하나가 되었는데, 알렉산드리아의 클레멘스와 북아프리카의 키프리아누스는 빈민 구호와 자선의 문제를 이론적으로 다루었다.

알렉산드리아의 클레멘스는 『어떤 부자가 구원을 받는가?』에서 그리스도교 공동체에 속한 부자와 자선의 문제를 다루었다. 이 글은 마가복음 10:17-31의 어리석은 부자 비유에 대한 해석으로 설교문 형식을 띠고 있다. 클레멘스는 "가서 네 소유를 팔아 가난한 자들에게 나누어주라"는 말씀과 관련해서 부유한 그리스도인이 가졌던 문제들을 다루려고 했다. 클레멘스는 문자 그대로 자신의 모든 재산을 팔아 가난한 자들에게 나누어줘야 하는 강박감을 지니고 있든지, 아니면 아예 그런 명령 자체를 무시하려는 경향에 대해 부자도 천국의 상속이 배제된 것이 아니라고 가르치며 이 성경 본문의 참된 의미를 풀이하려고 한다.[19]

클레멘스는 가난은 결코 바람직하지 않으며, 재산 포기는 새로운 것도 아니라고 주장한다. 또한 소유의 포기는 가시적인 행위에 대한 것이 아니라 영혼으로부터 열망을 포기하라는 것이라고 이해했다. 소유를 포기할지라도 재산에 대한 열망은 멈추지 않을 수 있다. 그는 스토아 철학의 용어를 사용해서 부를 도덕적으로 가치중립적인 것(*adiaphoron*)이라고 규정하며 부는 용도에 따라 좋고 나쁨이 판단된다고 이해한다. 클레멘스는 부자가 재산을 가난한 자들에게 나누어주는 것이 부를 잘 사용하는 길이며 자선을 이 세상의 사라질 것을 나눠줌으로써 영원한 거처를 얻는 아름다운 거래라고 이해했다.

---

19 염창선, "알렉산드리아의 클레멘스"를 참조하라.

248년부터 258년 사이에 카르타고의 감독인 키프리아누스는 『퀴리누스에게: 증거본문』과 『선행과 자선에 대하여』에서 자선의 문제를 이론적으로 다뤄었다.[20] 전자는 신학적 주제에 대한 성경 본문을 모아놓은 글로 제1권에선 유대교 논박, 제2권에선 그리스도를 다루고 마지막으로 제3권은 그리스도인의 삶을 다루는데, 자선과 선행은 제3권의 첫 1-2항에서 다뤄진다. 이것을 볼 때 키프리아누스는 가난한 자의 구제를 그리스도인의 삶에서 가장 중요한 요소라고 생각했다는 것을 알 수 있다. 그는 이사야 58:1-9, 토빗서 2:2, 4:5-11, 고린도전서 9:9를 들어 선행과 긍휼의 유익에 대해 풀이한다. 특별히 그는 마가복음 10:41과 5:42를 연결하여 누구에게도 자선이 거부되지 않아야 한다고 강조하고 자선은 구는 자에 따라서가 아니라 필요로 하는 자의 필요에 따라 행해져야 한다고 역설한다.

제2항은 "선행과 자선"의 문제를 다루는데 고린도후서 8:12-13만을 인용하면서 즐겨 내는 자가 되며 바울이 헌금을 강조하는 이유는 균등하게 하고자 함이라고 가르쳤다. 또한 제113항에서는 과부와 고아들에 대한 돌봄을 다루는데 여기서는 시락서 4:10-11, 출애굽기 22:21-23. 이사야 1:17-18, 욥기 29:12-13, 시편 66편을 인용한다.

『선행과 자선에 대하여』는 하나님이 그리스도를 통한 구원 안에서 그리스도인이 행해야 하는 선행과 자선의 길을 열어놓으셨다고 밝힌다. 그는 선행과 자선을 통해 허물이 깨끗하게 된다고 가르치면서 이는 허물들이 이미 그리스도의 보혈과 성화를 통해 깨끗하게 되었기 때문에 가능하게 된다고 설명한다. 그에 따르면 세례가 세례 이전에 모든 죄를 제거하는 일이라면 선행과 자선은 세례 후에 짓는 죄를 씻고 구원을 이루는 방법이다.

이어서 그는 자선을 행하기를 주저하는 이유를 열거하고 자선을 즐겨 행해야 한다고 가르친다. 그리스도인이란 자선을 열심히 베풀고 이 세상의

---

20   조병하, "Cyprianus"를 참조하라.

소유를 지키지 않고 하늘의 보화를 잘 보관하는 자들이요, 가난한 자들을 후원하고 양육하는 일에서 힘들고 더럽고 위험한 일을 마다하지 않는 잡역 부이다. 또 긍휼히 여기는 자들과 선을 행하는 자들은 궁핍해질 수 없다고 가르치며 고린도후서 9:10-11을 증거로 제시한다.

마지막으로 키프리아누스는 심판 날에 그리스도께서 선행과 자선에 따라 보상과 형벌을 부과할 것이라고 강조한다. 선행과 자선을 행하는 자는 사심이 없는 기부를 통해 보편적이고 의로울 때 하나님 아버지를 본받는 자가 된다.

또한 키프리아누스의 편지는 감독을 중심으로 모인 전열을 정비한 공동체로서의 가톨릭교회라는 개념을 강화하기 위한 목적으로 가난한 자를 돌보기 위해 부를 어떻게 사용했는지를 보여주는 인상적인 증거다. 박해의 시대에 확고하게 버텼고, 이어진 위기에서 감독에게 충성했다고 알려진 "가난한 자"만이 지원을 받았다. 박해의 시대에 투옥을 견뎠던 지역의 영웅들은 수당을 받았다. 키프리아누스는 개인 자금에서 난민에게 도움을 주었으며, 이렇게 함으로서 부유한 그리스도인이 곤궁한 가난한 자처럼 구제를 받는 것에 대해 체면을 세워주었다. 그리스도교 공동체의 경계는 보호되었다. 그리스도교 상인은 임시 융자를 얻었다. 연기를 가르치면서(우상숭배에 오염된 직업) 생계를 유지하는 개종자가 지역 교회의 빈민구제금으로 도움을 받았다. 키프리아누스는 그 감독에게 그 사람을 카르타고로 보내도록 권면했다. 카르타고에서는 교회가 보다 부유해서 새로운 기술을 배울 때까지 더욱 효과적으로 그를 지원할 수 있었기 때문이다. 카르타고에서는 10만 *세스테르세스*, 즉 로마 제국의 고위관료의 반년 봉급, 또는 일꾼 3천명의 한 달 봉급에 해당하는 상당한 양의 돈이 베르베르 부족의 침략으로 포로가 된 그리스도인의 몸값으로 서둘러 거둬졌다.

4) 4~6세기

313년 로마황제의 기독교 공인, 324년 그리스도교 신앙을 가진 콘스탄티누스 황제가 로마제국의 단독 황제가 됨으로써 로마제국 내의 교회는 번영의 시기를 맞이했다. 그리스도교는 로마제국 전체에서 예배와 신앙의 자유를 보장받았으며, 비록 국교는 아니라 하더라도 황제의 특별한 후원을 받는 종교로 성장했다. 민중들은 물론 지방 총독, 원로원, 황실 가족 등 지배계층도 그리스도교로 개종하였고, 종교적인 이유뿐만 아니라 정치·경제·사회적인 이유로 사람들이 대거 교회로 몰려옴에 따라 기독교인의 수가 비약적으로 늘어났다. 그리하여 300년경에 로마제국 전체 인구의 10%를 차지하던 기독교인의 수는 350년에는 50%에 이르렀다. 380년 테오도시우스 황제의 칙령으로 그리스도교는 로마제국의 국교로 발전하게 되었지만 농촌 지역에는 이교의 세력이 아직도 강력했다. 그로부터 150년이 지난 유스티니아누스 대제 때에 이교도의 세력은 자취를 감추고 로마제국에서 그리스도교의 국교화가 완성되었다.

콘스탄티누스 황제 이후 교회가 황제로부터 여러 가지 특혜를 받게 되면서 그리스도교의 빈민 구호는 새로운 차원으로 전개되었다. 우선 지금까지 주로 공동체의 신자에게만 행해지던 자선이 모든 시민을 대상으로 펼쳐지게 되었다. 둘째, 그리스도교의 자선은 이제 공공 봉사, 즉 황제가 베푸는 공적인 특권의 대가로 행해지는 가난한 자의 돌봄으로 성격이 바뀌었다. 셋째, 수도운동을 통해 초기 예수 전승의 급진적 재산 포기의 이상이 되살아나고, 이러한 이상에 기초한 수도사의 빈민 구호가 감독 중심의 자선과 나란히 전개되었으며 수도운동의 이상은 지도자와 민중에게 상당한 영향을 주었다.

이제 4~6세기까지의 그리스도교의 빈민 구호의 이념과 실천을 항목별로 살펴보자.

(1) 황제의 시혜

우선 황제 자신이 기부자가 되었다. 회심에서 337년 죽음에 이르기까지 콘스탄티누스 황제는 제국의 주요 도시에 거대한 그리스도교 바실리카를 세웠으며, 이전의 어떤 개인의 증여를 뛰어넘는 대규모의 증여와 기부를 베풀었다. 우선 황제는 옛 시대의 공적 시혜의 전통을 계속해서 발전시켰다. 4세기와 5세기에 걸쳐 적어도 동방에서는 제국의 주요 도시에서 전통적인 시민 공동체가 계속적으로 유지되었다. 도시의 시민에게 무상으로든 저렴한 가격으로든 곡물을 제공하는 곡물 분배 체계(*annona*) 제도는 계속 기능했다. 곡물 분배는 황제의 역할을 부각시키는 역할을 했기 때문에 황제는 거대한 행정적인 지원이 필요함에도 이 제도를 유지했고, 여기서 황제는 옛 그리스-로마 세계의 공적 희사가로 자신을 밝혔다.

사적 영역에서는 공적 시혜가 줄어들긴 했지만, 계속되었고, 지방 총독이 지역의 희사가를 대체하는 경향이 있었다. 또한 상류층 인사가 교회로 들어오면서 그리스도교 희사가라는 새로운 계층이 나타났다. 황제도 비록 소수 지역의 교회이지만, 파격적인 기부를 통해 자신을 각인시키려 했다.

하지만 제국 내의 모든 교회에게는 세금과 공적 의무의 면제 특권이 있었다. 콘스탄티누스 황제 아래에서 교회 재산은 토지세를 상당 부분 면제받았다. 또한 감독과 교역자는 개인 세금과 여러 형태의 강제노역에서 해방되었다. 대부분의 교역자는 사인, 장인, 소토지 소유자로 교직을 겸했으므로 면세 혜택은 실질적인 도움을 주었다. 또한 면세 혜택은 신분에 대한 표시이기도 해서 교직자는 특권층으로 인식되었다.

브라운은 이러한 면세 특권은 모호한 점이 많았으며, 여기서 교회는 공적 특권의 대가로 가난한 자와 궁핍한 자를 돌보아야 한다는 사회의 인식이 발전하게 되었다고 풀이한다. 예를 들면 무역상으로서 돈을 벌었던 성직자는 황금 세금이 면제되었다. 왜냐하면 성직자의 수익은 가난한 자와 궁핍한 자를 위해 베풀어져야 했기 때문이었다. 콘스탄티누스는 교회 명부에 기록된 과부와 고아와 가난한 자의 지원을 위해 음식과 옷을 하사했으며 331년에는 안티오케이아의 성직자에게 가난한 자를 먹이도록 옥수수를 하사했다. 이것은 곡물 분배에 비하면 매우 적은 양이지만, 교역자가 자신의 특권을 가난한 자의 돌봄을 위해 사용하지 않으면 책임 추궁을 당할 수 있다는 의무를 규정하는 행위라고 말할 수 있다.

이렇게 변화된 상황에서의 새로운 빈민 구호 개념을 잘 보여주는 제도로 나그네 쉼터와 감독 법정을 들 수 있다.

(2) 나그네 쉼터

326년 마지막 이교도 황제인 "배교자" 율리아누스 황제는 페르시아 국경으로 가는 길에 앙키라에 도착했을 때, 갈라티아 지역의 이교 대사제인 아르사키오스에게 편지를 쓰면서 그리스도교의 나그네 쉼터(xenodocheion)에 대해 인상적인 말을 남겼다.

> 각 도시마다 우리의 선행으로 나그네들이[사실 유랑하는 빈민들] 도움을 받을 수 있도록 상설 구빈원을 세우시오… 나는 그 중 5분의 1은 사제의 시중을 드는 가난한 자들을 위해 사용하고 그 나머지는 나그네와 거지를 위해 분배하도록 명령했다. 왜냐하면 유대인들은 구걸할 필요가 없고, 저 불경한 갈릴리 사람들이[그리스도교인] 자신들의 가난한 자뿐만 아니라 우리의 가난한 자까지 지원하지만, 우리 백성을 우리로부터[즉 이교 사제단으로부터] 전혀 도움을 받지 못한다는 것을 모든 사람이 깨닫는 것은 수치스러운 일이기 때문이다.[21]

이 나그네 쉼터(xenodocheion), 또는 구빈원(ptochotropheion)이라고 불리는 이 기관은 성지로 가는 순례자건, 음식이나 일을 찾기 위해 유랑하는 자든, 가난한 여행자를 받아들이고, 가난한 자를 먹이며, 또한 병원으로서 기능하

---

21 율리아누스, 『서한집』 22.

는 종합 구호기관이었다. 그리스도교의 쉼터-구빈원-병원은 고대 세계에서
는 전혀 새로운 기관이었다. 고대 신전은 아스클레피오스의 신전처럼 치유
를 원하는 사람들을 위한 숙소로 갖추고 있었으며 군대의 진영이나 노예의
막사에 설치된 요양소가 있었다. 하지만 그리스도교의 구빈원은 꼭 치유 성
소에 연결되지 않았으며 군인과 노예뿐만 아니라 일반적인 가난한 자를 받
아들였으며, 도시나 마을과 영지와 같이 사람들의 거주지와 결합되었다는
점에서 새로운 출발점이었다.

이 쉼터-구빈원을 그리스도교의 역사에서도 새로운 것이었다. 콘스탄
티누스 이전에는 이러한 기관이 나타나지 않는다. 332년에 안티오케이아에
서는 성직자, 과부와 가난한 자가 콘스탄티누스 황제가 베푼 곡물 분배
(*annona*)를 받는 나그네 쉼터가 있었다고 전해지며, 콘스탄티노플에도 또 다
른 나그네 쉼터가 있었다고 알려져 있다.

그리스도교의 구빈원은 감독뿐만 아니라 부유한 그리스도인(정부 관료
포함)에 의해 세워졌다. 놀라의 파울리누스는 캄파니아의 집정관으로 키미
틸레의 성 펠릭스 경단의 현관을 넓혀 빈민구호소를 세우거나 확장했다. 콘
스탄티노플에서는 전임 관료이며 은퇴한 정무총감(*Praetorian Prefect*)인 아리
오스파 사제인 마라토니오스가 구빈원과 수도원으로 이루어진 영속적이고
대중적인 토대를 구축했다. 이미 콘스탄티노플에는 콘스탄티우스 2세의 후
원을 받아 평신도들이 나그네 쉼터와 병원을 설립했는데, 마라토니오스는
이러한 기존 시설과 연결된 빈민구호체제를 만들어냈다.

고대 교회에서 가장 유명한 쉼터-구빈원-병원은 바실레이오스가 세운
바셀레이아스일 것이다.[22] 바실레이오스는 구빈원(*ptochotropheion*)이라는 용
어를 사용했는데, 이는 말 그대로 가난한 자를 먹이고 돌보고 지원하는 기
관이었다. 바실레이오스는 세바스테이아의 에우스타티오스에게서 영감을

---

[22] 바실레이오스의 수도운동에 대해서는 남성현, "바실리우스(Basilius)의 4-5세기 공주수도원
   을 위한 편람(便覽)," 『한국기독교신학논총』 제53권 (2007): 141-167을 참조하라.

받았을 수 있다. 바실레이오스는 후에 에우스타티오스와 결별하긴 했지만, 초기에는 많은 영향을 받아쓴데, 에피파니오스에 따르면 에우스타티오스는 사제 아에리오스에게 "폰토스에서는 구빈원이라고 불리는 나그네 쉼터"의 관리를 맡겼다. 368년 겨울 대기근이 일어났을 때, 바실레이오스는 연속적인 설교를 통해 부자들에게 선행을 베푸는 자로 행동하도록 도전했고, 그 결과 부자들은 곳간을 열고 바실레이오스는 사재를 털어 무료 급식 시설을 세우고 가난한 자를 돌보았고, 결국 바실레이아스라는 종합 구빈기관을 설립했다. 이는 감독과 감독의 손님을 위한 처소와 여행자들과 가난한 자를 위한 수용시설을 갖추고 있었으며, 병자들이 의사, 간호원, 요리사, 시종들에게 도움을 받았다. 바실레이아스는 372년에 완공되었는데, 아마도 더 빨리 세워졌을 수도 있다. 테오도레토스는 황제 발렌스가 바실레이아스를 위해 토지를 제공했다는 기록을 남겼다. 바실레이오스는 자신의 구빈원 이외에도 더 많은 구빈원이 존재했다고 알려주는데, 이것은 그리스도교의 쉼터-구빈원-병원이 새로운 운동의 일환으로 광범하게 설립되었다는 것을 잘 보여준다.

바실레이아스는 바실레이오스의 뛰어난 업적으로 칭송되었으며, 나지안조스의 그레고리오스는 그의 장례식 설교에서 이를 "새로운 도시"라고 언급했다.

"형제사랑은 고귀한 일입니다. [그는 청중에게 말했다] ⋯ 도시에서 자그만 길로 나가십시오. 그리고 새로운 도시, 경건의 창고, 부자의 공동 보화를 보십시오. 거기서는 ⋯ 그의 권면의 결과로 부의 잉여가, ⋯ 시기의 미움과 시간의 파괴를 피합니다.[23]

바실레이아스는 5세기에도 계속 기능하여, 소조메노스는 이를 "가난한

---

23   나지안조스의 그레고리오스, 『강론』 43.63.

자를 위한 유명한 요양소"라고 불렀다.

구빈원-쉼터는 공동체를 위해 사용되도록 규정된 건물로 기관을 세운다는 점에서 공적이고 시민적인 시혜의 행위이며 옛 시대의 방식을 따른다. 하지만 동시에 이 기관은 그리스도교의 자선 행위를 표현하며 이런 의미에서 혼합적인 성격을 지니고 있다. 또한 많은 경우에 구빈원-쉼터는 감독이 추진한 면세혜택의 요청에 덧붙여졌으며, 면세 혜택에 정당성을 부여해주었다.

(3) 감독 법정

브라운은 감독이 잠재적으로 빈곤화된 교인의 보호자로서 행동할 수 있는 보다 광범위한 권한을 부여받는 중요한 제도로 감독 법정(episcopalis audientia)에 주목한다. 콘스탄티누스는 통치 초기에 감독이 민사 소송의 최고의 중재자로 행동할 수 있는 권위를 승인했다. 사실 이것은 콘스탄티누스 이전의 교회와 유대교에서도 행해지던 관행이었다. 콘스탄티누스는 감독에게 중재권을 부여함으로써 감독 법정이라는 새로운 재판정을 제도적으로 확립했다. 소송 당사자 양측의 동의로 감독 법정이 선택될 수 있었으며, 콘스탄티누스는 일단 감독 법정에 회부되면, 감독의 판결은 최종 심의로 인정되어 또 다른 중재자에게 호소할 수 없다고 밝혔다.

감독 법정은 통상적으로 감독의 바실리카와 인접한 접견실(secretarium)에서 열렸으며, 감독은 재판관처럼 높은 좌석에 앉았으며, 때로 자신의 성직자나 유능한 평신도에게 중재 업무를 위임하기도 했다. 감독 법정은 값싸고 신속한 중재로 총독 법정의 부담을 덜어줄 수 있었으며, 오랜 소송을 부담할 수 없는 상대적이고 부유한 자에게 가장 도움을 주었으리라고 보이지만, 지주와 농민 사이에 지대와 관련된 분쟁이나 빈곤화된 부모가 자녀를 팔 권리가 있는지에 대한 사건에서 나타나듯 훨씬 아래의 계층에까지 도움을 주었다. 또 감독 법정의 업무는 로마법의 규칙에 따라 이뤄졌지만, 감독에게로의 호소에서 감독의 판결까지 이르는 중재의 과정은 구약과 신약에서 나타난 정의로운 재판관의 이념에 따라 로마 세계에서는 전혀 가질 수 없었던 기대감으로 일어났을 가능성이 있다. 하지만 안타깝게도 감독 법정에서 다루어진 소송에 대해서는 거의 정보가 없으므로 그 기능과 효과를 언급할 수 없다.

(4) 돌봄의 성격-중간층의 상호부조

브라운은 고대 그리스도교의 가난한 자의 돌봄이 중간층의 상호부조적인 성격을 지닌다는 점을 강조 했다. 그리스도교는 로마 사회에서 매우 부유한 자와 매우 가난한 자 사이에 존재하는 넓은 중간 지대에 자리 잡고 있었다. 교회의 대부분의 감독과 교역자는 문법교사와 같은 중간 계층에 속했다. 감독은 시의원이라는 상대적으로 안정된 계층에서 나올 수 있었지만, 다른 교역자들은 중간 계층에서 나왔고 감독은 이러한 교역자들을 통해 가난한 자와 접촉했다.

이러한 중간 계층의 사람들은 우리가 생각하는 것보다 더 광범하고 더 분화되었지만, 늘 빈곤화의 위험에 이를 수 있는 불안정한 지위에 있었다. 중간 사람들은 항상 보호자를 필요로 했으며, 사회적 안전망을 얻기 위해 노력했다. 중간 계층의 사람들이 대부분 자신들과 같은 사람들로 이루어진 기관인 교회의 보호를 얻으려고 했다.

또한 교회 재정의 중요한 부분은 가난한 자와 교역자를 위해 중간 계층의 사람들이 정기적으로 드리는 헌금이었다는 것을 기억해야 한다. 제국이 기독교적으로 변화하면서 종교적 목적을 위한 기부가 크게 늘어났으며 교회의 부와 재산이 증가했다. 몇 가지 예를 들면, 콘스탄티누스 황제는 황실 자금으로 수많은 교회당을 건축하고 자선에 쓰도록 교회에 기부하고, 321년에는 교회가 유산을 물려받을 수 있도록 허락했다. 놀라의 감독이 된 파울리누스(353/4-431)는 부유한 귀족 출신으로 390년경 세례를 받은 다음에는 은

둔의 삶을 살면서 거대한 재산을 교회와 가난한 자에게 나누어주었다. 또한 귀족가문에서 태어난 성녀 멜라니아(383-438)는 비아 아피아에 있는 자신의 집을 순례자들의 숙소로 만들고 상속받은 막대한 재산으로 가난한 자들을 구제하고 노예들을 해방시켰다. 하지만 이러한 재산의 기증은 극히 간헐적으로 이루어졌다. 교회당의 건축, 제단을 위한 은그릇과 비단너울의 공급, 교회당 바닥의 모자이크 장식은 신자 각자의 소액 기부가 모여 이루어졌다. 교회의 헌금은 부자의 책임이 아니라 모든 신자의 의무였으며, 감독들은 이렇게 크진 않지만 예측 가능한 수입을 기초로 모든 수준의 빈민과 궁핍한 자들을 도울 수 있었다.

브라운은 그리스도교의 가난한 자의 돌봄에 노예가 포함되지 않은 것도 이러한 관점에서 해석한다. 노예제는 후기 로마 사회에 실제적으로 존재했으며, 많은 도시에서는 가정 노예제가 두드러졌다. 또한 시골에서도 노예노동을 발견할 수 있었다. 노예는 그리스도인에게 동정의 대상은 되었지만, 감독과 성직자가 책임져야 할 운명을 가지고 있다고는 생각되지 않았다. 노예를 먹이고 입히고 보호하는 것은 노예 주인의 책임이었다. 그리스도교의 자선은 궁핍에 처한 자유민을 위로하고 자유민은 빈곤화로부터 보호하기 위해 행해졌다. 그리스도인은 자유민과 피자유민의 구별을 변호하고 자유민이 노예로 떨어지는 것을 막기 위해 노력했다.

(5) 구빈 활동의 범위와 내용

4-5세기의 그리스도교 문헌에서는 여러 가지 형태로 구빈 활동이 이루어졌다는 것을 보여준다. 키프로스의 트리미툰의 감독인 스피리돈은 가난한 자를 위한 무감독 창고를 세워 궁핍한 자들이 필요한 만큼 가져가고 자유롭게 갚도록 했지만 제대로 운영될 수 없었다. 360년대 말에 시리아의 에프렘은 에데사에 기근이 들었을 때 기근이 피해자를 위해 사역했다. 그는 부자들을 설득해서 지원을 받아내자 300개의 침상을 마련하여 외국인이든

토착민이든 병자와 피해자를 돌보았다. 같은 시기에 콘스탄티노플의 부제 마라토니오스는 남자와 여자가 거주하는 수도원의 가난한 자들을 헌신적으로 돌보았다. 예루살렘의 키릴로스는 기근의 피해자를 위해 음식을 구입하기 위해 교회의 너울과 기물을 팔았다고 해서 감독직에서 폐위되기도 했다.

교회의 기물과 보석과 제단보를 가난한 자를 구제하기 위해 파는 일은 5세기와 6세기에도 흔히 일어났고, 때로 원래의 기부자나 교직자나 감독 지원자에 의해 반대를 받기도 했다. 5세기 초 아미다의 감독 아키키오스는 아자제네에 대한 로마군의 공격으로 포로가 된 7,000명의 페르시아 포로를 구속하기 위해 제단의 기물을 팔도록 했다. 이 포로들은 기아 선상에 있었는데, 아카키오스 감독은 이들을 속량했을 뿐만 아니라 얼마간 먹이고 다시 페르시아로 돌려보냈다. 서방에서는 암브로시우스가 포로들을 속량하기 위해 교회의 기물을 팔았다.

(6) 빈민 명부

주요 도시의 감독은 수천 명이 등록된 "빈민 명부"를 가지고 있었다. 4세기 안티오케이아에서는 3,000명이 고아와 과부의 명부에 올랐으며, 7세기 초 알렉산드리아 교회의 빈민 명부에는 7,500명이 올랐다. 가자와 같은 지방 속주의 교회는 1년에 약 200명을 지원했을 것이며, 이들은 각각 숙련된 장인의 1년 임금의 절반에 해당되는 돈을 받았다. 5세기 말에 라벤나의 감독은 가난한 자의 돌봄을 위해 매년 금화 3,000닢(solidii)을 마음대로 사용했다. 이러한 액수는 도시의 유지가 공중목욕탕 수리를 위해 매년 지불하는 비용에 해당하며 가난한 자 1,000여 명을 지원할 수 있는 액수였다. 그리고 리우스 대종의 빈민 명부는 "거대한 양피지 책"에 기록되었는데, 9세기에도 로마에서 계속 읽을 수 있었다. 그는 가난한 자를 돌볼 때 재량을 발휘하여 차등적으로 지원했다. 가난한 자의 등급의 가장 밑바닥에서 시각장애자 필리무드는 일 년에 반 닢(solidus)에 해당하는 식비를 받았다. 그러나 그레고리우스의 이모와 두 유명인사의 과부는 각각 매년 금화 40닢(solidi)와 20닢(solidi), 400모디(modii)와 300모디(modii)의 곡물 할당을 받았다. 이것은 그들로 하여금 거대하 가솔을 유지할 수 있게 해주었을 것이다. 로마에 정착한 3천 명의 난민 수녀는 각각 금화 2닢의 연금을 받았다. 이것은 고전 시대 로마의 민중(plebs)이 매년 곡물분배(annona)로 받은 식량에 해당되었다.

(7) 수도운동의 영향

브라운은 『고대후기 로마제국의 가난과 리더십』에서 가난한 자의 돌봄에서 금욕주의 운동과 자발적 가난의 역할은 전혀 다루지 않고 감독의 역할만 일방적으로 강조했다. 브라운은 후기고대 사회에서 "거룩한 사람"(The Holy Man)의 영향력을 부각시키고 금욕주의와 수도운동의 중요성을 강조한 바 있기 때문에 가난한 자의 돌봄에 대한 논의에서 이러한 요소가 빠진 것은 놀라운 일이다.[24] 이제 대해 닐은 금욕주의와 수도운동이 후기고대 사회에 가난한 자에 대한 새로운 이해가 정착되는 과정에 일정한 영향을 주었을 수 있다고 새로운 연구 방향을 제시하였고 브라운 자신도 이러한 방향으로 접근하고 있다고 밝혀주었다.

남성현은 4~5세기 그리스도교 성인전을 중심으로, 가난이란 개념을 사회적으로 부각시킨 근원이 수도생활의 이상이었다고 주장한다.[25] 그는 4-5세기의 그리스도교의 자선은 감독보다는 구원을 위해 소유를 포기하도록 한 복음적 정신에 근원을 두고 있으며, 가난한 자들에게 재화를 주는 것

---

24 "거룩한 사람"에 대한 대표적인 브라운의 글은 "The Rise and Function of the Holy Man in Late Antiquity," *Journal of Roman Studies* 61 (1971): 80-101과 "Town, Village and Holy Man: The Case of Syria" in *Assimilation et résistance à la culture gréco-romaine dan le monde ancien travaux du VIe Congrès international d'études classiques (Madrid, septembre 1974) / réunis et présentés par D.M. Pippidi.* (Paris: "Les Belles lettres", 1976), 213-20; *The Cult of the Saints* (Chicago: University of Chicago Press, 1981); *The Body and Society: Men, Women, and Sexual Renunciation in Early Christianity* (New York: Columbia University Press, 1988)이 있다.

25 남성현, "4-5세기 기독교 성인전에 나타난 '가난한' '자선사업가'(euergetes)."

과 수도 정신에 입각하여 재화를 포기하는 것은 근본적으로 차이가 있다고 말한다. 카르타고의 키프리아누스나 축사자 그레고리오스가 자발적으로 소유를 포기했지만, 이는 고립된 예에 불과하고 소유의 포기는 1-3세기의 평신도 그리스도인을 위한 규범은 아니었다고 말할 수 있다. 하지만 4-5세기에는 수도운동의 영향으로 소유의 포기와 부의 정죄라는 급진적인 사상에 영향을 받은 자선 활동이 발전했다.

남성현에 따르면 성인전에서는 수도 소명은 마태복음 19:21 혹은 누가복음 14:33에 바탕을 두며 마태복음 25:35-46과 연결되었다. 따라서 수도적 소명에 따르는 물질의 포기는 소유의 분배 혹은 자선과 연결되었으며, 자발적 가난은 자선과 동의어가 된다. 하지만 성인전 전통에서는 두 가지 종류의 흐름이 있었다. 안토니오스와 사막 교부와 에바그리오스로 이어지는 전통은 소유를 정죄하고 물질을 악마화한다. 반면 수도자와 교역자의 생애를 다루는 대부분의 작품에서는 소유의 포기는 그리스도교적 사랑의 실천은 새로운 선행(euergesia)에 헌신하는 기회를 제공한다. 여기서는 "가난한 선행가"가 이념으로 제시된다. 가난하기 때문에 선행가가 된다는 것은 이교 사회가 알지 못한 역설이고, 1-3세기 그리스도교에도 생소한 관념이다. 하지만 성인전 문학의 주인공은 하늘나라를 위해 소유 전체를 바쳤고, 이러한 자발적 가난을 선택한 이유로 자신에게 바쳐지는 기부금으로 가난한 자를 도왔기 때문에 존경과 선망의 대상이 되었다.

이러한 점에서 황제의 면세 특혜에 대한 대가로 교회가 가난한 자의 돌봄에 대한 의무와 권리 주장의 근거를 지니게 되었으며, 이러한 관점으로 나그네 쉼터-구빈원의 설립을 설명하려고 하는 브라운의 주장은 보완이 필요하다고 보인다. 왜냐하면 초기에 나그네 쉼터-구빈원을 설립한 대표적인 인물, 예를 들면 에우스타티오스, 마라토니오스, 바실리오스, 놀라의 파울리누스는 수도적 삶의 이념에 깊은 영향을 받았기 때문이다.

(8) 교부들의 사회경제사상-부와 가난에 대한 이해를 중심으로

이제 주요 교부들의 사회경제사상을 살펴보자. 여기서는 최근 집중적으로 연구된 바실레이오스, 요안네스 크리소스토모스와 아우구스티누스를 중심으로 사상을 간단히 개관하고자 한다.

① 바실레이오스

카이사레이아의 바실레이오스는 빈민 구제와 사회 봉사에 적극적으로 관여한 지도자로 알려져 있다. 그의 사회경제사상은 크게 세 가지로 나누어 고찰할 수 있다.[26]

첫째 바실레이오스의 수도운동에 나타난 소유 포기와 빈민 구제 사상이다. 바실레이오스의 수도 사상을 연구하려면 소아시아에 이집트 수도운동을 전파한 에우스타티오스와의 관계를 살펴야 한다. 바실레이오스는 처음에 에우스타티오스를 존경하고 본받으려고 했지만, 그가 성령의 신성을 부인하는 자들의 지도자가 되자 그와 결별하고 독자적인 길을 걸었다. 에우스타티오스의 활동에 대해서는 자료가 거의 없어 접근하기 어렵다. 갈라티아의 강그르 교회회의에서 에우스타티오스의 제자들은 결혼한 사제나 감독을 무시하고 성례전에 참여하지 않고 자기들만의 모임을 가졌다고 해서 정죄되었다고 전해진다. 또 에우스타티오스의 제자들은 노예제도를 부인하고 노예와 주인의 구별이 사라지는 사회적 평등을 주장했다고 전해진다. 이에 대해 바실레이오스는 교회와 수도운동을 연결시키고 보다 온건한 수도운동을 전개했다. 예를 들면 바실레이오스는 노예제도를 인정하고 노예는 일단 주인에게 돌려보내야 한다고 가르친다. 다만 주인이 하나님의 법에 어긋나는 것을 노예에게 강요하는 경우에는 하나님에게 복종하기 위해 주인에 맞

---

26 Susan R. Holman, *The Hungry Are Dying: Beggars and Bishops in Roman Cappadocia* (Oxford: Oxford University Press, 2001); 하성수, "부와 가난에 대한 바실리우스의 이해"도 참조하라.

서 투쟁할 수 있다고 했다.

바실레이오스의 수도운동의 이상은 수도서를 통해 잘 알 수 있다. 바실레이오스의 수도운동의 원리는 하나님 사랑과 이웃 사랑이다.[27] 그리스도인은 하나님에 대한 사랑 때문에 번잡스런 세상을 떠나 고요 속으로 들어가 온 힘을 다해 하나님에게 집중해야 한다. 또 그리스도인은 이웃 사랑을 위해 혼자 사는 것이 아니라 모여 살아야 한다. 이 두 계명이 바실레이오스의 수도운동의 근본적 원리이다. 이런 토대 위에 바실레이오스는 공동생활을 위해 다른 부수적 원리를 설명하는데, 그 중 가장 먼저 소유의 포기가 나온다. 바실레이오스는 가진 것을 팔아 가난한 자들에게 나누어주고 예수를 따르라는 말씀에 기초하여 소유의 포기를 강조한다. 대규칙서 8항은 자기 밖에 있는 것을 끊어버릴 것을 가르치는데, 무엇보다도 소유의 포기가 우선된다. 바실레이오스는 신앙의 목표를 그리스도를 닮는 것에 두었는데, 이러한 그리스도를 닮는 삶의 시작은 소유의 포기라고 보았다. 왜냐하면 그렇지 않으면 영혼이 하나님에게 집중할 수 없기 때문이다.

바실레이오스의 수도서는 재산의 포기의 구체적인 실행에서는 변화를 보여준다. 소수도서의 5항에서는 수도운동에 헌신한 자가 합리적으로 분배할 것을 권했다면 31항에서는 지역교회의 사제에게 맡기라고(31항) 하며, 대규칙 9항은 이를 종합하여 경험과 능력이 있으면 스스로 분배해도 되고 그렇지 않으면 선택된 중개자, 즉 지역교회 사제나 수도원 원로에게 맡기라고 규정한다.

둘째 368-369년에 대기근이 휩쓸었을 때 바실레이오스는 거동이 불편한 연로한 감독을 대신해서 기아 구제 사역에 앞장섰다. 이 위기는 차갑고 건조한 겨울 다음에 예년과 달리 무덥고 건조한 봄을 맞아 우물과 강이 마르고 흉년이 들면서 일어났다. 이는 부자의 공포에 의해 일어난 식량 부족

---

27 바실레이오스의 수도서에 대해서는 남성현, 『기독교 초기 수도원 운동사: 파코미우스와 바실리우스』(서울: 엠-애드, 2006)을 참조하라.

이었다. 기근이 언제 끝날지 모른다는 예상을 가지게 되면서, 부자들은 곳간 안에 이미 쌓아놓은 곡물을 풀어놓으려 하지 않았다. 이러한 상황에서 바실레이오스는 부자에게 가난한 자에게 선행을 베푸는 자(euergetai)로 행동하도록 도전했다. 그는 "기근과 가뭄의 시대"란 설교에서 양식이 있는 자들에게 현재의 가난은 상대적이며, 자선의 부족이 기근의 원인이며, 그들이 참으로 주린 자들과 자기 재산을 나누도록 부름을 받았다고 강조한다. 회개를 촉구하는 이 설교는 실제적으로 재산을 가진 자들, 특히 부자에게 공동체 안에 있는 궁핍한 자들을 도우라는 명령이라고 말할 수 있다.

다른 설교에서는 가난한 자들이 단지 수동적으로 소리 없는 모습으로 그려지는 반면, 여기서는 가난한 자들이 적극적인 중심에 선다. 그는 기근의 희생자들을 진실하게 애통하는 자로 묘사하고, 반면 청중은 참회의 예식에 참여하며 거짓으로 애통하며 "실제로는 산만하고 탐욕스럽고 무자비하며, 어린아이와 가난한 자들이 그들 대신에 고통을 당하도록 내버려둔다." 이 설교는 교부들의 설교에서 가난한 자가 단지 수동적이고 소리 없는 모습으로 나타나지 않고 두드러지게 눈에 띌 수도 있다는 것을 잘 보여준다. 바실레이오스는 이 설교에서 비참한 굶주린 신체에 대해 묘사하고, 조금 자선을 베풀어 죄를 용서받고 궁극적으로는 심판의 날 그리스도 앞에 설 때에 덕행으로 옷을 입으라고 부자에게 호소한다.

세 번째는 바실레이아스를 중심으로 하는 바실레이오스의 복지활동이다. 그는 기근 구제를 위해 자기 재산을 털어 무료 급식 시설을 세웠으며, 스스로 이 시설 안에서 가난한 자를 돌보는 것을 지휘했다. 그는 심지어 한센병자들을 끌어안고 평화의 입맞춤을 했다. 얼마 후에 그는 감독이 되었을 때 종합 구빈원을 설립했는데, 이는 그의 이름을 따서 바실레이아스라고 불린다. 이 시설 안에는 수도원이 있었으며, 그는 전염병 환자와 희생자를 위해 병원을 세우고, 가난한 자들을 위해 거처를 세우고, 여행자와 나그네를 위해 숙소를 세웠다. 고고학적 발굴에 따르면 바실레이아스는 카이사레이아로부터 약 2-3km 떨어진 곳에 위치해 있었다. 바실레이아스를 중심으로 점차 신도시가 형성되었고 시간이 흐르면서 신도시가 구도시를 대체하게 되었다.

감독이 된 다음 바실레이오스는 구빈 활동이 감독을 중심으로 이루어져야 한다는 점을 강조한다. 그는 청년기에는 기부자들이 가난한 자들에게 직접 주어야 한다고 주장하지만, 감독이 된 다음에는 자선이 감독을 통해 행해져야 한다고 주장한다.

② 요안네스 크리소스토모스

웬디 마이어(Wendy Mayer)는 "집 없는 가난한 자의 시절"로 자신을 지칭하고 후대의 저자에 의해 "자선의 요안네스"라고 불리는 크리소스토모스의 가난과 부에 대한 담론을 분석했다.[28] 크리소스토모스가 남긴 14편의 논문, 820편의 강해설교, 240편의 편지에서 가난의 문제가 세밀하고 집중적으로 다루어진 것은 주로 강해설교에서였다. 마이어는 크리소스모스의 강해설교에 나타난 가난과 부의 담론을 주의 깊게 검토하여 그의 이념과 현실의 관계를 고찰했다.

마이어는 크리소스토모스의 담론에서는 사회경제적 가난, 영적인 가난, 자발적 가난 등 세 종류의 가난이 다뤄진다고 전제한다. 사회경제적 가난에선 구조적, 위기적, 일시적 가난이 모두 나타나며, 몰락한 상류층 인사, 거지, 과부, 상대적으로 가난한 자들이 빈번하게 언급되었다.

크리소스토모스는 부나 가난은 중요하지 않으며, 부 자체가 악한 것이 아니라 부를 잘못 사용하는 것이 문제이며, 가난 자체가 선한 것이 아니라 가난의 선용, 예를 들면 인내와 감사가 덕목이 된다고 가르친다. 그는 가난

---

28 Wendy Mayer, "John Chrysostom on poverty," in *Preaching Poverty in Late Antiquity: Perceptions and Realities*, Arbeiten zur Kirchen- und Theologieschichte 28 (Leipzig: Evangelische Verlagsanstalt, 2009), 69-118; 이은혜, "요한 크리소스토모스의 설교"와 "고대후기 교회 지도력"을 참조하라.

이 불가피하며 오히려 유익하기도 하다고 주장한다. 모두가 부자라면 모두 게으름에 빠지고 모든 것이 무너질 것이다. 그는 부자와 가난한 자의 불평 등이 하나님의 계획의 일부로 생각되지만 현실적으로도 유용하다고 가르친 다. 부자는 포도주와 칵테일을 소유하지만 도시의 샘물은 부자나 가난한 자 에게 모두 주어진다. 물이 포도주보다 더 유용하므로 여기에 가난한 자의 참된 부가 있다. 가난한 자는 부자보다 더 건강한 신체를 지니며, 상속자가 없는 것은 가난한 자에게는 아무 일도 아니지만 부자는 재산 상속의 문제 때문에 고민하게 된다.

크리소스토모스는 자선을 장려하는 과정에서 구속적 자선의 사상을 설 파한다. 그는『히브리서 강해 설교』에서 거지에 대한 부정적인 견해를 나 열한 다음 죄를 짓고 하나님의 용서를 필요로 하는 자는 거지가 아니라 거 지를 보고도 지나치는 청중이라고 경고한다. 값비싼 수의로 시신을 덮으려 고 하면서도 기아와 체온 저하로 고통을 겪고 있는 살아있는 몸을 무시하는 일은 부조리하며, 청중은 자신의 소유로 노력하지 않고 상속하며서 거지들 이 게으르다 또는 기만적이라고 비난하는 일도 마찬가지이다. 즉각적으로 베풀었다면 거짓을 꾸며내는 일은 없을 것이다. 크리소스토모스는 판단하 지 않고 주는 것이 자선이요, 심사하기 시작하면 자선일 수 없다고 설교한 다.『자선』에서 크리소스토모스는 고린도전서 16:1-2와 관련해서 바울을 가난한 자의 후견인이라고 제시하고 주일에 연보를 모든 사도적 관행을 이 어갈 것을 청중하게 독려한다. 그는 가난한 자도 기부를 할 수 있고 기부자 의 의도가 중요하며, 은전을 그리스도께 맡김으로 미래의 보답을 기대한다 는 것을 암시한다.

또 크리스토모스는 가난하지도 않고 부자도 아닌 자들이 사회 지도층 에 비해 자신을 가난하게 생각하는 사람들에 대해서 부자를 두려워하는 것 이 아니라 가엾이 여겨야 하며, 참 부와 가난은 마음가짐에서 나온다고 강 조한다. 부자는 부자가 되려고 원하지 않는 자요, 가난은 경제적 가난을 견딜 수 없는 것에 있다. 그는 부에 대해 올바른 태도를 가지지 못한 자를 영적으로 가난한 자라고 규정한다. 그는 영적인 부와 가난은 사회경제적 지위와 관계없이 모든 계층에게 나타날 수 있다고 본다.

"철학"의 삶의 내용은 자발적 가난은 크리소스토모스의 글에서 개인으로나 공동체적으로 모방해야 할 이상으로 제시된다. 크리소스토모스는 수도생활을 긍정적으로 묘사하지만 『사제직』에서는 수도생활을 최고의 이상으로 변호하는 『수도생활 비판자 논박』과 달리 사제직이 최고의 소명이고 수도생활은 기만적이고 열등하다고 묘사한다. 크리소스토모스는 감독직과 수도직이 양자택일의 문제가 아니라 결합될 수 있다는 것을 알고 있었으며 아마도 수사학적인 목표가 있었다고 보인다. 대체로 크리소스토모스는 자발적 가난을 이상으로 제시하고 그의 설교에서 수도사에 대한 간헐적인 비판은 이상 자체가 아니라 이상에 도달하지 못한 자에 대한 비판이었다. 이점에서 『고린도전서 강해설교』는 예외라고 볼 수 있다. 여기서 그는 전 세계가 왜 개종되지 않았는지 질문하고 수도사들이 개인의 덕행을 지키지 못하게 되는 요인들을 회피하려고 하기 때문이라고 주장한다. 산꼭대기에서 떨어져 구원을 필요로 하는 자들이 멸망하는 것을 바라보기 보다는 도시 거주자에게 유익을 가져다주기 때문에 열망된 덕목을 덜 가지는 것이 더 낫다.

크리소스토모스는 수도사도 사회경제적인 가난한 자와 함께 자선의 대상이 될 수 있다고 본다. 그는 자발적 가난과 사회경제적 가난을 구분하고 수도자도 경제적으로 가난할 때에만 자선을 베풀어야 한다고 권한다. 자발적으로 가난한 자라고 해서 자선을 베푸는 것은 유익이 없다. 왜냐하면 일부는 교역자이며 사례를 받기 때문이다. 구제는 자발적인 이유로든 사회경제적인 이유로든 경제적으로 가난한 자에게만 주어져야 한다.

크리소스토모스는 자발적 가난이 수도자뿐만 아니라 모든 자에 의해 받아들여져야 한다고 강조한다. 또한 자발적 가난은 그 자체가 목적이 아니라 영혼의 교정과 구원의 획득이라는 더 높은 목적을 지니고 있다. 덕행과 구원에 대한 담론을 제시하기 위해 그는 가난과 부에 대한 전통적 가치를 역전시킨다. 이러한 과정에서 그는 구조적으로는 똑같지만 경제적으로 가난한 자가 중심적인 역할을 수행하는 사회관을 세운다. 여기서는 가난이 하나님의 신적 계획이며, 가난의 제거는 이에 어긋나는 것이다. 가난한 자를 없애면 우리 구원의 소망 대부분을 없애는 것이다.『사도행전 강해설교』에서 그는 재산공동체가 당시 사회에서는 이루어질 수 없는 환상이요 청중에게 즐거움을 주기 위해 그 가능성을 논의한다고 말한다.

마이어는 크리소스토모스는 가난과 부를 없애려고 하지 않고 견유학파의 "칭찬받을 가난"의 개념에 의지한다고 주장한다. 칭찬받을 가난이란 자신의 잉여를 생계 수준 아래에 있는 자에게 베푸는 자연적인 결과로 이해된다. 그는 이러한 자선의 행위는 직접적이고 차별이 없고 인색하지 않아야 하며 상호호혜적인 유익이 있다. 이 유익은 영적인데 거지는 기도를 통해 하나님께 양식을 주는 자에게 자비를 베풀어달라고 간구하며, 기부자를 위해 귀신과 싸운다.

이러한 경제적인 가난한 자의 새로운 역할은 가난한 자를 그리스도와 동일시하는 것에 중심을 둔다. 성찬에서 그리스도를 만나듯이 가난한 자 안에서 그리스도를 만난다. 또 크리소스토모스는 가난한 자가 집에 있는 것이 귀신에 대한 보호막이 된다고 가르친다.『자선』에서는 구제를 위해 궤에 모아진 돈이 그 집에 귀신들이 들어오지 못하게 막을 수 있다고 설교한다.

③ 아우구스티누스

아우구스티누스는 방대한 분량의 저작을 남겼지만 특별히 부와 가난, 가난한 자의 구제 혹은 자발적인 주제를 다루는 책을 쓰지는 않았다. 따라서 이 주제에 대한 포괄적인 연구는 최근까지 나타나지 않았다. 여기서는 알렌의 연구를 중심으로 아우구스티누스의 사회경제사상을 논의하고자 한다.[29]

알렌에 따르면 가난에 대해 아우구스티누스의 대부분의 담론은 설교에서 발견된다. 겨울이나 사순절 금식기간과 사계재일(1년에 4회 3일 동안 하는 금식과 기도의 날)에 행한 아우구스티누스의 설교에는 자선과 구제가 강조되었다. 355년과 356년에 행한 설교는 자발적 가난에 대한 아우구스티누스의 이상을 이해하는데 중요하며, 가난의 주제는 시편 설교에서 지속적으로 나타난다. 또한 그의 편지들은 빈민명부(『서간집』 20*), 감독법정(『서간집』 9*, 11*, 24*)에 대한 정보를 준다. 그의 『수도규칙』은 355년과 356년에 행한 설교처럼 자발적 가난에 대한 주요한 자료가 된다. 이밖에도 『삼위일체론』, 『고백록』, 『하나님의 도성』 등을 제한적으로 사용할 수 있으며, 포시도니우스의 『아우구스티누스의 생애』도 활용할 수 있다.

아우구스티누스는 마태복음 25:31-46을 275번 이상 인용한다. 이 구절은 가난과 빈민 구호뿐만 아니라 그리스도교적 삶에 대한 이해에서도 중요하다. 또한 그는 이 구절을 기초로 그리스도를 가난한 자와 동일시했다. 반면 감독관에서의 공동생활은 사도행전 4:32에 의해 영감을 받았다. 일반적으로 아우구스티누스의 빈민 구호와 자선은 종말론적이었으며, 이는 카르타고의 키프리아누스이 영향이 컸다. 아우구스티누스는 재산을 고리대와 가난과 마찬가지로 당시의 사회적 구조의 일부라고 생각한다. 또 사유재산 아담의 타락의 결과이며 처음에는 만물이 하나님에게 속했다고 생각한다.

알렌은 아우구스티누스의 가난과 구제에 대한 담론을 분석하면서 아우구스티누스의 사상을 다음과 같이 정리한다. 아우구스티누스는 상업적 이미지를 통해 자선을 설명한다. 구제는 사업적 대출 또는 투자를 하는 것이며, 하나님은 신용을 지키시는 분으로 이자까지 주시는 분이라고 가르친다. 또 다른 이기심에 근거한 주장은 구제가 덜 심각한 죄를 씻어준다는 것이다. 그는 구제를 용서의 수단으로 제시하는데, 여기에는 금식, 기도, 죄용서

---

29 Pauline Allen, "Augustine on poverty," in *Preaching Poverty in Late Antiquity: Perceptions and Realities*, Arbeiten zur Kirchen- und Theologiegeschichte 28 (Leipzig: Evangelische Verlagsanstalt, 2009),

가 함께 동반되어야 한다. 하지만 아우구스티누스는 구제의 개인적이고 종말론적인 성격을 강조하지만 아마도 예정론적 사고 때문에 구제를 통한 집단적인 구원의 사상은 난타나지 않는다.

그는 구제에서 주는 자의 마음가짐을 강조하며 특히 겸손을 강조한다. 그는 부자에게 디모데전서 6:18-19의 맥락에서 선한 일을 행하고 선한 사업에 부하게 되라고 권고한다. 그는 부자가 부담을 갖지 말고 능력만큼 주기를 기대했으며, 선한 의도만 지니고 돈이 없는 경우도 되며, 조금 가진 것에서 조금을 주더라도 상관없다고 보았다. 그는 대부분이 십일조를 낼 수 없다고 생각하고 잉여물을 주어 생계를 잇도록 하거나 싼 것을 가난한 자에게 공급할 수 있다면 비싼 것을 계속해서 사용할 수 있다고 권한다. 아우구스티누스의 자선에 대한 권면은 온화하다. 또한 그는 다른 그리스도교 저자처럼 그리스도와 가난한 사람을 동일시한다. 그는 고리대가 비록 법으로는 인정받을 지라도 교회에서는 정죄된다고 가르친다는 점에서 다른 그리스도교 저자와 같다. 다만 아우구스티누스의 글에서는 고리대를 통한 자선은 하나님이 거부한다는 사상은 나타나지 않는다.

아우구스티누스는 직접적인 기부와 간접적인 기부를 모두 인정한다. 그의 부자와 나사로에 대한 설교에서는 히포에서 거지에 대한 직접적인 구제가 행해졌다는 것을 보여준다. 그는 청중에게 직접적으로 가난한 자에게 주라고 권한다. 또한 신자들이 아우구스티누스의 수도원에 기부하면 거기서 가난한 자에게 분배가 이루어졌는데, 바퀴가 달린 자선궤가 예배 중에 돌아다니면 신자들이 헌금한다. 또 다른 곳에서는 신자들이 수입의 일부를 가난한 자를 위해 떼어놓으라고 권하는데, "그리스도의 몫"이라고 불린 이 간접적인 기부는 한 번의 행동으로 재산을 낼 수 없는 많은 사람들의 구원이 점차로 이루어지는 방법이었다. 또 아우구스티누스는 자녀에게 유산을 남기는 대신 가난한 자를 위해 유산을 사용하는 것을 선호한다.

아우구스티누스는 공동의 인간성 때문에 모든 사람은 이웃이며 친척이라고 강조한다. 그리스도인인 가난한 자에게 관대한 것이 비그리스도인에 게서 재산을 강탈하는 것을 보상하려고 생각하는 것은 잘못이다. 실제로 비 그리스도인도 교회의 자선을 요청했으며, 나쁜 사람이나 의롭지 못한 사람 에게도 자선을 베풀 수 있다. 그는 죄인은 구제하면 안 된다고 주장하는 마 니교에 대항하여 사람의 마음을 읽을 수 없으므로 누구나 가리지 않고 구제 해야 한다고 주장한다.

그는 곤경에 있는 사람에 대한 응답은 물질적인 구제뿐만 아니라 심리 적인 돌봄도 포함된다고 가르친다. 권면을 하거나 용서를 하는 일은 구제와 동일하다. 그는 기부자의 의도와 마음가짐이 주는 자나 받는 자에게 모두 변혁적 힘을 가진다고 강조한다. 그렇지만 그는 물질적 구제를 무시하지 않 았으며, 구제는 영적인 구제와 물질적인 구제의 두 극을 가지고 있으며, 양 자는 사람의 구속적인 변화라는 한 가지 목적을 지니고 있다고 가르친다. 또한 그는 구제를 할 때 도움을 주는 자와 받는 자 사이의 연합을 감동적으 로 묘사한다. 그는 인간을 연합시키는 것은 재앙이 아니라 인간성 자체라고 가르친다. 그는 사람들이 서로의 필요에 직접적으로 공감할 때 인간의 연합 과 결속이 삼위일체의 사랑을 가장 잘 반사할 수 있다고 생각한다.

하지만 알렌에 따르면 인간이 서로를 어떻게 상대할 것인지에 대한 아 우구스티누스의 논의에서 가난한 자는 오히려 보이지 않게 된다. 『그리스 도교의 가르침』에서 아우구스티누스는 향유/사용의 맥락에서 자신의 이웃 을 모든 사람을 사랑하는 것만큼 사랑해야 하는지를 질문한다. 하지만 이러 한 논의에서 가난한 자는 전혀 언급되지 않는다. 알렌은 가난한 자의 부재 가 아우구스티누스의 이론적인 작품에서 공통적으로 나타나는 유형이라고 주장한다. 사회 현상으로서 가난에 대한 언급은 추상적인 형태의 교리나 신 학의 쟁점을 논의하려는 그의 관심에 종속된다.

아우구스티누스는 부와 가난에 대한 마음가짐의 중요성을 특별히 강조 한다. 부에 대한 애착은 가장 경계 대상이다. 부자는 부를 사용할 것으로 보아 마음가짐을 변화시켜야 한다. 기본적으로 돈과 소유는 도덕적으로 중립적인 것이다. 그의 성찰에서 중요한 것은 돈과 소유에 대해 어떤 마음가짐을 가지느냐 어떻게 사용하느냐의 문제이다. 아브라함은 부자였지만 그는 가난한 자에 대한 관심을 지니고 있었다. 마찬가지로 가난한 자도 나쁜 사람이 될 수 있다. 물질적인 가난이 천국을 보장하는 것은 아니다.

아우구스티누스는 청중이나 독자에게 부를 모두 포기하도록 권하지 않고 가난한 마음가짐만 요구한다. 한 설교에서 그는 토빗서 4:8-9를 인용하면서 토빗이 모든 것을 주라고 하지 않고 많이 주어라고 말한다는 점을 강조한다. 다른 곳에서 그는 하나님의 가난한 자가 되기보다는 모든 소유를 가난한 자에게 더 주려고 하는 사람이 있다고 말하면서 소유의 포기가 경건한 삶의 보증은 아니라고 가르친다. 하지만 그는 자신의 수도 공동체에서는 자발적 가난과 소유의 포기를 강조한다. 그는 사도행전 4:32를 인용하며, 모든 수도사가 자신의 소유를 포기할 것을 기대한다. 그는 자제할 수 있는 한에서 수도사가 모든 것을 팔도록 시한을 정했고 그 수입을 나누거나 공동 모금함에 기부하도록 권한다. 그는 이러한 규율을 느슨하게 만드는 자의 교직을 박탈했다. 이렇게 볼 때 아우구스티누스는 회중을 향해서는 보다 부드럽고 온화한 접근을 보여준 반면, 수도사에게는 매우 엄격한 규칙을 요구한다는 것을 알 수 있다.

아우구스티누스는 현재의 사회를 변혁하고자 하는 비전은 가지고 있지 않았다고 보인다. 수도규칙 안에서도 노예제도와 사회적 신분이 유지된다. 그는 노예제도와 가난은 완전히 다르다고 보고 노예제도는 합법적인 질서라고 생각한다. 그는 사회적 혁명가가 아니었으며 부와 가난은 서로를 필요로 하며, 부자는 가난한 자를 위해, 가난한 자는 부자를 위해 만들어졌다고 이해한다. 그에게는 가난한 자의 지위를 개선하거나 가난한 자를 위해 사회적 권력을 변호하는 것은 찾을 수 없다. 감독법정에서 그는 시민법에 따라 중재했고, 극심한 불의를 멈추게 하려고 노력했지만 불공정과 빈곤화를 포함하는 많은 불의를 해소할 수 없다는 것을 분명히 깨달았다.

(9) 이기심과 가난한 자에 대한 배려

닐(Bronwen Neil)은 주로 서방 그리스도교에 중점을 두긴 했지만, 자선과 관련된 그리스도교의 주요한 이념 중에 하나인 "구속적 자선"이 그리스-로마 세계의 귀족이 행한 이기적 형태의 선행과 결합되어 사회적 관계의 근본적인 변화를 보여줄 수 없다고 주장한다.[30] 닐에 따르면 이는 라비 유대교의 사상과 차이가 있다. 라비 유대교의 이념은 익명적이고 간접적인 기부, 차별 없는 기부, 가난한 자를 위한 정의, 자선의 구속 능력의 네 가지로 정리될 수 있는데, 라비 문헌에는 수혜자의 익명성을 존중하고 자선보다는 대부나 실제적인 도움을 강조했다는 점에서 가난한 사람에 대한 실질적인 배려가 나타나있다. 게다가 4-5세기의 황제의 법령도 전체적으로 오히려 사회적 위계를 강화하는 성격을 지니고 있으며 전통신앙과 도덕적인 자격에 따르는 차별이 계속되었다. 닐은 가난한 자 입장에서는 교회에 빈민 명부에 들어있지 않으면 그리스도교 이전에 로마에 사는 것과 상황이 별로 다르지 않으며, 레오 대종의 설교는 새로운 시대를 알리기보다는 사회적 정체를 나타낸다고 결론을 내린다.

닐의 주장은 서방 그리스도교의 상황에 기초하며, 수도운동의 영향을 다루지 않는다는 점에서 제한적이지만, 지금까지의 후기 로마제국의 가난과 부에 대한 논의 전체를 뒤흔들 수 있는 반론이라고 볼 수 있다. 닐의 주장에 대해서는 세밀한 논의가 필요하겠지만, 필자는 후기 고대 그리스도교의 가난과 부에 대한 접근을 새롭게 조명할 수 있는 자료를 소개함으로써 닐에게 응답하고자 한다.

6세기의 가자 수도원의 『바르사누피오스와 요안네스의 편지』는 가난

---

30 Neil, "Models of Gift Giving in the Preaching of Leo the Great."

한 자에 대한 구제가 실제적인 영적 가르침으로 강조되었다는 것을 잘 보여준다. 『바르사누피오스와 요안네스의 편지』는 수도운동에 대한 자료가 거의 성인전이기 때문에 실제적인 영적인 가르침을 엿볼 수 있다는 점에서 매우 중요하다. 시기가 6세기이고 가난한 자보다는 자선을 하는 자에게 초점이 맞춰져 있으므로 닐의 주장을 근본적으로 논박할 수는 없지만, 그리스도교의 자선에 대한 시제적인 가르침을 보여준다는 점에서 어느 정도는 균형을 잡아줄 수 있는 자료라고 보인다.[31]

이 자료에서는 어느 평신도가 재산과 재산에 대해 수도사에게 질문하고 대답하는 내용이 나타난다(617-626, 629-636, 649). 그 내용을 답변을 중심으로 간단히 정리해보면 다음과 같다.

- 소유를 점차로 나누는 것이 나은지, 한꺼번에 포기하는 것이 나은지에 대해서는 자기 분량대로 할 수 있다. 다만 우리는 죽음의 날을 모르니 연약한 가운데서 최선을 다해야 한다(617).
- 한 수도사가 가난한 자에게 주기 위해 평신도로부터 돈을 받아야 하는지를 물었을 때, 자선은 모든 수도사가 실천할 수 있는 덕목이 아니며, 고요와 자기 죄의 애통에 이른 자들만이 할 수 있는 덕목이다. 원리적으로 소유를 포기하고 자신의 죄에 애통하고 있는 수도사는 타인의 재산의 처분에 참여할 수 없다. 다른 사람에게 맡기는 것이 불가능하다면 재산의 소유자가 재산을 분배해야 한다(618-619).
- 아무 것도 줄 것이 없고, 간신히 생계를 유지할 것밖에 없다면 자선을 베풀지 않을 수 있으며 자신의 처지를 잘 분별해야 한다(620-621). 부자도 분별이 필요하고 자신의 능력을 넘어 행동하고 후회하지 않아야 한다(622).
- 베푸는 것을 즐거워하지 않는 자가 즐겨 내는 자가 되기 위해서는 하나님의 보답을 생각하고 작은 것부터 시작하되 적게 주는 자는 적게 받는다는 것을 기억해야 한다. 이 작은 것으로부터 풍성한 보답으로 생각이 점차적으로 옮

---

31   서원모, "6세기 가자 수도원"을 참조하라.

겨져서 완전을 향해 나아갈 수 있다(623). 모든 재산을 포기하고 후회하는 자는 분별이 없었음을 회개하고 하나님의 자비를 구해야 한다(624).

- 가난한 자가 두 명인 경우에는 보다 더 약한 자를 도와야 한다(625).
- 자선을 하려는데 주는 것에 대해 의심이 들면, 자신을 살피고 인색함으로 베풀었다는 것이 확인되면 주어야 하는 것보다 조금 더 베풀 수 있다. 그러면 하나님의 자비를 얻게 된다(626).
- 평신도가 자선을 위해 사용해달라고 다른 사람에게 맡기면서 회개는 하나님에게 하라고 했다면 주는 자는 상대방을 믿고 자신에게 회개를 요구하지 말아야 한다. 받는 자는 이렇게 맡기는 돈에 대해 겸손하게 돈을 받고 하나님에게만 회개할 수 없다고 고백해야 한다. 또 돈을 이렇게 받았다면 돈에 대해 정확하게 회개해야 한다(629).
- 드러나게 달라고 하는 모든 자는 더 약하고 어려운 자가 없다면 하나님의 범주에 속한다고 생각해야 한다. 공개적으로 받기를 부끄러워하고 병자들은 다른 범주에 속하며, 필요한 것보다 더 많이 주어야 한다(630).
- 어떤 사람이 다른 사람에게 돈을 나누라고 했는데, 주위에 다른 사람이 있는 경우에는 부탁한 사람이 가난한 자가 있으리라고 몰랐을 수 있기 때문에 그들에게도 자선을 베풀 수 있다. 하지만 어떤 장소를 명시한 경우에는 다시 물어 허락을 받고 자선을 베풀어야 한다(631).
- 자선을 베푸는 일을 맡길 사람을 선택하고 신뢰했다면 이러한 신뢰를 버리지 않아야 한다. 만약 그들이 자금을 유용하면, 그들이 하나님 앞에 책임을 지게 된다(632). 자금을 유용한 것이 발견되면 책망을 받을 만하면 책망하여 돈을 압수해야 한다. 하지만 책망을 인정할 수 없는 자며 부끄러움에 더 나쁜 일을 하지 않도록 내버려 둘 수 있다(633). 이전에도 이와 같은 일을 하고 덮으려 했다면 더 이상 이러한 사람을 신임할 수 없지만, 처음 혹은 돈이 필요해서 잘못을 저질렀다면 여전히 신임할 수 있다(634).
- 구걸하러 돌아다니는 자들에게는 빵 한 조각, 포도주, 또는 동전 두 닢을 손에 잡히는 대로 줄 수 있다(635).
- 소중한 것과 그렇지 않은 것이 있다면 가난한 자나 압바에게 줄 때 어떻게 해야 하는지에 대한 질문에 대해서는 가난한 자를 우리와 동등하게 생각하고 우리 이웃을 내 몸과 같이 사랑하는 데 이르기까지는 최선을 다하고 연

약함을 의식하며 덜 소중한 것을 줄 수 있다. 압바는 하나님의 종이므로 가난한 자보다 더 존경해야 한다(636).

- 노예를 사고 싶어하는 자에 대해서는 우리도 주인에게 순종하면 그분도 노예를 우리에게 순종하게 만들어주신다. 따라서 주님의 이름으로 노예를 사라(649).

여기서는 당시의 신자에게 자선이 얼마나 중요한 문제였는지가 잘 나타나있다. 꼭 넉넉해서 베푸는 것은 아니지만 생계를 유지할 수 있는 것보다 많이 가지고 있으면 자선이 기대되었다. 하지만 자선은 신중과 분별로 행해져야 했고, 가난한 자의 처지를 살펴서 더 어려운 자를 돕고, 부끄러워하는 자에게는 더욱 많이 줄 수 있다. 가난한 자는 동등한 자로 여기는 것이 기대되었으며, 하나님의 종에게는 조금 더 많이 줄 것이 기대되었다. 노예제가 정당하게 인식되고 있는 점도 주목할 만하다.

이 부분에는 포함되지 않지만, 권세가에게 불의한 일을 당했을 때 더 영향력 있는 사람에게 보호를 받아야 하는 질문에 대해서는 사람을 의지하지 말며, 가난한 자에게 주어 하나님의 보호를 얻으라고 권한다. 그 이유로 가난한 자에게 행한 것이 곧 그리스도에게 행한 것이라는 마태복음 25:35의 말씀이 제시된다. 이 대답은 닐이 비판한 구속적 자선이 단순한 이기심에 호소하는 것이 아니라 하나님에 대한 신앙과 의지와 종말론적 심판에 기초한 덕목에의 권고라는 것을 잘 알 수 있게 해준다. 특히 여기서 가난한 자를 그리스도와 동일시한 것은 수사학적 차원이 아니라 실제적이고 진지한 삶의 가르침이라고 말할 수 있다.

5. 나가는 말 — 현대적 의미

지금까지 교부들의 사회경제사상을 가난과 부, 빈민 구제의 이념과 실천을 중심으로 살펴보았다. 특히 브라운의 연구는 고대 그리스도교의 자선과 빈민 구제를 이해하는 새로운 관점을 제공해 주었으며, 이러한 관점과 시각은 오늘날 교부들의 사회경제사상을 논의하는 데에도 많은 도움을 주리라고 확신한다. 이제 공적신학에 관점에서 교부들의 사회경제사상을 조명해보자.

우선 교부들의 시대적 한계를 인식해야 한다. 교부들은 사회 구조적 문제나 인권에 대해서는 아무런 관심을 보여주지 않았으며, 거의 대부분 교부는 노예제도를 기정사실로 받아들였다. 교부들의 가난한 자의 범주에는 노예가 포함되지 않았으며, 교부들은 오히려 자유인과 노예의 경계를 분명하게 하여 자유인이 노예로 몰락하는 것을 막으려고 노력했다. 또한 교부들의 가난에 대한 주된 관심은 주로 자선과 연결되어 가난한 자보다는 부자에 초점이 맞춰져 있다는 점도 한계로 지적될 수 있다. 교부들에게는 사회변혁이나 가난의 퇴치와 같은 사상은 찾아볼 수 없다.

더욱이 교부들의 사회경제사상은 오늘날 복지정책과 사회보장제도에 대하 관심과 잘 부합되지 않는다. 이를테면 오늘날에는 가난 퇴치와 정의로운 분배 등 제도와 정책적인 차원의 논의가 중심이 되고 있지만, 교부들에게는 가난 문제의 해결이 대체로 구제와 자선 차원에 머물렀다. 또한 오늘날에는 국가가 복지정책의 주체가 되지만, 후기고대에서는 종교가 핵심적인 역할을 수행했다. 사실 서양의 역사에서는 국민전체의 복지 증진과 확보 및 행복 추구를 국가의 가장 중요한 사명으로 보는 복지국가의 이념은 복지정책과 제도의 추진 주체가 종교기관이 아니라 국가가 되어야 한다는 인식을 전제로 하고 있다. 따라서 교부들의 사회경제사상에 대한 연구는 복지국가를 지향하는 오늘날의 역사적 과제와는 상반되는 것으로 여겨질 수 있다.

이러한 제약과 한계를 분명히 인식한다면, 교부들의 사회경제사상이 오늘날에 주는 시사점을 발견할 수 있다. 우선 교부들의 사회경제사상을 시민적 형태의 고전고대의 사회가 경제적 형태의 중세사회로 변용되는 커다란 틀 안에서 조명할 수 있다. 그리스도교의 자선은 그리스-로마세계의 공적 시혜에서 발전되지 않았으며, 서구 세계에서 가난한 자에 대한 돌봄에 대한 이념과 실천은 그리스도교의 전래를 통해 뿌리내리게 되었다는 것이 일반적인 견해이다. 고대 그리스도교의 빈민 구호가 얼마나 효과적이었는지, 또 얼마나 이전의 형태와 차별적이었는지, 또 어느 시점부터 사회 저변에 자리 잡게 되었는지에 대해서는 논란이 있을 수 있다. 이러한 논점에 대해 어떠한 결론을 내리냐에 따라 교부들의 사회경제사상의 의미와 무게가 달라질 수 있을 것이다. 하지만 고대 그리스도교가 빈민 구제의 사상과 실천에서 이전의 사회와는 다른 새로운 도덕적 원리와 가치를 도입했다는 것은 움직일 수 없는 사실로 남아있다.

교부들은 부나 가난을 중립적으로 이해하며, 부에 대한 마음가짐을 강조하고 청지기로서 부의 올바른 사용과 자선을 장려했다. 이 점은 오늘날의 입장과 그리 크게 다르지 않다고 본다. 다만 구속적 자선 사상은 공로사상과 연결될 수 있어 개신교의 경우에서는 직접적으로 적용되기 어렵다. 하지만 이 땅에서의 선행이 하나님의 응답을 받으며, 자선과 선행의 영성과 경건의 주요한 내용이라는 점은 수용할 수 있다고 보인다.

교부들의 사회경제사상은 자선과 자발적 가난의 두 가지 축으로 이해될 수 있다. 교부들은 일반적으로 부의 악마적 성격을 지적하고 생계를 유지하는데 필요한 양을 넘어선 소유에 대해서는 자선과 구제를 베풀도록 가르쳤다. 또한 교부들은 자선을 독려하기 위해 현세적이고 종말론적인 유익과 보상을 제시했다. 또 하나의 중요한 축은 수도운동과 관련된 자발적 가난이다. 4-5세기의 주요한 교부들에게 수도운동과 자발적 가난은 교부들의 사회경제사상의 중요한 내용이다. 빈민 구호를 적극적으로 주장했던 주요한 교부들은 수도운동에 깊은 영향을 받았다. 자발적으로 가난을 택하여 경제적으로도 가난한 수도자들이 존재했고, 크리소스토모스와 같이 경제적으로 궁핍하면 수도자에게나 가난한 자에게나 가리지 않고 모두에게 자선을 베풀어야 한다는 가르침은 가난한 자에 대한 편견을 없애고 가난한 자를 사회적으로 수용하는 계기를 마련해주었을 수 있다. 또한 자발적 가난이 이상으로 제시되는 사회에서 자선과 가난한 자의 돌봄의 의미는 현세적인 가치관이 지배적인 사회와 상당히 다를 수 있다. 부를 자발적으로 포기하고 이로써 가난한 자를 구제하고, 가난한 자로서 주변의 가난한 자들을 돌보든지, 또는 공동체로서 부를 축적하여 가난한 자를 돕든지 수도자의 빈민 구호는 지역 교회와는 다른 차원에서 전개되었다. 오늘날 수도운동의 이념은 직접 적용되기 어려울 것이다. 하지만 수도운동과 같은 급진적인 도전을 받으며 균형을 잡을 수 있어야 새로운 사회를 구성할 수 있는 비전과 동력이 나올 수 있으리라고 생각한다.

마지막으로 고대 그리스도교의 자선과 수도운동의 결국 핵심에는 성경이 자리 잡고 있었으며 결국 교부들의 빈민 구호의 이념과 실제는 성경 해석사와 영향사의 입장에서 다룰 수 있다. 신약성경에는 재산포기, 재산 공동체, 약자의 돌봄, 부에 대한 날카로운 경고, 그리스도와 사회적 약자의 연대감, 가난의 영성화도 발견된다. 교부들의 사회경제사상은 이러한 성경의 말씀을 자신의 상황과 처지에서 어떤 방식으로 해석하고 소통했는지를 중심으로 고찰될 수 있다. 설교와 성인전과 편지와 논문에서 교부들이 이 성경말씀을 어떻게 해석했는지, 또 충실히 그 메시지를 전달하려고 노력했는지를 보다 세밀하게 살펴볼 수 있다.

이는 오늘날의 사회에서 성경 말씀을 어떻게 해석하고 실천할 것인가에 대한 질문을 제기한다. 후기 로마제국에서는 초기 예수 전승의 급진적 사상이나 재산공동체의 사상은 수도운동을 통해 받아들여졌다. 오늘날에는 재산 포기나 재산공동체의 이념이 일반적인 사회의 원리로, 심지어 교회의 가르침으로도 자리 잡을 수 없다. 오히려 교회가 어떻게 가난한 자와 사회적 약자를 도울 것인지, 어떻게 이들을 보호하고 인간답게 살 수 있는 사회를 만들 수 있느냐가 우리의 주된 논의가 된다. 그럼에도 교회는 예수의 과격한 말씀을 있는 그대로 선포하고 예수와 바울의 말씀과 삶을 계속적인 도전으로 받아들여야 할 것이다. 수도운동이 그리스도교의 자선을 균형 잡아 주었던 것처럼 오늘날의 경제적이고 사회적인 정의를 세우려는 노력은 성경의 근원적인 말씀과 그 말씀대로 살려고 하는 운동 속에서 영감을 얻어야 할 것이다. 공적신학이 시민공동체 안에서 담론을 형성하는 것을 과제로 한다면, 이러한 공적 신학이 힘을 얻기 위해서는 그리스도교 공동체 안에서 하나님나라의 표지로서, 대조사회로서의 공동체의 모습이 실현되고, 예수 그리스도의 과격한 말씀과 삶에서 영감을 얻는 끊임없는 하나님나라의 운동이 펼쳐져야 할 것이다. 이러한 의미에서 고대 그리스도교의 빈민 구호와 교부들의 사회경제사상은 오늘날 우리에게도 도전과 교훈을 준다.

참고문헌

남성현, "4-5세기 기독교 성인전에 나타난 '가난한' '자선사업가'(euergetes)." 「서양고대 사연구」 25 (2009): 301-337.

_____, 『기독교 초기 수도원 운동사: 파코미우스와 바실리우스』. 서울: 엠-애드, 2006.

_____, "바실리우스(Basilius)의 4-5세기 공주수도원을 위한 편람(便覽)." 「한국기독교 신학논총」 제53권 (2007): 141-167.

_____, "파피루스에 나타난 초기 비잔틴 시대 이집트 교회와 수도원의 수입구조." 「서양 고대사연구」 26 (2010): 281-321.

염창선, "알렉산드리아의 클레멘스의 가난과 부에 대한 이해." 「서양고대사연구」 25집 (2009년): 283-300.

_____, "주기도의 'ὁ ἐπιούσιος ἄρτος'에 대한 교부들의 해석." 「한국교회사학회지」 25집 (2009): 7-28.

이은혜. "요한 크리소스토모스의 설교에 나타난 수도주의와 '가난한 자를 사랑한 자'(Lover of the Poor)의 관계성에 대한 이해." 「한국교회사학회지」 26 (2010): 201-231

_____, "고대 후기 교회지도력의 새로운 패러다임, 수도자-감독 지도력(Monk-Bishop Leadership)의 발전: 크리소스토모스를 중심으로." 「한국교회사학회지」 28 (2011): 89-113.

조병하, "가난한 자에 대한 암브로시우스의 교훈: '습관적 선행과 유용함.'" 「성경과 신학」 제58권 (2011): 185-211.

_____, "Cyprianus의 '가난한 자들을 위한 선행과 자선'에 대한 교훈 연구." 「한국교회사 학회지」 제26집 (2010): 171-199.

하성수. "니사의 그레고리우스의 노예제도 이해." 「신학과 철학」 제16호 (2010): 123-153.

_____, "부와 가난에 대한 바실리우스의 이해." 「신학전망」 172 (2011): 58-84.

Allen, Pauline. "Challenges in Approaching Patristic Socio-ethical Texts from a Twenty-First Perspective". 2009년 3월 24일 장로회신학대학교 한국교회사연구원 해외석학초청 특강 자료집.

Allen, Pauline, Bronwen Neil, & Wendy Mayer, *Preaching Poverty in Late Antiquity: Perceptions and Realities.* Arbeiten zur Kirchen- und Theologiegeschichte 28. Leipzig: Evangelische Verlagsanstalt, 2009.

Bolkestein, Hendrik. *Wohltätigket und Armenpflege im vorchristlichen Altertum: Ein Beitrag zum Problem "Moral und Gesellschaft."* Utrecht: A. Oosthoek: Verlag A. G., 1939

Brocke, Michael. "Armenfürsorge I. Judentum." S. v. *Theologische Realenzyklopädie* 4: 10-14.

Brown, Peter. "The Rise and Function of the Holy Man in Late Antiquity." *Journal of*

Roman Studies 61 (1971): 80-101.

_____, "Town, Village and Holy Man: The Case of Syria." In *Assimilation et résistance à la culture gréco-romaine dan le monde ancien travaux du VIe Congrès international d'études classiques (Madrid, septembre 1974) / réunis et présentés par D.M. Pippidi,* 213-20. Paris: "Les Belles lettres," 1976.

_____, *Poverty and Leadership in the Later Roman Empire.* The Menahem Stern Jerusalem Lectures. Hanover & London: University Press of New England, 2002; 서원모·이은혜 역. 『고대 후기 로마제국의 가난과 리더십』. 파주: 태학사, 2012.

Caner, Daniel. *Wandering, Begging Monks: Spritual Authority and the Promotion of Monasticism in Late Antiquity.* Berkeley, Calf.: University of California, 2002.

Dunn, Geoffrey D., David Luckenmeyer, & Lawrence Cross eds. *Prayer and Spirituality in the Early Church, Vol 5: Poverty and Riches.* Strafield: St Pauls Publications, 2009.

Finn, Richard. *Almsgiving in the Later Roman Empire: Christian Pormoting and Practice 313-450.* Oxford Classical Monographs. Oxford: Oxford University Press, 2006.

Holman, Susan R. *The Hungry are Dying: Beggars and Bishops in Roman Cappadocia,* Oxford Studies in Historical Theology. Oxford: Oxford/ University Press, 2001.

_____, ed., *Wealth and Poverty in Early Church and Society.* Holy Cross Studies in Patristic Theology and History. Grand Rapids: Baker Academic, 2008.

Kee, Howard Clark. "Rich and Poor in the New Testament and in Early Christianity." In *Through the Eye of a Needle: Judeo-Christian Roots of Social Welfare,* ed. Emily Albu Hanawalt & Carter Lindberg, 29-42. Kirkville, The Thomas Jefferson University Press, 1994.

Neil, Bronwen. "Models of Gift Giving in the Preaching of Leo the Great." *Journal of Early Christian Studies* 18/2 (Summer 2010): 225-259.

Osborne, Robin. "Introduction: Roman poverty in context." In *Poverty in the Roman World,* eds. Margaret Atkins & Robin Osborn, 1-20. Cambridge: Cambridge University Press, 2006.

Parkin, Anneliese. "'You do him no service': an exploration of pagan almsgiving.'" In *Poverty in the Roman World,* eds. Margaret Atkins & Robin Osborn, 60-82. Cambridge: Cambridge University Press, 2006.

Patlagean, Evelyne. *Pauvreté économique et pauvreté sociale à Byzance 4e-7e siècles.* Paris, Mouton & Ecole des Hautes Etudes en Sciences Sociales, 1977.

Veyne, Paul. *Le pain et le cirque: sociologie historique d`un pluralisme politique.* Univers historique. Paris: Seuil, 1976.

중세의 경제사상[*]
- 토마스 아퀴나스의 정의로운 가격론

1. 여는 말

오늘날 경제학자들은 경제 현상이 어떻게 작동하는지에 일차적으로 관심이 있다. 예컨대 그들은 무엇이 인플레이션을 야기했는지를 검토한다. 그들에게 경제 현상이 정의로운가에 대한 평가는 단지 부차적인 문제이다. 반면 중세 시대에 경제 문제를 다룬 신학자들은 경제현상을 일차적으로 규범적인 관점에서 연구하여 근대의 과학적 혹은 분석적인 경제학 접근과 날카로운 대조를 이룬다.[1] 중세 경제 사상의 대표적인 주제인 '정의로운 가격 (iustum pretium)'[2]에 대한 논의에서 중세 사상가들이 일차적으로 관심을 가진

[*]   손은실(장로회신학대학교, 기독교사상과 문화연구소, 학술연구교수)

[1]   홍 훈, 『경제학의 역사』, 박영사, 2010, 37.

[2]   iustum pretium의 적절한 번역어를 찾기 위해 고심하면서 '공정가격 (公正價格)'과 '정당한 가격'도 고려했지만 다음과 같은 이유로 포기하고 정의로운 가격으로 번역했다. 먼저 공정가격은 정부 또는 지방공공단체에 의해 결정되는 가격(official price, 公定價格)의 의미로 사용되는 표현과 동음이의어라 혼란을 초래할 우려가 있어서 피했다. 정당한 가격은 현대적 가격 이해의 맥락에서 합리적인 가격으로 이해될 수 있을 것 같아 포기했다. 대신에 정의로운 가격을 선택한 이유는 원래 중세 시대에 이 표현에서 강조되었던 정의 개념을 보다

문제는 가격이 실제로 어떻게 결정되는가가 아니라 어떤 가격이 정의로운가 혹은 윤리적인가라는 것이었다. 그런데 르네상스 이래로 경제학이 윤리적 문제에 신경을 쓰지 않았던 것과 대조적으로 오늘날 경제와 윤리의 관계 문제가 다시 학문적 논의의 대상으로 대두되고 있다. 이런 상황에서 중세 경제 사상의 규범적인 접근을 재조명하는 것은 매우 큰 의미가 있어 보인다.

본고에서 필자는 이런 접근의 탁월한 모범을 보여주는 토마스 아퀴나스의 정의로운 가격론을 연구하여 그것으로부터 현대 세계의 경제 문제 분석에 유익한 시사점을 얻을 수 있기를 기대한다. 국내에선 이 주제에 대한 연구가 거의 전무하지만, 해외에선 이미 많은 연구가 나와 있다. 하지만 토마스의 정의로운 가격론은 자주 잘못 이해되었고 심지어 탁월한 경제사가들에 의해서도 잘못 해석되었다.[3] 이것은 일차적으로는 토마스 자신이 정의로운 가격에 대한 구체적인 정의를 제시하지 않았고, 그의 방대한 작품에서 단편적인 언급들이 편재되어 있는 사정과 관계가 깊다. 이런 상황에서 많은 선행 연구자들은 그들의 주장에 유리한 구절만 취사 선택적으로 연구하여 정의로운 가격에 대한 토마스의 전체적인 입장을 파악하지 못하는 경우가 허다했다. 이 주제에 대한 연구는 주로 경제사가들에 의해 이루어졌는데 이들은 토마스의 방대한 저작에서 특정 주제에 대해 연구할 때 반드시 유의해야 하는 방법론을 잘 숙지하고 있지 않았던 것처럼 보인다. 토마스 전문가들은 특정 주제에 대한 토마스의 전체적인 관점을 파악하기 위해서는 그가 다양한 텍스트에서 그 주제에 대해 발전시키는 모든 내용을 살펴보아야 한다는 것을 알고 있다. 왜냐하면 토마스는 결코 한 주제에 대해 단번에 자신의 모든 생각을 말하지 않기 때문이다. "그는 자신의 텍스트의 흐름에 따라

선명히 드러낼 수 있는 장점이 있기 때문이다.

3 G. Sivéry, "La notion économique de l'usure selon saint Thomas d'Aquin", *Revue du nord* 86(2004), 698. 토마스 경제 사상에 대해 연구한 중요한 연구자들의 목록은 다음 책에 소개되어 있다. J. Starbatty(heraus.), *Klassiker des ökonomischen Denkens*, Vol 1, 『경제학의 거장들』 1, 정진상 외 옮김, 한길사, 2007, 107.

종합에 유용한 모든 요소를 제공하지만 어디서도 이 자료 전체를 종합적으로 다시 다루지는 않는다."[4]

필자는 토마스의 정의로운 가격론에 대한 기존 연구들이 토마스의 특정 텍스트만 연구하거나 혹은 토마스 텍스트에 대한 정확한 해석을 결여하고 있음을 확인하고 방금 말한 토마스 연구에 적합한 방법론을 사용하여 관련 텍스트들을 재해석해 보고자 한다. 텍스트 분석에 들어가기 전에 먼저 이 텍스트들이 저술된 시대의 경제 상황을 일별하도록 하자.

2. 13세기 서유럽의 경제 상황

13세기 서유럽 경제 상황에 대한 전반적인 검토는 본고의 범위를 벗어난다. 본고의 논의에 필요한 부분, 즉 정의로운 가격 문제가 이 시대에 증폭되게 된 상황만 매우 간략히 살펴보겠다. 중세 경제 분석에 관해 고전의 위치를 가지고 있는 책에서 저자 로페즈는 일반적으로 근대 초기부터 산업혁명 이전 시기까지의 유럽의 경제 팽창 시기를 지칭하는 '상업 혁명'이라는 용어를 중세 경제에 적용한다.[5] 인구 증가와 도시의 발전에 따른 수요 증대로 인해 11세기부터 서유럽에서 급격한 교역 증대가 나타났다. 물론 모든 지역에서 그런 발전이 일어난 것은 아니었지만 북이탈리아와 플랑드르와 같은 도시에서 교역의 확장은 상당한 것이었다. 당시 도시들은 직업적 상인

---

4   G. Berceville, 《L'étonnante Alliance: Évangile et miracles selonsaint Thomas d'Aquin》, *Revue thomiste* 103 (2003), p. 6-8.

5   R. S. Lopez, *The Commercial Revolution of the Middle Ages, 950-1350*, Cambridge University Press, 1976. 로페즈는 이 책에서 중세 시대의 경제 구조에 대해 날카로운 분석을 제공하고, 유럽 역사에서 중세 시대의 핵심적인 공헌은 상업 경제의 창출이었다고 논증한다. 중세 시대에 상업 경제는 우선 이탈리아―비잔틴 지중해 동부에서 출발하여 이탈리아 도시들과 유럽의 나머지 도시들로 확산되어 갔다.

들뿐만 아니라 장인들의 생산 활동에 의해서도 활기를 띠었다. 동방의 향신료가 플랑드르와 브라방과 이탈리아 도시에서 생산된 고급직물과 교환되어 국제적 상업이 발전했다.[6] 이렇게 상업이 비약적으로 발전한 13세기 서유럽 상황이 정의로운 가격 문제를 증폭시키는 결과를 야기했을 것임은 미루어 짐작할 수 있다.

바로 이 시대에 논의되었던 정의로운 가격 문제를 다루고 있는 토마스 아퀴나스의 텍스트 를 분석하기 전에 예비 작업으로 중세의 정의로운 가격론에 대한 해석사와 토마스 아퀴나스의 정의로운 가격론에 대한 해석사를 간략하게 검토해 보자.

3. 중세의 정의로운 가격론 해석사, 그 오해의 역사

저명한 중세 유럽 경제사가 루버(R. A. de Roover, 1904-1972)는 중세의 정의로운 가격 개념을 다음과 같이 소개한다. "많은 경제학자들의 눈에는 정의로운 가격은 사업이나 경제에 대해서는 아무것도 모르고 행복하게도 시장 메카니즘에 대해 알지 못했던 경건한 수도사들에 의해 만들어진 모호한 개념이다."[7] 루버에 따르면 19세기 말에서 20세기 초반까지 이 주제를 다루는 거의 모든 책에서 정의로운 가격은 다음과 같이 이해되었다. "정의로운 가격은 중세의 사회 계층질서 개념에 연결되어 있고, 생산자가 생활하고 자신의 신분에 적합한 규모로 가족을 부양하는 것을 가능하게 해주는 합리적

---

6   중세 시대 경제 상황에 대한 보다 자세한 내용은 중세 경제 및 사회사에 대한 고전적인 책에 속하는 피렌의 다음 . 책을 참고할 수 있다. H. Pirenne, *Histoire économique et sociale du Moyen Age*, Paris: PUF, 1963.

7   R. de Roover, "The Concept of the Just Price: Theory and Economic Policy", *The Journal of Economic History* 18/4(1958), 418.

인 비용(reasonable charge)에 대응된다."[8] 정의로운 가격이 현실 속에 적용될 수 있었던 것은 중세 길드 체제가 부당한 경쟁을 금지하고 사기와 착취로부터 소비자를 보호하고 구성원들에게 동등한 기회를 만들어 주었기 때문이다. 막스 베버(Max Weber, 1864-1920)와 함께 중세 길드에 대해 이러한 목가적 관점을 가졌던 베르너 좀바르트(Werner Sombart, 1863-1941)[9]는 베버보다 한 발 더 멀리 나가 중세 시대에는 장인뿐만 아니라 상인도 사회 안에서 자신의 지위에 적합한 생계를 얻기 위해서만 노력했고 부의 축적을 추구하지 않았다고 본다.[10] 그에 따르면, "중세 전 시기를 지배한" 정의로운 가격 개념은 바로 이런 태도에 뿌리내리고 있었다. 그는 자신의 진술을 뒷받침하기 위해 하인리히 폰 랑엔슈타인(Heinrich von Langenstein, 1325-1397)의 저작을 참조한다.[11] 하인리히는 생산자는 노동과 비용에 대해 자신의 지위를 유지하는 것보다 더 많이 받아서는 안 된다고 말하고, 만약 생산자가 부유해지고 자신의 지위 상승을 위해 상품에 들어간 노동과 비용보다 더 비싼 가격을 받으면 탐욕의 죄를 범하는 것이라고 말한다. 이것은 정의로운 가격에 대한 스콜라 학자들의 특징적인 표현이라고 간주되어 수 많은 학자들에 의해 계속 인용되었다. 하인리히의 글이 이런 인기를 누렸기 때문에 경제사가들은 그의 진술을 스콜라시대의 정의로운 가격의 전형적인 것으로 받아 들였다. 하지만 루버는 이것이 스콜라 시대 학자들의 입장에 대한 오해에서 비롯된 것

---

8 *Ibid.*

9 좀바르트와 베버는 자본의의의 역사적 기원에 대한 연구에 있어서 중요한 영향을 끼쳤고 많은 논쟁을 불러 일으킨 인물들이다. 이들은 자본주의의 무제한적인 이윤 추구 원리와 대조적으로 중세의 지배적 원리는 단순히 필요에 대한 공급에 있다고 보고, 길드가 이러한 중세의 상업적이고 산업적인 구성을 가장 잘 특징짓는다고 보았다. J. W. Baldwin, *The Medieval theories of the just price*, Philadelphia, 1959, 6.

10 W. Sombart, *Der moderne Kapitalismus*, Munich, 1916, 2d rev. I, 292-293. R. de Roover, 상기 인용 논문, 419에서 재인용.

11 Heinrich von Langenstein, *Tractatus bipartitus de contractibus emptionis et venditionis*, part 1, cap. 12.

일 뿐 중세 대학 교수들 대다수에 의하면 정의로운 가격은 생산비용에 대응되지 않았음을 밝히는 시도를 했다. 그의 연구와 그의 해석을 뒷받침하는 다른 연구들이 나온 이래로 하인리히의 입장을 중세의 정의로운 가격 개념을 대변한다고 주장하는 학자들은 찾아보기 어렵다.

그러면 본고에서 중점적으로 연구하고자 하는 토마스의 정의로운 가격론 해석사는 어떤 양상으로 전개되어 왔을까?

4. 토마스 아퀴나스의 정의로운 가격론 해석사

『신학대전』의 가장 잘 알려진 주석가 토마스 데 비오(Tommaso de Vio, 1469-1534)[12]는 토마스의 정의로운 가격에 대한 연구에서 많이 인용되는 구절(ST II-II, 77, 1)을 주석하면서 정의로운 가격을 다음과 같이 규정한다. 정의로운 가격은 "구매인이 상품 정보를 잘 알고 있다는 것과 모든 사기나 강제가 없음을 전제하고 구매자로부터 통상적으로 받을 수 있는 가격이다."[13] 이것은 상품의 정의로운 가격은 구매인의 필요 혹은 욕구의 만족에 비추어 고려된 효용성에 연결되어 있다고 보는 것이다. 루버(R. de Roover)나 푸르 (G. Fourquin) 같은 현대 경제사가들도 이렇게 해석한다. 반면에 젤마 하게나우위(Selma Hagenauer)는 토마스의『니코마코스 윤리학 주석』을 연구하여 토마스는 아리스토텔레스의 주관적 이론을 포기했다고 주장했다. 그녀는 아리스토텔레스가 가치의 척도라고 말한 필요 요인을 토마스는 단지 교환 가설의 의미로 사용하였고 가치의 척도로 사용하지 않았다고 해석했다. 다시 말해 토마스는 상품의 가치는 더 이상 사람들의 필요에 의해 주관적으로 평가

---

12 Cajetan이라는 이름으로 더 잘 알려져 있다.

13 Thomas de Vio, *Commentaria in summam theologicam s. Thomas Aquinatis*. Editio Leonina. Romae: R. Garroni, 1896-1906, Vol. IX, 149.

되는 것으로 보지 않았고 생산 비용이라는 객관적 이론에 의해 평가되는 것으로 보았다는 것이다. 이런 해석을 통해 그녀는 토마스를 칼 맑스의 선구자로 보았다.[14] 중세 경제에 있어서 주된 생산 비용은 노동이니까 토마스의 입장은 결국 노동을 경제적 가치 생산에 있어서 일차적 요인이라고 본 맑스의 노동 가치설의 선구가 된다는 것이다.

위의 두 입장은 토마스의 정의로운 가격론은 이른바 효용 가치설과 노동 가치설 가운데 어느 한 쪽에 가까운 것으로 해석하고 있다. 이들과 달리 토마스의 입장은 양쪽 모두를 포함하고 있다고 보는 학자들도 적지 않다. 스타크(W. Stark)는 토마스의 저작 안에 노동 가치설과 효용 가치설의 맹아가 포함되어 있기 때문에 토마스를 경제 사상사의 양대 전통의 아버지라고 본다.[15] 시베리(G. Sivéry)는 토마스가 두 가지 요소를 다 붙잡았다고 말하면서, "정의로운 가격은 위로는 노동 비용에 의해 혹은 아래로는 판매 혹은 사용 시점의 생산품에 대한 평가에 의해 결정되었다"[16]라고 해석한다.

또 다른 해석을 제시한 볼드윈(J. W. Baldwin)은 토마스의 전 저작 안에서 정의로운 가격론은 변천을 겪었다고 보았다.[17] 그는 토마스가 아리스토텔레스의 『니코마코스 윤리학』 주석에서는 생산 비용을 정의로운 가격의 기초로 고려했지만, 『신학대전』에서는 생산 비용 가격 이론을 배제하고 거래 시점에 시장에서 통용되는 가격을 정의로운 가격으로 결론지었다고 설명한다.[18]

---

14 Selma Hagenauer, *Das "justum pretium" bei Thomas von Aquino*. ein beitrag zur geschichte der objektiven werttheorie, Stuttgart, 1931, 13-16. J. W. Baldwin, *op. cit.*, 75에서 재인용.

15 W. Stark, "The Contained Economy. An Interpretation of Medieval Economic Thought". A Paper read to the Aquinas Society of London, Blackfriars, 1956. 9.

16 G. Sivéry, "La notion économique de l'usure selon saint Thomas d'Aquin", *Revue du nord* 86(2004), 701.

17 J. W. Baldwin, *op. cit.*, 75-78.

18 루버와 다른 많은 경제학자들의 해석에 따르면 토마스를 비롯한 스콜라 학자들은 상품의 가치가 시장 가격에 의해 결정된다고 보았다. 물론 이런 해석을 제시한 경제학자들은 둔스 스코투스와 그를 추종한 학자들이 정의로운 가격은 노동 생산 비용에 의존한다고 주장했다는 것도 잊지 않고 명시한다. D. D. Friedman, "In defense of Thomas Aquinas and the

이같이 다양한 해석들 가운데 과연 어떤 것이 토마스의 입장을 가장 정확히 이해한 것일까? 상품의 정의로운 가격에 대한 13세기의 위대한 신학자의 정확한 입장은 과연 어떤 것이었을까?

5. 토마스 아퀴나스의 정의로운 가격론에 대한 재해석

1) 텍스트 분석

토마스의 전 저작에 나오는 모든 어휘를 수록해 놓은 어휘 색인(Index Thomisticus)[19]에 의하면 그의 진정 작품으로 간주되는 작품 가운데 '정의로운 가격(iustum pretium)'의 어휘소(lexeme)는 세 저작에서 16회 발견된다. 이 빈도 수에서 우리는 이 문제가 신학자 토마스의 중심적 관심사는 아니었다는 당연한 사실을 새삼 확인하지만, 이것으로부터 그가 이 문제를 다룰 때 다른 문제들을 다루었을 때 보여준 탁월한 통찰력을 결여할 것이라고 결코 예단해서는 안 된다. 16회의 구체적인 출처는 다음과 같다. 『신학대전』 *Summa Theologiae*(이하에선 ST) I-II, 114, 1, c.(1회), ST II-II, 77 & 78(10회), 『임의 토론 문제』 *Quodlibet* II, q. 1 & q. 5 (3회), 『외상 매매』 *De emptione et venditione ad tempus*(2회). 이 출처를 모두 검토한 결과 상품의 가격과 관련하여 '정의로운 가격'을 말한 텍스트는 ST II-II, 77과 마지막 텍스트, 즉 『외상 매매』이다.[20] 여기서 볼 수 있는 것처럼 토마스의 정의로운 가격론에 대한 선행 연구들에

---

just price", *History of political economy* 12(1969), 235.

19 INDEX THOMISTICUS, in: CORPUS THOMISTICUM. http://www.corpusthomisticum.org

20 나머지 텍스트는 다른 문제들과 관련된다. 한 가지 예만 보면, Quodlibet II, q. 1, a. 2의 경우는 "죽음 없이 그리스도가 받는 어떤 수난도 인류의 죄 용서를 위해 충분한가"라는 문제를 다루고 '정의로운 가격'은 '인류의 첫 조상의 죄에 대한 정의로운 가격'이라는 문맥에서 사용되어 경제적인 문제와는 거리가 멀다.

서 많이 다루어졌던 『니코마코스 윤리학 주석』에서는 '정의로운 가격'이라는 표현은 사용되지 않았다. 비록 표현은 사용되지 않았지만 관련된 내용을 다루고 있는 부분이 있기 때문에 그 부분에 대한 분석으로 시작해서 위의 두 텍스트를 차례로 분석해 보자.

(1) 『니코마코스 윤리학 주석』 Sentenia Libri Ethicorum

이 작품에서 우리가 분석해야 하는 부분은 아리스토텔레스가 정의론을 다루고 있는 5권에 대한 주석이다. 이 그리스 철학자의 정의 개념은 정의로운 가격에 대한 토마스의 모든 논의의 토대이기 때문에 해당 본문을 분석하기 전에 이 개념을 간략히 살펴볼 필요가 있다.

아리스토텔레스는 정의를 우선 두 가지 형태로 구분한다. 넓은 의미의 정의와 특수한 정의가 그것이다. 전자는 법에 따르는 것(lawfulness)을 의미한다. 법에 따르는 것은 모든 덕을 갖추는 것과 같은 의미이다. 어떤 사람이 모든 덕을 자신뿐만 아니라 타인을 위해 발휘할 때 그는 아리스토텔레스가 말하는 넓은 의미의 정의를 가진 사람이다. 반면에 후자, 즉 특수한 정의는 모든 덕이 아니라 덕의 한부분에 해당하며, 동등함(equality)을 준수하는 것을 의미한다.[21]

이 특수한 정의 안에는 다시 세 가지가 종류가 있다. 배분적 정의는 한 정치 공동체의 구성원들에게 명예 혹은 재산과 같은 공동의 자산을 분배하는 데서 성립한다. 시정(是正)적 정의는 사람들 상호간의 부정의한 거래를 시정하는 데서 성립한다. 특수한 정의의 제3의 형태로 소위 교환적 정의가 있다.[22] 이것은 교환 공동체내에서 쌍방 간에 동등성이 확립되는 것에 있다.[23]

---

21 아리스토텔레스, 『니코마코스 윤리학』 1129a35. F. D. Miller, *Nature, Justice, and Rights in Aristotle's Politics*, Oxford: Clarendon Press, 1995, 68 참고.

22 이 교환적 정의가 앞에 든 두 종류의 정의와는 별개의 독립적인 종류의 정의인지 아닌지에 관해서는 연구자들 사이에서 논란이 있다. 이태수, 「실천적인 덕에 관하여」, 33쪽. 인문강

아리스토텔레스는 바로 이 교환적 정의를 설명하면서 정의로운 교환을 위해서 몇 켤레의 신발이 집 한 채와 같은지 혹은 식량과 같은지 측정해야 하는 문제를 예로 든다. 이 때 측정이 가능하기 위해서는 모든 생산품을 잴 수 있는 하나의 척도(metron)가 요구된다. 아리스토텔레스는 이 척도가 필요 (chreia)라고 말하고 규약에 의해 화폐가 이 필요의 대체물이 되었다고 주장 한다[24]. 토마스는 아리스토텔레스가 제시한 이 예를 다음과 같이 주석한다.

그[아리스토텔레스]가 '얼마만큼의…'라고 말할 때 그는 앞서 말한 측정에 따라 교환이 어떻게 이루어지는지 보여준다. 비록 집은 신발보다 가격이 비싸지만, 상당히 많은 신발은 집 한 채와 가격에 있어서 동등하게 된다…그러므로 교환이 이루어지기 위해서는 많은 신발이 집 한 채 혹은 한 사람의 식량에 대해 제공되어야 한다. 그 양은 목수 혹은 농부가 노동과 비용에 있어서(in labore et expensis) 제화공을 능가하는 양 만큼이다.…

그[아리스토텔레스]는 화폐를 통해 이루어지는 앞서 말한 측정의 근거를 지시한다. 그는 모든 것은 어떤 하나[의 척도]에 의해 측정될 수 있기 때문에 동등하게 만들어 질 수 있다고 말한다. 그가 말한 것처럼 이 하나[의 척도]는 …필요(indigentia)이다. 이 필요는 모든 교환 가능한 것들을 포함하는데, 모든 것이 '인간의 필요'(humana indigentia)와 관계되는 한에서 그러하다.[25]

좌. 아리스토텔레스의 『니코마코스 윤리학』: 서양 윤리사상의 출발점.

23 『니코마코스 윤리학』 1132b31-3.

24 *Ibid.* 1133a 27-30.

25 *Sententia libri Ethicorum*, lib. 5, lect. IX, n. 3: "Deinde cum dicit: quanta quaedam etc., ostendit quomodo, secundum commensurationem praedictam fit commutatio. Licet enim domus sit magis aliquid in pretio quam calciamentum, tamen aliquanta calceamenta adaequant in pretio unam domum, ⋯ Oportet igitur ad hoc quod sit commutatio ut tanta calceamenta dentur pro una domo vel pro cibo unius hominis, quantum aedificator vel etiam agricola excedit coriarium in labore et expensis, ⋯
assignat rationem praedictae commensurationis, quae fit per numisma. Et dicit, quod ideo possunt omnia adaequari, quia omnia possunt commensurari per aliquid unum, ut dictum est; hoc autem unum, ⋯ est indigentia, quae continet omnia commutabilia, in

이렇게 토마스의 주석을 직접 길게 인용한 이유는 바로 이 주석이 다양한 해석과 논쟁을 낳았기 때문이고 이것을 재해석하기 위해서는 텍스트 자체를 다시 엄밀하게 재검토하는 것이 필요하기 때문이다. 여기서 보면 생산품의 교환이 가능하기 위해서는 교환되는 생산품들 사이에 등가가 확립되어야 한다. 아리스토텔레스가 말하는 교환적 정의는 바로 쌍방간에 동등성이 성립되는 것에 존재한다. 그런데 서로 가치가 다른 물품의 가치를 측정하기 위해서는 공동의 척도가 필요하다. 아리스토텔레스는 그 척도가 필요라고 말한다. 토마스도 이 점을 주석하면서 그대로 따른다. 하지만 가격이 다른 집과 신발의 교환에 있어서 그 가격을 일치시켜 줄 수 있는 요인을 설명하면서 토마스는 아리스토텔레스의 텍스트에서는 명시적으로 언급되고 있지 않는 '노동과 비용'이라는 요인을 추가한다.[26] 다시 말해 토마스는 집과 신발의 가격 차이는 두 생산품에 들어간 '노동과 비용'의 양에 기인한다고 본 것이다. 다시 정리하면, 토마스는 한편으론 아리스토텔레스와 함께 교환되는 모든 물건의 가치 평가를 위한 공동의 척도는 필요라고 말하고, 다른 한편으론 교환되는 물건의 가격의 차이는 각각의 물건을 만드는 데 들어간 노동과 비용에서 비롯된다고 말한다. 그렇다면 물건의 가치 평가에서 이 두 가지가 어떻게 연결될까? 토마스 자신은 이 둘을 연결시켜 설명하고 있지 않다. 위에서 본 것처럼 하게나우워는 토마스가 필요 요인을 단지 교환 가설의 의미로 사용하였고 물건의 가치는 노동과 비용에 의해 평가되는 것으로 해석했다. 또 어떤 해석자들은 물건의 가치는 두 가지 요소 모두에

---

quantum scilicet omnia referuntur ad humanam indigentiam."

26 교환에 관한 아리스토텔레스의 주장도 다양하게 해석되었다. 몇몇 경제학자들은 니코마코스 윤리학에서 수요 지향적, 효용 지향적 가치론을 읽어 내려고 노력했다. 또 적지 않은 경제학자들이 아리스토텔레스를 한계 효용 학파의 선구자로 보려고 시도했다(Kraus 1905, Spengler 1955). 또 다른 학자들은 아리스토텔레스를 노동 가치론의 방향으로 해석했다(Schumpeter 1954). 게다가 고든은 아리스토텔레스에게는 효용 이론적 요소는 물론 노동 가치 이론적 요소도 발견할 수 있다고 말한다(Gordon 1964). J. Starbatty(heraus.), *op. cit.*, 75-76에서 재인용.

의해 평가되는 것으로 보았다. 여기서 필자는 이 해석들 가운데 어느 것이 더 정확한 해석인지 섣불리 평가하지 않고, 다만 바라트와 함께 가치 결정 요인들 사이의 관계를 발전시키지 않은 토마스의 논의는 경제 분석의 관점에서는 불완전해 보인다는 것을 지적하는 것에 그치겠다.[27]

마지막으로 『니코마코스 윤리학 주석』의 장르적 한계를 상기할 필요가 있다. 그것은 주석서인 까닭에 어디까지나 주석 대상인 텍스트의 설명에 의해 내용이 제한된다는 것이다. 반면에 지금부터 살펴 보려고 하는 『신학대전』에서 토마스는 자신의 원숙기의 사상을 자신의 의도에 따라 자유롭게 개진하기 때문에 정의로운 가격에 대한 토마스 자신의 입장이 보다 자유롭게 개진된 내용은 여기서 발견/된다.

(2) 『신학대전』 Summa Theologiae II-II, 77.

『신학대전』에서 토마스가 정의로운 가격을 다루는 텍스트는 제2부의 2부, 77문이다. 이 텍스트는 토마스의 정의로운 가격론 논의에서 가장 중요한 텍스트인 점을 감안해 조금 자세히 분석해 보도록 하자. ST II-II, 77문은 정의론[28]안에 포함되어 있고, 보다 구체적으로는 교환적 정의에 반하는 부정의의 문제를 다룬다. 77문은 네 개의 절로 구성되어 있는데 네 절 모두 판매에서 발생할 수 있는 교환적인 부정의에 대해 검토하고 있다.[29] 여기서 당

---

27 D. Barath, "The Just Price and the Costs of Production According to St. Thomas Aquinas", *The New Scholasticism* 34(1960), 430.

28 『신학대전』 안에서 정의론은 매우 방대하게 다루어진다. 신학대전 2부의 2부, 57문에서 122문에 걸쳐 있고 66개의 문제에 해당하고 그 안에 303개의 절이 포함되어 있다. 토마스는 정의론을 다음과 같이 네 부분으로 나눈다. 1. 정의 자체(q. 57-60), 2. 정의의 부분(q. 61-120), 3. 정의에 연결된 성령의 선물(q. 121), 4. 정의에 관련된 계명(q. 122). 이 가운데 정의의 부분(q. 61-120)은 다시 세 그룹으로 분류된다. 첫째, 정의의 주체적 부분(q. 61-78: 배분적 정의와 교환적 정의), 둘째, 정의의 총체적인 부분(q. 79: 선을 행하고 악을 피하는 것) 셋째, 정의의 잠재적 부분, 다시 말해 부속적인 부분(q. 80-120).

29 네 개의 절에서 다루는 문제는 다음과 같다. 1절: "어떤 사람이 어떤 것을 그것의 가치보다 더 비싸게 파는 것이 허용되는가?", 2절: "결함을 가진 상품의 판매는 부정의하고 불법적인

장 확인할 있는 것은 정의로운 가격에 대한 논의를 담고 있는 핵심적인 텍스트인 ST II-II, 77은 정의로운 가격이 구체적으로 어떻게 결정되는가를 주된 문제로 다루고 있지는 않다는 점이다. 하지만 우리는 토마스가 이 텍스트에서 정의로운 가격에 대해 언급한 내용으로부터 그의 정의로운 가격론을 재구성해 볼 수 있을 것이다. 각 절에서 정의로운 가격에 관련된 내용을 차례대로 살펴보자.

먼저 "어떤 사람이 어떤 것을 그것의 가치보다 더 비싸게 파는 것이 허용되는가?"라는 질문을 다루는 1절을 분석해 보자. 이 문제에 대답하기 위해 토마스는 먼저 세 개의 반론[30], 즉 정답과 반대되는 입장의 논거를 제시한다. 그 가운데 앞에 나오는 두 가지 반론만 차례로 살펴보자. 첫째 반론은 어떤 것을 그것의 가치보다 더 비싸게 파는 것이 허용되는 근거를 다음과 같이 설명한다.

왜냐하면 인간 삶에서 교환에 관해 정의로운 것은 세속법(leges civiles)에 따라 규정되기 때문이다. 그런데 이 세속법에 따르면 구매자와 판매자에게 상호 속이는 것이 허용된다. 이것은 판매인이 어떤 것을 가치보다 더 비싸게 팔거나, 구매인이 가치보다 적게 지불할 때 일어난다. 그러므로 어떤 사람이 어떤 것을 가치보다 더 비싸게 파는 것은 허용된다.[31]

가?", 3절: "상인은 상품의 흠을 말해야 하는가?", 4절: "상업을 하면서 구매한 것 보다 더 비싸게 파는 것은 허용되는가?"

30 『신학대전』에서 가장 작은 단위인 절(articulus)은 중세 대학의 정규 교과목이었던 토론 문제(quaestiones disputatae)의 형식을 띠고 있다. 그 결과 각 절은 반론(objectio), 반론들에 반대되는 권위 있는 주장(sed contra), 교수의 대답(각 절의 본론에 해당되기 때문에 corpus articuli라고 불린다), 반론에 대한 답변(solutio)으로 구성되어 있다. 이 구조는 변증술을 통해, 다시 말해 한 문제에 대해 상반되는 입장의 논거를 모두 검토하여 논증적 사고를 통해 문제를 이해할 수 있도록 해준다. 보다 자세한 설명은 다음 책을 참조하시오. 토마스 아퀴나스, 『신학대전: 자연과 은총에 관한 주요 문제들』(『신학대전』의 발췌 번역본), 손은실, 박형국 옮김, 두란노 아카데미, 2011, 46-48.

31 ST II-II, 77, 1, obj. 1: "Iustum enim in commutationibus humanae vitae secundum leges civiles determinatur. Sed secundum eas licitum est emptori et venditori ut se invicem

이 반론에 대한 답변에서 토마스는 인간의 법(lex humana)은 판매인이 상품을 그 가치보다 더 비싸게 팔거나 구매인이 더 싸게 사는 것을 처벌하지 않고 허용하지만 "정의로운 가격의 절반 이상을 속였을 때는 반환하도록 강제한다"고 말한다. 반대로 신의 법(lex divina)은 덕에 대립되는 모든 것을 벌하고, 매매에서 정의의 동등성(aequalitas iustitiae)이 준수되기를 요구한다고 밝힌다. 이 답변에서 볼 수 있는 것처럼 토마스는 '정의로운 가격의 절반'의 한계 안에서 거래의 자유를 인정하는 당대의 로마법학자들의 매매 규정을 알고 있었다.[32] 두 번째 반론은 "모두에게 공통되는 것은 자연으로부터 오는 것으로 보이고 죄가 될 수 없다"고 전제한 후 모든 인간이 싸게 사고 비싸게 팔기를 원하는 것은 자연적 경향이기 때문에 상품의 가치보다 비싸게 팔고 싸게 사는 것이 허용된다고 주장한다. 이 반론에 대해 토마스는 모든 사람이 싸게 사고 비싸게 팔기를 원하는 이 일반화된 욕구는 "자연적 욕구가 아니라 악한 욕구이다"라고 반박한다. 그리고 나머지 세 번째 반론을 제시한 후에 토마스는 자신의 답변을 제시하기 전에 먼저 복음서의 황금률[33]을 인용한다. 황금률을 이 문제에 적용하여 "누구도 자신에게 어떤 것을 그것의 가치보다 비싸게 파는 것을 원하지 않기 때문에 누구도 타자에게 어떤 것을 그 가치보다 더 비싸게 팔아서는 안 된다."[34]고 명시한 후, 본론에서 다음과 같이 대답한다. "만약 가격이 사물의 가치의 양을 능가하거나 혹은 역으로 사물이 가격을 능가하면 정의의 동등성이 제거될 것이다. 그러므로 어떤 것을 그 가치보다 더 비싸게 팔거나 더 싸게 사는 것은 그 자체에 있어서 부정

---

decipiant, quod quidem fit inquantum venditor plus vendit rem quam valeat, emptor autem minus quam valeat. Ergo licitum est quod aliquis vendat rem plus quam valeat."

32 *Iustinian Codex* 4, 44, 2 & 8. 로마법은 정의로운 가격의 절반을 거래의 자유의 결정적인 한계로 정하고 있다.

33 마태복음 7장 12절: "사람들이 당신들에게 행하기를 원하는 것은 무엇이나 당신들도 그들에게 행하시오." 토마스가 인용하고 있는 불가타 성경을 필자가 사역했다.

34 ST II-II, 77, 1, sc.

의하고 불법적이다."[35] 이 1절에서 주목해야 하는 것은 토마스는 막대한 손해(laesio enormis)를 입혀서는 안 된다는 한계 안에서의 거래의 자유를 매매 규정으로 삼은 당대의 로마법학자들과 로마법 체계를 수용한 동료 성직자 교회법학자들의 입장보다 신의 법에 따라 정의의 동등성의 준수를 강조했다는 점이다. 먼저 1절에서 도출될 수 있는 정의로운 가격은 상품의 가치보다 비싸지도 싸지도 않은 가격, 즉 상품의 가치에 대응되는 것이다. 그런데 1절에 대한 대답에서 토마스는 다음과 같은 말도 덧붙인다. "정의로운 가격은 단지 판매되는 어떤 것에만 관련되지 않고, 판매자가 판매로부터 겪게 되는 손해에도 관련될 것이다. 이 경우 어떤 것을 그 자체의 가치 자체보다 더 비싸게 팔 수 있을 것이다."[36] 이 말은 정의로운 가격의 결정의 요인은 단지 상품의 가치 자체에만 달려 있지 않고 상품 매매로 발생하는 판매인과 구매인 사이의 손익의 균형에도 의존함을 보여준다.

2절에서는 "결함을 가진 상품의 판매는 부정의하고 불법적인가?"라는 문제를 다룬다. 토마스는 이 문제에 대답하면서 여러 가지 종류의 상품의 결함 가운데 병든 말을 건강한 말로 파는 예를 들면서 판매인이 그것을 알면서 그렇게 하는 경우 그는 사기를 범하는 것이고 그 판매는 불법적이라고 말하고, 다음과 같이 덧붙인다. "이와 같은 모든 경우에 그는 부정의한 판매를 함으로써 죄를 범하는 것일 뿐만 아니라 반환의 의무가 있다."[37] 그런데 판매인이 상품의 모든 속성을 알 수 없기 때문에 결함을 가진 상품의 판매가 부정의하지 않다는 반론에 대해 답변하는 과정에서 토마스는 아우구스티누스

---

35 *Ibid*, c.: "si vel pretium excedat quantitatem valoris rei, vel e converso res excedat pretium, tolletur iustitiae aequalitas. Et ideo carius vendere aut vilius emere rem quam valeat est secundum se iniustum et illicitum."

36 ST II-II, 77, 1, c.: "iustum pretium erit ut non solum respiciatur ad rem quae venditur, sed ad damnum quod venditor ex venditione incurrit. Et sic licite poterit aliquid vendi plus quam valeat secundum se,"

37 *Ibid*, 2, c.: "in omnibus talibus non solum aliquis peccat iniustam venditionem faciendo, sed etiam ad restitutionem tenetur."

의 『신국론』을 인용한다. "때때로 말 한 마리가 노예 한 명보다 더 비싸게 팔리는데 그것은 상품의 가격이 자연의 위계에 따라 평가되지 않고 사람들의 사용에 따르기 때문이다."[38] 이 인용문에 근거해서 토마스는 판매인이나 구매인은 상품의 숨어 있는 속성까지 알아야 할 필요는 없고 사람들의 필요에 소용되는 속성만 알면 되고 이것은 쉽게 알 수 있는 것이기 때문에 반론의 근거는 유지될 수 없다고 말한다. 여기서 토마스는 상품의 가격이 상품의 자연적 가치보다 인간의 필요를 충족시킬 수 있는 효용에 달려 있다고 본다.

　　3절은 "상인은 상품의 흠(vitium)을 말해야 하는가?"라는 문제를 다룬다. 토마스의 답변은 다음과 같이 요약될 수 있다. "타인에게 위험 혹은 손해의 기회를 제공하는 것은 언제나 불법적이다"라는 전제에서 출발하여 판매인이 흠을 가진 상품을 구매인에게 제공하는 것은 손해 혹은 위험의 기회를 제공하는 것이다. 그런데 숨어 있는 흠을 판매인이 알리지 않고 판매하면 사기에 해당하고 손해를 배상해야 한다. 하지만 흠이 명백한 경우(토마스는 애꾸눈의 말을 예로 든다)에 판매인이 스스로 가격을 적정하게 내리는 경우 그는 상품의 흠을 말해야 할 의무를 지지 않는다. 이 경우 구매인이 가격을 지나치게 낮추려고 할 수 있기 때문이다. 3절의 넷째 반론에 대한 답변에서 우리는 토마스의 정의로운 가격론의 매우 중요한 입장을 발견할 수 있다. 넷째 반론은 상품의 흠을 말해야 하는 이유는 상품 가격을 낮추기 위해서인데, 밀을 파는 상인이 밀이 부족한 곳에 밀을 가져오고 많은 다른 상인이 자신의 뒤에 오고 있음을 알더라도, 구매인이 그것을 알면 값을 내리겠지만, 상인이 그것을 알려야만 하는 것은 아닌 것과 같은 이유로, 상품의 흠을 알리지 않아도 된다고 주장한다. 이 반론에 대해 토마스는 다음과 같이 대답한

38　*Ibid.* ad 3: "pretium rerum venalium non consideratur secundum gradum naturae, cum quandoque pluris vendatur unus equus quam unus servus, sed consideratur secundum quod res in usum hominis veniunt. " 토마스가 인용하는 아우구스티누스의 텍스트 출처: *De civitate dei* 11, 16, PL 41, 331, BA 35, 83.

다. 상품의 흠은 상품 가치를 감소시키지만, 반론에서 제기된 예의 경우는 구매인이 알지 못하는 상황에서는 미래에 새로운 상인들이 도착한 후에 가격이 하락할 것이 기대되기 때문에, "상품을 그 당시의 통용 가격에 따라 파는 상인은 미래의 일을 알리지 않더라도 정의에 위배되는 일을 하는 것으로 보이지 않는다. 하지만 그가 그것을 알리거나 혹은 가격을 삭감한다면 그는 더 풍부한 덕을 가진 사람에 속할 것이다."[39]

　　여기서 토마스가 제시한 밀 상인의 예는 키케로가 『의무론』에서 다루었던 문제이다.[40] 키케로는 기근을 겪고 있는 지역에 밀을 운반하는 상인이 자신 뒤에 다른 상인들이 더 많은 곡식을 가져 오고 있음을 알면서 기근에 시달리는 주민들에게 그 사실을 구매인들에게 말해주어야 하는가 아니면 그 사실에 대해 침묵하고 당시의 비싼 값으로 팔아도 되는가 하는 문제를 제기했다. 그는 상인은 진실을 말할 의무가 있다고 대답했다. 그런데 토마스는 당대 경제 체제 안에서 통용되던 관습을 수용하여 상인이 자기 경쟁자들이 오고 있음을 사람들에게 알리면 그는 보다 큰 덕을 증언하는 것이지만, 알리지 않고 당시 시장 가격을 받는다면 그는 정의에 반하는 일을 하는 것은 아니라고 대답했다.[41] 그러니까 정의에 부합하는 것으로 본다. 여기서 주목할 수 있는 것은 토마스가 거래 시점의 시장 가격을 정당한 가격이라고 본다는 것이다. 지금까지 분석한 1절부터 3절까지 내용에서는 정의로운 가

39　ST II-II, 77, 3, ad 4: "venditor qui vendit rem secundum pretium quod invenit, non videtur contra iustitiam facere si quod futurum est non exponat. Si tamen exponeret, vel de pretio subtraheret, abundantioris esset virtutis."

40　Cicero, De officiis, III, 12. (Cicéron, Les devoirs, livres II et III, texte établi et traduit par M. Testard, Paris, "Les belles lettres", 1984, 96-100).

41　이 대답은 1절에서 인간의 법과 신법을 구분하고 모든 덕을 따를 것을 요구하는 신법에 따라 매매의 공정성을 강조했던 태도와 거리가 있어 보인다. 토마스는 앞의 경우와 이 경우에 왜 이렇게 다른 태도를 보여주는 것일까? 능동적으로 정의로운 가격을 속이는 앞의 경우와 능동적으로 속이지는 않고 침묵하는 이 경우를 구분하여 전자는 정의에 위배되는 데 반해 후자는 그렇지 않다고 판단했을 것으로 보인다.

격 논의에서 생산 비용 가격 이론은 발견되지 않는다. 앞에서 인용한 선행 연구자의 말대로『신학대전』에서는 생산비용 가격 이론은 배제된 것일까? 마지막 4절을 보자. 4절은 "상업을 하면서 구매한 것 보다 더 비싸게 파는 것은 허용되는가?"라는 문제를 다룬다. 이것은 상업에서 이득을 얻는 것은 정의로운가라는 질문 외에 다름 아니다. 이 문제는 조금 있다가 보론에서 다시 다루기로 하고 여기서는 정의로운 가격에 관련되는 언급만 살펴보자. 어떤 것을 사서 아무 변경 없이 더 비싼 값으로 되파는 상업은 죄라는 반론에 대해 토마스는 모든 상업이 다 죄는 아니라는 것을 보여 주기 위해 다음과 같은 경우를 언급한다. "[어떤 이]가 물건을 개선하여 더 비싸게 파는 것은 자신의 일에 대한 보상을 얻는 것으로 보인다."[42] 판매자가 상품에 자신의 노력을 첨가한 경우, 더 비싸게 파는 것이 허용된다는 이 문장에서 우리는 토마스가『신학대전』에서도 상품 가격에서 노동 생산 비용의 요소를 배제하지 않음을 확인할 수 있다.

　　이제 77문의 4절 전체 분석에서 드러난 토마스가 정당한 가격을 형성하는 요소라고 본 것을 종합해 보자. 앞에서 이미 말한 것처럼 토마스는 여기서 정의로운 가격에 대한 정의를 명시적으로 제시하지 않고, 단지 자신이 다루는 문제의 맥락에 따라 정의로운 가격의 결정에 영향을 미치는 다양한 요소를 언급할 뿐이다. 그 요소는 첫째, 상품의 가치, 둘째, 매매로 발생하는 판매인과 구매인 사이의 손익의 균형, 셋째, 인간의 필요를 충족시킬 수 있는 효용, 넷째, 수요와 공급 양, 다섯째, 매매 당시 시장의 통용 가격, 여섯째, 상품에 첨가된 개선 혹은 노동이다. 그러면 이 다양한 요소들이 정의로운 가격 결정에 구체적으로 어떻게 연결되는 것일까? 상품의 가치는 도대체 어떻게 규정되는 것일까? 이런 문제에 대해 토마스 자신은 어떤 명시적인 대답도 제시하지 않는다.

42　ST II-II, 77, 4, ad 1: "Si [aliquis] enim rem immutatam carius vendat, videtur praemium sui laboris accipere."

(3) 『외상 판매』 *De emptione et venditione ad tempus*

이 작품은 1262년경 중요한 상업 도시였던 피렌체에 있던 한 도미니쿠스 수도원 형제가 토마스에게 외상 판매와 관련해 제기한 질문에 대해 토마스가 답변한 내용을 담은 매우 짧은 서신이다.[43] 외상 판매, 즉 상품 값을 상품 구입보다 늦게 지급하는 경우 시장 가격보다 더 비싸게 받는 것은 이자(usura)[44]에 해당된다는 것이 주요 내용이다. 이 서신은 네 개의 질문을 다루고 있다. 이 가운데서 토마스의 정의로운 가격론 이해에 중요한 구절을 담고 있는 두 번째 질문에 대한 대답만 번역해 보면 다음과 같다. "…만약 토스카나의 상인이 라니 시장에서 포목을 가지고 와서 부활절까지 기다려서 시장 가격([pretium] secundum communem forum)보다 더 비싸게 받으면 이자(usura)가 있다는 것은 의심의 여지가 없다."[45]

이 텍스트에서 토마스는 시장 가격을 지불 연기에 대해 금지된 이자를 붙여 받는 가격에 대비시키고, 시장 가격을 정의로운 가격으로 인정하고 있다.[46] 서신이라는 장르상의 특성을 가지고 있는 이 텍스트에서 토마스는 발

---

43 본 논문 용지로 2장이 채 되지 않는 분량.

44 토마스 아퀴나스는 이자(usura)를 "대부에 대해 요구되는 값"(ST II-II, 78, 2, ad 7), 혹은 "돈의 사용에 대해 값을 받는 것"(*De malo*, 13, 4, c.)이라고 정의한다. 이것은 오늘날 고리대금(usury), 즉 과도한 이자, 법에 의해 허용되는 이자율보다 훨씬 높은 이자를 지칭하는 단어와 같은 단어에 해당하지만 의미에 있어서는 다르다. 중세인들이 내린 usura의 정의 가운데 두 가지 예를 들면 다음과 같다. 하나는 성 암브로시우스의 것이다. "이자는 자신이 준 것보다 더 많이 받는 것이다"(Usura est plus accipere quam dare. *Breviarium in Ps* LIV, PL. XVI, c. 982) 다른 하나는 그라티우스의 법규집에 나오는 것이다. "원금 이상으로 요구된 것은 모두 이자이다"(Quicquid ultra sortem exigitur usura est. *Décret de Gratien*, c. 14, q. 3, c. 4.)

45 *De emptione et venditione ad tempus*, c. 2: "…si mercatores Tusciae portantes pannos de nundinis Latiniaci, ut eos usque ad tempus resurrectionis expectent, plus vendant pannos quam valeant secundum communem forum, non est dubium esse usuram." 토마스는 『신학대전』에서도 상인이 물건 값을 늦게 지불하는 구매인에게 정의로운 가격보다 더 비싸게 파는 것은 이자를 받는 것과 같다고 말한다. ST II-II, 78, 2, ad 7.

46 앞에서 본 것처럼 토마스는 로마법과 교회법 학자들의 매매의 자유 원칙을 반대했지만 법학자들처럼 현행 시장 가격을 정의로운 가격으로 수용했다. 토마스가 자신의 시대에 시장

신자의 질문에 대해 간결한 대답만 하고 더 이상의 논의를 전개하지 않는다.

2) 종합과 기존 해석에 대한 평가

이상에서 분석한 세 작품에서 발견되는 토마스의 정의로운 가격론을 먼저 종합해 보자.

『니코마코스 윤리학 주석』에서는 토마스는 한편으로는 아리스토텔레스와 함께 교환되는 모든 물건의 가치 평가를 위한 공동의 척도는 필요라고 말하고, 다른 한편으로는 교환되는 물건의 가격의 차이는 각각의 물건을 만드는 데 들어간 노동과 비용에서 비롯된다고 말한다. 『신학대전』에서는 정의로운 가격 결정에 영향을 미치는 다양한 요소들이 언급되어 있다. 상품의 가치, 매매로 발생하는 판매인과 구매인 사이의 손익의 균형, 인간의 필요를 충족시킬 수 있는 효용, 수요와 공급의 양, 매매 당시 시장의 통용 가격, 상품에 첨가된 개선 혹은 노동이 그것이다. 『외상 판매』에서는 판매 당시에 시장에서 통용되는 가격을 정의로운 가격으로 인정하고 있다. 그렇다면 이 세 작품에서 토마스가 정의로운 가격에 대해 언급하는 내용의 차이는 어떻게 설명될 수 있을까? 필자는 이 차이가 각 작품에서 이 문제를 다루는 맥락에 따라 강조된 측면이 다른 데 기인한다고 본다. 정의로운 가격 문제에 대한 가장 자세한 논의를 담고 있는 텍스트인 『신학대전』에서는 정의로운 가격 결정에 영향을 미치는 다양한 요소를 지적한 반면, 주석과 서신이라는 장르상의 특징을 가지고 있는 나머지 두 작품에서는 문제 논의 맥락에 따라 두 가지 혹은 한 가지만 언급된 것으로 해석될 수 있다.

이 같은 토마스 텍스트 분석 결과에 비추어 선행 연구자들의 해석을 평

이 정당한 가격을 형성할 수 있다고 생각한 것을 우리 시대 시장에 대입해서 생각해서는 안 된다. 토마스 시대의 시장 참여자들은 단순히 시장의 힘이 아닌 그들의 신앙과 문화에 의해 움직인 사람들이다. 물론 13세기 서유럽 문명에서 기독교 신앙이 일상인의 삶과 행위에 얼마나 깊은 영향을 미쳤는가는 단순하게 말할 수 없겠지만.

가해 보자.

토마스의 정의로운 가격론에 대한 연구가 왕성했던 19세기 말과 20세기 초반 연구자들로부터 최근 연구자들에 이르기까지 대체로 모든 연구자들은 토마스의 텍스트에 대한 체계적이고 엄밀한 분석에 토대를 두지 않고 고전 경제학과 신고전 경제학에서 말하는 노동 가치설과 효용 가치설을 토마스 해석에 적용하여 어느 하나 혹은 두 가지가 다 토마스에게서 발견된다고 주장하는 경향이 있었다.

『니코마코스 윤리학 주석』을 연구하여 토마스는 필요를 단지 교환 가설의 의미로 사용하였고 가치의 척도로 사용하지 않았다고 해석한 젤마 하게나우워(Selma Hagenauer)는 토마스가 같은 책에서 다음과 같이 명백하게 그녀의 말에 대립되는 것을 말한 것을 어떻게 해석할까? "모든 것을 사물의 진실에 따라 측정하는 것은 필요이다. 이것은 모든 교환 가능한 사물을 포함한다. 모든 것이 인간의 필요에 관련이 있는 한에 있어서. 사물들은 그것의 자연적 위엄에 따라 평가되지 않는다. 그렇지 않으면 감각적인 동물인 쥐가 무생물인 진주보다 더 큰 가치를 가져야 할 것이다. 그러나 그것들은 사람의 사용을 위한 필요에 따라 가격이 정해진다."[47] 여기서 토마스는 하게나우워의 주장과 반대로 필요가 가격 결정의 요인이 됨을 명백하게 말한다. 따라서 그녀의 해석은 토마스의 텍스트에 대한 바른 해석이라고 보기 어렵다. 정의로운 가격의 결정 요인으로 상품에 들어간 노동 비용과 상품의 효용 가운데 어느 한쪽만을 강조한 해석도 토마스의 텍스트에 대한 충실한 해석이라고 보기 어렵다. 토마스는 두 가지의 연결 방식을 분명히 설명하지는 않

---

[47] *Sententia Libri Ethicorum*. lib. V, lect. 9, 4: "omnia mensurat secundum rei veritatem est indigentia, quae continet omnia commutabilia, in quantum scilicet omnia referuntur ad humanam indigentiam; non enim appretiantur res secundum dignitatem naturae ipsorum: alioquin unus mus, quod est animal sensibile, maioris pretii esset quam una margarita, quae est res inanimata: sed rebus pretia imponuntur, secundum quod homines indigent eis ad suum usum.

았지만 두 가지 요소를 다 인정하고 있기 때문이다. 두 가지 요소가 다 있다고 본 해석은 필자의 해석과 가깝지만 여전히 토마스 텍스트 전체에 대한 분석의 결여로 토마스가 언급한 복합적인 요소를 간과한 면이 있다. 마지막으로 토마스의 정의로운 가격론은 변천을 겪었다고 해석한 볼드윈(J. W. Baldwin)은 토마스가 『니코마코스 윤리학 주석』에서는 생산 비용을 정의로운 가격의 기초로 고려했지만, 『신학대전』에서는 생산 비용 가격 이론을 배제한다고 주장했다. 하지만 필자가 텍스트 분석에서 확인한 것처럼, 『신학대전』에서도 생산 비용이 정의로운 가격 결정의 한 요인으로 포함되어 있다. 게다가 볼드윈의 해석은 당대의 토마스 저작 연구 결과에 의존하여 『니코마코스 윤리학 주석』을 『신학대전』보다 시기적으로 5-6년 앞선 것으로 보고 앞에 나온 작품과 후에 나온 작품 사이에 변천이 있다고 보았다.[48] 하지만 오늘날의 진전된 연구 결과에 따르면 두 작품은 모두 1271년-1272년 사이에 동시대에 저술되었고 두 작품 사이에는 큰 연관성이 있다.[49]

지금까지 우리는 토마스가 상업 거래의 본질적인 규범으로 보는 정의로운 가격을 결정하는 요인을 살펴 보았다. 그런데 보다 근본적으로 상업으로 어떤 이득을 얻는 것 자체가 정의에 위배되는 일은 아닐까? 이 문제는 본고의 논제와 약간 거리가 있지만, 토마스의 경제 사상에 대한 이후의 연구를 위한 디딤돌이 될 수 있다. 따라서 여기서 이 문제에 대한 토마스의 대답을 간략히 살펴보는 것은 충분히 의미있는 일로 보인다.

---

48 J. W. Baldwin, *op. cit.*, 77.
49 『신학대전』 1부는 1268년부터 저술되기 시작했지만, 여기서 논의 대상인 정의로운 가격 문제를 다루고 있는 정의론 부분이 들어 있는 2부의 2부는 『니코마코스 윤리학 주석』과 같은 시기인 1271년-1272년 사이에 저술되었다.

3) 보론: 상업은 정의로운 일이 될 수 있는가?

"상업을 하면서 어떤 것을 산 가격보다 더 비싸게 파는 것이 허용되는 가?" 상업에서 있어서 이득을 얻는 것이 정의로운가를 묻는 이 문제를 다루면서 토마스는 아리스토텔레스의 입장을 상기시키는 것으로 답변을 시작한다. 사물의 교환은 두 가지 종류가 있다. 하나는 자연적이고 필요한 것으로서 생활의 필요를 위한 교환이다. 다른 하나는 생활의 필요를 위해서가 아니라 이득(lucrum)을 추구하기 위한 교환이다.[50] 후자가 고유한 의미에 있어서 상업에 속하는 것이다.

이 구분에 이어 토마스는 계속 이 두 가지 종류의 교환에 대한 아리스토텔레스의 평가를 소개한다. "철학자에 따르면, 첫째 교환은 자연의 필요를 위해 봉사하는 것이기 때문에 찬양받을 만하다. 그러나 두 번째 교환은 이득의 탐욕을 조장하는 것으로서 한계가 없고 끝없이 획득하려고 하기 때문에 정당하게 비난받는다. 따라서 그 자체로 고려된 상업은 그 근거로 훌륭한 혹은 필연적 목적을 가지지 않는 한 어떤 추함을 가진다."[51]

하지만 토마스는 상업에 대한 아리스토텔레스의 이러한 평가에 머물지 않고 자기 자신의 생각을 발전시킨다. "상업의 목적인 이득은 그 개념 자체 안에 훌륭하거나 혹은 필요한 어떤 것을 함축하지 않지만, 그렇다고 그 개념 자체 안에 악하거나 혹은 덕에 대립되는 것도 함축하지 않는다." 이득의

---

50 이것은 아리스토텔레스가 『정치학』에서 말한 두 가지 종류의 교환, 즉 가족 생계의 자연적 필요를 충족시키기 위한 교환(oikonomike)과 최대한의 이득을 추구하기 위한 교환 (chrematistike)에 대응되는 된다. 『정치학』1257b1-1258a18. 폴라니(K. Polanyi)가 지적했듯이 아리스토텔레스가 말한 이 두 가지 교환은 맑스의 상품회로와 자본회로의 기원으로 볼 수 있다. 맑스는 자본론에서 사용가치를 추구하는 경제와 교환가치 및 화폐의 증식을 추구하는 경제를 각기 상품회로와 자본회로로 구분하고 자본회로를 자본주의를 규정하는 기초로 삼았다. 홍훈, 「아리스토텔레스의 도덕적인 가계경제와 마르크스의 자본주의 생산경제」, 『서양고전학연구』 26(2006), 154-155.

51 ST II-II, 77, 4, c. 『니코마코스 윤리학』 1258 a 40-b 2.

도덕적 지위에 대한 고려로부터 토마스는 이익 추구에 두 가지 조건을 단다. 하나는 온건한 이득을 추구해야 한다는 것이고, 다른 하나는 이득을 목적으로서 추구해서는 안 되고 노동에 대한 대가로 추구해야 한다는 것이다. 그는 이런 제한을 가하기는 하지만 상업이 필요하고 고귀한 목적을 지향할 때는 허용된다고 말한다. 그러한 목적으로는 가족 부양과 궁핍한 자를 위한 자선 그리고 공적인 유용성, 예컨대 생활에 필요한 재화가 국내에서 결핍되지 않게 하는 해외 무역이 포함된다. 이런 토마스의 입장은 당대의 비약적 상업 발전과 선한 양심으로 상업에 종사하는 사람들을 주목한 것에 기인하는 것으로 보인다. 하지만 동시에 토마스는 상업에서의 지나친 이윤 추구가 가지는 도덕적 정치적인 위험에 대해 강한 경고를 한다. 우리 시대의 독자들도 주의 깊게 들을 필요가 있는 말이다.

> 만약 시민들 자신이 상업에 종사하면, 많은 악에로의 문이 열릴 것이다. 상인의 노력은 이득 추구를 최대한 지향하기 때문에 상업의 실행을 통해 탐욕이 시민들의 마음에 일어난다. 이로부터 다음과 같은 일이 귀결된다. 도시 안에서 모든 것이 매매와 연결되고, 믿음은 없어지고, 사기를 위한 공간이 열리고, 공적인 선이 무시되고, 각자가 자기 자신의 유리함에 전념할 것이다. 그리고 덕에 대한 보상인 명예가 모두에게 부여되기 때문에 덕에 대한 열의가 결여될 것이다. 이로 인해 그러한 도시에서 시민의 삶의 양식(conversatio)은 필연적으로 타락할 것이다."[52]

상업이 사회에 가져올 수 있는 위험에 대해 경고하는 이 글에서 우리는

---

52 *De regno* II, 3: "si cives ipsi mercationibus fuerint dediti, pandetur pluribus vitiis aditus. Nam cum negotiatorum studium maxime ad lucrum tendat, per negotiationis usum cupiditas in cordibus civium traducitur, ex quo convenit, ut in civitate omnia fiant venalia, et fide subtracta, locus fraudibus aperitur, publicoque bono contempto, proprio commodo quisque deserviet, deficietque virtutis studium, dum honor virtutis praemium omnibus deferetur: unde necesse erit in tali civitate civilem conversationem corrumpi."

토마스가 경제 문제를 접근하는 관점은 인간과 세계에 대한 그의 신학적이고 철학적인 개념과 분리될 수 없음을 엿볼 수 있다. 그는 경제 문제를 인간의 현실적 필요만이 아니라 인간의 구원 문제와도 연결시켜 이해한다.[53]

6. 나가는 말

본고에서 필자는 선행연구들에서 발견하기 어려웠던 텍스트에 대한 체계적이고 엄밀한 분석을 통해 토마스의 정의로운 가격론에 대한 재해석을 시도하였다. 이를 통해 선행 연구자들이 토마스는 정의로운 가격이 필요(효용) 혹은 노동과 생산 비용, 혹은 두 가지 요소에 의해 결정된다고 본 것과 달리 토마스는 매우 다양한 요소, 즉 상품의 가치, 매매로 발생하는 판매인과 구매인 사이의 손익의 균형, 인간의 필요를 충족시킬 수 있는 효용, 수요와 공급의 양, 매매 당시 시장의 통용 가격, 상품에 첨가된 개선 혹은 노동을 정의로운 가격 결정 요인으로 포함시키고 있음을 확인했다. 이것은 토마스 전문가들에게 잘 알려져 있는 토마스의 사고 방식의 전형적인 특징을 다시한번 보여 준다. 일반적으로 사람들이 선택지로 생각하는 문제(예컨대, 상품의 정의로운 가격을 규정하는 것은 효용 가치인가 아니면 노동 가치인가?)를 토마스는 양자를 동시에 아우르고 양자의 관계를 규정하여 통합한다. 여기서 토마스는 다양한 요소를 언급하지만, 이 모든 요소가 어떤 방식으로 정의로운 가격을 구성하는지에 대해서는 구체적인 방식으로 설명하지 않는다. 이것은 어쩌면 매우 당연한 일일 것이다. 왜냐하면 토마스가 정의로운 가격을 다룬 관

---

53 "토마스의 경제 철학은 그가 사회 현상을 세계와 인간에 대한 하나님의 위대한 계획 안에서 그들이 가지는 역할의 관점에서 설명하고 평가했다고 말함으로써 가장 잘 간략히 소개될 수 있을 것이다." O. Langholm, *Economics in the Medieval Schools. Wealth, Exchange, Value, Money and Usury according to the Paris Theological Tradition 1200-1350*, Leiden, New York, Köln: E. J. Brill, 1992, 207.

점은 그것이 경제 현실 속에서 어떻게 결정되는가를 설명하려는 데 있지 않고 도대체 어떤 가격이 정의로운가 혹은 그 보다 더 직접적으로는 부정의한가를 판단하는 데 있었기 때문이다. 이렇게 정의의 관점에서 경제 문제를 다루었기 때문에 그는 상업 거래에 있어서 쌍방의 '공동의 유용성(communis utilitas)'을 강조했고 '정의의 동등성(aequalitas iustitiae)'을 준수할 것을 역설하였다. 그의 정의로운 가격 논의의 토대가 된 것은 아리스토텔레스의 교환적 정의였다. 이것은 이로운 것을 남보다 더 많이 가지려 하지 않고, 해로운 것을 남보다 더 적게 가지려고 하지 않는 데서부터 성립하는 것이다.

　이렇게 토마스가 경제 문제를 윤리적으로 다룬 것을 보고 단순히 전근대적이라고 무시해 버릴 수 있을까? 경제를 윤리 혹은 종교로부터 해방시켜 경제학은 가치중립적 학문이고 윤리학과 상관없는 기술적 지식을 제공하는 학문이라는 생각이 근대 경제학의 지배적 관념이었다면, 오늘날은 이로부터 점차 벗어나 경제 문제에서 윤리적 문제가 점점 더 중요한 문제로 대두되고 있다.[54] 현대 자유 시장 자본주의 비판가들은 자본주의 자체가 부도덕한 것이 아니고 현재의 자본주의가 부도덕하다고 말하면서 "도덕성을 가진 자본주의가 가능하다"[55]고 주장한다. 도덕성을 가진 자본주의 모델을 모색할 때 정의 개념을 중심으로 경제 문제에 접근한 토마스의 관점과 그가 제기한 근본적인 질문들은 오늘날 깊이 되새겨 보아야 할 것들이다.

54　다음 책은 어떻게 도덕적 문제가 경제학에서 제기되는지, 또 왜 그 문제가 중요한지를 보여주고, 보다 나은 도덕 철학 이해가 어떻게 경제 분석을 향상시킬 수 있는지 보여주려는 시도를 하고 있다. D. M. Hausman, M. S. Mcpherson, *Economic analysis and moral philosophy*, Cambridege University, 1996.

55　D. W. Haslett, *Capitalism with Morality*, Oxford: Clarendon Press, 1996, 264.

참고문헌

1. 고대 및 중세 저자

Aristoteles, *Ethica nicomachea*(불어 번역: *Ethique à Nicomaque*, tr. Tricot, Paris: J. Vrin, 1997.)

_____, *Politica* (불어 번역: *La Politiaue*, tr. par J. Tricot, Paris: J. Vrin, 1995).

Augustinus, *De Civitate Dei,* Bibliothèque augustinienne 35, Paris: Desclée de Brouwer, 1960.

Cicero, *De officiis*(불어 번역: Les devoirs II et III, Paris: les belles lettres, 1984)

Thomas de Aquino, *Summa theologiae*, t. 9, Rome: Commissio leonina, 1888-1906.

_____, *Sententia libri Ethicorum*, Rome: Commissio leonina, t. 47.

_____, *De emptione et venditione ad tempus,* Rome: Commissio leonina, t. 42.

_____, *De Regno*, Rome: Commissio leonina, t. 42.

_____, 『신학대전: 자연과 은총에 관한 주요 문제들』, 손은실, 박형국 옮김, 두란노아카데미, 2011.

2. 현대 저자

남종국, 「상업 기록 속의 중세 이탈리아 상인과 상업세계」, 『서양중세사연구』 18(2006), 129-163.

박흥식, 「한자 초기 북유럽의 상인 네트워크」, 『서양중세사연구』 21(2008), 27-52.

홍 훈, 「아리스토텔레스의 도덕적인 가계경제와 마르크스의 자본주의 생산경제」, 『서양고전학연구』 26(2006), 153-191.

_____, 『경제학의 역사』, 박영사, 2010.

Baldwin, J. W., *The Medieval theories of the just price*, Philadelphia, 1959.

Barath, D., "The Just Price and the Costs of Production According to St. Thomas Aquinas", *The New Scholasticism* 34(1960), 413-430.

Berceville, G., «L'étonnante Alliance: Évangile et miracles selonsaint Thomas d'Aquin», *Revue thomiste* 103 (2003), 5-74.

Friedman, D. D., "In defense of Thomas Aquinas and the just price", *History of political economy* 12(1969), 234-242.

Haslett, D. W., *Capitalism with Morality*, Oxford: Clarendon Press, 1996.

Hausman, D. M., Mcpherson, M. S., *Economic analysis and moral philosophy*, Cambridege University, 1996.

Langholm, O., *Economics in the Mediaeval Schools. Wealth, Exchange, Value, Money and Usury according to Paris Theological Tradition,* 1200-1350, Leyde, 1992.

Lopez, R. S., *The Commercial Revolution of the Middle Ages*, 950-1350, Cambridge University Press, 1976.

Miller, F. D., *Nature, Justice, and Rights in Aristotle's Politics*, Oxford: Clarendon Press, 1995, 67-74.

Pirenne, H., *Histoire économique et sociale du Moyen Age*, Paris: PUF, 1963.

Roover, R. A., "The Concept of the Just Price: Theory and Economic Policy", *Journal of Economic History* 18(1958), 418-434.

_____, "The Scholastics, Usury, and Foreign Exchange", *The Business History Review* 41(1967), 257-271.

Sivéry, G., "La notion économique de l'usure selon saint Thomas d'Aquin", *Revue du nord* 86(2004), 697-708.

Starbatty(heraus.), J. Klassiker des ökonomischen Denkens, Vol 1, 『경제학의 거장들』 1, 정진상 외 옮김, 한길사, 2007.

Stark, W., "The Contained Economy. An Interpretation of Medieval Economic Thought". A Paper read to the Aquinas Society of London, Blackfriars, 1956. 9.

5

종교개혁기의 경제사상[*]
– 칼뱅의 경제사상(Ⅰ)

1. 시작하는 말

본 연구는 장 칼뱅(Jean Calvin, 1509-1564)의 사상 가운데서 그동안 상대적으로 소홀하게 다루어져 왔던 그의 경제 사상을 깊이 들여다보고, 그의 사상이 오늘날 한국 교회에 던져주는 의미가 무엇인지를 비판적으로 숙고하는 데 목적이 있다. 여기서 우리가 한 가지 기억해야 할 점이 있다면 칼뱅은 무엇보다도 16세기 제네바 교회의 신학자였고 목회자였다는 사실이다. 분명 그는 경제학자도 사회이론가도 아니었으며, 특정 사회체제 혹은 경제제도를 옹호한 사람도 아니었다. 칼뱅이 사회적이고 경제적인 문제들을 많이 다룬 것은 사실이지만, 사회학자나 경제학자로서보다는 신학자로서 그것들을 거론한 것이었다. 교회의 신학자인 칼뱅에게 있어 관심의 초점은 언제나 하나님의 나라와 하나님의 주권이었다. 그렇지만 이 하나님의 나라와 하나님의 주권은 그에게 단지 죄인의 구원을 위해 필요한 신학적 개념이기만 한 것은 아니었고, 그것은 동시에 인간의 모든 활동 안에 존재하는 중심 원리

* 박경수(장로회신학대학교, 역사신학)
본 글은 「한국기독교신학논총」 68집(2010)에 게재된 논문을 보완한 것임을 밝힙니다.

이기도 하였다.[1] 그는 인간이 진심으로 이 땅 위에서 하나님의 나라를 추구하고 하나님의 뜻이 자신들의 삶에서 온전히 이루어지기를 원한다면, 인간의 모든 활동이 하나님의 주권을 중심으로 이루어져야 한다고 믿었다. 바로 이 점에서 칼뱅의 사상은 하나님 나라를 위한 인간 삶의 모든 영역, 즉 영적인 영역만이 아니라 사회 · 경제 · 정치 · 문화 전 영역에 걸쳐 의미 있는 주장을 하고 있다. 이것이 우리가 칼뱅의 경제 사상을 살펴보고, 우리의 현실을 그 거울에 비추어볼 수 있는 중요한 토대가 된다.

현실 사회와 경제의 문제점들을 진단하는 칼뱅의 기준은 하나님 나라였다. 그는 언제나 하나님 나라라는 절대적인 잣대를 가지고 현실의 왜곡되고 상대적인 사회 · 경제적 문제들을 진단한 다음 성서에 근거하여 처방을 내렸다. 하나님의 나라는 로마 가톨릭교회에서 주장하는 것처럼 교회와 동일시 될 수 없다. 하나님 나라는 교회보다 훨씬 그 폭이 넓어서, 하나님 나라에서 제외되는 것은 아무 것도 없다. 칼뱅은 하나님 나라라는 개념으로써 영적인 것과 세속적인 것이라는 이원론적 구분을 무너뜨리고 모든 것을 하나님의 주권 안에 포괄하였다. 또한 칼뱅은 긍정적 의미에서의 현실주의자였다. 하나님의 나라는 세상의 현실과 유리되어 저 하늘에 떠 있는 추상적인 실체가 아니라, 변화와 갱신과 성화의 힘으로 세상 안으로 파고들어 침투하는 것이다.[2] 하나님의 나라는 종말론적인 동시에 현재적이며, 초월적인 동시에 내재적인 실체이다. 죄로 인해 타락한 이 세상의 제도와 질서가 하나님 나라를 정확하게 반영하는 것은 불가능한 것일지 모른다. 그럼에도 불구하고 그리스도인은 세상의 질서를 성서가 가르치는 하나님 나라의 질서에 보다 더 근접시키려는 노력을 포기하거나 중단해서는 안 된다. 바로 이

1   C. Gregg Singer, "Calvin and the Social Order or Calvin as a Social and Economic Statesman," *John Calvin: Contemporary Prophet*, ed. Jacob T. Hoogstra (Grand Rapids: Baker Book House, 1959), 228.

2   G. Brillenburg Wurth, "Calvin and the Kingdom of God," *John Calvin: Contemporary Prophet*, 116.

것이 칼뱅이 그의 설교와 주석과 저술들에서 그토록 끊임없이 경제 문제들을 다루고 변화를 위한 주장과 실천에 매달렸던 이유이다.

본 논문에서 필자는 먼저 칼뱅의 경제 사상을 전체적으로 파악하기 위해서 부와 가난, 상업, 노동과 임금에 대한 그의 견해들을 살펴볼 것이다. 그런 다음 칼뱅의 경제사상이 오늘날 한국 교회와 사회에 제시하는 바가 무엇인지 살펴볼 것이다. 이런 작업을 통해 칼뱅이 단지 500년 전 제네바에서 활동했던 교회개혁자의 자리에만 머물러 있는 것이 아니라, 시대를 뛰어넘어 21세기 한국 교회와 사회를 우리가 하나님 나라라는 기준에 맞추어 변혁시켜 나가는 데에도 여전히 유효한 통찰력을 제시해 주는 보편적 사상가요 신학자라는 것이 드러나기를 바라는 마음이다.

2. 칼뱅의 경제 사상

칼뱅은 프랑스 북부 도시 누아용에서 태어나, 파리와 오를레앙에서 법학과 문학 그리고 신학을 공부하였으며, 바젤, 스트라스부르, 제네바와 같이 무역과 제조업이 발달한 도시 환경에서 활동하면서 초기 자본주의 환경의 세례를 받았다. 거기다가 그의 아버지 제라르 코뱅(Gérard Cauvin)은 성당 참사회의 일원으로 교회 재정을 관리하는 일을 맡았던 중산층 부르주아에 속한 사람이었다.[3] 이처럼 상대적으로 도시 경제의 도덕적인 문제들에 직면하는 일이 많았던 칼뱅은 그 문제들을 직접적으로 다룰 수밖에 없었다. 그가 16세기의 다른 어떤 종교개혁자들보다 깊이 경제적인 문제들에 대해 고찰

---

3   스톤은 칼뱅의 경제 윤리가 다분히 도시의 중산층들의 입장을 대변하는 것이었고, 칼뱅 사상의 추종자들도 중간 계급에 속한 중산층이었다고 주장한다. Ronald H. Stone, "The Reformed Economic Ethics of John Calvin," *Reformed Faith and Economics*, ed. Robert L. Stivers (Lanham, MD: University Press of America, 1989), 33-48을 참고하라.

하게 된 이유도 여기에 있었다.

1) 부와 가난

칼뱅에게 부(富)란 하나님의 자녀들이 이 땅 위에서 살아갈 수 있도록 하나님께서 베푸시는 은혜의 표시이다. 이것은 물질적 부가 그리스도교 신앙과 직접적으로 연결되어 있는 가치이고 영적 생활과 긴밀하게 연관되어 있다는 것을 의미한다. 이런 점에서 부는 바로 하나님 나라의 표지이다. 구약의 이스라엘 백성에게 약속된 땅이 미래의 부유한 삶의 예표이듯이, 부는 다가오는 세상에서의 풍성함에 대한 표지인 것이다.[4] 분명 부유함은 하나님이 주신 복이다. 따라서 부자라는 이유만으로 정죄를 받을 이유는 없다.

그러나 하나님이 물질적인 풍요를 허락해 주신 것은 그것을 하나님의 뜻대로 올바르게 사용하라고 위탁하신 것이다. 돈은 단지 실용적인 기능만을 가진 것이 아니라 영적인 사명을 지니고 있다. 다시 말해 부유한 자들은 자신의 재산을 무엇보다 하나님을 높이고 예배하는 수단으로 올바르게 사용해야 한다. 칼뱅은 "우리를 위해 만물이 창조되었다면, 하나님의 은혜를 자유롭게 사용하는 데 부과된 하나의 굴레는 우리가 만물을 지으신 분을 알고 또한 우리를 향한 그분의 은혜에 대해 감사를 드리는 것이다. 만일 여러분이 향연에 빠지고 포도주에 취해 어리석은 자가 되거나 경건의 의무와 소명을 올바르게 감당하지 못한다면 과연 하나님을 향한 여러분의 감사가 어디 있겠는가?"[5]라고 반문하고 있다. 하나님이 주신 물질과 부는 마땅히 그분의 기쁘신 뜻에 합당하게 사용되어야지, 방탕을 위해 허비되어서는 안 된다.

---

4   André Biéler, *L'humanisme social de Calvin*, trans. Paul T. Fuhrmann, *The Social Humanism of Calvin* (Richmond: John Knox Press, 1964), 30-31.

5   John Calvin, *Institutes of the Christian Religion* (1559), ed. John T. McNeill, trans. Ford L. Battles, Library of Christian Classics Vols. 20-21 (Philadelphia: The Westminster Press, 1960), III권, 10장, 3절 (이후로는 *Institutes*, III, 10, 3으로 표기한다).

또한 칼뱅은 물질을 위탁받은 자들은 그것을 이웃을 사랑하는 일에 사용해야 한다고 강조한다.

> 성서는 … 우리가 주님에게서 받은 은혜가 무엇이든지 간에 그것은 교회의 공통의 유익을 위하여 사용하라는 조건으로 우리에게 맡겨진 것이라고 알려준다. 따라서 우리가 받은 모든 은혜를 합당하게 사용하는 길은 그것을 다른 사람들과 아낌없이 기꺼이 나누는 것이다. … 그러므로 이것이 우리 자선과 선행의 법칙이 되도록 하자. 우리는 하나님이 우리에게 맡기신 모든 것들에 대해 청지기이다. 이로써 우리는 이웃을 도울 수 있고, 청지기직의 회계 결산을 요구받게 된다. 더욱이 올바른 청지기 직무란 사랑의 법칙에 의해서만 판단되는 것이다.[6]

여기에서 칼뱅은 부가 하나님에게서 온 것이라는 점을 밝히고, 그 용도가 사욕을 채우는 것이 아니라 이웃의 유익을 위한 것이어야 함을 분명히 지적하고 있다. 다시 말해 부자들은 하나님에게서 임무를 부여받은 청지기라는 것이다. 하지만 칼뱅은 성서가 물질을 사용하는 데 있어서 누구에게 얼마나 나누어야 하는지 구체적이고 세세한 지침까지 그리스도인들에게 제공하지는 않는다고 말한다.

> 하나님께서는 분명히 우리가 우리 형제들의 궁핍을 구제해야 한다고 명하신다. 하지만 우리가 얼마나 주어야 하는지에 대해서는 어디에도 정해놓지 않으셨기 때문에 우리는 계산을 하고 우리와 가난한 자 사이에서 분배를 결정할 수 있다. 하나님께서는 특정한 시간이나 사람이나 장소에 대해 어디에서도 우리에게 지침을 주시지 않고, 단지 사랑의 법칙에 따르라고 명하신다.[7]

---

6 *Institutes*, III, 7, 5.
7 칼뱅의 고린도후서 8:8 주석. 이후 칼뱅의 주석은 John Calvin, *Calvin's Commentaries,* 22 Vols. (Grand Rapids: Baker Books, 1974)에서 인용한다.

칼뱅이 말하는 "사랑의 법칙(the rule of love)"이란 구체적인 지침이라기보다는 일반적인 원리이다. 자신이 가진 것 중에서 얼마를 누구에게 어떤 방식으로 베풀어야 하는지 결정하는 일은 오직 재물을 가진 자가 청지기로서 하나님 앞에서 갖는 책임감에 달려 있다. 분명한 것은 부자들이 하나님의 풍성함을 분배해야 할 의무를 지고 있다는 사실이며, 얼마를 나눌지는 각자의 자유이지만 그 자유 또한 "사랑의 법칙"의 규제를 받는다는 것이다. 베푸는 정도와 관련하여, 칼뱅은 우리의 재물에 붙는 이자나 혹은 우리가 쓰고 남는 여분의 것만을 나누는 것으로 한정짓지 않았다. 그는 "만일 이자가 가난한 자들의 궁핍함을 해결하는 데 충분하지 못하다면 우리는 우리의 원금을 아끼지 않을 것이다. 다른 말로 하자면 당신의 자유는 고정 자산의 축소나 토지의 처분까지도 행할 수 있다는 것이다."[8] 구제의 가치는 그 양에 의해 정해지는 것이 아니다. 얼마나 해야 하는가에 대한 절대적인 기준은 없으며, 중요한 것은 구제하는 자의 태도이다. 구제가 올바른 정신, 즉 "사랑의 법칙" 안에서 행해진다면 그것은 어떤 것이든 얼마이든 명예로운 것이다.

그러면 가난은 무엇이며, 가난한 사람들은 누구인가? 칼뱅은 가난 그 자체는 저주도 아니고, 중세의 금욕주의 전통과 수도사 전통에서처럼 거룩함의 표지도 아니라고 보았다. 하나님께서는 모든 사람들이 풍성함에 거하기를 원하신다. 가난은 인간의 죄로 인한 창조의 변질일 뿐이고,[9] 따라서 가난한 자들은 죄로 말미암은 사회적 희생자들이다. 칼뱅에 따르면 부자와 마찬가지로 가난한 사람들에게도 하나님이 맡기신 사명이 있다. 가난한 사람들은 부자들의 믿음과 사랑을 시험하기 위한 하나님의 대리인이다. 칼뱅은 신명기 설교에서 이렇게 선포하고 있다.

---

8   John Calvin, *Commentary on the Harmony of the Gospels, Matthew, Mark, and Luke*, trans. A. W. Morrison, eds. D. and T. Torrance (Edinburgh: St. Andrew, 1972), 216.

9   Jane Dempsey Douglass, "Calvin's Relation to Social and Economic Change," *Church & Society* 74 (1984), 76.

하나님께서 우리에게 선을 행할 수 있는 기회를 주기 위해서가 아니라면 왜 이 세상에 가난이 존재하도록 허락하셨겠습니까? 그러므로 우리가 부유하거나 가난한 사람을 볼 때 그것이 운명이라고 여겨서는 안 됩니다. ⋯ 하나님께서 이 세상의 덧없는 재산을 불공평하게 배분하신 것은 인간들의 선의를 심사하고자 하심입니다. ⋯ 만일 어떤 사람이 가진 재산이 있을 때 인색하지 않고 도움을 필요로 하는 사람들에게 선을 행하기를 추구한다면 그것은 선한 증거입니다. 만일 가난한 사람이 비록 자기 형편이 어렵고 고통스럽다 할지라도 자신을 보내신 하나님을 기쁘게 하는 것이 무엇인지를 인내로써 받아들이고 부정하게 살려고 하지 않고 악의를 품지 않는다면, 이 또한 선하고 훌륭한 시험결과입니다.[10]

칼뱅은 하나님께서 부와 가난을 통해 부자가 얼마나 너그러운지, 가난한 자가 얼마나 진실한지를 시험하시는 것이라고 말하고 있다. 이처럼 부와 가난은 각기 다른 방식으로 하나님의 은혜의 통로이며 인간의 믿음을 확인하는 수단이 된다.

우리가 돈을 어떻게 사용하는가 하는 것은 우리 신앙을 하나님의 눈앞에서 정확하게 수학적으로 표현하는 것이다. 이것은 어떤 미사여구나 경건한 감정보다 더 정확하게 우리 신앙을 드러낸다.[11] 만약 돈이 신앙과 아무 관련이 없다고 생각한다면 그것이 바로 이교적인 것이다. 원래 하나님에게

---

10 칼뱅의 신명기 15:11-15 설교. 칼뱅의 모든 저술들은 Ioannis Calvini Opera Quae *Supersunt Omnia*, eds. Johann W. Baum, August E. Cunitz, and Eduard Reuss (Braunschweig: Schwetschke, 1863-1900)에 들어 있다. 59권으로 이루어진 이 칼뱅 전집은 보통 *CO(Calvini Opera)*라는 약어로 불린다. 이 칼뱅 전집은 츠빙글리와 멜란히톤의 작품까지 모두 포함하고 있는 Corpus Reformatorum(CR)의 29-87권에 해당한다. André Biéler, La pensée économique et sociale de Calvin, trans. James Greig, Calvin's Economic and Social Thought (Geneva: World Council of Churches, 2005)와 W. Fred Graham, *The Constructive Revolutionary: John Calvin and His Socio-Economic Impact* (Richmond: John Knox Press, 1971)가 칼뱅의 사회·경제 사상과 관련된 설교들을 많이 담고 있다.

11 André Biéler, *The Social Humanism of Calvin*, 31.

속한 금과 은이 분명하게 신앙의 삶과 예배 안에 들어오지 않는다면 그것은 맘몬에게 속했음을 의미한다. 따라서 돈은 우리 신앙의 현재 상태를 정확하게 알려주는 지표이다. 그렇기 때문에 그리스도인에게 있어 헌금은 본질적으로 영적인 행위이며 가장 중요한 예배 행위이다. 참으로 헌금을 통해 그리스도인은 맘몬이 폐위되었고 자신이 하나님에게 속한 사람이라는 것을 하나님께 증언하는 것이다.[12]

칼뱅에 따르면 하나님은 죄로 인해 어쩔 수 없이 존재하는 부자와 가난한 자의 불평등을 사랑의 법칙에 따른 나눔을 통해 해소하고 평균을 이루기를 원하신다. 물질적 나눔을 통한 상호소통이야말로 영적인 교제의 가장 훌륭한 표현이다. 교회의 영성은 물질의 소통에서 표현되며, 그리스도인의 신앙과 사랑은 구제의 양에 의해 측정되는 것이다. 칼뱅은 하나님의 재산을 위탁받은 청지기가 가난한 이웃에게 물질을 순환시키지 않는다면 그것이 바로 도적질이고 신성모독이라고 보았다. 칼뱅은 도적질은 다른 사람의 것을 빼앗는 행동만을 말하는 것이 아니고, 무엇보다 사랑의 법칙이 우리에게 나누라고 명령하는 것을 이웃에게 나누기를 거부하는 행위이다. 도적질은 하나님 편에서 그리고 사랑의 질서에 따라 다른 사람에게 마땅히 돌려주어야 할 것을 자신이 착복하고 있는 것이다.[13]

칼뱅이 강조하는 하나님의 경제 질서는 은혜가 모든 사람에게 공정하게 배분되고 순환되어야 한다는 것이다.[14] 그러므로 하나님의 은혜의 순환

---

12 André Biéler, *The Social Humanism of Calvin*, 36.

13 André Biéler, *The Social Humanism of Calvin*, 33.

14 André Biéler, *Calvin's Economic and Social Thought*, 295. 앙드레 비엘레의 이 책이 1959년 출간된 것은 칼뱅의 사회·경제 사상의 연구에 있어서 획기적인 전환점이었다. 프랑스어로 쓰여져 프랑스어 권 독자들에게만 접근이 가능했다가, 2005년 세계교회협의회(World Council of Churches)가 이 책을 영어로 번역해 출판하게 되면서 보다 널리 알려지게 되었다. 이 책의 발간을 기념하여 세계개혁교회연맹(World Alliance of Reformed Churches), 제네바대학 신학부(University of Geneva Faculty of Theology), 존 녹스 세계개혁전통연구소(John Knox International Reformed Center)의 공동 주최로 2004년 11월 3-6일 제네바에

을 방해하고 축재하는 자에 대해서 칼뱅은 살인자라고까지 말한다.[15] "누구든지 이웃이 쇠약해져 가는 것을 보고도 그들에게 도움의 손을 펴지 않는다면 그는 살인자와 같다. 나는 이것이 정말이지 살인과 같다고 말하는 것이다."[16] 칼뱅은 자신이 목회하던 제네바의 생 피에르(St. Pierre) 교회 강단에서 부자들의 탐욕을 신랄하게 질타하였다.

이 세상에서 그리스도교란 무엇입니까? … '개혁'이란 단어조차도 탐욕스러운 늑대들과 같은 사람들의 입에 오르내립니다. 그들에게는 얼마나 많이 움켜잡을 것인가가 문제가 아닙니다. 그들은 할 수 있다면 모든 것을 집어삼키고자 하기 때문입니다. 그들은 자기들에게 필요한 양의 세 배를 가져도 결코 만족하지 않으며, 자기 손에서 빠져나가는 작은 것이라도 안타까워합니다. … 그들은 할 수만 있다면 다른 사람들과 자신들은 아무런 공통점이 없다고 말하기 위해 태양조차도 독차지하려고 할 것입니다. 할 수만 있다면 그들은 모든 것을 삼키기 위해 하나님과 자연의 전체 질서까지도 바꾸려고 들 것이 분명합니다. 이런데도 무슨 그리스도인입니까? 글쎄, 그들이 그리스도인들이라고 믿고 싶다면 그럴지도 모르지요![17]

칼뱅은 하나님의 은혜가 하나님의 백성 전체의 고통을 경감시키기 위해 사용되어야 한다고 믿었다. 칼뱅이 제네바의 부자들에게 요구한 것은 금욕주의가 아니라 사랑의 법칙을 준수하라는 것이었다. 칼뱅의 경제 사상에

서 "칼뱅의 사회·경제 사상이 개혁교회의 증언에 미친 영향"이란 주제로 대회가 열리기도 하였다.

15 André Biéler, *Calvin's Economic and Social Thought*, 299.
16 칼뱅의 마태복음 3:9-10 설교. *Institutes*, IV, 4, 6에서는 이렇게 말하고 있다. "당신은 종종 고대의 저술들과 회의의 결정들에서 교회의 모든 소유는 땅이든지 돈이든지 가난한 사람들을 위한 재산이라고 말하는 것을 발견할 것이다. 그리하여 감독들과 집사들은 자기 자신의 재산을 운용하는 것이 아니라 가난한 사람들의 필요를 위해 임명되었음을 기억해야 한다는 말이 반복적으로 나타난다. 만일 그들이 악한 믿음으로 교회 재산을 감추거나 낭비한다면 그들은 살인죄를 짓는 것이다."
17 칼뱅의 마태복음 3:3-10 설교.

어떤 중심 원칙이 있다고 한다면, 그것은 물질은 하나님이 주신 것이며 형제들을 돕는 데 사용되어야 한다는 것이다.[18] 광야에서 만나를 주신 사건을 해설하면서 칼뱅은 다음과 같이 말한다. "그러므로 상속에 의한 것이든 스스로 노력하여 획득한 것이든 재산을 가진 사람들이여, 그대들의 풍성함은 방종과 무절제를 위해 낭비하라고 주어진 것이 아니라 형제들의 궁핍함을 덜어주는 데 사용하라고 주어진 것임을 명심합시다."[19] 또한 칼뱅은 구제한 후에 생색을 내려고 하는 데 대해서도 경계하였다. 부자가 가난한 사람을 구제하는 것은 당연한 의무이기 때문에, 베풀었다고 해서 감사의 표시나 인사를 받으려는 생각은 아예 하지 말아야 한다. "가난한 사람들이 그들의 의무를 행하지 않는다고 하더라도, 그리고 도움을 받고도 우리를 축복하지 않는다고 하더라도, 그럼에도 불구하고 우리는 하나님이 우리에게 명하신 것을 행하는 일을 그만두어서는 안 됩니다. 우리에게서 나오는 구제는 우리가 도운 사람들이 침묵을 지킬 때에라야 우리에게 충분한 복이 된다는 것을 알아야 합니다."[20] 재물을 가진 사람은 가난한 사람을 도왔다고 자랑하거나 허세를 부릴 것이 아니라, 복음서에서 예수님이 가르치신 것처럼 "우리는 무익한 종이라 우리가 하여야 할 일을 한 것뿐이라"(눅 17:10)고 고백해야 한다.

칼뱅은 분명 인간의 죄성을 충분히 알고 있었기 때문에 자발성에 의한 부의 순환과 소통이 쉽지 않다는 것을 인식하고 있었다. 그리하여 물질이 부자에게서 가난한 자에게로 자연스럽게 순환되고 소통되도록 만들기 위해서 제네바에서 집사 직무를 새롭게 회복시켰다. 집사들은 물질의 순환과 재분배를 통해 "많이 거둔 자도 남지 아니하였고 적게 거둔 자도 모자라지 아니하였다"(고후 8:15)는 말씀대로 "구별된 평등"(a differentiated equality)[21]을 지향

---

18   W. Fred Graham, The Constructive Revolutionary, 68.
19   칼뱅의 고린도후서 8:15 주석.
20   칼뱅의 신명기 24:10-13 설교.
21   André Biéler, The Social Humanism of Calvin, 33.

하기 위해 세워진 사람들이다. 비엘레가 "구별된 평등"이란 단어를 사용한 이유는 칼뱅이 모든 사람들에 대해 무차별적이고 획일적인 평등을 주장한 것은 아니기 때문이다. 16세기에도 천년왕국설을 추종하는 급진적 재세례 파들은 종종 사도행전에 등장하는 소위 "원시 그리스도교 공산주의"(a primitive Christian communism)의 예를 따라 모든 재산을 공동으로 소유해야 한다고 주장하기도 하였다. 그러나 칼뱅은 사도행전에 나오는 예는 초대 예루살렘 교회에서 가난한 사람들의 고통을 경감시키기 위해 취한 일시적인 것이었지, 모든 시대에 보편적으로 적용할 수 있는 원칙은 아니라고 주장한다. 칼뱅은 결코 사유 재산 자체를 무시하고 강압적인 평등을 이루려고 한 공산주의 사상가는 아니었다. 그는 사적인 소유를 이 세상의 당연한 질서로 여겼다. 성서에서도 세상에 가난한 자는 언제까지나 있을 것이라고 말하고 있기 때문이다. 따라서 강제적인 평등은 불가능하고 또 옳은 방법도 아니다. 칼뱅의 모든 사상이 그렇듯이 여기에서도 극단적인 입장들 사이에서 균형을 유지하려는 그의 태도가 나타난다. 칼뱅은 극단적인 개인주의와 극단적인 공산주의 사이에서 균형을 유지하고 있다. 그리하여 비엘레는 칼뱅의 사상을 "사회적인 개인주의"(social personalism) 혹은 "개인적인 사회주의"(personalist socialism)이라고 규정한다.[22]

칼뱅에게 있어서 문제는 사적인 소유를 정당화할 수 있는가가 아니라, 책임 있는 그리스도인들이 사회의 유익과 모든 것의 참 주인이신 하나님의 영광을 위해 자신들의 재산을 어떻게 사용해야 하는가 하는 문제였다. 칼뱅은 부와 가난의 문제를 개인적인 관점에서 본 것이 아니라 공동체의 관점에서 보았다. 새로운 공동체에서 모든 사람은 자신의 재산을 형제들의 유익과 교회의 건덕을 위해 사용해야 한다. 칼뱅이 원했던 것은 죄로 인해 초래된 불평등을 성서에 기초한 사랑의 법칙과 교회와 국가의 법과 제도에 의한 부

---

22 André Biéler, The Social Humanism of Calvin, 27, 62.

의 순환을 통해 해소하는 것이었다. 경제적으로 고통 받고 있던 제네바의 거주민들과 수많은 외국 피난민들을 위해 칼뱅이 제네바 의회에 제안했던 각종 조처들은 바로 이런 맥락에서 나온 것이었다.[23]

2) 이자

교회의 역사를 통해 이자는 늘 금기의 대상이었다. 구약성서는 고통 가운데 있는 동료 유대인에게 이자를 받고 돈을 빌려주는 행위를 금하고 있다. 그 근거가 되는 구절로는, "네가 만일 너와 함께 내 백성 중에서 가난한 자에게 돈을 꾸어 주면 너는 그에게 채권자 같이 하지 말며 이자를 받지 말라"(출 22:25)는 구절과, "너는 [네 형제]에게 이자를 받지 말고 네 하나님을 경외하여 네 형제로 너와 함께 생활하게 할 것인즉 너는 그에게 이자를 위하여 돈을 꾸어 주지 말고 이익을 위하여 네 양식을 꾸어 주지 말라"(레 25:36-37)는 구절과, "네가 형제에게 꾸어주거든 이자를 받지 말지니 곧 돈의 이자, 식물의 이자, 이자를 낼 만한 모든 것의 이자를 받지 말 것이라. 타국인에게 네가 꾸어주면 이자를 받아도 되거니와 네 형제에게 꾸어주거든 이자를 받지 말라"(신 23:19-20)는 구절이 있었다. 신약성서에서 예수 그리스도도 "오직 너희는 원수를 사랑하고 선대하며 아무 것도 바라지 말고 꾸어 주라"고 가르치고 있다. 물론 성서에서 이자를 금지한 이유는 가난한 사람들을 보호하기 위함이었다. 가난한 자를 보호하려는 하나님의 이 계명은 초대와 중세 교회의 역사에서 보편적으로 적용되었다.

초대 교부들은 고리대금과 이자를 받는 것을 반대하고 경고하는 것이 적합하다고 보았다. 암브로시우스는 고리대금은 강도짓이라고 했고, 아우구

---

23 가난한 자들을 위한 무료 의료 진료, 빵, 고기, 포도주에 대한 가격 통제, 1일 노동시간 규제, 의무적 초등 교육, 공적 산업 설립과 실업자를 위한 교육, 도시를 통과하는 피난민 구조 등이 있었다.

스티누스는 이자를 받으면 하나님 나라에서 제외된다고 주장했다. 어쩌면 교부들의 이자에 대한 반대는 성서뿐만 아니라 그리스의 철학자들과 정치가들의 이자 거부로부터도 영향을 받았을지도 모른다. 아무튼 대부분의 교부들의 견해는 이자를 받는 자는 출교된다는 엘비라 교회회의(306년)의 결정에서 분명하게 표현되었다. 이런 견해는 중세 시대를 거치면서 계속 유지되어 신학적으로 이자를 받고 돈을 빌려주는 행위는 여전히 정죄를 받았지만, 실제로는 여러 가지 핑계들과 예외들이 고리대금을 성행하게 만들었다.[24]

루터와 츠빙글리도 이자와 고리대금 문제와 씨름하였다. 루터는 이자 문제가 신학적으로 비본질적인 문제(adiaphora)에 해당한다고 생각했기에 루터의 입장을 정확하게 규명하기는 쉽지 않다. 고리대금에 대해 폭넓게 연구한 넬슨은 루터의 입장이 "망설임과 모순들 속에" 처해 있다고 말하고 있다.[25] 그렇지만 루터가 이자를 받는 데 대해 부정적이었던 것은 분명하다. 츠빙글리도 원칙적으로 루터에게 동의하면서 이자를 요구하는 것은 불경건한 것이라고 주장했다. 하지만 그는 고리대금과 이자를 구분하는 중요한 진전을 보였다.[26] 그는 고리대금은 정죄하였지만, 토지 대여에 대한 이자는 다른 문제라고 보았다. 츠빙글리는 취리히 의회에 새로운 토지 대여 계약을

---

24 중세 후기의 사회·경제사를 위해서는 James W. Thompson, *Economic and Social History of the Later Middle Ages, 1300-1530* (New York: Frederick Ungar, 1960)이 유익하다. 교회가 이자를 금기시하였지만, 실제로 은행 경영을 하던 메디치나 푸거 가문(家門)의 최대 고객은 교회였다. Raymond de Roover, *The Rise and Decline of the Medici Bank, 1397-1494* (Cambridge, Mass.: Harvard University Press, 1963), 1.

25 Benjamin Nelson, *The Idea of Usury* (Princeton: Princeton University Press, 1949). 52. 루터의 고리대금에 대한 입장을 알기 위해서는 그가 1524년에 쓴 "Usury and Trade," *Luther's Works*, Vol. 45, trans. Charles M. Jacobs (Philadelphia: Fortress Press, 1962)를 참고하라. 고리대금에 대한 중세의 사상에 대해서는 John T. Noonan Jr., *The Scholastic Analysis of Usury* (Cambridge, Mass.: Harvard University Press, 1957)가 매우 유익하다.

26 하지만 오늘날의 의미와는 차이가 난다. 츠빙글리는 개인적인 대출을 고리대금업이라고 하였고, 현행의 토지 대여를 대가로 지불하는 돈을 이자(돈이든 농산물의 형태이든지)라고 보았다.

금지할 것, 영구적인 대여를 한시적인 대여로 바꿀 것, 이율을 5%로 고정시킬 것을 제안하였다.

칼뱅은 어떤 사회적, 경제적 영역도 신앙과 무관한 것은 없다는 츠빙글리의 확신을 공유하였다. 따라서 이자 문제도 신앙과 별개의 것이 아니었다. 칼뱅은 성서가 이자를 무조건적으로 부정하고 있지는 않다고 생각했으며, 시대적 상황과 지역의 차이에 따라 다르게 적용될 수 있는 문제라고 보았다. 칼뱅은 1545년 클로드 사생(Claude de Sachin)에게 보낸 편지에서 이렇게 말한다.

> 무엇보다 이자를 완전히 정죄하는 성서적 전거가 없다. 흔히 "아무 것도 바라지 말고 꾸어주라"(눅 6:35)는 그리스도의 말씀을 이자를 정죄하는 것으로 받아들이지만 이것은 왜곡이다. … 그리스도의 말씀은 부자들보다는 오히려 가난한 사람들을 도와주라고 명하시는 것이다. 따라서 이 말씀에서 모든 이자가 금지되었다고 할 수는 없다. … 오늘날에도 유대인들이 그랬던 것과 동일하게 이자는 금지되어야만 한다고들 말한다. … 이에 대해서 나는 도시의 상황은 다르다고 대답한다. 주님께서 유대인들에게 부여하신 상황과 형편들은 그들이 이자가 없이도 거래를 쉽게 할 수 있도록 만들어 주었다. 우리의 상황은 전혀 다르다. 그러므로 나는 이자가 정의와 사랑에 모순이 되지 않는다면 우리 사이에서 전적으로 금지되어야 한다고 생각하지 않는다.[27]

칼뱅은 이자 문제가 다루기 어려운 주제임을 알고 있었다. 그는 매우 구체적인 유보조항 없이 이자를 인정하는 것이 위험한 만큼이나 이자를 무조건 금하는 것도 영적으로 대단히 위험한 것이라고 말한다. 칼뱅은 성서가 금하는 것은 이자 그 자체라기보다는 오직 자신의 이익만을 추구하는 인간

---

27 W. Fred Graham, *The Constructive Revolutionary*, 91; André Biéler, *Calvin's Economic and Social Thought*, 403-407; 그리고 Edward Dommen, "Calvin et le prêt à intérêt," *Finance & bien commun* 16 (Autumn 2003): 42-58도 참고하라.

의 자연적인 경향이라고 말한다. 또한 그는 이자를 금지하는 구약성서의 구절들을 전혀 상황이 다른 시대에 문자적으로 적용할 수는 없다고 보았다. 칼뱅의 성서해석이 단지 문자적인 것에만 집착한 것이 아니라 성서의 저자가 어떤 상황에서 말했는지까지 고려했다는 점은 우리를 놀라게 한다. 그는 구약성서 시대의 사회적 배경과 자신이 살던 16세기의 상황이 다르다는 점을 간과하지 않았기에 이자에 대해 유연한 생각을 가질 수 있었다.

칼뱅은 또한 돈이 돈을 생산하지 못한다는 아리스토텔레스의 개념에 반대하였다. 칼뱅은 유럽과 제네바의 경제상황을 분석하고 성서를 새로운 관점으로 연구하여 소비적인 대출(consumption loans)과 생산적인 대출 (production loans) 사이에는 차이가 있다고 결론지었다. 그는 가난 때문에 돈을 빌리는 사람은 그 돈으로 생계를 유지하기 위해 소비할 수밖에 없지만, 생산을 위한 투자를 목적으로 돈을 빌리는 사람은 그 돈으로 새로운 이익을 창출할 수 있다고 보았다. 따라서 돈이 돈을 생산하지 못한다는 아리스토텔레스의 견해는 전자에만 해당하지 후자에는 맞지 않는다. 이자에 대한 구약성서의 금지도 소비적인 대출의 경우와 관련된 것이다. 생계형 소비를 위해 돈을 빌린 가난한 사람에게 이자를 요구하는 것은 또 다른 짐을 지우는 행위이며, 사랑의 법칙을 거스르는 이기적인 행위이다. 그러나 생산을 위한 대출인 경우에는 문제가 다르다. 이 경우에는 이자가 합법적이다. 돈을 빌려주는 사람은 그 기간 동안 자신의 재산을 사용할 수 없다. 하지만 빌린 사람은 그것을 사용하여 이익을 남길 수 있다. 따라서 그 이익을 합리적인 이자로 서로 나누는 것이 공정하며, 이것이 공평의 규칙에 어울리는 것이다. 칼뱅은 한 사생에게 보낸 편지에서도 "그러므로 나는 고리대금이 특정한 성서 본문에 의해서가 아니라 공평의 규칙에 의해서만 판단되어야 한다고 결론을 내린다."고 밝히고 있다.[28]

---

28 W. Fred Graham, *The Constructive Revolutionary*, 92; André Biéler, *Calvin's Economic and Social Thought*, 406.

그렇다면 공정한 이율은 어느 정도인가? 칼뱅은 어느 정도의 이자가 적절한가에 대한 객관적인 기준은 없으며, 이율은 계약 당사자들에게 달려 있다고 조언했다. 그리스도인의 책임 안에서 행동하고 그리스도의 뜻에 양쪽 당사자가 순종하는 방식으로 이율이 결정되어야 한다. 칼뱅은 당시 제네바의 관행이던 5%의 고정 이율을 일반적인 규범으로 받아들일 만하다고 보았다. 실제로 칼뱅은 1541년 제네바로 귀환한 후 시의회와 협력하여 이율이 일 년에 5%를 넘지 못하도록 하려고 노력하였다. 1547년 5월 17일 지방 교구를 위해 칼뱅이 작성하고 시의회가 인준한 『교회법령』(Les Ordonnances ecclésiastiques)에 따르면, "누구라도 5% 이상의 이율로 돈을 빌려 주어서는 안 된다. 이를 어길 시에는 사건의 요건에 따라 원금의 몰수나 임의의 벌금형을 받게 된다."고 선언하고 있다.[29] 하지만 1557년 11월 12일에는 이율이 6.67%로 상승하기도 하였다.

비엘레에 따르면 칼뱅은 이자를 받는 것을 허용하면서도 동시에 몇 가지 유보조항들을 제시하였다. 이 유보조항들이 칼뱅의 이자에 관한 기본적인 생각을 잘 보여주고 있다. 첫째, 가난한 사람들에게는 이자가 부과되어서는 안 된다. 둘째, 돈을 빌려주기 위해서 자선을 소홀히 해서는 안 된다. 셋째, 자연적 정의와 황금률에 어긋나는 일이 있어서는 안 된다. 넷째, 돈을 빌린 사람이 돈의 가치보다 많은 것을 남겼을 때에만 이자를 요구할 수 있다. 다섯째, 세상의 관습이나 부당한 기준에 따를 것이 아니라 하나님의 말씀에 따라 우리의 관습을 평가해야 한다. 여섯째, 공익이 사적인 이익보다 앞서야 한다. 일곱째, 공정성을 유지해야 한다.[30] 이처럼 칼뱅은 정의와 사랑의 법칙에 모순이 되지 않는 범위 안에서 이자를 허용하였다. 가난한 사람에게 돈을 빌려준 경우에는 이자가 아무리 세상의 법에서는 합법적일지라도 사랑의 법칙에는 어긋나기 때문에 정당화될 수 없다. 또한 터무니없이

---

29   W. Fred Graham, *The Constructive Revolutionary*, 119.

30   André Biéler, *Calvin's Economic and Social Thought*, 406-407.

높은 이자는 그리스도께서 말씀하신 황금률에 어긋날 뿐만 아니라 공익을 해치는 요인이 되기 때문에 정의의 법칙에 위배되므로 잘못된 것이다. 이처럼 칼뱅은 언제나 사랑과 정의의 법칙이 우리의 사회·경제적인 삶의 원리가 되어야 함을 반복적으로 강조하였다.

경제 윤리에 있어서 칼뱅이 가장 크게 공헌한 분야가 있다면 바로 이자 문제일 것이다. 현실의 문제들을 하나님의 말씀에 비추어 보면서 씨름했다는 사실 자체가 그의 공헌이라 할 수 있다. 또한 그는 구약의 율법주의나 아리스토텔레스의 개념들을 무비판적으로 수용한 것이 아니라 16세기 제네바라는 삶의 현장에 맞추어 재해석하고 비판적으로 적용했다. 이것이야말로 칼뱅의 위대한 점이라 할 것이다. 뿐만 아니라 그는 사랑과 정의를 사회·경제생활 전체를 관통하는 그리스도인의 삶의 원리로 제시하였다. 칼뱅은 이자를 단순히 개인들의 경제적인 문제로만 보지 않고 사회의 공적인 문제이며 나아가서는 영적인 문제라고 파악하였다. 이것이야말로 모든 사회·경제적 문제를 바라보는 칼뱅의 근본 원리이다.

3) 상업

칼뱅의 경제 사상을 중세 신학자들이나 루터의 그것과 구별지우는 점은 칼뱅이 상업을 인정하고 그 가치를 높이 평가했다는 것이다. 중세 신학자들과 루터는 농업을 높이고 상업에 대해서는 매우 부정적인 평가를 내렸다. 그러나 칼뱅은 모든 직업이 하나님 앞에서 귀천이 없다면 상업을 경원시 할 이유가 없다고 보았다. 오히려 칼뱅은 상업이 하나님이 정하신 조화로운 사회 질서의 실현을 위해 꼭 필요한 것으로, 피조물들의 상호의존성의 가시적 표지가 된다고 주장한다. 다시 말해 상품의 교역은 단지 상품만이 아니라 사회 구성원들의 영적 교제의 표지이기도 하다.[31]

칼뱅에게는 세상에서의 모든 활동이 영적인 의미를 띄고 있다. 다른 말로 표현하자면 사회적이고 경제적인 문제들은 사실상 올바른 예배의 또 다른 부분이라는 것이다. 그리스도인들에게는 언제나 하나님이 최우선인데, 그분을 향해 품는 경외심은 종종 그들이 매일의 삶을 어떻게 사느냐 하는 데서 가장 분명하게 드러난다. 올바른 예배는 교회 안의 여러 의식들에서만 구현되는 것이 아니라 가정과 직장과 시장에서 구제와 성실한 노동, 그리고 공정한 임금과 작업 환경 가운데서, 즉 공정한 상업과 사업 안에서도 구현되는 것이다. 칼뱅은 하나님에 대한 바른 예배와 사회 · 경제적인 존재로서의 올바른 생활 사이의 분리될 수 없는 연관성을 주장했다. 칼뱅은 자주 "삶의 모든 세부적인 면에 이르기까지 우리는 하나님과 관계해야만 한다."고 강조하였다.[32] 그러므로 상업이나 사업에서의 속임수나 불의는 비단 인간의 도덕성에 반하는 잘못일 뿐만 아니라 하나님의 질서를 왜곡시킨다는 점에서 신성모독에 해당하는 것이다. 흔히 장사에서 속임수와 거짓말을 가볍게 묵인하려는 투의 "사업은 사업이다"(Business is business)라는 말이 칼뱅에게는 통하지 않는다. 그에게 장사는 곧 영적인 일이기 때문이다.

사회의 구성원인 개인들은 상업을 통해서 자신이 필요로 하는 것들을 공급받을 수 있고, 또 자기의 것을 타인에게 유통시킬 수 있다. 이를 통해 인간의 삶이 더욱 윤택해지는 것이다. 이처럼 상업은 인간의 필요를 채워주고, 고통을 덜어주며, 삶을 즐겁게 만들어 주는 하나님의 수단이 되는 것이다. 그러므로 상업이 무너지거나 타락하게 되면 개인과 사회가 고통을 당하게 되고, 하나님의 뜻과 질서가 위협받게 된다. 따라서 칼뱅은 상품의 독점, 축재, 사재기 등을 강도 높게 비판하였다. 칼뱅에 따르면 돈과 마찬가지로 상품은 모든 사람들의 유익을 위해 사회 안에서 소통되어야만 한다. 그런데

---

31 *André Biéler, The Social Humanism of Calvin*, 51.

32 *Institutes*, I, 17, 2; III, 3, 6; III, 3, 16; III, 7, 2. Elsie A. McKee, "The Character and Significance of John Calvin's Teaching on Social and Economic Issues," *John Calvin Rediscovered: The Impact of His Social and Economic Thought*, eds. Edward Dommen and James D. Bratt (Louisville: Westminster John Knox Press, 2007), 22.

이것을 막는 독점이나 사재기는 부와 상품의 순환을 막아 결국 가난한 자를 죽이고 사회를 붕괴시키는 행위가 된다. 그래서 칼뱅은 독점하는 자들을 살인자라고 불렀던 것이다. 칼뱅은 정직한 상업 활동이 사회 안에서 생존을 위한 공정한 분배를 가져다주는 통로가 된다고 보았다. 그는 달란트 비유에 대해 설명하면서 이렇게 말한다. "하나님이 위탁하신 것이 무엇이든지 그것을 유용하게 사용하는 사람들은 바로 상업에 종사하는 것이라고 말할 수 있다."[33] 자신의 재물이나 재능이나 상품을 다른 사람과 나누고자 하는 사람은 곧 사회를 건강하게 유지하고 하나님의 질서를 올바로 세우는 일에 동참하고 있는 것이다.

국가는 마땅히 상업이 정당한 질서 안에서 이루어지도록 규제하고 보호해야 한다고 칼뱅은 믿었다. 따라서 그는 제네바 시의회가 시민들의 생활에 직접적인 영향을 미치는 핵심적인 생필품, 예를 들면 포도주, 빵, 고기 등의 가격을 법으로 통제하도록 권고하였다. 이런 점에서 칼뱅은 아담 스미스가 주장하는 자유방임주의 방식의 자본주의 이론과는 다른 입장을 취하고 있다. 재산에 대한 사적인 소유를 인정하기는 했지만, 칼뱅은 공적인 이익과 관계될 경우에는 국가가 사적인 소유도 통제할 수 있는 권한이 있다고 생각했다. 막스 베버(Max Weber)가 『프로테스탄트 윤리와 자본주의 정신』(1905)에서 칼뱅주의와 자본주의 사이의 "선택적 친화력"(an elective affinity)에 대해 언급한 후, 사람들은 종종 칼뱅과 오늘날의 자본주의가 직접적인 연관성을 지니는 것으로 오해하는 경향이 있다.[34] 베버는 칼뱅의 사상과 후대 칼

---

33 칼뱅의 마태복음 25:20 주석.

34 Max Weber, *The Protestant Ethic and the Spirit of Capitalism*, trans. Talcott Parsons (London: Allen and Unwin, 1930). Christoph Stückelberger, "Calvin, Calvinism, and Capitalism: The Challenges of New Interest in Asia," *John Calvin Rediscovered*, eds. Edward Dommen and James D. Bratt (Louisville: Westminster John Knox Press, 2007)와 필자의 영어 논문 "The Weber Thesis and Its Critic: A Reappraisal," *Korea Presbyterian Journal of Theology* 8 (서울: 장로회신학대학교출판부, May 2008): 87-107도 참고하라.

뱅주의자들의 사상을 구별하지 못하는 실수를 범했다. 또한 베버는 아마도 프랑스어를 읽지 못했기 때문인지 칼뱅의 저작들을 직접 읽고 다루지는 않았다는 점에서 한계가 있었다. 결국 베버가 자신의 책에서 분석한 것은 실제 칼뱅의 사상이 아니라 후대 칼뱅주의자들의 사상이었으며, 이 점은 베버 자신도 고백하고 있는 바이다.[35] 칼뱅과 칼뱅주의는 다르다는 사실을 기억해야 한다. 칼뱅은 자본주의의 창시자라기보다는 오히려 사랑과 정의의 법칙에 따라 자본주의를 엄격하게 규제함으로써 불공정하고 부당한 관습들이 허용되는 일이 없도록 해야 한다고 주장한 사상가였다. 굳이 칼뱅의 사상을 자본주의와 연결시키고자 한다면, 그것은 착취적이고 자유방임적인 자본주의가 아니라 사회적 책임에 입각하여 가난한 자와 약한 자를 옹호하는 "성서적인 자본주의"[36]라고 규정할 수 있을 것이다.

4) 노동과 임금

중세 시대에는 노동을 신앙이나 영적인 삶과는 아무런 직접적인 연관이 없는 세상적인 의무로 간주했으며, 중세 수도원과 신비주의 신학에서도 노동보다는 명상에 우선권을 부여함으로써 직업 활동으로부터 그 품위와 영적인 가치를 모두 박탈해 버렸다. 반면에 칼뱅은 노동을 그리스도인의 삶과 밀접하게 결합시킨다. 칼뱅에게 노동이란 우리를 다른 사람들에게 의존하지 않고 독립적으로 살아가도록 해주고, 품위 있게 살게 해주며, 가난한 자를 도울 수 있게 해주는 수단이다. 다시 말해 인간이 인간답게 살고 자아를 성취하는 것은 노동을 통해서만 이루어지는 것이다. 이것은 하나님이 우

---

35 "나는 여기에서 우리가 탐구하는 것은 칼뱅의 개인적 견해가 아니라 칼뱅주의라는 점을 명백하게 이야기해야만하겠다." Max Weber, *The Protestant Ethic and the Spirit of Capitalism*, 220, n7.

36 C. Gregg Singer, "Calvin and the Social Order or Calvin as a Social and Economic Statesman," 241.

리에게 베풀어 주시는 은혜이며, 다가오는 하나님 나라의 표지이기도 하다. 이와 같이 칼뱅은 인간의 노동에 이전에는 결코 누려보지 못했던 영적인 위엄과 가치를 부여해 주었다.[37]

따라서 칼뱅은 부지런히 일하는 것을 높이 평가하고, 게으름에 대해서 대단히 비판적이었다. 그는 제네바의 목회자로 일하는 내내 게으름을 멀리하고 부지런히 일한다는 것이 어떤 것인지 증명해 보이기라도 하려는 것처럼 열심히 살았다. 칼뱅은 "하나님께서 인간에게 땅을 경작해야 한다고 명하셨는데, 그것은 모든 나태와 게으름을 정죄하신 것이다. 우리의 삶을 먹고, 마시고, 자는 일에만 소모하는 것보다 더 자연의 질서에 어긋나는 것이 도대체 어디 있겠는가?"[38]라고 반문하고 있다. 또한 칼뱅은 "우리의 삶이 얼마나 짧은지 안다면 우리는 나태와 게으름을 부끄러워해야 할 것"[39]이라고 말한다. 그는 "일하기 싫은 자는 먹지도 말라"(살후 3:10)는 바울의 권면을 해석하면서도 "하나님의 복은 노동하는 사람의 손에 달려 있기 때문에, 하나님은 게으름과 빈둥거림을 분명 저주하신다."[40]고 말하고 있다. 칼뱅에 따르면 게으름은 중대한 악행이며, 일하라고 명하신 하나님의 명령과 질서를 따르지 않는 불신앙이다. 게으른 사람들은 사회의 골칫거리이며, 스스로에게뿐 아니라 다른 사람들에게도 해악을 끼치는 자들이다. 칼뱅이 생산적인 투자를 위한 대출의 경우 이자를 인정하면서도 직업적인 대출업자에 대해서는 부정적이었던 것도 이런 맥락에서였다. 하나님께서는 누구나 노동함으로써 살도록 하셨는데 대출을 직업으로 삼는 자는 일하지 않고 다른 사람의 노동의 열매로 살기 때문이다. 칼뱅은 부지런히 일하는 것이야말로 하나님의 은혜를 받는 통로이며 공동체의 유익에 공헌하는 방법이라고 믿었다.

---

37 André Biéler, *The Social Humanism of Calvin*, 47.

38 칼뱅의 창세기 2:15 주석.

39 칼뱅의 요한복음 9:4 주석.

40 칼뱅의 데살로니가후서 3:10 주석.

칼뱅에 따르면 직업은 하나님의 소명이다. 칼뱅은 소명에 대해 이렇게 설명한다.

성서는 하나님이 우리 삶의 주인이 될 때라야 그 삶의 방식이 선하고 인정받을 수 있는 것임을 보여주기 위해 소명이라는 단어를 사용한다. 이 소명이란 단어는 또한 부르심을 의미하고, 그 부르심은 하나님께서 손가락으로 가리키시면서 우리 각자에게 "나는 네가 이런 혹은 저런 방식으로 살기를 원한다." 고 말씀하시는 것이다. 이것이 우리가 "삶의 자리"(stations in life)라고 부르는 것이다.[41]

칼뱅은 직업을 통해서 우리가 하나님의 부르심의 목적을 이룰 수 있다고 주장한다. 따라서 일한다는 것은 단지 생계의 필요를 충족시키는 수단일 뿐만 아니라 하나님의 뜻을 실현하는 영적인 행위이다. 여기에서 칼뱅은 직업이 개인의 이익만을 추구해서는 안 되고 반드시 공동체의 유익을 위한 것이어야 한다고 주장한다. 칼뱅에게 있어서 직업을 평가하는 기준은 그것이 공익에 기여하는가 여부이다. 칼뱅은 각자의 이익만 초래하고 공익에 전혀 기여하지 못하는 직업은 결코 인정받을 수 없다고 보았다. 칼뱅은 키케로와 같은 이방 철학자들조차도 수치스럽게 여기는 부정하고 방탕한 어리석은 직업이 아니라 "우리 이웃들에게 유익을 가져다주는 노동"을 택하라고 권고한다.[42] 그럴 때에라야 그 직업을 하나님의 소명이라 인정할 수 있을 것이다.

칼뱅에게 있어서 사람에게서 노동의 기회를 박탈하는 것은 그의 존엄성을 박탈하는 것이요 그의 삶을 송두리째 박탈하는 것이다. 칼뱅은 "하나님께서는 사람들의 손에, 즉 그들이 하는 노동에 그들의 생활을 맡겼기 때문에, 그들에게서 생계에 필요한 수단을 박탈하는 것은 그들의 목을 자르는

---

41 칼뱅의 마태복음 3:11 이하 설교.
42 칼뱅의 에베소서 4:28 주석.

행위와 마찬가지"[43]라고 주장한다. 그는 "사람이 맷돌이나 그 위짝을 전당 잡지 말지니 이는 그 생명을 전당 잡음이니라"(신 24:6)는 구약의 구절을 설명하면서 돈을 빌려주고 노동의 도구를 저당물로 잡는 것을 강력히 비난하였다. 왜냐하면 노동은 노동자의 생명의 피와 같기 때문이다. "사람의 노동은 종종 피에 비유된다. 왜냐하면 노동은 몸에서 피땀을 흘리게 하기 때문이다."[44] 칼뱅은 당시 이처럼 신성한 노동의 기회를 갖지 못하고 실업 상태에 빠져 있던 제네바의 가난한 사람들과 외국에서 온 피난민들에게 일자리를 제공하기 위해 새로운 일자리 창출에도 관심을 가져 직물 산업을 발전시키고, 생사 공장을 세우고, 양잠업을 장려하였다. 또한 가난한 자들의 구제를 위해 세워진 제네바의 종합구빈원에 수용된 젊은 사람들에게 기술 교육을 실시하여 그들이 추후 안정적인 직업을 가질 수 있도록 지도하기도 하였다.

칼뱅은 또한 다른 사람의 노동을 착취하는 것을 범죄라고 규정한다. 칼뱅은 "하나님께서는 우리를 위해 일하는 노동자들을 인간적으로 대해야 한다고 말씀하신다. 그리하여 그들이 일에 짓눌리지 않고 지속적으로 일하면서 하나님께 감사할 수 있는 기회를 가질 수 있도록 해야 한다. 하나님께서는 가난한 사람들을 고용하여 부리고서도 그들의 노동에 합당한 보수를 지불하지 않는 부자들의 잔인함을 징계하기를 원하신다는 사실은 의심의 여지가 없다."[45]고 주장한다. 이처럼 노동의 기회를 빼앗거나, 노동자를 멸시하고 착취하는 것은 사회 질서를 어지럽혀 폭동을 초래하는 원인이 될 뿐만 아니라 하나님의 질서에도 정면으로 배치되는 것이다. 이처럼 칼뱅은 노동이 사회를 유지하는 근간인 동시에 각자에게 향하신 하나님의 부르심에 대한 응답이라고 천명함으로써, 인간의 노동이 하나님의 노동이 되도록 만들었다. 예수 그리스도가 "내 아버지께서 이제까지 일하시니 나도 일한다."(요

---

43 칼뱅의 신명기 24:1-6 설교.
44 칼뱅의 미가 6:15 주석.
45 칼뱅의 신명기 25:1-4 설교.

5:17)고 하셨듯이, 우리의 노동은 하나님의 노동의 일부분인 것이다.

칼뱅은 노동의 결과로 주어지는 임금의 경우도 영적인 차원에서 이해하였다. 사실 우리의 어떤 행위도 하나님에게서 보상을 받을 만한 아무런 자격이 없지만, 하나님께서는 임금이라는 가시적인 형태로 노동의 대가를 주심으로써 은혜를 베푸시는 것이다. 따라서 칼뱅에게 있어서 임금은 "언제나 분에 넘치는 하나님의 거저 주시는 선물의 표지"이다.[46] "우리의 나태함을 교정하기 위해서, 또한 그렇지 않으면 낙담하게 될 우리를 격려하기 위해서 주님께서는 자애로운 방식으로 우리에게 은혜로운 보상을 주기로 뜻을 정하신 것이다."[47] 이처럼 하나님은 우리 노동의 가치를 보고 보상을 하시는 것이 아니라, 우리를 향한 전적인 선하심과 자애로움에 따라 임금을 선물로 주시는 것이다. 따라서 임금은 신성한 것이며, 하나님께서 우리의 실제적인 필요를 채워주신다는 구체적인 표시이며, 우리의 실존을 위해 간섭하시는 가시적인 방법이다. 그러므로 칼뱅은 인간이 하나님 앞에서 지녀야 할 태도에 대해서 이렇게 말한다. "내가 무엇을 시도하든지 혹은 내 손이 어떤 일을 하든지, 나의 의무는 하나님께서 나의 노동에 복을 주셔서 내 일하는 것이 헛된 것이 되지 않도록 해달라고 구하는 것이다. 그런 후에 내가 무엇이라도 얻게 된다면, 나의 두 번째 의무는 하나님께 찬양을 돌리는 것이다. 하나님이 베풀어 주신 복이 없었다면, 사람이 일찍 일어나 종일 피곤하도록 일하고, 늦게 잠자리에 들고, 근심 속에서 빵을 먹고, 슬픔 가운데 물을 마시는 것조차 모두가 헛될 뿐이다."[48]

임금이 하나님의 은혜의 표지라면, 고용주는 자기 이웃의 임금을 자기 마음대로 처분할 수 없다. 왜냐하면 그 임금은 사실상 자기에게 속한 것이 아니라 하나님의 것이기 때문이다. 고용주가 자기에게 속한 노동자에게 임

---

46 André Biéler, Calvin's Economic and Social Thought, 366.
47 칼뱅의 요한복음 4:36 주석.
48 칼뱅의 창세기 30:29 주석.

금을 주는 행위는 본래 하나님께서 그 사람에게 주시고자 한 것을 단지 전달해 주는 것일 뿐이다. 그러므로 노동자에게 가야 할 임금의 전부 혹은 일부를 체불하거나 지급하지 않는 것은 신성모독에 해당한다. 그것은 이웃에게 불의를 저지르는 일인 동시에 하나님에게 죄를 범하는 행위이다. 칼뱅은 고용주들의 이런 행위에 대해 매우 엄하게 질타하였다.

> 하루씩 일하여 생계를 유지하는 가난한 사람들의 노동의 결과를 착취하는 것보다 더 잔인한 행위는 없다. 율법(레 19:13)에 노동자들의 임금을 주지 않고 밤을 넘기지 말라고 명령하고 있는 것은 그런 행위가 노동자의 목을 자르는 것과 진배없기 때문이다. … 가난한 사람의 노동을 강탈하는 자는 말 그대로 그의 피를 빨아먹은 후에 그를 발가벗겨서 내쫓는 것이다. 이것은 누군가를 죽이는 것보다 더 사악하고 잔인한 행위이다.[49]

> 두 가지 경고, 즉 "너는 압제하지 말라"와 "너는 노동한 자에게 임금을 지불하라"는 명령은 서로 연결하여 읽어야만 한다. 만일 우리가 노동자가 마땅히 받아야 할 것을 지불하지 않아 그가 궁핍으로 고통당한다면 우리는 임금을 체불하는 것만으로도 불의를 행하는 것이다. 그는 하루 일하여 하루를 먹고 살기 때문이다.[50]

칼뱅은 특별히 상대적으로 강자인 고용주들에게 상대적인 약자인 노동자들을 청지기로서 인간적으로 대할 것을 거듭 강조하였다. 칼뱅은 고용주들을 향해 "당신들이 고용한 가난한 사람들이 그들의 노동과 땀과 피를 바쳤음에도 불구하고 정당한 임금을 받지 못할 때, 당신들이 그들에게 위로와 도움을 베풀지 않을 때, 만일 가난한 사람들이 당신들에게 복수를 해달라고 하나님께 요구한다면, 도대체 그 누가 있어 당신들이 피할 수 있도록 변호

---

49 칼뱅의 예레미야 22:13 주석.
50 칼뱅의 신명기 24:14; 25:4 주석.

사 혹은 옹호자로 나서 주겠는가?"[51]라고 설파하였다. 칼뱅의 이러한 태도
는 착취적인 자본주의 옹호자의 모습이 결코 아니다.

그렇다면 적절한 임금이란 어느 정도인가? 칼뱅은 적정 임금은 객관적
이고 양적인 기준만으로는 결정될 수 없으며, 무엇보다 노동자가 하나님의
자녀라는 품위를 유지할 수 있는 실제적인 필요와 연관하여 결정되어야 한
다고 말한다. 비록 법률이나 사회적 관습이 적은 임금을 허용한다고 할지라
도 그것이 노동자의 생계를 위협할 정도의 박봉이라면 잘못된 것이라고 칼
뱅은 생각했다. "만일 부자들이 자신들에게 속한 노동자들에게 생계를 유지
할 만큼의 임금을 제공하지 않는다면, 비록 그들이 세상 법정 앞에서는 결
산을 요구받지 않는다고 할지라도, 그들이 저지른 학대 행위는 벌을 받을
수밖에 없다는 사실을 모세는 우리에게 전해주고 있다."[52] 세상의 재판관은
적은 임금 지불을 합법적이라는 이유로 용인할지 몰라도, 하나님께서는 성
서가 말하는 사랑과 정의의 법칙에 어긋난다고 유죄선고를 내리신다는 것
이다. 칼뱅은 성서의 황금률이 지시하는 바대로 "네가 대접받기 원하는 대
로 남을 대접하라"(마 7:12)는 복음의 표준에 근거하여 정당한 임금이 결정되
어야 한다고 보았다. 이처럼 정당한 임금의 기준은 법적인 최저 임금도 아
니고 인력 시장의 수요와 공급의 법칙에 의해 결정되는 임금도 아니다. 오
로지 기준은 하나님의 관점에서 평가된다. 따라서 임금은 단순히 경제적인
문제가 아니라 영적인 문제이다.[53] 칼뱅은 노동자에게 주어지는 임금을 예
수 그리스도를 통해 인간에게 용서와 생명을 주시는 하나님의 은혜로운 보
상으로 간주함으로써 임금 문제를 성서적인 관점 안에 위치시켰다.

칼뱅은 제네바라는 도시에서 개혁을 시작했고, 또한 법을 공부한 사람
으로서 현실적인 감각을 충분히 지니고 있었기 때문에 경제적 문제들이 현

---

51 칼뱅의 신명기 22:1-4 설교.
52 칼뱅의 신명기 24:14 주석.
53 André Biéler, *Calvin's Economic and Social Thought*, 369-371.

실에서는 당사자들의 이해관계에 따라 매우 복잡하게 얽힐 수 있다는 데 대해 익히 알고 있었다. 그는 원칙적으로는 고용주와 노동자의 영적인 책임감과 공평의 법칙에 따라 임금이 결정되어야 한다고 주장했지만, 현실에서는 양측의 이기심과 욕심으로 인해 분쟁이 자주 일어난다는 사실을 직시하였다. 이런 분쟁을 방지하기 위한 수단으로 칼뱅은 임금 계약제를 제안한다. "모든 사람이 자신에 대해서는 후하고 타인에 대해서는 인색하지만 않다면, 무엇 때문에 그렇게 많은 법적 분쟁들이 일어나겠는가? 화합을 유지하기 위해서라도 서로에 대한 불의를 방지할 수 있는 견고한 계약이 필요하다."[54] 그는 창세기에 나오는 야곱과 라반의 관계를 논하면서 공평이라는 하나님의 법은 인간의 마음에 새겨진 보편적인 법이라고 주장한다. 고용주와 노동자는 서로를 정당하게 대우하고 상응한 보수를 지급하는 공정하고 공평한 계약을 맺어야 한다. 이렇게 해서 임금은 계약 규정에 따라 보장되어야 하고, 갈등이 일어났을 때에는 중재에 의지해야 한다.

3. 맺는 말

칼뱅은 경제적 문제들을 언제나 신앙의 관점, 즉 하나님의 주권과 연결하여 바라보았다. 사회적이며 경제적인 문제들은 신앙과 경건의 문제와 직결되어 있다는 것이다. 이것은 하나님 사랑과 이웃 사랑, 신학과 윤리가 동전의 양면처럼 상호 연관되어 있는 것과 마찬가지이다. 칼뱅은 분명 사회학자나 경제학자가 아니라 신학자요 목회자였다. 그의 개혁은 우선적으로 그리고 근본적으로 올바른 신학과 참된 교회를 회복하려는 개혁이었다. 하지만 교회개혁은 동시에 도덕적, 사회적, 정치적, 경제적인 개혁을 수반하였다. 칼뱅은 신학자였지만, 그의 사상과 영향력은 교회를 넘어서 확장되었

---

54 칼뱅의 창세기 29:14 주석.

다. 다시 말해 칼뱅의 개혁 사상은 이 땅 위의 인간의 삶에 대한 통전적 개혁이었다. 그것은 개인들의 영적 실존과 사회적 삶 모두를 포괄하는 개혁이었다. 칼뱅에게 있어서 하나님의 말씀은 인간 존재 전체, 즉 과거와 현재와 미래, 영혼과 육체, 정신과 물질, 개인적인 측면과 사회적인 측면 모두를 향한 것이기 때문이다.[55]

칼뱅은 부자에게는 하나님이 맡기신 부를 하나님의 뜻대로 올바로 순환시키고 소통시킬 것을 촉구하였고, 가난한 자에게는 자신의 가난을 한탄하거나 체념할 것이 아니라 최선을 다해 일하면서 하나님의 은혜를 인내함으로 구하라고 권면하였다. 그러나 부의 순환을 죄의 상태에 놓여 있는 개인들의 의지에만 맡겨 둘 수가 없었기 때문에 집사의 직무를 회복시켜 물질의 분배를 담당하는 일을 맡겼다. 또한 가난한 사람들과 외국에서 온 피난민들을 돕기 위한 구제 기관을 체계적이고 합리적으로 운영하였다. 상업에 대해서도 칼뱅은 종전의 부정적인 이미지를 벗겨내고 정직한 상업 활동은 공정한 분배를 위한 수단이 된다는 점을 인정하였다. 하지만 독점이나 투기와 같은 착취적인 경제 논리에 대해서는 비판의 날을 세웠다. 노동과 임금의 경우 칼뱅은 그것들이 신성한 것이며 우리를 입히고 먹이시는 하나님의 은혜의 표지가 된다는 사실을 밝혀 주었다. 그러면서 노동과 임금을 착취하는 것은 이웃에게 불의를 행하는 것일 뿐만 아니라 하나님의 은혜를 멸시하는 것이라고 분명하게 주장하였다. 이처럼 칼뱅은 세상의 경제활동 가운데서도 하나님의 정의와 사랑의 법칙이 온전히 펼쳐지기를 원했다.

약육강식과 적자생존의 논리로 무장한 착취적 자본주의의 논리가 양극화를 세계화시키려고 하는 이때에 성서의 사랑과 정의의 법칙에 입각하여 물질의 소통을 통해 "많이 거둔 자도 남지 아니하고 적게 거둔 자도 모자라지 아니하는"(고후 8:15) 공평한 세상을 이루고자 했던 칼뱅의 이상은 우리에

---

55 André Biéler, *Calvin's Economic and Social Thought*, 156-157.

게 큰 울림을 준다. 역사의 방향에 근본적인 변화를 일으키는 사람은 그렇게 많지 않다. 그런데 칼뱅은 서구 역사에 매우 깊은 흔적을 남겼을 뿐 아니라 역사의 방향을 전환시키는 사건을 일으킨 인물이다. 데이비드 홀(David W. Hall)은 현대 세계에 미친 칼뱅의 영향을 다룬 최근의 책에서 우리가 "칼뱅을 좋아하든 싫어하든, 그가 변화를 불러일으킨 동인이 되었다는 것은 분명하며, 그가 일으킨 변화는 더 좋은 방향을 향한 것이었다."[56]고 말한다.

한 가지 염두에 둘 것은 16세기 제네바와 21세기 한국의 차이이다. 세상은 달라졌고, 칼뱅이 전혀 생각지 못했던 상황이 오늘날 전개되고 있는 것이 사실이다. 이제 자본주의도 세계화를 말하고 신자유주의의 모습으로 옷을 갈아입었다. 그럼에도 불구하고 칼뱅이 강조했던 사랑과 정의의 법칙은 오늘날에도 여전히 유효한 보편적 진리이다. 문제가 되는 것은 이 보편적 진리를 21세기 급변하는 사회 속에 어떻게 구체화시킬 것인가 하는 것이다. 이것은 오롯이 우리의 몫으로 남는다. 이제 칼뱅과 함께 하나님께 기도를 드리자.

▶ 물질을 올바르게 사용하게 해달라는 기도

전능하신 하나님, 하나님은 기꺼이 몸을 구부려 우리에 대한 염려를 보여주시는 분이고, 우리의 현재의 삶의 여정 중에 필요하거나 편리한 것은 무엇이나 우리에게 공급해 주시는 분이십니다. 우리로 하여금 주님께 온전히 의지하고, 주님의 복 주심을 신뢰하고, 온갖 약탈과 악한 행동들뿐만 아니라 모든 사악한 탐심까지도 삼가는 법을 배우게 하시며, 항상 하나님을 두려워할 줄 알게 하옵소서. 또한 이런 것들로 인해 우리가 이 땅에서 가난을 견디는 법을 배워 자족할 줄 알게 하시고, 하나님께서 거룩한 복음을 통해 우리에게 주시는 영적인 부유함에 거할 수 있게 하옵소서. 하나님께서는 이미 우리를 그 복음에 참예한 자들이 되게 하사, 우리로 종국에 하나님 나라에 이르러 우리 주 예

---

56   David W. Hall, *The Legacy of John Calvin: His Influence on the Modern World* (Phillipsburg, NJ: P&R Publishing Company, 2008), 11.

수 그리스도를 통해 하나님과 온전히 하나로 연합될 때 누리게 될 모든 충만한 복을 기쁘게 열망할 수 있게 하옵소서. 우리 주 예수님의 이름으로 기도 드립니다. 아멘.[57]

---

57 칼뱅의 하박국 2:6("그 무리가 다 속담으로 그를 평론하며 조롱하는 시로 그를 풍자하지 않겠느냐 곧 이르기를 화 있을진저 자기 소유 아닌 것을 모으는 자여 언제까지 이르겠느냐 볼모 잡은 것으로 무겁게 짐진 자여") 주석에 뒤이어 나오는 기도문. André Biéler, *Calvin's Economic and Social Thought*, 267.

참고문헌

Biéler, André. *L'humanisme social de Calvin*. trans. Paul T. Fuhrmann. *The Social Humanism of Calvin*. Richmond: John Knox Press, 1964.

_____, *La pensée économique et sociale de Calvin*. trans. James Greig. *Calvin's Economic and Social Thought*. Geneva: World Council of Churches, 2005.

Calvin, John. *Calvin's Commentaries*. 22 Vols. Grand Rapids: Baker Books, 1974.

_____, *Institutes of the Christian Religion* (1559). ed. John T. McNeill. trans. Ford L. Battles. Library of Christian Classics. Vols. 20-21. Philadelphia: The Westminster Press, 1960.

_____, *Ioannis Calvini Opera Quae Supersunt Omnia*. eds. Johann W. Baum, August E. Cunitz, and Eduard Reuss. Braunschweig: Schwetschke, 1863-1900.

Dommen, Edward and James D. Bratt, eds. *John Calvin Rediscovered: The Impact of His Social and Economic Thought*. Louisville: Westminster John Knox Press, 2007.

Douglass, Jane Dempsey. "Calvin's Relation to Social and Economic Change." *Church & Society* 74 (1984): 75-81.

Graham, W. Fred. *The Constructive Revolutionary: John Calvin and His Socio-Economic Impact*. Richmond: John Knox Press, 1971.

Hall, David W. *The Legacy of John Calvin: His Influence on the Modern World*. Phillipsburg, NJ: P&R Publishing Company, 2008.

McKee, Elsie A. "The Character and Significance of John Calvin's Teaching on Social and Economic Issues." *John Calvin Rediscovered: The Impact of His Social and Economic Thought*. eds. Edward Dommen and James D. Bratt. Louisville: Westminster John Knox Press, 2007.

Park, Gyeung Su. "The Weber Thesis and Its Critic: A Reappraisal." *Korea Presbyterian Journal of Theology* 8 (서울: 장로회신학대학교출판부, May 2008): 87-107.

Pattison, Bonnie L. *Poverty in the Theology of John Calvin*. Eugene, OR: Pickwick Publications, 2006.

Singer, C. Gregg. "Calvin and the Social Order or Calvin as a Social and Economic Statesman." *John Calvin: Contemporary Prophet*. ed. Jacob T. Hoogstra. Grand Rapids: Baker Book House, 1959.

Stone, Ronald H. "The Reformed Economic Ethics of John Calvin." *Reformed Faith and Economics*. ed. Robert L. Stivers. Lanham, MD: University Press of America, 1989.

Stückelberger, Christoph. "Calvin, Calvinism, and Capitalism: The Challenges of New

Interest in Asia." *John Calvin Rediscovered*. eds. Edward Dommen and James D. Bratt. Louisville: Westminster John Knox Press, 2007.

Weber, Max. *The Protestant Ethic and the Spirit of Capitalism*. trans. Talcott Parsons. London: Allen and Unwin, 1930.

Wurth, G. Brillenburg. "Calvin and the Kingdom of God." *John Calvin: Contemporary Prophet*. ed. Jacob T. Hoogstra. Grand Rapids: Baker Book House, 1959.

6

종교개혁기의 경제사상[*]
- 웨슬리의 경제사상(Ⅱ)

1. 들어가는 말: 문제제기 및 지금까지의 선행 연구

1995년은 민족분단 50년이 되는 해로써 한국교회협의회와 조선기독교도연맹이 공동으로 희년을 선포하고 민족통일을 이루는 희년운동을 전개하여 왔다. 민족통일의 문이 2~3년 내의 아주 가까운 장래에 열릴지 모르지만, 남북이 분단된 지 50년 동안에 민족의 이질감이 골 깊게 형성되어 왔기에 앞으로 50년간은 희년운동을 계속 전개하여야 민족동질성을 회복할 수 있다고 필자는 생각한다.

지금까지 우리는 웨슬리의 부흥운동만을 강조하여 왔고 웨슬리가 영국사회를 영적으로 부흥시킨 부흥사로만 이해하여왔으나, 본 연구는 웨슬리의 신앙운동이 내면적 영적 성화(personal sanctification)를 통한 부흥운동으로만 끝나지 않고 18세기 영국사회를 변혁시키는 사회적 성화(social sanctification)운동, 그 중에서도 사회봉사(social service)차원과 사회적 구조 변혁(social

---

[*] 김홍기 (감리교신학대총장)

transformation)의 차원으로 회년운동을 발전시켰음을 밝히고자 한다.

영국의 경제평론가 찰스 핸디(Charles Handy)는 자본주의의 한계를 넘어 성숙한 사회로 가는 길은 공동체의 이익에 봉사하는 민주적 가치관을 지닌 자본주의만이 살아남을 수 있다고 그의 책『헝그리정신(The Hungry Spirit)』에서 강조하였다. 시장, 경쟁, 그리고 생산성은 그 자체로는 모두 바람직하지만 의도하지 않았던 부작용을 낳게 되었고, 자본주의는 공산주의 보다, 다양한 형태의 여러 사회주의보다 우월성이 증명되었음에도 불구하고 아직까지는 우리의 욕구를 채워주지 못하고 있는데 그 원인이 시장논리의 한계 때문이라는 것이다. 돈은 중요하지만 돈은 성공의 채점표가 되어서는 안 되고, 돈은 행복의 필요조건은 되지만 충분조건은 안 되는 데 시장논리는 그것을 강조하여 왔다는 것이다.[1] 시장경제에서 혜택을 못 받는 하부구조에 대해 책임을 지는 훈련이 필요하다. 무관심과 냉소주의는 민주주의의 무서운 적이라고 핸디는 비판한다.[2] 결국 우리사회가 IMF위기를 맞이한 것도 바로 자신에 대한 이기적 관심은 지나친 반면에 타인을 필요로 하는 인식과 타인에 대해 책임을 느끼는 인식의 부족 때문이라고 볼 수 있다. 핸디가 주장하는 올바른 이기주의, 곧 경제적 자유를 누리면서도 타인에 대한 책임을 느끼며 재분배하고 나누어주고 더불어 사는 평등운동을 게을리 하지 않는 것이 우리에게 요청되고 있다. 20세기 초 미국의 경제공황의 위기를 극복하기 위해서 라인홀드 니버(Reinhold Niebuhr)는 책임적 자아(responsible self)가 책임적 사회(responsible society)를 만드는 운동이 필요하다고 강조한 것처럼 오늘의 한국경제위기를 극복하는 길도 책임적 자아운동과 책임적 사회건설운동이 요청된다고 할 수 있다.

서울대학교 송병락 교수는 최근 저서『자본주의의 웃음과 자본주의의 눈물』에서 한국의 IMF위기를 집중적으로 분석한다. 한국인들이 자본주의

---

1   찰스 핸디 지음, 노혜숙 옮김,『헝그리정신』, (서울: 생각의 나무, 1998), 25-27.

2   핸디, 256-57.

의 정신을 순수하게 제대로 갖지 못하였음에 문제가 있다고 송 교수는 지적한다.

> 자본주의라고 하면 많은 사람들이 수단방법을 가리지 않고 돈을 긁어모으는 것을 장려하는 주의로 생각한다. 그러나 이것이야말로 잘못된 생각이다. 자본주의란 무엇보다 우리의 일상생활에서 거품을 빼고, 알뜰하게 저축하여 모은 돈으로 일자리를 더 많이 만들고, 좋은 제품을 더 많이 생산하여 더 윤택케 하는 각종 자본시설을 더 많이 건설해야 된다는 주의이다.[3]

한국사회의 문제는 남에게 도움이 되는 일을 통해 돈을 벌려고 하지 않고 남에게 해를 끼쳐서 부정한 방법으로 돈을 벌려고 한 것에 있다. 그리고 송 교수는 이웃을 사랑하고 돌보는 박애주의의 건전한 윤리의식으로 회개하고 새사람으로 태어나는 거듭남의 운동이 필요함을 역설한다. 바로 이점에서 한국기독교가 건전한 신앙운동과 윤리운동을 일으켜 한국의 경제위기를 극복하고 통일된 사회를 만들어야할 중요한 책임이 있음을 느끼게 한다.

바로 이런 의미에서도 웨슬리의 경제윤리의식을 배우고 그것을 실천하는 나눔 운동으로 한국교회가 깨어 일어나야 할 것이다. 그래서 본 논문에서는 한국교회가 웨슬리 당시의 초기감리교회처럼 더불어 나누어 먹고 더불어 섬기는 희년경제윤리와 사회적 성화의 구체적 실천방안으로 사회봉사와 사회변혁운동을 통하여 사회복지의 희년사회건설에 앞장서야 한다는 것을 강조하고 그러한 사회적 성화중심의 교회가 되기 위한 한국교회의 개혁을 제안하여 보고자 한다.

이렇게 웨슬리의 감리교운동을 사회적 성화운동 내지 희년운동으로 해석한 많은 학자들의 공헌을 말하지 않을 수 없다. 불란서 역사가 할레비(Elie Halevy)는 웨슬리와 감리교도들의 사회적 영향력으로 영국이 불란서 같은 피

---

3 송병락, 『자본주의의 웃음 자본주의의 울음』, (서울: 김영사, 1998), 234.

의 혁명으로부터 보호받을 수 있었다는 중요한 이론을 전개하였다.[4] 이러한 할레비의 논리를 발전시켜 시카고대학교 역사학 교수였던 셈멜(Bernard Semmel)은 감리교운동을 사회혁명으로 해석하였다.[5] 아우틀러(Albert Outler)는 웨슬리에게 있어서 기독교공동체는 사회개혁에 헌신해야함을, 신앙의 본질은 내면적이지만(the essence of faith is inward) 신앙의 증거는 사회적(the evidence of faith is social)이라는 건전한 복음주의(healthy evagelism)를 강조하였다고 해석한다.[6] 러년(Theodore Runyon)은 웨슬리를 맑스처럼 혁명적 실천가로 해석하였다: "웨슬리의 인간론에서 맑스의 이해와 비슷한 주장을 발견하게 된다. 인간의 삶은 근본적으로 어떤 목적을 향하여 목적론적으로 방향지어 지는 행동으로 보여진다."[7] 흑인해방신학자 콘(James H. Cone)의 논문은 "웨슬리와 흑인에게서 성령의 현존은 해방의 경험이다"라고 강조한다.[8] 남미해방신학자 보니노(Jose Miques Bonino)는 웨슬리의 성화는 단순히 영적인 상태가 아니라 사회적 역사적 영역을 포함한다고 주장한다. 하데스티(Nancy A. Hardesty)는 여성신학의 입장에서 웨슬리의 하나님나라 이해는 단순히 미래적 차안적 행복이 아니라 지상에서 누리는 행복으로 그곳에는 여성도 남성도 자유와 해방을 누리는 곳임을 강조한다.[9] 필자는 이러한 많은 학자들의 해석에서 통찰력을 얻어 드류대학교 박사학위논문을 "웨슬리신학과 민

---

4   Elie Halevy는 그의 두권의 책들을 통해 이 문제를 취급하고 있다. *The Birth of Methodism in England,* Tr. and Ed. Bernard Semmel (Chicago: University of Chicago Press, 1971)와 *England in 1815,* Tr. E. I. Watkin and D. A. Barker (London: Ernest Benn, 1961).

5   Semmel은 할레비의 이론을 그의 책 *The Methodist Revolution*(New York: Basic Books, 1973)에서 발전시키고 있다.

6   Albert Outler, *Evangelism in Wesleyan Spirit,* (Nashville: Tidings, 1971), 25.

7   Theodore Runyon, "Introduction: Wesley and the Theologies of Liberation," *Sanctification and Liberation,* (Nashville: Abingdon Press, 1981), 29.

8   James H. Cone, "Sanctification and Liberation in the Black Religious Tradition," *Sanctificaton and Liberlation,* 174.

9   Nancy A. Hardesty, "The Wesleyan Movement and Women's Liberation," *Sanctification and Liberation,* 127, 173.

중신학에서 실험된 사회적 성화사상"(The Theology of Social Sanctification Examined in the Thought of John Wesley and Minjung Theology, Drew University in 1991) 을 쓰게 되었다.[10]

특별히 웨슬리의 경제윤리문제에 관하여는 최근에 많은 연구들이 쏟아져 나왔다. 제닝스(Theodore Jennings)는 그의 책 [가난한자를 위한 복음](Good News to the Poor)에서 웨슬리의 경제윤리는 복음적 경제윤리로서 그 핵심이 청지기정신에 있다고 해석한다.[11] 웨슬리는 루터의 두왕국론과 다르게 종교와 세속을 구분하지 않고 회심과 성결은 세속제도의 변혁을 일으키고, 나아가 민족생활과 지구생활의 변혁을 일으키며, 크리스천은 부의 축적에 의해 경제활동에 관여할 수 없다고 강조하고, 그의 청지기의식은 자본주의시장경제에 대한 도전적 해석으로 등장하게 되었고, 개신교를 자본주의의 보루와 옹호자(Bulwark)로 생각하는 사람들에게 큰 놀라움이 되게 되었다고 제닝스는 지적한다.[12]

믹스(Douglas Meeks)도 최근 연구논문 "성화와 경제(Sanctification and

---

10 필자는 웨슬리의 성화 신학은 개인 구원에 관심을 갖는 한국 개신교 주류의 경건주의와, 사회 구원에 관심을 갖는 민중신학 사이에서 에큐메니칼적 대화를 여는 다리 역할을 할 수 있다고 생각한다. 웨슬리를 통한 대화는 민중신학으로 하여금 개인적 성화를 향하여 마음을 열게 하고, 한국의 보수적 경건주의로 하여금 사회적 성화를 향하여 마음을 열게 할 수 있다. 이런 차원에서 웨슬리의 성화 신학은 한국의 진보 진영과 보수 진영 사이에 에큐메니칼적 대화를 발전시키는 데 크게 기여할 수 있다. 또한 통일이라는 역사적 과제를 위한 한국 기독교의 연대감을 형성하는 데도 공헌할 수 있다고 필자는 해석하였다. 결론적으로 웨슬리의 구원론과 비교 연구한 결과로서 민중신학 구원론의 발전을 위해 몇 가지 제안을 필자는 제시하였다. 그리고 한국에 돌아와 이 논문을 발전시켜 [존 웨슬리신학의 재발견-개인적 성화와 사회적 성화의 역사신학적 고찰-]이란 제목으로 기독교서회에서 책을 출판하였다. 이러한 웨슬리신학의 새로운 해석의 조명에서 필자는 그의 희년사상을 한국적 상황에서 재해석하는 [존웨슬리의 희년사상]이란 저술을 하게 되었다.

11 Theodore W. Jennings, *Good News to the Poor,* (Nashville: Abingdon Press, 1990), 97-118.

12 Theodore W. Jennings, Jr., *Good News to the Poor- John Wesley's Evangelical Economics,* (Nashville: Abingdon Press, 1990), 97-99.

Economy)"에서 청지기 경제윤리를 소개하고 있다.[13] 믹스는 제7차 옥스퍼드 감리교신학자대회의 여러 감리교학자들의 웨슬리 경제윤리에 관한 논문들을 모아서『가난한자의 몫』(The Portion of the Poor)-웨슬리 전통에서 본 가난한자를 위한 복음-을 편집 출판하기에 이르렀고,『하느님의 경제학』(God the Economist)이란 책을 저술하기도 하였다. 그는 본 저서에서 삼위일체 하느님의 개념을 사회 공동체적으로 해석한다. 사회공동체적인 삼위일체 하느님은 절대적 사유재산 소유자로서 예배되지 않는다.[14] 믹스는 카파도키아학파의 삼위일체의 상호적 공동내재성(perichoresis)개념을 발전시켜서, 삼위는 셋이 서로 함께 서로를 위하여 서로 안에 임재함으로써, 상호간의 헌신의 관계를 갖고 절대적 배타적 권리가 없이 모든 것을 공유한다고 해석한다.[15] 따라서 이러한 삼위일체 하느님의 소유양식은 자기소유에 근거를 두지 않고 오히려 십자가사건에서 가장 드라마틱하게 보여주신 것처럼 자기를 내어 주는 것이다. 하느님은 피조물과 더불어 나누고, 줌으로써 소유한다.[16] 따라서 그러한 삼위일체 하느님을 믿는 백성들도 나눔과 줌으로써 소유해야함을 믹스는 강조한다. 그래서 신명기에 나타난 십일조정신은 제사장과 레위인을 먹여 살리는 종교체제유지만을 위하는 것이라는 현대교회의 해석을 뒤집어 가난한 과부와 고아와 나그네를 위해 나누어 주어야함도 의미한다고 믹스는 해석한다.[17]

이러한 성서의 경제윤리는 희년사상으로 이어짐을 믹스는 강조한다. 희년의 나팔이 불 때 썩은 경제체제를 부수는 운동으로 첫째, 노예들은 해

---

13 Douglas Meeks, "Sanctification and Economy: A Wesleyan Perspective on Stewardship," *Rethinking Wesley's Theology,* (Nashville: Kingswood Books, 1998), 83-98.

14 더그라스 믹스 지음, 홍근수.이승무 옮김, [하느님의 경제학], (서울, 도서출판 한울, 1998), 145-46.

15 더그라스 믹스, [하느님의 경제학], 146-147.

16 더글라스 믹스, [하느님의 경제학], 149-50.

17 믹스, [하느님의 경제학], 117-18.

방되어야 한다. 둘째, 빚은 탕감되어야 한다. 셋째, 땅은 경작하지 않고 그대로 두어야 한다. 넷째, 땅(부 또는 생계수단)은 원소유자(하느님)에게로 돌려주거나 재분배되어야 한다(레 25: 23-24)고 주장한다.[18] 더욱 나아가서 믹스는 하느님의 경제를 본받아 성도들이 하느님으로부터 받은 은사와 선물을 우리의 이웃들에게 되돌려 주는 것이 성화라고 해석한다.[19] 또한 웨슬리에게 있어서 성결(holiness)은 하나님의 사랑의 은사를 되돌려주는 정의 안에서의 사랑의 실천을 의미한다고 해석하였다.[20]

독일의 웨슬리학자 마르크바르트(Manfred Marquardt)가 『존 웨슬리의 사회윤리』(John Wesley's Social Ethics)를 저술하면서 그의 경제윤리가 어떻게 영국사회에 영향을 미치고 있는지를 소개하고 있다. 웨슬리의 설교와 논문들 속에 나타난 경제윤리는 종교적 차원을 넘어서서 영국의 경제와 정치의 발전에 큰 영향을 미쳤음을 마르크바르트는 강조한다.[21]

필자도 이러한 새로운 웨슬리의 경제윤리 해석의 노력에 동참하는 신학적 시각으로 본 연구에 임하게 되었다. 그러나 필자의 학문적인 독창적 공헌이라면 지금까지 어떠한 유럽과 미국의 웨슬리학자들 중 아무도 웨슬리를 희년과 희년경제와 연결시켜 해석하지 않았다는 점에서 그 새로운 해석의 시도라는 점이다. 그리고 이 희년경제를 한국의 통일운동 상황으로 연결 시켜 재해석하였다는 점에서 새로운 학문적 시도이다.

---

18 믹스, [하느님의 경제학], 119.

19 Douglas Meeks, "God and the Economy of Gift in Wesley's Theology," (Lecture at Methodist Theological Seminary in Seoul, Oct. 20, 1998), 9.

20 Meeks, "God and the Economy of Gift……," 9.

21 Manfred Marquart, *John Wesley's Social Ethics,* (Nashville: Abingdon Press, 1992), 35.

2. 웨슬리 경제윤리의 신학적 근거

1) 복음적 신인협조설(Evangelical Synergism)

웨슬리는 루터의 신앙의인화(justification by faith) 신학에 철저히 근거하면서도 성화신학을 칼빈보다 더욱 발전시켰다. 웨슬리의 성화신학이 칼빈의 성화신학보다 더욱 행동주의를 강조하는 이유는 복음적 신인협조설에서 나타난다. 칼빈의 성화는 하나님이 성령을 통하여서 인간 속에서 행하는 행동이지 인간은 노예 신세이다.[22] 거기에 반하여 웨슬리의 성화는 하나님의 성령이 먼저 역사(役事)하지만 거기에 대한 인간의 자유의지의 응답으로 곧 신인협조로 성화가 이루어진다. 신앙의인화는 그리스도의 십자가 은총으로만 이루어지고 그와 동시적으로 일어나는 거듭남도 성령의 내재의 은총으로 되어지지만 성화는 믿음(하나님의 선물)과 사랑(인간의 선행적 참여)으로 이루어진다고 웨슬리는 생각한다.

그러나, 이 인간의 선행을 가능케 하는 자유의지는 본성적으로 갖고 태어나는 것이 아니라 선재적(先在的) 은총(Prevenient grace)으로 주어지는 것이다.[23] 그렇기에 펠라기우스나 중세 천주교의 반펠라기우스주의(semi-pelagianism)의 자유의지론 -본성적으로 자유의지를 갖고 태어남- 과 다르다. 웨슬리에 있어서 인간은 모두 원죄를 갖고 태어났다. 그런데 성령의 선재적 은총으로 믿는 성도나 안 믿는 자연인들 속에도 부분적인 자유의지의 회복이 이루어졌다고 해석한다. 이 선재적 은총은 자유의지뿐 아니라 양심과 종교성

---

22 칼빈, [기독교강요], 상권-3장-14절.

23 "The Scripture Way of Salvation"(성서적 구원의 길)과 "On Working Out Our Own Salvation"(우리자신의 구원을 이룸에 대하여)의 두설교에서 선재적 은총을 강조한다. 성령이 우리속에 계몽하는 빛을 비추시는 데, 그것은 정의를 행하며, 자비를 사랑하며, 겸손히 하나님과 함께 동행할 것을 요구하지만 많은 사람들이 이러한 성령의 계몽을 거부하거나, 부인하거나, 잊어버린다.

으로도 나타난다. 이 선재적 은총으로 구원받는 것은 아니다. 구원을 향해 -은총을 향해- 마음의 문을 열 수 있는 것을 뜻한다. 또한 구원의 은총을 열망하는 열심과 사모하는 마음도 의미한다. 그리고 의롭다함을 얻고 거듭난 성도라도 자유의지 때문에 타락할 수도 있다. 두려움과 떨림으로 계속 구원을 이루어야 한다.

따라서 성령의 은총의 주도권과 인간의 자유의지적 응답과 참여에 의해 구원이 완성된다. 이러한 웨슬리의 복음적 신인협조설은 동방교회의 그레고리(Gregory of Nyssa)와 크리소스톰(John Chrysostom)의 영향, 서방교회의 어거스틴(Augustine)의 영향, 그리고 아르미니우스(James Arminius)의 영향 등에 의해 형성된 것이다.[24]

2) 행동주의 신학

웨슬리의 행동주의 신학은 루터의 신앙제일주의(solafideism)와 정숙주의 (quietism, stillness)를 비판하면서 형성된다. 웨슬리의 올더스게잇 체험은 마르틴 루터와 강한 연속성을 지닌다. 왜냐하면, 웨슬리가 루터주의 경건운동파인 모라비안 교도들의 올더스게잇거리 집회에 갔다가 모라비안 청년 -William Holland 로 역사가들이 추측함- 이 읽는 마르틴 루터의 「로마서 서문」을 듣다가 마음이 이상하게 뜨겁게(strangely warmed) 되었기 때문이다. 그의 회심이 다양하게 해석되지만, 루터적 신앙의인화(justification by faith) 신

---

24 동방교부 John Chrisostom이 웨슬리에게 미친 영향을 보려면 Kelly Steve McCormick, "John Wesley's Use of John Chrysostom on the Christian Life: Faith Filled with the Energy of Love," Drew University Ph.D. dissertation, (Madison, New Jersey: 1983)을 보라. 어거스틴의 영향은 웨슬리의 설교 "On Working Out Our Own Salvation," *The Works of John Wesley(Bicentennial edition)*, Ed. by Albert Outler, (Nashville: Abingdon Press,,1986), 208을 참조하라. 이하 The Works로 표기함. 알미니우스의 복음적신인협조설(evangelical synergism)의 입장에서 칼빈주의와 논쟁한 것은 W. Stephen Gunter, The Limits of Love Divine,(Nashville: Kingswood Books, 1989)를 보라.

학에 의해 일어났다고 보는 것이 가장 타당하다. 그의 동생 찰스도 모라비안 목사 피터 뵐러(Peter Böhler)에 의해 그보다 먼저 회심하였고 존 웨슬리 또한 뵐러와 가장 많은 신앙상담을 하였다. 또한 존 웨슬리는 뵐러와 함께 피터 레인 신도회(Fetter Lane Society)를 조직하기도 하였다.

그러나 웨슬리는 그의 설교 "하나님에 관하여(On God's Vineyard)"에서 루터의 구원론을 비판한다. 루터가 갈라디아서 강해에서 성화에 무관심하였다고 비판한다. 루터는 의인화만을 강조하다가 성화에 관심이 없었고, 로마 천주교는 성화를 강조하다가 의인화에 무관심하였다고 웨슬리는 지적한다.[25]

특히, 웨슬리는 루터주의 경건운동파인 모라비안교도들의 센터(Hernhut)를 방문한 후, 루터적 모라비안주의의 신앙제일주의(solafideism), 정숙주의(quietism), 법적 의인화(imputed justification), 율법폐기론적 경향(antinominianism)을 비판하기 시작하였다. 루터에게서 선행은 의로워진 크리스천의 자동적 결과이다. 신앙으로 의롭다함을 얻으면 선행의 열매는 저절로 맺힌다고 루터는 해석한 것이다.[26] 그러나 웨슬리에게 있어서 선행과 사랑은 저절로 맺히는 열매가 아니라, 인간의 자유의지적 참여에 의해 신인협조적으로 이루어지는 행위다.

따라서, 웨슬리는 루터와 달리 도덕적 행동을 강조하는 야고보서와 산상수훈도 중요한 설교본문으로 선택하였다. 웨슬리의 산상수훈 설교는 특히 그의 사회적 성화개념과 지상의 하나님 나라 실현을 강하게 드러내 보여준다.

산상수훈을 성화생활의 기준으로 생각한 것은 칼빈의 율법이해와 상통한다. 칼빈은 루터보다 율법을 적극적으로 이해하였다. 루터는 율법의 제1용법, 즉 죄를 깨닫게 하는 역할과 제2용법, 즉 공공질서를 어지럽히는 악한

---

25 John Wesley, "On the God's Vineyard," Works, VII, 204.

26 Martin Luther, "The Freedom of a Christian," ed. J.M.Porter, (Philadelphia: Fortress Press, 1974), 34-5.

무리들을 다스리는 공민법적 역할만을 강조하였다. 그러나, 칼빈은 율법의 제3용법(tertius usus legis)으로서 성화생활의 채찍질과 선생을 말한다. 곧 율법을 통해 자아부정과 영성훈련을 실천함으로써 더욱 경건하고 성화된 생활을 할 수 있다는 것이다. 이러한 칼빈의 율법이해가 웨슬리에게도 그대로 나타난다.

아직도 한국교회는 신앙 우선을 강조한 나머지 사랑의 선행은 부차적인 것으로, 신앙에 의해 저절로 따라오는 열매로만 생각하고 있다. 적극적인 사랑의 실천이 성화의 원동력이며 그리스도를 닮아 가는 원천임을 한국 기독교인들은 웨슬리에게서 배워야할 것이다.

3) 개인적 성화(personal sanctification)와 사회적 성화(social sanctification)

웨슬리의 구원론의 핵심은 성화다. 회개는 종교의 현관(porch)이요 믿음은 종교의 문(door)이라면, 성화는 종교자체(religion itself)이다.[27] 그런데 성화는 개인적일 뿐 아니라 사회적이다. 웨슬리의 개인적 성화는 성결적 요소(holistic factor)로서 히브리어 카도쉬(kadosh)와 희랍어 하기오스(αγιοσ)로 표현된다. 곧, 세속성과 죄악성으로부터의 분리(separation)와 성별을 뜻한다. 그것은 외적 행위 죄들(actual sins)뿐 아니라 내적 죄(inner sin)까지도 사함 받는 죄 없음(sinlessness)의 경지에 이르는 것이다. 웨슬리의 사회적 성화는 성육신적 요소(incarnational factor)로 세속성으로부터 분리된 성별의 힘을 갖고 세속을 찾아가는 성육신의 참여 곧, 사랑의 적극적 행위를 세상 속에서 실천하여 세상의 빛과 소금이 되는 것이다. 요컨대, 성결은 소극적 성화의 방법이고 사랑은 적극적 성화의 방법이다. 행함이 없는 믿음은 죽은 것이요, 사랑의 에너지로 채워지는 믿음이 산 믿음이다.

27　Works, VIII, 472.

웨슬리는 동생 찰스와 함께 1739년에 출판한 찬송가 'Hymns and Sacred Poems'의 머리말에서 "그리스도의 복음은 사회적이지 않은 종교를 모른다. 사회적 성결 아닌 성결을 모른다(The Gospel of Christ knows of no religion but social; no holiness but social holiness)"[28]고 강조했고, 산상수훈 설교 중 세상의 빛과 소금을 해설할 때 "기독교는 기본적으로 사회적 종교이다. 기독교를 고독한 종교로 바꾸는 것은 참으로 기독교를 파괴시키는 것이다.(Christianity is essentially a social religion; and that to turn it into a solitary religion, is indeed to destroy)"고 힘주어 말한다.[29] 또한 그는 "민족을 개혁하는 것(to reform the nation)"에서 평신도 지도자들을 교육시킬 때 우리의 선교 목표는 "민족을 개혁하는 것"임을 힘주어 강조했다.[30] 웨슬리는 "감리교도라고 불리는 설교가들을 일으키시는 하나님의 목적이 무엇이라고 우리는 합법적으로 믿을 수 있는가? 어떤 새로운 종파를 만드는 것이 아니라, 민족을 개혁하는 것(to reform the nation), 특별히 교회를 개혁하는 것, 그리고 온 땅에 성서적 성결을 널리 퍼트리는 것"이라고 말한다.[31]

4) 은총의 낙관주의(Optimism of Grace)

이 성화의 완성(Perfection 혹은 entire sanctification)이 죽기 전에 가능하다고 웨슬리는 해석한다. 그 이유는 우리의 죄악성의 깊이로는 불가능하지만, 그러나 은총의 높이가 크시기에 크신 은총으로 지상의 완전이 가능하다고 믿는다. 그러나 절대적 완전은 죽음 후에 영화(Glorification)에서 이루어진다. 왜냐하면 지상의 완전은 의식적인 죄(voluntary sin)는 범하지 않지만 무의식

---

28   Leon O. Hynson, 이희숙 역, 『웨슬리의 윤리 사상』(서울: 전망사, 1987).

29   Works, Vol. V, 296.

30   Leon O. Hynson, *To reform the Nation* (Grand Rapids, Michigan: Francis Asbury Press, 1984), 9-10.

31   Works, Vol. Ⅷ, 299.

적인 죄(involuntary sin)의 가능성은 남아있고,[32] 무지(ignorence), 실수(mistake), 유혹(temptation), 연약(weakness)의 상태는 남아있기에 상대적 완전이다.[33] 그리고 완전은 정착된 상태가 아니고 계속적인 과정(continous process)속에 있다. 어디까지 이르렀든지 계속 달려가는 것이 완전이다.[34] 또한 이것은 개인적 완전을 의미할 뿐 아니라 사회적 완전도 뜻한다.

5) 희년사상

은총의 낙관주의에 의해서 사회적으로도 지상의 천국을 실현할 수 있다고 웨슬리는 믿는다. 물론 절대적 신국의 모습은 초월적, 미래적 이지만 상대적인 의미에서 웨슬리는 지상의 천국을 믿는다. 그것이 곧, 그의 희년사상(jubilee)으로 나타난다. 웨슬리는 희년실현을 위해 세금제도의 개혁, 고용제도의 개혁, 노예해방, 여성해방, 청지기 의식에 의한 경제적 분배와 나눔, 재산상속 반대, 광부와 농부와 산업노동자의 노동조합운동 등을 실천하였다. 웨슬리는 실현될 종말론(realized eschatology)을 믿는 사람이었다. 그는 브리스톨에서 옥외설교를 시작한 첫날(1739년 4월 1일) 산상수훈강해를 설교하면서 하나님나라의 현존을 실존적으로 사회적으로 경험하는 복음을 선포하였고, 둘째 날(1739년 4월 2일) 옥외 하이웨이에서 눅4:18-19의 본문을 설교하였다.[35] 그는 가난한 자, 눌린 자, 고통당하는 자, 갇힌 자, 병든 자, 나그네, 고아, 과부, 신체장애자들을 해방케 하는 희년의 복음을 브리스톨 탄광지역의 민중들에게 선포하였던 것이다. 웨슬리는 그의 「신약성서주해」(Explanatory Notes Upon The New Testament)에서 눅4:18-19절을 해석하기를 "은

---

32 John Wesley, "On Perfection," Works, 46-61.

33 John Wesley, "Christian Perfection," Works, VI, 2-4.

34 John Wesley, *A Plain Account of Christian Perfection*,(London: Epworth Press, 1985), 11. 이하 A Plain Account로 표기함.

35 The *Works*, Vol.19, 46.

혜의 해"는 희년이라고 풀이한다. 모든 빚진 자들과 종들이 자유를 얻는 희년이라고 말한다.[36] 그는 주기도문해설 설교에서도 "하나님의 나라는 이 지상에서(below) 시작되었다. 성도의 마음속에 세우신다."[37] 회개하고 믿을 때 이미 하나님의 나라가 실현되기 시작한 것이다. 성도의 마음속에 하나님의 통치가 영생의 모습으로 임재 한다. 그는 "성서적 구원의 길"(The Scriptual Way of Salvation)에서 구원은 미래에서 누리는 축복이 아니라 현재적임을 강조한다.

또한 웨슬리는 그의 신약성서주해에서 마3:2절을 주석하면서 하나님의 나라는 지상에서 형성되고 그리고 후에 영광 속에 완성된다고 보며, 성서 속에는 지상의 모습을 말하는 구절들도 있고 영광된 상태로 표현된 부분들도 있으나 대부분의 말씀은 양면이 모두 있다고 해석한다.[38] 까닭에 웨슬리는 하나님나라를 겨자씨의 자람처럼 현재 여기서 이미 시작되었으며 완성을 향해 자라간다고 이해한다. 그런데 저 세상에서의 미래적 구원을 바라는 것이 아니라 현재 여기서 하나님나라를 확장해 가는 것이 중요하다.

따라서 그의 현재적 천국개념과 희년사상은 그의 완전교리와 연결된다. 역사 속에서도 완전한 사랑을 실현할 수 있다는 신앙은 모든 창조의 개혁과 재창조의 꿈으로 발전한다. 즉 웨슬리는 감리교("성서적 기독교")는 완전한 사랑의 승리를 믿는다고 강조한다.

웨슬리는 레위기 25장에 나타난 희년의 모습대로 빚진 자를 탕감하고, 포로 된 흑인노예를 해방시켜 주고, 굶주린 민중들에게 먹을 것을 제대로 나누어주고, 상속할 재산의 대부분은 사회에 환원하고(자녀들에게 필수적인 것은 상속할 수 있지만), 가난한 민중에게 힘에 겨운 세금을 부과하지 말고, 부자

---

36 John Wesley, *Explanatory Notes Upon The New Testament*, (London: Epworth Press, 1976), 216.

37 Works, Vol.V, 335.

38 G. Roger Schoenhals ed., *John Wesley's Commentary on the Bible*, (Grand Rapids: Rancis Asbury Press, 1987), 405.

들이 사치하게 음식을 낭비하지 말아야 하며, 일거리 없는 자들이 구체적으로 일거리를 찾을 수 있는 제도적 개혁을 주장하였다.[39] 또한 희년생활은 마 25:35-40의 소자에 대한 사랑-갇힌 자, 병든 자, 가난한 자, 헐벗은 자, 나그네 등-임을 역설한다.[40] 찰스 웨슬리의 희년찬송 "불어라, 너 희년의 나팔을 불어라"(Blow Ye the Trumpet, Blow)에서 희년의 실현을 신앙의인화를 통하여 다음과 같이 설명한다.

> 1절, 불어라 너 희년의 나팔을 불어라!
> 기쁜 복음의 소리가 모든 민족에게
> 저 지구의 가장 먼 곳에 있는 사람들에게까지도 알려지게 하여라.
> 희년이 오고 있다! 희년이 오고있다!
> 너 속죄함 받은 죄인들이여 집으로 돌아오라.
> …
> 6절, 복음나팔을 들어라 하늘의 은혜의 소식을,
> 지구를 구원하신 구세주의 얼굴 앞에 나아오라
> 희년이 오고 있다! 희년이 오고 있다!
> 너의 영원한 집으로 돌아오라.[41]

6) 현재적 천국으로서의 희년

웨슬리는 그의 동생 찰스와 함께 "만입이 내게 있으면"(O for a thousand tongues to sing)을 샬롬과 희년의 환상으로 찬송한다.[42] 제5절에 신체장애자

---

39 John Wesley, "Thoughts on Present Scarcity of Provisions," "Thoughts on Liberty," "Thoughts on Slavery," Works, Vol.XI 등에서 이러한 제도적 개혁을 강하게 표현하고 있다.

40 Wesley, "The Important Question," Works, Vol.VI, 500.

41 *The United Methodist Hymnal,* (Nashville, Te: The United Methodist Publishing House, 1989), 379.

42 *The Works,* Vol.7, 80.

가 회복되는 환상을 다음과 같이 노래한다. "너 귀머거리여 그분의 말씀을 들으라, 너 벙어리여 너의 굳은 혀가 풀려 그를 찬양하라, 너 눈먼 자여 너의 구세주가 오심을 보라, 너 절름발이여 기쁨으로 뛰어라." 제4절에서는 해방과 자유가 보여지고 있다. "그는 말소된 죄의 권세를 깨뜨리신다. 죄인을 자유케 하신다."라고 노래한다. 또한 제9절에서는 하늘나라를 여기 지상에서 기대하라고 사랑을 소유함이 곧 하늘나라라고 노래한다.

웨슬리는 현재에 실현된 하나님나라를 겨자씨비유로 설명한다. 겨자씨처럼 하나님나라는 지금 여기에서 시작하였고 미래의 완성을 향하여 성장하여 간다. 그는 그의 설교 "우리 자신의 구원을 이룸에 관하여"(On Working Out Our Own Salvation)에서 구원은 겨자씨 한 알과 같음을 설교한다.[43]

그는 예수님이 말씀하신 것처럼 "하나님의 나라가 보이게 임할 것이 아니라 조용히 마음에서 마음으로 집에서 집으로 마을에서 마을로 이 나라에서 저 나라로 증가할 것이다."[44]라고 믿었다. 그러므로 현재적 하나님나라로서의 웨슬리의 희년신학은 그의 완전교리와 연결된다. 웨슬리에게 있어서 개인적 인격적 완전이 이 세상에서 가능할 뿐만 아니라, 희년으로서의 사회적 완전도 또한 가능하다고 믿는다. 그러면서도 개인적 완전처럼 사회적 완전도 이 역사 속에서는 절대적 완전으로 실현될 수 없고 상대적 완전으로 실현된다. 따라서 비록 절대적 의미의 완전 희년사회가 역사 속에서 실현될 수 없다할지라도 우리는 이 역사 속에 희년의 사회를 이룩하기 위해 노력하지 않으면 안 된다.

7) 우주적 성화(cosmic sanctification)의 회복으로서의 희년

특별히 웨슬리는 종말론을 그의 설교 "새창조(New Creation)"에서 새창조

---

43 Wesley, "The General Spread of Gospel," *Works*, Vol. VI, 282-83.
44 Wesley, "General Spread of Gospel," 283.

와 우주적 성화의 회복으로서 해석한다.

> 사자는 어린양을 다시는 찢지 않을 것이다. 어린양의 살과 뼈를 사자의 이빨로 깔지 않을 것이다. 어떤 피조물도 짐승도 새도 물고기도 서로서로 해치지 않을 것이다. 잔인성과 야만성과 맹렬함이 사라져 버리고 잊혀질 것이다. 다시는 지구의 표면에서 폭력성과 파괴와 낭비가 보이지 않을 것이다. … 여기서부터 아담이 낙원에서 즐겼던 것 보다 더욱 훌륭한(far superior) 성결과 행복을 누리게 될 것이다.…
>
> 거기에는 성령을 통하여 성부와 성자와 더불어 끊임없는 교제(a constant communication with)를 나누게 될 것이다. 삼위일체 하나님의 지속적인 즐거움을 모든 피조물이 누릴 것이다(a continual enjoyment of the Three-one God).[45]

여기서 웨슬리는 옛 아담의 옛 창조 보다 더 훨씬 위대한(far superior to) 새 창조, 현재의 구원 보다 더 훨씬 위대한(a greater deliverance) 구원, 더 이상 죄와 타락이 없는 구원을('no more sin' means 'no more fall') 말한다.

특별히 이 새 창조는 인간만이 누리는 축복이 아니라 모든 피조물들이 함께 누리는 구원이라는 점이다. 이 새 창조는 내면적 성화, 사회적 성화, 그리고 우주적 성화를(personal sanctification, social sanctification and cosmic sanctification) 모두 포함한다는 것이다. 웨슬리의 우주적 성화의 개념은 "새 창조" 뿐만 아니라 그의 다른 설교들에서도 나타난다.

특별히 웨슬리는 그의 두 설교 "일반적 구원"(The General Deliverance)과 "인간의 타락"(On the Fall of Man)에서 우주적 성화의 개념을 설교하였다.[46] 인간은 우주 만물 중에도 뛰어나서 하나님이 우주 만물을 관리하고 돌보고 다

---

45 Wesley, "New Creation," *The Works,* Vol. 2, 509-10.

46 웨슬리는 우주적 성화(cosmic samctification)란 말을 사용하지 않았으나 필자는 우주적 구원을 우주적 성화란 의미로 사용하고자 한다. 그러나 "universal sanctification"이란 용어는 자주 사용한다. 웨슬리의 설교는 우주적 성화운동을 통한 우주적 구원에 초점지어진다.

스리고 지배하는 청지기로, 관리인으로 삼으셨다. 그것이 바로 하나님의 정치적 형상(political image of God)이다. 그런데 이 정치적 형상을 인간이 바로 사용하지 못하였다. 하나님의 형상의 극치인 도덕적 형상(moral image of God)이 전적으로 파괴됨으로 인하여 정치적 형상도 부분적으로 파괴되는 결과를 초래하게 되었다. 결국 인간이 만물을 섬기고 돌보고 관리하는 청지기가 아니라, 하나님께로 우주 만물을 인도하고 이끌어 오는 존재가 아니라 우주 만물 위에 폭력적으로 군림하는 지배자가 되었다.

웨슬리는 그의 설교 "일반적인 구원"(General Deliverance)에서 이러한 타락한 인간과 자연의 관계를 묘사한다. 롬 8:19-22의 말씀을 해석하면서 모든 피조물이 인간의 억압과 착취에서 허무하게 탄식하고 신음하는 상태에서 벗어나 해방되는 종말론적 구원의 환상을 설교한다.[47] 웨슬리는 인간이 만물을 지배하는 정치적 형상을 부여받은 것은 하나님의 축복을 전달하는 채널이 되기 위함이었는데, 인간이 타락함으로 인하여 자연에 대한 학대와 착취의 지배로 전락하게 되었음을 개탄한다.[48]

이러한 인간과 자연의 타락한 관계는 성화의 역사에 의해 변화를 경험하게 된다. 인간이 하나님의 도덕적 형상과 정치적 형상을 다시 회복하는 성화의 은총을 받을 때 인간만 성화 되는 것이 아니라 우주 전체가 성화 되어 가는 우주적 구원이 시작되는 것이다. 그러므로 인간이 하나님의 형상으로 화하는 내면적 성화는 사회적 성화와 함께 우주적 성화로 확산되어 가는 우주적 구원을 이루어 간다. 까닭에 그의 구원론에서 우주적 성화도 내면적 성화와 사회적 성화만큼 중요한 의미를 지닌다고 말할 수 있다. 이것이 웨슬리 구원론의 총체적, 통전적 이해라고 할 수 있다.

하나님의 새 구원과 새 창조는 전 우주를 모두 포함하는 것이다. 결국 웨슬리의 구원론은 창조론을 흡수한다. 우주적 구원의 차원에서 구원론과

---

47 Wesley, "The General Deliverance," *The Works*, Vol.2, 440-41.

48 Wesley, "The General Deliverance," 440.

창조론이 만나고 있다. 바로 이 점에서 웨슬리는 서방 교회적 구원론과 동방 교회적 창조론을 종합하고, 창조론적 차원에서 그의 구원론을 발전시켰다.

3. 웨슬리의 희년경제 I: 복음적 경제윤리(Evangelical Economic Ethics)

사회복지가 가장 바람직하게 이루어지는 희년사회의 실현을 위해 웨슬리의 구체적인 희년경제윤리를 다음과 같이 복음주의적 시각에서 강조하고 있다.

1) 청지기 경제윤리

하늘과 땅의 소유주이신 창조주가 인간을 이 세상에 보내실 때에 소유주가 아니라 청지기로 세상에 보내셨다고 웨슬리는 믿는다. 우리의 몸과 영혼과 모든 재산은 우리의 것이 아니요 모두 하나님의 것이다. 첫째로, 우리는 우리 자신이 먹고 옷 입는 것을 위해 돈을 써야 한다. 둘째로, 우리는 우리의 아내, 자녀 그리고 우리 집에 딸린 사람들을 위해 돈을 써야 한다. 그런데 더욱 안일하고 편리하게 그리고 사치하게 살도록 돈을 써서는 안 되고 꼭 필요하고 필수적인 것을 위해서만 돈을 써야 한다고 강조한다. 우리의 식구들을 위하여 돈을 사용하는 것 이외에는 우리는 하나님의 소유를 하나님께 돌리지 않으면 안 된다고 하였다. 우리는 육체의 정욕, 안목의 정욕 그리고 이생의 자랑을 위해 돈을 사용하기보다 하나님을 기쁘시게 하고 영화롭게 하기 위해 돈을 사용해야 한다. 그는 우리가 모든 영혼, 몸, 그리고 본성을 하나님의 뜻대로 사용해야 함을 설교하였다.[49] 우리가 갖고 있는 모든 것을 주님께 빚지고 있다. 빚진 자는 그가 받은 것을 갚아야할 의무가 있다.

주인과 함께 계산하는 날이 다가오기까지 마음대로 사용하는 것은 그의 자유이지만, 그는 청지기정신대로 사는 것은 아니다. 청지기는 오직 주인의 기쁨을 위해, 주인의 뜻대로 사용해야 한다. 우리는 우리가 기뻐하는 일을 위해 돈을 사용할 권리가 없다.[50]

그리고 그는 명령한다. "기회가 있는 대로 모든 사람에게 선을 행하라. 하나님의 것을 하나님께 돌려 드리되 십 분의 일도, 십 분의 삼도, 십 분의 오도 아니라, 모든 것이 하나님의 것임을 알고 하나님께 갚아야 한다."고 강조한다.[51] 하나님은 우리에게 위임하시기를 우리에게 맡기신 돈으로 마25장의 말씀대로 굶주린 자를 먹이고, 헐벗은 자를 입히며, 나그네 된 자를 돕고, 과부와 고아를 돌아보며, 그리고 모든 인류의 필요를 해결하기 위해 사용하도록 부탁하셨다는 것이다. 어떤 다른 목적을 위해 돈을 사용하는 것은 하나님을 속여 빼앗는 것이라고 웨슬리는 해석한다. 그는 설교하기를 만약 어떤 사람이 은행에 수 백 만원을 저금하고도 가난한 자에게 그것을 나눠주지 않는다면 그는 아직도 가난한 사람이다. 인간 중에 가장 가난한 사람이라고 해석한다. 가장 많은 소유를 가진 사람들은 가장 많은 액수를 나눠주어야 한다고 역설하였다. 또한 웨슬리는 그의 설교 "더욱 좋은 길"(The More Excellent Way)에서 다음의 이야기를 소개한다.

옥스포드에서 감리교도라고 불리 우는 한 청년이 년 수입 30파운드 중에 28파운드를 자기 생활비로 쓰고 2파운드를 가난한 사람에게 나누어주었고, 그 다음 해 년 수입 60파운드 중에 역시 자기 생활비로 28파운드만 쓰고 32파운드를 가난한 사람에게 나누어주었으며, 세 번째 해에 년 수입 90파운드 중에 역시 자기 생활비로 28파운드만 쓰고 62파운드를 가난한 사람에게 나누어주었고, 네 번째 해에 년 수입이 120파운드가 되었는데 역시 자기 생활비로 28파

---

49   Works, VIII, 360-1.

50   Wesley, "The Good Steward," *The Works*, 2, 283.

51   Wesley, "Good Steward," 133-35.

운드를 쓰고 92파운드를 가난한 사람에게 나누어주었다.[52]

웨슬리는 "세상적 어리석음"이라는 설교에서 나사로와 부자의 비유에 나오는 부자의 어리석음은 바로 청지기의식의 결여임을 지적한다.[53] 부자가 구원에 이르려면 나사로 같은 거지를 돌보고 나눔을 실천할 때 가능하다는 것이다. 내 소유가 전부 내 것이 아니라 하나님의 것이라고 고백하면서 하나님의 것을 하나님의 것 답게 나누어주어야 구원에 이를 수 있다는 것이다. 그는 이 설교에서 부를 축적하는 어리석음에 대해서 감리교도들을 향하여 질타하면서, 또한 자신을 따라 오지 않고 청지기의식 없는 것을 비애하고 좌절을 느끼는 점도 강하게 표현하고 있다.

웨슬리는 "부의 증가의 위험"(Danger of Increasing Riches)이라는 설교에서 재산을 증식시키고 상속하려는 사람들의 어리석음을 지적하면서 삭개오처럼 재산을 상속하지 않고 그 재산을 필요에 따라 가난한 사람에게 나누어주어야함을 주장하였다.[54]

이 설교의 서두는 '부자가 하나님의 나라에 들어가는 것보다 낙타가 바늘귀로 지나가는 것이 더 쉽다'는 주님의 말씀으로부터, 우리는 어느 누구도 재물로 인해 위험에 처하지 않고서는 부를 얻을 수 없음을 쉽게 알 수 있다고 경고하는 것으로 시작한다. 만약 재물이 거의 없는 사람에게도 위험성이 그렇게 크다면, 늘어나는 재물로 인해서 생기는 위험성은 얼마나 더 큰가를

---

52 "The More Excellent Way," *The Works*, 3, 275-76.

53 웨슬리, "세상적 어리석음에 관하여," 김홍기 편저, [존웨슬리의 희년사상], (서울:기독교서회, 1995), 161-63.

54 웨슬리, "부의 증가의 위험," 김홍기 편저, [존웨슬리의 희년사상], 339. 이 "부의 증가의 위험"이란 설교는 웨슬리 사후에 Bristol에서 발견된 웨슬리생애의 마지막 설교집인 "알미니안 매거진 제14권"(Arminian Magazine XIV)의 서문에 언급된 설교 네 편 중 마지막에 있는 것이다. 그러니까 웨슬리 생애 마지막 설교로 추정된다. 그 끝에는 "Bristol, Sept, 21, 1790"이라고 기록되어 있다. 이것은 그해 8, 9월 동안에 웨슬리가 Bristol에서 마지막으로 머물렀었다는 일기의 내용과 딱 맞아떨어진다.

지적한다. 이러한 위험성은 조상으로부터 재산을 물려받은 사람에게조차 크게 작용하고, 그러나 그것은 자기의 기술과 기업으로 재물을 얻은 사람에게 더욱 더 엄청나게 작용한다는 것이다. 따라서 '재물이 늘어나더라도 거기에 마음을 두지 말라'는 경고만큼 더 신중한 주의를 요하는 것은 없다고 웨슬리는 청지기의식을 강조한다.[55]

2) 돈 사랑의 위험

웨슬리는 빈번하게 사도바울의 말씀을 사용하였다. "돈을 사랑함이 일만 악의 뿌리이다." 돈을 사랑하는 사람들은 그들의 행복을 돈 사랑 속에서 추구하는 자들이다. 사도바울은 그들이 창조주보다 피조물을 더욱 사랑하고, 하나님을 사랑하기보다 쾌락을 더욱 사랑하는 사람들이라고 표현한다. 웨슬리도 이러한 바울의 사상을 받아들여, 물질을 더 많이 소유하는 것이 행복을 더욱 증가시키는 것이라고 생각하는 것을 비판한다. 사람들이 물질을 더 많이 소유할지라도, 그들이 더욱 만족지는 않는다고 웨슬리는 지적한다. 금이 사람의 마음을 소유하는 사람이 되어 버린다. 만일 그렇다면 그들은 하나님 나라에 들어갈 수 없다고 웨슬리는 강조한다. 웨슬리는 "너희 부자들이여! 너희에게 다가올 곤경을 위해 울어라"라고 경고한다.[56]

웨슬리는 "부자와 나사로"(The Rich Man and Lazarus)설교에서 부의 축적의 위험을 종말론적 심판과 연결시킨다. 이 설교의 강조점은 세상에서 하나님의 주도적인 은혜에 대해 인간이 응답해야하는 중요성과 죽음 후의 지옥(hell), 연옥(purgatory), 낙원(paradise)등 고정된 영혼의 상태에 대해서 웨슬리가 지속적으로 강조하는데 있다. 그것은 숙명적인 죄 속에서 죽어가는 모든 영혼들이 낙원에서부터 제외 당하여 가는 영의 중간상태로 연옥을 해석하

---

55 웨슬리, "부의 증가의 위험," 김흥기 편저, [존웨슬리의 회년사상], 333-34.
56 Wesley, "Danger of Riches," *Works*, VII, 10.

면서 연옥에 대한 로마 카톨릭의 교리를 보통 개신교도들이 오해하고 있다는 것을 보여준다.[57]

웨슬리의 주안점은 웨슬리의 응용에 있다. 회개, 믿음 그리고 선행의 복음이 우리의 모든 기질, 우리의 모든 행위, 우리의 모든 행동의 항구적인 원칙이 되게 하기 위해서 어떻게 사람들이 계시의 충분한 빛 가운데 지금 살 수 있을 것인가? 라는 것이다.

여기서 웨슬리는 가난한 것보다 부자가 되는 것이 더욱 죄된 것은 아니라고 해석한다. 그러나 이웃의 가난과 고통을 외면하고 부를 축적하는 것은 표현할 수 없을 정도로 위험하다는 것이다. 그러므로 웨슬리는 지나칠 정도로 어떤 것을 소유하고 있다면, 여러분은 미끄러지기 쉬운 길을 걷고 있다는 것을 일깨워 주고 있다. 그것은 계속 유혹과 죽음을 밟고 다니며, 매순간 지옥의 가장자리에 있는 것이라고 경고한다. 이 부자처럼 '매일 호화롭게 먹고 지내는' 자들은 그 부자와 같은 처벌, 물 한 방울로 당신의 혀를 시원하게 해달라고 울부짖는 것처럼 벌을 받을 것이라고 웨슬리는 주장한다. 웨슬리는 이 설교에서 영원한 삶과 영원한 죽음의 결단을 촉구한다. 부자는 바리새적 경건을 추구하는 종교적인 신앙인 이였으나, 호화롭고 사치하게 부를 즐기면서 살면서도 당신 집 앞에서 구걸하는 나사로도 돌보고 관심 갖지 못하는 이기주의적 신앙인이기에 영원한 죽음에 떨어질 수밖에 없음을 지적한다. 오늘의 한국 크리스천들도 부자처럼 수직적 영성만을 강조하고 내면적 믿음만을 주장한 나머지 사회적 사랑의 실천에 무관심한 이기주의적 경건주의자들은 아닌가? 우리의 죽음 앞에서 하나님과 결산하는 날 얼마나 더 불어 나누어주며 살았는가를 물으실 때에 무엇이라고 대답할 수 있을까? 깊이 자신을 통찰하는 삶을 살아야 한다.

돈 사랑의 위험을 웨슬리는 그의 설교 "부에 관하여"(On Riches)에서 아

---

57 웨슬리, "부자와 나사로," 김홍기 편저, [존웨슬리의 희년사상], 352-54.

주 구체적으로 성화생활에 방해됨을 지적한다. 웨슬리의 Serrmons on Special Occasions, IV(1760)의 마지막 설교는 '돈의 사용'에 관한 것이었다. 그리고 SOSO, VIII(1788)의 마지막 설교는 '부에 관한 것'이었다. 이 두 설교 사이의 유사성(그리고 그것들의 위치)은 주목할 만하다. 30년 동안의 시기에 많은 감리교 신자들은 그들의 부지런함과 절약, 그 시대의 일반적인 번영에 힘입어(비교적, 적어도)풍족하게 되었다. 따라서 웨슬리는 그의 세 번째 규칙인, '가능한 한 모든 것을 주어라'하는 규칙을 그들로 하여금 따르도록 설득하는 것이 허사임을 깨달았다. '돈의 사용'에 대한 어조는 훈계조였다(예를 들면 그리스도인이 재물을 가지고 해야만 하는 일에 대하여; 그가 이 설교 II장 10절에서 이야기 하듯이 '그들이 처음 만났을 때'는 단 한 사람의 감리교인도 부자가 아니었기 때문에). 그는 실제로 부는 그들의 영혼에 도덕적인 위기 즉 '천국에 들어가는 것'을 방해하는 것이라고 열렬히 믿었으므로, 이제 웨슬리는 부자인 감리교도들과의 심각한 목회적 갈등에 처하게 되었다. 이 설교는 돈 사랑이 경건생활과 구원에 심각한 방해를 줌에 대한 경고와 권면이라고 보는 것이 바람직하다.

첫째로, 돈 사랑은 무신론(atheism)의 유혹을 받을 위험이 있다. 부는 자연적으로 하나님으로부터 멀어지게 하고 하나님을 전적으로 잊어버리게 만든다.[58] 세상 오락과 향락이 너무 즐거워서 하나님을 마음에 둘 수 없다는 것이다. 웨슬리는 경고한다. "어리석은 자여, 당신이 하나님을 볼 수 없기 때문에 하나님도 당신을 볼 수 없다고 상상하는가? 웃어라! 놀아라! 노래하라! 춤추어라! 그러나 이 모든 일에 대하여 하나님이 당신을 심판하실 것이다."[59]

둘째로, 돈 사랑은 무신론에서부터 우상숭배(idolatory)로 쉽게 전이됨을 웨슬리는 지적한다. 창조주를 사랑하지 않는 자들은 피조물을 사랑하게 된다. 참 하나님을 예배드리지 않는 자들은 거짓 신들을 예배하게 된다는 것이다. 하나님을 사랑하지 않는 자들은 육체의 정욕, 안목의 정욕, 이생의 자

---

58 "On Riches," *The Works*, Vol.3, 523.

59 "On Riches," *The Works*, Vol.3, 524.

랑에 빠지게 됨을 웨슬리는 개탄한다.[60]

셋째로, 돈 사랑은 안목의 정욕(the desire of the eyes)에 휩싸이게 한다고 웨슬리는 강조한다. 부자들은 눈을 즐겁게 해주는 새것과 아름다운 것을 좋아하는 심미주의에 빠져들게 된다. 아름다운 집, 우아한 가구들, 호기심을 끄는 그림들, 멋진 정원들 속에서 행복을 추구한다. 시와 역사와 음악과 철학과 예술과 과학 속에서 인생의 행복을 찾으려한다고 웨슬리는 비판한다.[61]

넷째로, 돈 사랑은 이생의 자랑(the pride of life) 속에서 행복을 추구하게 만든다. 웨슬리는 '부'(rich)와 '선'(good)을 같은 의미의 단어로 사용함을 비판한다.[62] 런던 사람들은 "그(부자)는 선한 사람이다. 그는 10만 파운드만큼 값어치가 있다."고 말한다고 지적한다.[63] 그의 설교 "북아메리카에서의 하나님의 후기 사역"(The Late Work of God in North America)에서, 그리고 "부에 대하여"(On Riches)에서 웨슬리는 동시에 다음과 같은 말을 한다. "일천 파운드는 이만 파운드 질(qualities)의 수요를 공급한다."[64] 다시 말해 부자는 교만에서부터 벗어나기 어렵다는 것이다. 웨슬리는 물질적인 것 때문에 남으로부터 칭찬 받는 것은 일반적으로 영혼에 해독을 끼치는 것이라고 지적한다.

다섯째로, 돈 사랑은 하나님사랑과 이웃사랑에 거슬리는 자기의지(self-will)와 이기주의에 사로잡히게 만든다. 십자가를 지고 자기를 부인하여야 하나님을 사랑하고 이웃을 사랑하며 예수의 뒤를 따르는 제자가 될 터인데, 정반대의 길을 걷게 된다. 웨슬리는 이렇게 질문한다. "당신들이 가난했을 때 자기를 부인한 것만큼, 지금 부자로써 자기를 부인하고 있는가? 당신

---

60 "On Riches," 524.

61 "On Riches," 524-25.

62 "On Riches," 525.

63 "On Riches," 525.

64 "On Riches," 525, 600.

들이 오 파운드의 값어치도 없을 때만큼, 지금도 기쁜 마음으로 노동과 고통을 견디고 있는가?….당신들은 전에 금식했던 만큼, 지금도 금식하고 있는가? 당신들은 전에 아침 일찍 일어났던 것처럼 지금도 그렇게 일어나는가? 당신들은 추위와 더위, 바람과 비등을 전에 기쁨으로 견딘 것처럼 지금도 견디고 있는가? 은혜가 감소되는 것 없이 상품을 증가시킬 수 있는가? 더 이상 자기를 부인하지 않고 자기 십자가를 지지 않기 때문이다. 그들은 더 이상 예수 그리스도의 선한 군사로써 어려움을 견디지 않기 때문이다."[65]

웨슬리는 이 설교에서 성화(sanctification) 곧, 성결(holiness)의 삶을 방해하는 걸림돌로 돈 사랑을 지적한다. 돈 사랑이 성화의 걸림돌이 되는 이유를 믿음의 방해물, 믿음의 첫 열매인 하나님 사랑의 방해물, 하나님 사랑에서 솟아 나오는 이웃사랑의 방해물, 겸손의 방해물, 온유의 방해물이 됨을 지적한다. 또한 돈 사랑은 우리에게 경건하고 성결된 성화의 성품을 주기보다 불경건하고 성스럽지 못한 속성과 기질을 우리에게 심어주는 데, 예를 들면 무신론과 우상숭배와 이생의 자랑과 안목의 정욕과 육체의 정욕만을 불러 일으켜 성화에 이르지 못하는 악한 기질과 속성만을 주는 것이다. 처음 감리교회가 시작할 때는 부자가 하나도 없어서 가난하고 온유한 마음으로 자기를 부인하고 자기십자가를 지고 다녔는데, 이제는 부유해짐으로써 그 성화의 속성을 상실하였다고 아주 날카롭게 책망하고 있다.

오늘날의 한국교회 모습은 자본주의의 나쁜 병폐를 너무 많이 받아들여 물량화, 기업화, 돈 사랑의 유혹에 깊이 빠져들지 않았는가? 영국 감리교회가 웨슬리의 책망을 끝까지 외면하고 회개하지 않음으로 결국 중산층화, 상류층화 되면서 점점 쇠퇴하여 갔고, 미국 감리교회도 역시 U.M.C.(United Methodist Church)가 U.M.C.(Upper Middle Class)로 되면서 점점 교인들이 줄어들고 생명력을 잃어가고 있으며 성령이 떠난 교회가 되어가고 있다. 한국교회

---

65 "On Riches," 527-28.

도 웨슬리의 경고를 받아들이지 않고 돈 사랑의 죄를 회개하지 않으면 똑같은 역사의 과정을 밟지 않을까? 역사는 완전히 회귀(circulation)하지는 않지만, 나선형적으로 반복하는 역사의 법칙을 갖고 있는 것이라면 한국교회는 희년의 나팔소리를 듣고 깨어야 할 것이라고 생각한다.

"부자들이여, 가라 당신들에게 다가올 환란을 인하여 통곡하고 울라." (약 5:1). 전적으로 깊이 회개하지 않고 변화되지 아니하면 환난의 날이 곧 다가오고 너의 금과 은이 너를 거슬려 증거할 것이고 그것들이 너의 육체를 불로 삼켜 먹어버릴 것이라고 웨슬리는 경고한다. 전심으로 온 마음을 다하여 하나님만을 사랑하라! 하나님 안에서 너의 행복을 찾으라 오직 그분 안에서만 행복을 찾으라. 이 세상은 너의 살 곳이 아니니, 세상을 사랑하지 말고 세상을 즐기지 말며, 오직 하나님을 즐기고(enjoy) 세상은 사용하라(use)고 권고한다. 이 세상에서는 오직 가난한 거지처럼 모든 것을 잃어버리고, 하나님의 풍부한 은사들로 선한 청지기가 되라고 권고한다. 그리할 때에 주께서 "잘 하였도다 착하고 충성된 종아, 네 주인의 즐거움에 참여하라"고 말씀하신다(마 25: 21).

웨슬리는 그가 죽은 후에 감리교회가 성령 떠난 교회가 될까봐 염려한 것만큼 돈 사랑의 시험에 빠질까봐 심각하게 염려하였다. 결국 영국감리교회는 웨슬리의 경고를 듣지 아니하고 물량화 되고 부를 축적함으로써 성령이 떠난 교회가 되어 버리고 말았다. 오늘날 한국교회에 웨슬리가 다시 온다면 똑같은 경고를 아주 높은 어조로 외칠 것이다.

3) 하늘나라의 저축

웨슬리는 그의 설교 28번 산상수훈설교VIII(Sermon on MountVIII)에서 "너희 자신을 위해 보물을 땅에 쌓아 두지 말고 하늘에 쌓아 두라"고 역설한다. 이것은 개인적 안정과 번영을 위해서 부를 사용해서는 안 되고 하나님의 영광을 위해 사용해야 함을 의미한다. 이 하나님의 영광을 위해 보물을 하늘에 저축하는 것은 헌금만을 의미하는 것이 아니라, 이웃을 구제하고 나누어 주는 것을 뜻한다고 힘주어 강조한다.[66]

　　그대는 남는 재물을 이 세상에 두는 것보다 안전한 곳에 저장하십시오. 그대의 재물을 하늘의 은행에 저축하십시오. 그러면 하나님께서 그대에게 다시 갚아 주실 것입니다. "가난한 자를 불쌍히 여기는 것은 여호와께 꾸이는 것이니 그 선행을 갚아 주시리라"하였습니다.[67]

　　가난한 이웃에게 나누어주는 것은 주님께 꾸어 주는 것이고 주님은 다시 그에게 갚아 주실 것이라고 해석한다. 주님께로부터 거저 받았기에 거저 주어야한다는 것이다. 배고픈 자, 헐벗은 자, 병든 자, 갇힌 자 등(마 25:34-46) 소자들에게 나누어주고 베풀기 위해 항상 준비해야 한다고 강조한다. 또한 억눌린 자를 변호하고 고아를 위로하고 과부에게 남편이 되어 주어 마음속에서 기쁨의 노래가 나오도록 도와야 한다는 것이다.

　　웨슬리는 설교 "더욱 좋은 길"(The More Excellent Way)에서 세상 은행에 저금하는 1파운드도 하늘나라에서는 이자를 받을 수 없고 상급을 받을 수 없다고 강조하고 가난한 이웃에게 나누어주는 1파운드도 하늘의 은행에 저금하는 것이 되고 영광스러운 이자를 받게 될 것이라고 역설한다.[68] 또한그는 그의 평신도 설교자들에게 더욱 부유해지기를 추구하는 부자들을 경고하는 설교를 해야 함을 가르쳤다.

　　웨슬리는 참 사랑의 가치를 하나님사랑에 두지 못하고 재물 사랑에 두는 인간의 비참한 말로를 여기서 지적한다. 우리는 우리의 궁극적 사랑의

66　웨슬리, "산상수훈VIII "(Sermon on Mount), 김홍기 편저, [존웨슬리의 희년사상], 285.

67　웨슬리, "산상수훈VIII, " 김홍기 편저, [존웨슬리의 희년사상], 285-86.

68　Wesley, "The More Excellent Way, " *The Works*, Vol.3, 275.

대상을 하나님으로 두고 있는가? 아니면 돈 사랑이 우리의 궁극적 가치는
아닌가? 를 스스로에게 물어보고 하늘나라에 보화를 쌓아야 한다는 것이다.
예수사랑 때문에 이 모든 것을 배설물로 여기고 예수의 영광을 위하여 물질
을 하늘나라에 저축하여야 한다는 것이다.

4) 재산상속의 반대

웨슬리는 부동산 상속의 권리에 반대하였다. 그리고 경제적 분배운동
을 강하게 주장하였다. 그러나 그는 영국의 사회주의자는 아니었다. 오히려
그는 재산의 청지기 원리에 대해서 강조하였다. 웨슬리는 재산에 대한 신성
한 권리를 받아들이기보다, 오히려 재산에 대한 권리는 그 재산의 올바른
사용에 달려 있음을 강조한다. 자녀들에게 필요한 필수적인 것은 나누어주
되, 청지기정신에 따라 그 나머지는 모두 사회에 환원해야함을 강조한다.

> 그것은 무익한 비용으로 낭비되어서는 안 되는 것입니다. 그러한 낭비는 돈
> 을 바다에 던지는 것과 같습니다. 그것을 당신 뒤에 남겨두려고 비장해서는
> 안 됩니다. 그러한 비장은 돈을 땅에 묻어 두는 것과 같습니다. 돈은 우선 당
> 신의 가족과 당신자신의 정당한 필수품을 공급하기 위해 사용되지 않으면 안
> 되는 것입니다. 그리고 남은 것은 가난한 사람들을 통하여 하나님께로 돌려져
> 야 하는 것입니다.[69]

웨슬리의 재산에 대한 관심은 농장 독점화를 반대하고, 대지의 재분배
를 권장하거나 강요하는 수단으로서 어떤 농장도 일 년에 백 파운드 이상에
세 주는 것을 거부해야 한다고 주장한다. 분명하게 그는 어떤 상황 하에서
는 정부의 재산공유원칙을 받아들여야 한다고 생각하였다.[70] 웨슬리의 재

---

69 웨슬리, "선한 청지기," 김홍기 편저, [존웨슬리의 희년사상], 259
70 Wesley, *The Letters of John Wesley*, Vol.V,(London: Epworth Press, 1931), 352-54. 이하

산에 대한 견해는 감리교 속에 협동적 정신을 불러 일으켰다. 감리교도들은 가난, 실업, 그리고 노동문제에 그의 신학적 원리를 응용하기에 망설이지 않았다.

4. 웨슬리의 희년경제윤리 II: 제3의 대안적 경제윤리 (The Third Alternative Economic Ethics)

웨슬리의 경제윤리는 복음적 경제윤리를 넘어서서 대안적 경제윤리로 발전하고 있다. 다시 말해서 자본주의 시장경제를 인정하면서도 경제적 나눔과 재분배와 더불어 사는 상생을 강조함으로서 제3의 대안을 제시한다. 북한은 경제적 자유가 인정되지 않고 재산의 사유화가 없어서 열심히 일하는 분위기가 형성되지 못하기에 자연히 경제위기를 겪게 되었고, 남한은 경제적 자유가 넘친 나머지 경제적 정의와 평등과 나눔이 이루어지지 않았기에 경제위기를 겪게 되었다. 이러한 민족경제의 위기상황에서 우리는 웨슬리의 대안적 경제윤리를 배울 필요가 있다.

1) 시장경제의 부당성

왜 달걀, 닭고기 그리고 돼지고기가 비싼가? 왜냐하면 큰 농장이 시장들을 독점하기 때문이라고 웨슬리는 비판한다. 작은 농장을 가진 농부들은 닭과 돼지들을 많이 소유할 수 없다. 따라서 큰 농장들은 상대적으로 부를 많이 축적하게 되고, 작은 농장들은 상대적으로 부를 적게 축적할 수밖에 없는 구조적 모순을 갖고 있음을 그는 지적한다.[71] 웨슬리는 시장경제 (laissez-faire)에 의한 자본의 독점화에 대해 분노하였다. 그의 가장 중요한 관

Letters로 표기함.

71   Wesley, Letters, 56.

심은 돈과 음식을 재분배하는 것이었다.

웨슬리는 18세기에 크게 영향을 미친 칼빈주의적 자본주의의 윤리를 비판하였다. 또한 시장경제이론을 비판했다.[72] 막스 베버는 웨슬리의 신학과 윤리가 단순히 한 개인이 가진 소유의 양이 한 개인에게 하나님의 은혜가 미친 크기를 보여주고 있다고 부정확하게 주장했다.[73] 그러나 웨슬리는 아담 스미스와 아담 페르구슨(Adam Ferguson)의 시장경제이론(laissez-faire)이론을 비판한다. 왜냐하면 실업의 증가, 가난, 사회적 불평등, 시장독점화와 부동산 독점화현상을 나타내기 때문이다. 빈곤의 조건을 증대시키는 현상을 정부가 콘트롤하고 분배를 제도화해야 한다고 웨슬리는 믿었다. 웨슬리의 경제적 아이디어가 흥미롭고 중요한 것은 특별한 이론이나 치유방법 때문이 아니라, 인도주의적 정신 때문에 20세기 교회가 본받아야 할 정신이 되기 때문이다. 웨슬리의 경제 아이디어는 인간요구에 대한 깊은 동정에 기초한 것이었다.

웨슬리는 그의 논문 "식량의 현재적 궁핍에 관하여 논함"(Thoughts on the Present Scarcity of Provisions)에서 식량의 궁핍 상태를 지적하고 그 원인이 고용체제에 있음을 강조한다. 또한 노동자들에게 일자리를 안 줌으로써 물가가 오르고 물가가 오르는 원인이 술 제조에 있음을 주장한다. 식량의 절대적 부족으로 인한 기가 막힌 빈곤의 상태를 다음과 같이 언급한다.

나는 우선 국가의 전역에서 왜 수많은 사람들이 굶주려 죽어가고 있는가? 를 묻는다. 나는 이 땅의 구석구석에서 그 사실을 내 눈으로 목격했다. 나는 매일 매일 보잘 것 없는 식사 한 끼 밖에 먹지 못하는 사람들을 알고 있다. 나는 런던에 살고 있는 한 사람이(그 사람은 몇 년 전 까지만 해도 가장 편안한 삶을 살

---

72   T.W.Madron, "John Wesley on Economics," *Sanctification and Liberation*, ed. Theodore Runyon (Nashville: Abingdon Press, 1981), 113.

73   Max Weber, *The Protestant Ethic and the Spirit of Capitalism*, (New York: Charles Scribner's Sons, 1976),, 142-43.

던 사람이다) 냄새가 나는 똥더미 속에서 생선을 꺼내 그녀와 아이들을 위한 식량으로 가져가고 있음을 안다. 나는 또 다른 사람을 아는데 그는 구차한 삶을 연장하기 위해 개들이 먹다가 남긴 뼈들을 모아 국을 끓여 먹고 있다…그런 사실이 젖과 꿀이 흐르는 풍요의 땅! 즉 생활필수품, 편리품, 사치품들이 넘쳐나는 이 땅에서 살고 있는 대다수 사람들의 현실이다.[74]

그러면 그 이유는 무엇인가? 왜 이 모든 사람들이 먹을 것이 없는가? 그들이 할 일이 없기 때문이다. 그들이 고기가 없는 간단한 이유는 그들이 일자리가 없기 때문이다. 웨슬리는 일자리를 구해 주는 고용 제도의 개혁이 그들에게 음식을 제공하는 것보다 더 더욱 중요함을 지적한다.

식량의 궁핍의 문제가 근본적으로 해결되려면 실직자들에게 일자리를 구해 주는 것이라고 웨슬리는 주장한다. 오늘의 한국 경제위기 극복을 위해서도 고용제도의 개혁은 시급하다. 일자리를 실직자들에게 마련해 주는 일이 급선무다. 자본주의 시장경제가 일등만 살아남도록 경쟁하게 만드는 것이 상대적으로 중소기업을 무산시키고 많은 실직사태를 만들었다. 이러한 시장경제의 문제점을 일찍이 웨슬리는 비판하였던 것이다. 사유재산을 인정하고 시장경제를 인정하면서도 그 문제점을 해결하기 위한 분배와 나눔과 평등의 사회구조를 만드는 중요한 경제의 3대원리, 돈 사용의 3대원리를 웨슬리는 그의 설교에서 강조한다.

2) 돈사용의 3대원리

웨슬리는 돈 사용의 3대 원리를 설교했다. 첫 번째 원리는 '열심히 벌어라'(Gain all you can!)는 것이다. 웨슬리는 크리스천들이 금을 사는 것 없이, 이웃에게 상처를 주는 것 없이 자신의 사업을 위해 이웃의 사업을 해치는 것

---

74 존 웨슬리, "식량의 현재적 궁핍에 관하여 논함," 김홍기 편저, [존 웨슬리의 희년사상], 421.

없이 열심히 돈을 벌어야 한다고 강조한다. 웨슬리는 이웃을 삼키면서, 그들의 고용인들에게 상처를 주면서 돈 벌기 원하는 사람들을 경고한다.[75]

두 번째 원리는 "할 수 있는 대로 많이 저축하라"(Save all you can!)는 것이다. 웨슬리는 육체의 욕망을 만족시키기 위해서, 맛을 즐기는 기쁨을 더하기 위해서, 집을 사치스럽게 장식하기 위해서, 그리고 값비싼 그림과 책을 사기 위해서 돈을 낭비해서는 안 된다고 설교한다.[76]

세 번째 원리는 "할 수 있는 대로 많이 주어라"(Give all you can!)는 것이다. 제1원리와 제2원리는 제3원리를 위해 존재한다. 웨슬리는 제3원리를 가장 중요시 여겼다. 열심히 노력하여 돈을 모으고 저축한 것이 올바른 일 곧 하나님이 기뻐하실 일을 위해 바르게 사용되어져야 한다고 웨슬리는 강조한다. 따라서 경제적 재분배가 중요하다. 인간이 모으는 것과 저축하는 것 이상으로 나아가지 않으면, 이 모든 소유가 아무 의미도 없게 되어 버린다는 것이다.

3) 경제악의 치유

그렇다면 어떻게 이 악들이 치료받을 수 있는가?

첫째로, 가난한 민중들을 위한 상품을 확장시켜 가는 시장들을 확보함으로써 고용주가 고용인들을 더 많이 쓸 수 있다. 가난한 사람들이 일하러 가야 한다. 둘째로, 기본적 필수품-음식을 포함하여-의 가격이 가난한 사람들로 하여금 다른 상품도 구할 수 있도록 감소해야 한다.[77] 셋째로, 웨슬리는 항상 가난한 사람들의 경제적 곤경을 지적하는 일에 경성하고 있었다. 웨슬리는 평범한 민중들의 분노를 표현하였고 그 고통에서의 해방을, 국무

---

75 Wesley, "Use of Money," *Works*, VI, 129.

76 Wesley, "Use of Money," 131.

77 "Use of Money," 55.

장관에게 보낸 편지(1775년 8월)에서 호소하였다. 넷째로, 웨슬리는 상속문제에 대해서 관심을 보였다. 상속재산은 가장 큰 악이다. 왜냐하면 상속이 그것을 받는 사람들을 해치기 때문이다. 다섯째로, 이 상황의 다른 국면은 웨슬리의 직업에 대한 가르침과 태도이다. 그의 원천적인 질문은 다음과 같다. "당신은 어떤 정신으로 당신의 사업을 경영하고 있나? 세상의 정신으로, 혹은 그리스도의 정신으로?… 당신은 매사를 희생의 정신으로, 하나님의 뜻에 당신의 뜻을 포기함으로써, 행해야 한다. 끊임없이 향락이나 부에 목적을 두어서는 안되고… 오직 하나님의 영광에만 목표를 두어야 한다."[78] 그리하여 웨슬리는 모든 사업과 노동의 영역에 크리스천 윤리가 실현되어야 함을 강조한다.

4) 고용체제의 개혁

웨슬리는 그의 논문과 설교문 속에서 가난과 실업은 18세기의 사회적 불평등체제의 결과라고 보았다. 웨슬리는 사람들이 가난해지는 이유는 그들의 게으름 때문이라고 말하는 것은 사악하고 악마적인 거짓말이라고 선포한다. 웨슬리는 더욱 정직한 평가는 백성들이 일할 일거리가 부족하기 때문에 가난한 것임을 인식해야 한다고 말한다.[79] 웨슬리가 살던 시기는 전쟁, 높은 물가, 흉년 그리고 일반적인 빈곤 등으로 특징지어 진다. 웨슬리는 논문에서 "왜 그들이 육식을 못하는가하면 일거리가 없기 때문이다. 또한 실업률이 늘어나기 때문에 필수품, 특히 음식물의 물가가 상승하고 있다. 과거에 50명을 고용했던 고용주들이 이제는 겨우 10명을 고용하고, 과거에 20명을 고용했던 고용주들이 이제는 겨우 한 명 혹은 아무도 고용 못하는 실

---

78 "The Use of Money," 131-33.

79 John Wesley, "Thoughts on Present Scarcity of Provisions," *Works*, XI, 54. 이하 "Thoughts on Present Scarcity……."로 표기함.

정이 되어 버렸다."고 지적한다.[80] 그리하여 경제적 빈곤의 문제를 극복하기 위해 잘 조직된 고용 체제를 만드는 사회변혁의 필요성을 느꼈다. 부자들의 낭비 때문에 썩어 버리는 음식이 많아서 식료품 값이 비싸다고 보았다. 영국에서 산출되는 밀의 반가량이 부자들의 낭비에 의해 버려진다고 지적한다.[81]

5) 세금제도의 개혁

웨슬리는 세금제도의 개혁도 주장한다. 불, 물, 대지에 대한 세금을 부과하므로 세금이 증가할 뿐 아니라 높은 세금의 원인 중에 국가적 빚도 포함시키고 있다. 70년 전에는 국민전체의 일 년 소비액이 3백만 파운드였는데, 지금은 국가의 빚의 일 년 이자만 4백만 파운드라고 탄식한다. 어떻게 세금을 낮출 수 있는가? 국가 빚을 변제함으로써, 불필요한 은퇴금을 없앰으로써, 낮은 세금을 지불하기에 익숙한 영국의 부자들과 정치가들에게 더욱 큰 세금을 부과함으로써 민중들이 세금의 과중한 부담에서 해방될 수 있다고 지적한다. 곡식과 대지의 착취로 인한 물가상승이 높은 세금의 원인이라고 분석한다. 가난한 민중들이 세금부담에서 자유하고 국가경제가 가난한 민중을 위해서 발전해야 함을 강조한다.[82]

어떻게 세금이 인하될 수 있는가? (1) 국가 부채의 반을 갚으면 가능한데 저축이라는 단 하나의 수단으로도 일 년에 이백만 파운드 이상을 갚을 수 있다. (2) 쓸데없는 모든 연금을 폐지함에 의해 가능한데 현재 혜택을 누리는 사람들이 될 수 있는 대로 빨리 죽어야 한다. 그것은 특히 요새 혹은 성의 총독으로서 수백의 게으름뱅이들에게 주어지는 터무니없는 연금이다. 그 요새들은

---

80 "Thoughts on Present Scarcity…. ," 54.
81 "Thoughts on Present Scarcity…," 55.
82 "Thoughts on the Present Scarcity…," 57.

까마귀들의 은신처 이외는 지난 백 여 년 이상 동안에 어떠한 일도 한 적이 없다. 이 부분에서 일백만 파운드 이상을 절약할 수 있지 않을까?

그러나 과연 이것이 이루어질까? 나는 두려워하지 않는다. 그것이 단시일에 이루어지리라고 희망할 어떤 이유도 없다. 왜냐하면 하나님을 두려워하지 않고 모든 종교를 그렇게 심하게, 공공연하게, 철저하게 경멸하는 이와 같은 나라는 그것이 기독교든, 마호멧교든, 혹은 이교도이든 간에 다른 어떤 나라에서도 내가 보거나 들었거나 읽지 못하였기 때문에 이런 나라에서 우리가 무슨 선한 것을 기대할 수 있을까? 마치 하나님께서 단시일 내에 당신의 운동을 일으키시고 주장하실 것처럼 보인다. 그렇다고 한다면 인간들의 편이 아닌 하나님의 편에 우리가 붙어야 하지 않겠는가?

6) 희년의 목표: 그리스도를 본받는 사회

웨슬리는 희년의 목표를 산상수훈에 관한 설교 13편에서 강조하고 있다. 올더스게잇 이전에 행한 두 편의 설교를 제외하고는 이 모든 산상수훈 설교들이 1739년에서 1747년 사이 웨슬리에 의해 쓰여졌다. 브리스톨을 비롯한 탄광지역과 노동자지역과 농부들의 농촌지역 속에 희년의 사회를 실현하려는 이상으로 산상수훈의 천국복음을 선포하기 시작한 것이다. 그의 산상수훈설교 전체가 그의 천국관을 보여주고 있으며 그의 희년사상을 보여주고 있다. 그의 천국관과 희년사상의 핵심은 그리스도를 본받는 성화와 완전이요, 그 성화와 완전은 개인적일뿐 아니라 사회적이다. 즉, 웨슬리의 산상수훈 설교의 윤리적 동기는 기독론적인 것으로 그리스도를 본받는 것이다. 그리고 사회학적인 것으로 사회의 변혁을 목표로 삼고 있다.

그리스도를 본받는 모방의 윤리는 웨슬리의 성화사상의 중심을 이룬다. 그리스도의 가르침과 거룩한 삶의 모범에 기초하여 성도는 그리스도를 본받도록 부르심을 받고 있다. 성도는 그리스도를 본받아 하나님께서 온전하심같이 온전하게 되어야 한다(마5:48). 우리의 모범으로서 그리스도를 받아들이는 것은 목표를 향하여 달음박질하는 것이다. 그리스도를 따르는 사람은 이미 완전하게 된 성도가 아니라 날마다의 성장과정 속에서 순종하는 신앙으로 완전하게 되어 가는 중에 있다.

웨슬리에게 있어서 그리스도를 본받는 성도의 목적은 단순함(singleness)과 순수함(simpleness)을 가져야한다. 완전이란 단순함과 순수함으로 하나님을 사랑하고 이웃을 사랑하는 것이다. 예수의 교훈 속에 나오는 "건강한 눈"(마6:19-23)은 웨슬리의 사상에 있어서는 목적의 순수성, 즉 한가지 일에 눈을 고정시키는 것이다. 건강한 눈 곧 순수한 눈을 가질 때에 지상의 보물을 찾는 것으로 영혼을 다 소모시키지는 않을 것임을 강조한다. 웨슬리는 다만 우리의 마음이 순수하고 단순한 마음으로 하나님만을 사랑해야지, 순수하지 못한 동기로 부를 탐하는 것의 위험성을 지적한다. 그러나 순수한 동기로 부를 사용하면 부를 통해 하나님의 영광과 가족의 필요와 가난한 사람들을 위하여 올바르게 사용할 수 있다고 강조한다. 물질을 섬기는 것은 세상을 본받는 것이다. 사람이 이 세상을 본받는 동안에는 마음이 새롭게 되어 변화될 수 없다.

웨슬리는 목적의 순수성을 가지고 기도하고, 구제하고, 금식하고, 일상생활을 영위해야함을 강조한다. 웨슬리는 이 순수한 마음의 종교에서 외형적 순종의 싹이 나올 수 있음을 보여줌으로써 사회변혁을 강조한다.[83] 그리스도를 본받는 것은 마음의 경건이상을 의미한다. 산상수훈은 성도로 하여금 세상의 빛과 소금이 되도록 강조함으로써 즉시 마음의 경건으로부터 세상 속의 실천으로 옮겨가고 있다. 웨슬리는 이 구절로부터 기독교의 사회적 성격에 관한 그의 주장을 발전시키고 있다.

웨슬리는 모든 덕행을 마음의 내적 성결 속에서만 가두어 버리고 세상에서 물러나면서 기독교신앙을 내면화하는 사람들을 비판한다. 이것은 지

---

83 레온 힌슨 지음, 이희숙 옮김, 「웨슬리의 윤리사상」(To Reform the Nation), (서울: 전망사, 1987), 114.

옥의 거대한 엔진(the grand engine of hell)이라고 도전한다.[84] 웨슬리는 기독교를 사회적 종교로 이해하고 기독교신앙을 은둔자의 경건으로 만드는 것은 기독교신앙을 파괴하는 것으로 해석한다. 참다운 신앙은 인간의 사회적 공동체 속에서 성장한다. 홀로 명상하고 기도하는 수도원적 영성이 필요하지만, 그러나 다시 사회로 돌아오지 않으면 안 된다. 자비와 평화조성과 온유함과 인내와 심령의 가난은 인간사회 속에서 그 미덕을 발휘하는 것이지 은둔의 기도원에서 되어지는 것이 아니다.[85] 그래서 웨슬리는 신비주의적, 수도원적 신앙훈련보다 세속사회 속에서 속회를 통한 신앙훈련과 성화훈련을 주장한다. 그것이 곧 산상수훈의 희년사회적 이상을 18세기 영국사회 속에서 실현하려고 한 신학적 동기라고 볼 수 있다.

오늘날 남북의 평화적 통일 이루기 위해서 한국의 경제구조의 개선할 점은 무엇인가? 재산(특히 부동산)의 독점화현상, 지나친 사치와 소비풍조를 부채질하는 물량화, 고도 성장주의와 국제적 경쟁의 피해를 입는 농민과 도시빈민층의 소외현상, 끔직한 살인 사건을 불러일으키는 재산상속제도의 모순, 교회를 비롯한 모든 사회공동체의 집단이기주의화 등을 개혁하여야 한다.

5. 한국의 희년경제운동과 한국교회의 갱신

웨슬리의 희년의 꿈은 통일희년의 꿈과 통한다. 바로, 이러한 신학적 통찰이 한국의 희년경제운동의 신학적 기초가 될 수 있다. 웨슬리가 오늘 한국에 다시 온다면 그는 이런 희년사회가 실현되기 위해 열심히 통일운동

---

84 힌슨, 113.
85 힌슨, 113.

에 앞장설 것이다. 희년운동의 프락시스를 한국적 상황 속에 다시 응용할 수 있을 것이다. 앞서 고찰한 바와 같이 웨슬리는 단순히 내면적 개인적 성화만을 강조한 부흥사가 아니라 외향적 사회적 성화운동까지 전개한 사회 개혁가이다. 그러나 그의 사회변혁을 위한 성화운동은 철저히 개인구원에 기초한 운동이었다. 독일의 경건주의는 개인의 변혁을 통한 세계변혁을 희망하였으나, 개인구원에 더욱 집중함으로써 세계변혁에 아무런 기여도 못하였다. 아니 오히려 내세지향적, 현실도피적, 비정치적, 이원론적 신앙에 머무르고 말았다. 그러나 웨슬리의 경건주의는 개인적 성화와 동시에 사회적 성화를 함께 중요시 여겼기에 18세기 영국의 심령부흥운동을 일으켰을 뿐 아니라 사회변혁운동까지 일으키게 된 것이다.

이러한 개인구원과 사회변혁의 신학적 기초는 성화사상에 뿌리를 두고 있다. 그의 성화사상은 복음적 신인협조설, 은총의 낙관주의, 행동주의 신앙으로 설명되어 지기에 적극적 사회참여와 성육신적 선행운동이 나타나는 것이다. 또한 건전한 복음주의, 민족개혁운동과 은총의 낙관주의에 의한 희년운동은 오늘의 한국적 통일운동의 실천 프로그램으로 다시 응용할 수 있다. 특히 경제적 성화운동은 오늘의 통일 희년운동에 큰 교훈을 주고 있다. 웨슬리가 외치고 실천했던 경제의 3대원리 청지기정신, 하늘나라 저축운동, 재산상속반대운동, 세금제도개혁, 고용체제개혁, 시장과 대지의 독점화 반대운동 및 경제의 재분배운동은 남북통일을 위해 우리가 실천해야 할 프로그램들이다. 사유재산을 인정하면서도 분배하는 삶을 외친 웨슬리의 가르침은 확실히 공산주의와 자본주의의 모순을 극복해가는 제3의 길이다. 웨슬리의 가슴속에 붙은 개인적 성화와 사회적 성화의 불이 한국 감리교인들, 나아가 전 국민의 가슴속에 다시금 붙어야 할 것이다.

21세기 한국교회는 통일을 실현하는 희년경제운동을 위한 역사적 사명을 위해 다시 거듭나야 한다. 웨슬리 신학의 빛에서 다시금 자기변혁을 시도해야한다.

첫째, 한국교회는 웨슬리처럼 루터가 무관심하였던 성화론을 구원론의 중심으로 끌어들여야 한다. 구원의 출발-의인화와 거듭남-보다도 오히려 구원의 과정과 영적 성장과 성숙을 의미하는 성화를 더욱 중요시 여겨야 한다. 한국교회는 웨슬리의 경건주의에 많은 영향을 받았음에도 불구하고, 독일경건주의가 강조해온 수동적 성화에는 익숙해 있지만 웨슬리의 능동적 성화이해는 부족하기 때문에 신앙의 행동화, 생활화, 사회화, 문화화, 그리고 역사화가 일어나지 않고 있다.[86] 웨슬리는 수동적 성화(imputation)와 능동적 성화(impartation)가 변증법적으로 조화를 이룬 성화를 강조했다. 곧 그리스도의 의로움과 참 거룩함(righteousness & true holiness)을 닮아가는 하나님의 형상의 회복(엡 4:24)운동에 한국교회는 더욱 주력해야 할 것이다.

둘째, 완전 교리를 한국교회가 강조해야 한다. 웨슬리는 완전 교리에 의해 종교개혁 구원론을 더욱 성숙시키고 완성시켰다. 웨슬리는 죄악성의 깊이보다 은총의 높이가 더욱 크심을 주장하는 은총의 낙관주의에 의해 완전의 실현 가능성을 강조함으로써 감리교도들로 하여금 보다 열심 있는 구원 완성의 순례자들이 되게 하였다.

셋째, 체험중심의 신앙과 말씀중심의 신앙, 뜨거운 가슴의 감정적 신앙과 차가운 머리의 지성적 신앙이 조화를 이루는 영성운동이 일어나야 역사적 종교가 될 수 있다. 웨슬리는 신비주의는 비사회적, 비지성적, 비성서적 신앙이 됨을 지적한다. 말씀을 연구하고 듣고 실천하고 믿음으로 의로워지고 거듭나고 성화 되어야 한다. 그리고 말씀에 근거한 건전한 영성체험을 추구하여야 한다.

넷째, 물량주의와 성공주의의 신앙에서 십자가 신학의 신앙으로 거듭나야 역사적 책임을 지는 한국교회가 될 수 있다. 역사의 소외와 빈곤과 억

---

86 이 문제에 대하여는 김홍기, "한국교회와 경건주의," 한국교회사학연구소편, [한국기독교사상], (서울:연세대학교출판부, 1998), 205-258을 참고하기 바람.

놀림의 아픔을 함께 나누어지는 십자가의 한국교회가 될 때 한국 역사의 바른 방향에 설 수 있고 역사에 앞장서 가는 교회가 될 수 있다. 특히 자기교회의 이익만을 생각하는 집단이기주의를 버리고 실직자들과 노숙자들과 기근에 허덕이는 북한 백성들을 위해 함께 아파하고 더불어 나누어 갖는 책임적 공동체가 되어야 한다. 웨슬리의 의인화와 거듭남과 성화와 완전의 중심은 십자가의 복음이었다.

다섯째, 신앙지상주의 혹은 신앙제일주의(solafideism)에서 행동주의 신앙으로, 믿음이 행함으로 나타나는 산 신앙으로 거듭나야 역사 창조의 공동체가 될 수 있다. 신앙의 생활화, 사회화가 일어나 세상의 빛과 소금이 되어야 한다. 특별히 경제적으로 섬기고 나눔을 실천하는 행함이 있어야 한다. 삼풍백화점과 성수대교 등이 안 무너지는 사회를 만드는데, 더 이상 중소기업이 망하지 않고 실직자와 노숙자들이 늘어나지 않는 사회를 만드는 데 한국교회가 기여하여야 한다.

여섯째, 개인구원과 사회구원의 이원화에서 벗어나서 총체적인 구원을 말하는 한국교회로 거듭나야 한다. 복음화와 인간화의 총체적 선교를 수행하는 것이 한국교회의 역사적 과제이다. 그래서 복음선교 뿐만 아니라 통일운동에도 앞장서 나가야 한다. 앞으로 21세기의 한국사와 세계사는 한국교회로 말미암아 새롭게 창조되어지기 위해서 보수와 진보를 넘어서 개인적 성화와 사회적 성화를 총체적으로 이루어 가야할 것이다.

일곱째, 자본주의 병폐인 이기주의적 신앙에서 더불어 살고 더불어 나누어주는 신앙으로 거듭나야 민주화와 통일의 시대적 사명을 감당하는 교회가 될 수 있다. 웨슬리가 가르친 청지기정신에서 '할 수 있는 대로 열심히 나누어주는 정신'으로 속회헌금 및 구역예배헌금을 통일기금화 하는 운동을 일으켜야할 것이다. 만약 1,000만 기독교도들이 일주일에 1,000원씩 52주를 헌금한다면 일 년에 5,200억이 될 것이고 그것을 10년만 하면 5조 2,000억을 북한 돕기를 위해 일할 수 있을 것이다.

여덟째, 우리는 청지기정신으로 재산상속을 반대하는 캠페인을 벌일수 있어야 한다. 우리는 우리 소유의 1/3 혹은 1/4은 자녀들에게 상속하고 그 나머지 2/3 혹은 3/4은 사회에 환원하는 운동을 벌어야 한다. 우리사회는 재산상속의 문제로 심각하게 병들어 가고 있는 자본주의 문제점을 안고 있음을 직시해야 할 것이다.

아홉째, 현실도피적 묵시문학적 종말 신앙에서 현재적 천국을 건설하는 신앙으로 거듭나야 역사적 부르심에 응답하는 탈출의 공동체가 될 수 있다. 희년사회의 실현을 위해 열심히 일해야 한다.

열번째, 은총의 낙관주의 신앙으로 한국역사의 예언자가 되어 정의와 사랑의 실현을 위해 앞장서야 한다. 지금까지 한국교회는 예언자적 공동체가 되기보다, 체제 지향적 공동체였음을 회개하고 반성해야한다. 하나님의 정의와 사랑의 뜻이 한민족사 속에도 실현되어 하나님의 통치가 현존하도록 역사 속에서 일하는 예언자적 공동체가 되어야 한다.

열한째, 앞으로의 한국교회는 자유와 평등의 공동체로 거듭나야한다. 웨슬리가 외친 자유를 모든 교인이 누리는 자유함의 공동체가 되어야한다. 21세기는 역사가 헤겔이 예언한대로 역사는 모든 사람이 자유하는 방향으로 더욱 발전한다. 또한 모든 교인들이 평등한 인간으로 대우받는 교회가 되어야 한다. 그러므로 북한 사회에는 경제적 자유운동을 일으키고, 남한사회에는 경제적 평등운동을 일으키는 일에 앞장서는 한국교회가 되어야 한다.

열두째, 웨슬리가 강조한대로 성육신의 정신으로 역사 속에서 섬김과 나눔으로 사회적 성화를 열심히 이루어야 한다. 21세기는 섬김(service)정신을 요구한다. 세계화와 국제화시대에 살아남는 사람이 되려면 섬기는 사람이 되어야하고, 살아남는 교회가 되려면 섬기는 교회가 되어야하고, 살아남는 국가가 되려면 섬기는 정신을 생활화하는 국가가 국제 경쟁력에서 살아남을 수 있다. 무엇보다도 한국교회는 영적으로나 경제적으로 섬기는 교회가 되어야 21세기를 이끌어 가는 교회가 될 수 있다.

열셋째, 웨슬리가 강조한 사회봉사운동, 사회변혁운동, 희년경제운동에 참여해 가는 한국교회가 될 때 통일의 역사를 창조해 가는 주체가 될 수 있을 것이다. 웨슬리는 "세계는 나의 교구이다"(The all world is my parish)라는 슬로건만 강조한 것이 아니라 "민족을 개혁하자"(To reform the nation)라는 슬로건도 자주 사용하였다.

6. 나오는 말

우리는 웨슬리의 희년사상과 희년운동을 통하여 통일운동의 역사신학적 의미와 근거를 찾아볼 수 있다. 위에서 고찰한 바와 같이 웨슬리는 단순히 내면적 개인적 성화만을 강조한 부흥사가 아니라 외향적 사회적 성화운동까지 전개한 사회변혁가이다. 웨슬리의 경건주의는 개인적 성화와 동시에 사회적 성화를 함께 중요시 여겼기에 18세기 영국의 심령부흥운동을 일으켰을 뿐 아니라 사회변혁운동까지 일으키게 된 것이다. 웨슬리의 개인구원과 사회변혁의 신학적 기초는 성화사상에 그 뿌리를 두고 있다.

웨슬리의 성화사상은 복음적 신인협조설, 은총의 낙관주의, 행동주의 신앙으로 설명되어 지기에 적극적 사회참여와 성육신적 선행운동이 나타나며, 희년사상과 희년운동으로 발전할 수 있었다. 웨슬리의 희년경제윤리는 오늘의 통일 희년운동에 큰 교훈을 주고 있다. 웨슬리가 외치고 실천했던 경제의 3대원리 청지기정신, 하늘나라저축운동, 재산상속반대운동, 세금제도개혁, 고용체제개혁, 시장과 대지의 독점화 반대운동 및 경제의 재분배운동은 남북통일을 위해 복음적 경제윤리요 대안적 경제윤리이며, 우리가 실천해야 할 프로그램들이다.

한국인과 한국 크리스천들은 온 세계의 세계인들과 세계 크리스천들의 지지와 기도와 연대를 받아야 한다. 특별히 감리교인들은 희년경제윤리를 강조한 웨슬리의 후예로서 세계감리교도들의 적극적인 기도의 지원과 정신적 연대를 받을 수 있어야 한다. 한국은 자본주의와 사회주의의 냉전의 희생양으로서 분단되었다. 한국은 일본제국주의 36년 통치하에 제국주의와 식민지주의의 희생양이 되었다가, 강대국들의 사리야욕에 의해 다시 분단의 희생양이 되었던 것이다. 우리는 자본주의와 사회주의의 냉전죄악의 마지막 십자가를 지고 비틀거리는 민족이 되었다.

그러한 고난의 이유가 무엇인가? 함석헌은 그의 책 [뜻으로 본 한국역사]에서 여기에 한국을 향하신 하나님의 역사 섭리가 있다고 해석한다. 함석헌은 그의 책을 영어로 번역한 "Queen of Suffering"에서 한국을 십자가에 달린 늙은 여인, 창녀로 비유한다. 그리고 그 늙은 여인을 오른 손은 중국이 왼손은 일본이 머리는 러시아가 다리는 미국이 잡아당기고 있다고 묘사한다. 한국의 고통이 온 세계의 고통이요, 온 현대사의 고통이다. 이것은 또한 하나님의 고통이다. 그러나 이것이 세계사를 정화시키고, 용서하고, 구원하시는 하나님의 계획임을 그는 믿는다.[87]

한국의 고난은 세계사를 정화하고 성화 시킨다. 세계사적 짐을 짊어짐으로써 한국인 스스로를 성화 시키고 스스로를 구원하며 또한 동시에 세계를 성화 시키고 세계를 구원할 수 있게 된다. 한국인은 세계사를 보다 높은 수준으로 승화시키는 지구적 사명(a global mission)이 있다. 그러므로 한국의 통일은 한국사의 문제만아니라 세계사의 문제이기도 하다. 따라서 모든 인류는 한국의 통일희년운동을 지지하고 도와야 한다.

특별히 세계기독교인들은 한국의 통일희년운동을 위해 기도해야 하며, 세계 감리교인들은 웨슬리의 희년정신으로 한국의 통일희년운동과 연대하여야 한다. 함석헌은 특별히 우리가 통일을 이룰 수 있고 세계사의 주인이

---

87 Sok-Hon Ham, *Queen of Suffering*, tr. E.Sang Yu, (Philadelphia: Friends of World Committee fro Consultation, 1985), 19.

되는 원동력은 군사의 힘도, 정치의 힘도, 경제의 힘도 아닌 신앙의 힘이라고 강조한다. 반만년의 고난의 역사를 통하여 신앙으로 훈련되어온 우리민족이 그 신앙의 힘으로 통일을 이루고 더 이상 십자가에 매어 달린 여인이 아니라 여왕의 왕관을 쓴 세계사의 주인으로 부활할 것을 함석헌은 예언한다. 이 여인이 세계사의 죄악들을 속죄하고 자본주의와 공산주의가 저지른 죄악들을 속죄하고 다시 부활하는 통일의 그날, 세계사의 주역이 될 것이라고 예언한다. 동방의 등촉 그 빛을 발휘하는 날, 아세아뿐만 아니라 세계를 놀라게 할 날이 다가올 것이라고 한다.[88] 그리하여 21세기 태평양시대에는 한국이 더 이상 세계사의 하수구 노릇을 하지 않고 세계사에 앞장서 가는 민족, 새로운 세계사를 창조하는 민족이 되어야 할 것이다. 독일이 하지 못한 세계사의 새로운 창조를 분단 마지막 국가인 한국이 이룩해야할 것이다.

---

88   Sok-Hon Ham, 178.

7

근대의 경제사상*
– 아투어 리히의 경제윤리

1. 이 글을 시작하면서

1989년에 인류는 두 개의 사건을 동시에 경험하였다. 하나는 동서독의 통일이고 다른 하나는 공산주의 국가들의 붕괴였다. 독일의 통일과 함께 지구상에서 반세기 이상 지속되어 온 동서냉전과 이념대립이 종식되었다(한반도는 제외). 그런데, 공산주의국가들의 붕괴와 함께 새로운 장벽 곧 지구의 남북을 가로지르는 장벽이 더 높아 졌다. 이것은 경제적으로 힘있고 앞선 나라들과 뒤쳐진 나라들 사이를 갈라놓는 높은 장벽인데, 경제적으로 잘사는 나라들은 주로 지구의 북반구에 많이 모여 있고 못사는 지구의 남반구에 많이 있다. 그래서 세계는 동서의 문제가 해결됨과 함께 남북의 문제는 한층 더 심각해 졌다. 남북의 두 진영사이에 수입, 무역, 교육, 에너지 사용, 투자 등의 모든 점에서 평등하지 못하고 정의롭지 못한 구조가 고착되었다.[1] 이

---

* 임희국(장로회신학대학교 교수, 교회사 및 역사신학)
  이 글은 한국 로고스 경영학회 창립총회 및 제1회 학술발표대회(2002. 10. 12, 경북대학교 경상대학)에서 연구논문으로 발표한 것을 다시 손질한 것이다.
1 1992년 통계에 따르면 북반구에 있는 부자나라들의 인구가 전 세계/지구의 약 20%인데, 이들이 세계의 부를 83%이상 소유해 있고, 세계무역양의 81%를 차지하며, 지구촌의 에너지

미 오래 전부터 세계의 경제구조는 불평등한 국제교역을 바탕으로 정의롭지 못하게 형성되어온 것이었다.

동서냉전체제의 종식과 함께 이 세계는 미국과 소련의 두 축으로 양분되었던 시대가 마감되고 이제부터 미국을 중심축으로 새롭게 재편성되기 시작했다. 그리고 정치 이데올로기에 기반을 둔 세계질서 대신에 미국이 이끄는 소위 신자유주의 시장경제체제를 중심으로 세계의 질서가 재편성되었다. 이것은 서방의 자유주의 시장경제가 공산주의 동유럽의 계획경제체제를 누르고 승리할 것이라는 당시 미국 외무성 관리 푸쿠야마(Francis Fukuyama)의 예견이 적중한 것이었다. 그런데 이에 맞서서, 스위스의 종교사회주의자들은 신자유주의 시장경제체제는 빈익빈 부익부의 세계를 고착화시키고 심화시켜 간다고 이미 예견하였다. 1989년 공산주의 국가들의 몰락은 막스가 본래 내세웠던 사회주의 이상이 무너졌다는 의미가 결코 아님을 이들이 주장하였고, 이들은 또한 '한 시대의 종결' 곧 냉전체제의 종결은 단지 냉전시대에 공산주의 사회에 실현된 '빗나간' 사회주의에 대한 자본주의의 승리를 뜻한다고 보았고, 이 승리는 미국을 중심으로 새로운 형태의 전체주의(Totalismus)시대가 시작됨을 알리는 것으로 분석했다. 그러면서 이들은 소위 '아메리카의 평화'(Pax Americana)에 대해서 비판했다. 이 평화는 -로마제국이 칼과 무력으로 평화를 유지해 간 역사를 우리가 로마의 평화(Pax Romana)라고 부르듯이- 세계를 돈의 힘으로 지배해서 수 많은 사람들을 배고픔과 헐벗음의 운명으로 몰아 넣고 이들로 하여금 달러를 숭배하도록 만드는 것이라고 지적했다. 이러한 착취와 억압의 경제체제야 말로, 마치 로마의 평화가 하나님나라와 대립되었듯이, 하나님나라와 대립됨을 지적했다.[2]

70%를 소비하고, 전 지구에서 생산되는 목재의 85%를 가져 가고, 전체 투자액의 81%를 차지하고, 한 해 생산되는 식량의 60%를 소비한다. 세계인구의 20%에 해당되는 잘 사는 나라 국민의 수입은 세계인구의 20%에 해당되는 못 사는 나라 국민의 수입보다 약 60배가 된다고 한다. 근거자료: United Nations Development Programme: Human Development Report 1992.

이러한 시대상황을 직시하면서 '정의에 기초한 시장경제질서'에 관하여 강조한 경제윤리학자가 있었다. 그는 아르투어 리히(Arthur Rich, 1910-1992)였다. 그는 스위스 취리히대학 신학부에서 조직신학과 실천신학분야의 교수로 일하면서 한평생 경제윤리연구에 집중하였다. 그의 경제윤리학은 언제나 실천을 지향하였는데, 그는 자신의 이론을 스위스 기업체들의 기업윤리에 실제로 적용시키고자 노력하였고 그 반대로 산업현장에서 일하는 전문 경영인들과 자주 만나서 현장의 소리를 열심히 들었다. 이에 따라 경제현장이 그의 경제윤리학에 반영되었다.

1989년에 동유럽 사회주의국가들이 붕괴되면서 계획경제체제도 동시에 무너졌고, 이제 전세계에서 유일하면서도 보편적으로 통용될 경제체제는 시장경제체제 뿐이었다. 이 글은 이러한 상황에서 이제부터 시장경제체제가 나아갈 길에 관하여 이론적으로 정리하고 실천가능성을 제시한 아르투어 리히의 경제윤리를 소개하고자 한다. 이 글은 맨 먼저 리히의 경제윤리학의 뿌리인 16세기 종교개혁자 츠빙글리의 사회윤리사상에 관한 리히자신의 이해를 잠깐 소개하고,[3] 그리고 나서 리히의 『경제윤리학(Wirtschaftsethik) 1,2권』에 서술된 시장경제체제를 살펴보고, 결론에서는 그의 경제윤리가 오늘날 한국과 세계의 현실에 어떻게 적용될 수 있겠는지 모색해보고자 한다.

참고로 언급하자면, 리히는 1947년에 취리히 대학에서 츠빙글리의 신학사상과 정치윤리에 관한 연구로 신학박사학위를 받았다.[4] 이 학위논문을

---

2 Willy Spieler, "Religioeser Sozialismus heute", in: Widerspruch. Beitraege zur sozialethischen Politik(26: Dez. 1993), 43 -55.

3 16세기 스위스의 종교개혁자 츠빙글리(H. Zwingli, 1484-1531)는 취리히와 스위스전역의 개혁을 위하여 헌신했다. 오늘날 그는 개혁교회(장로교회)의 원조라고 불려진다. 그는 독일의 종교개혁자 루터(M. Luther, 1483-1546)와 동시대 인물이었다. 츠빙글리의 종교개혁 운동은 교회갱신과 사회개혁이 함께 추진되었다. 이것은 당시에 도시국가였던 취리히의 지정학적인 상황과 사회윤리가 강하게 배어 있는 츠빙글리의 신학사상이 한데 어울려 개혁이 추진되었기에 그러한 성격이 형성되었다고 본다.

통하여 그는 츠빙글리의 사회윤리를 이해하였고, 이 작업기간은 그의 경제 윤리학에 초석이 되었다.[5]

2. 아르투어 리히가 이해한 츠빙글리의 사회윤리사상[6]

리히는 츠빙글리의 사회윤리가 하나님의 말씀(성경)이해에서 시작된다고 보았다. 그래서 그는 츠빙글리의 하나님 말씀이해를 서술하였는데, 성경에 기록된 하나님 말씀은 그저 단순히 전해 내려오는 기록문서가 아니라 '지금 여기'에서 사건(Geschehen)으로 일어나는 '기쁜 소식 곧 복음'이고, 이 복음은 '구원을 일으키는 권능(heilsschaffende Macht)'으로 우리들 가운데서 역사한다. 이 말씀사건 속에서 하나님은 인간에게 다가오신다. 하나님 나라 또한 이 말씀사건 속에서 지금 여기에 임하고, 이 말씀은 세상을 변화시키는 권능으로 역사한다. 이와 함께 이 사회 현실 속에서 〈하나님의 의〉가 이루게 된다. 리히는 츠빙글리가 이해한 하나님 말씀은 이 땅 위에 〈하나님의 의〉로 열매를 맺는다고 보았고, 이러한 차원에서 그는 츠빙글리가 "신앙인인 동시에 정치가"라고 이해했다.[7] 그러면서 리히는 다시 한 번 반복하기를, 츠빙글리의 사회윤리는 무엇보다도 하나님 말씀에 관한 이해에서 비롯되었으며, 하나님 말씀은 지금 여기에서 "역동적인 힘으로"(lebendig, kräftig) 역사하

---

4   박사학위논문제목: "츠빙글리 신학의 출발점들 (Die Anfänge der Theologie H. Zwinglis)"

5   참고: Arthur Rich, "Mein Weg in der religiös-sozialen Bewegung", in: 『Zeitschrift für Kultur, Politik, Kirche (Reformatio)』(42. Jahrgang, 1993): 19-32.

6   츠빙글리의 사회윤리사상은 그의 글 〈하나님의 의와 인간의 의(göttliche Gerechtigkeit und menschliche Gerechtigkeit)〉에 반영되어 있다. Zwingli, Huldrych, "Göttliche und menschliche Gerechtigkeit 1523", in: Huldrych Zwingli Schriften I, (Hg.) Brunschweiler, Thomas u. Lutzer, Samuel, Zürich: Theologischer Verlag, 1995: 159-213.

7   A. Rich, "Zwingli als sozialpolitischer Denker", p. 68, 71.

시고 그 결과 이 세상에서 하나님의 의로 열매를 맺는다는 확신 속에서 그는 현실 정치에 관여하였다.

지금 여기에 사건으로 역사하시는 "하나님의 말씀"을 파악한 츠빙글리의 사회윤리가 여기에서 출발한 점인 점을 살핀 리히는 하나님 나라는 이 세상 한 가운데서 〈하나님의 의〉를 이루어가는 것으로 파악하였다.[8] 하나님의 의는 개인과 사회 전체를 향한 하나님의 도덕적인 요구이다. 〈하나님의 의〉는 "절대적(absolut)"인 척도며 기준으로서 여기에다가 모든 사실과 사물을 맞추어 보아야 한다. 그리고 〈하나님의 의〉는 '사랑의 계명'으로 요약된다. 이에 비해서 〈인간의 의〉는 "상대적(relativ)"인 의로서 부차적(senkundär) 것이다. 즉, 〈인간의 의〉는 사랑의 계명을 실천할 수 없는(불가능) 인간에게 하나의 대안으로 주어진 것이다.

이 점에서 〈하나님의 의와 인간의 의〉는 서로 "구별된다(unterscheiden)", 그러나 양자는 서로 분리될 수 없다.[9] 즉, 〈인간의 의〉가 〈하나님의 의〉로부터 떨어져 나가서 따로 존재할 수 없다는 뜻이다. 〈인간의 의〉는 그 규범(Norm)을 〈하나님의 의〉(성경에 계시된 하나님의 의)에서 찾는다. 이런 점에서 〈인간의 의〉는 〈하나님의 의〉를 향해 나아가고, 세상 나라는 하나님 나라를 향해 나아간다.

이제 리히는 츠빙글리의 사회윤리가 귀착되는 곳을 파악한다. 즉, 츠빙글리는 기존의 사회질서를 -설령 이상적인 사회가 이루어 졌다고 할지라도- 결코 절대화시키지 않고, 그 사회질서를 "상대화(Relativierung)"시켰다고 보았다.[10] 〈하나님의 의〉가 "이미-지금(schon-jetzt)"과 '아직-아님(noch-nicht)'의 사이에서 인간과 세상을 움직이는 힘으로 역사하되, "항상-여전히(immer-noch)" 불의와 악의 세력이 신앙인에게는 물론이고 불신앙인 가운데서 역사하기

---

8   op.cit., p. 72.

9   op.cit., p. 83.

10   Ibid.

때문이다. 츠빙글리는 기존의 사회질서를 〈인간의 의〉라는 잣대로 재면서 그것을 인정할 만큼 인정하였는데 그러나 그것을 결코 절대화시키지 않았다.

츠빙글리가 〈인간의 의〉로 기존 사회질서를 재어서 그것을 인정할 만큼만(상대적, relativ) 인정한다고 이해한 리히는 인간이 세운 제도와 사회질서는 항상 "바뀔 수 있고(variabel)" 또 "바꿀 수 있는(veränderbar)" 것으로 파악하였다. 〈인간의 의〉를 기준으로 사회의 질서를 지키고 유지하는 국가(정부)의 권위는 결코 절대화될 수 없으며, 또 국가(정부)가 유지하는 사회질서는 결코 사랑의 계명을 실천할 수 없다, 오히려 국가(정부)는 대체로 공권력(칼)을 사용하여서 사회질서를 유지한다, 그러나 국가(정부)는 공권력사용에 만족하지 말고 사랑의 나라를 이루기 위해 애쓰고 노력하여야 한다. 그래서 최소한 '인도적(人道的, human)'인 법치국가를 이루어야 할 것이다.

리히는 〈하나님의 의(절대)와 인간의 의(상대)〉 사이에 항상 "역동적인 긴장"(dynamishce Spannung)이 형성되어 있다고 보면서, 이것은 늘 쉬임 없이 새로운 가능성을 향해 좁은 길을 걸어야 하는 신앙의 과제로 파악하였다.[11] 이러한 입장은 과격한 사회비판 세력에 대응하는 것으로서, 자신의 입장을 절대화시키면서 기존 사회질서를 혁명으로 뒤엎으려다가 실패하고서 오히려 사회적 영향력을 상실한 재세례파에 대응하는 것이었다. 또한 동시에 이 입장은 내면적-개인적인 신앙차원을 강조한 나머지 사회적 영향력을 간과한 루터의 입장에 대응하는 것이었다. 이와 달리 츠빙글리야 말로 위 양자와 달리 '신앙의 바탕 위에서 하나님 나라를 위한 사회윤리적인 책임성을 강하게 느끼는 가운데서 현실 교회와 사회를 실제로 갱신하기 위하여 정치적인 행동으로 옮긴 것'이라고 리히는 평가하였다.[12]

---

11 op.cit., p. 87.
12 op.cit., p. 88-89.

3. 아르투어 리히의 경제윤리

1) 〈하나님의 의와 인간의 의〉가 요구하는 경제윤리

츠빙글리의 사회윤리를 '절대적'인 〈하나님의 의〉, '상대적'인 〈인간의 의〉, 그리고 양자의 '역동적'인 관계성으로 파악한 리히는 이를 바탕으로 그의 경제윤리 이론을 발전시켰다. 그의 경제윤리는 신학 윤리의 관점에서 현대 산업사회에서 타당한 경제체제와 경제질서의 형태를 모색하는데 주력하였다. 〈하나님의 의〉 곧 하나님 나라에 상응하는 경제질서를 파악하면서, 리히는 '믿음', '소망', '사랑'에서 비롯된 순수한 박애(Humanität)를 경제윤리의 원리로 파악하였다.[13] 이 박애는 인간이 스스로 '만들 수 있는 것이 아니라' 예수 그리스도 안에서 하나님으로부터 '주어진 것'이다: 불가능의 가능성.[14] 그러므로 박애는 믿음 소망 사랑에서 비롯되었다. 박애는 구체적으로 자유와 정의의 추구, 사람됨의 권리추구, 타자에 대한 인식과 인정, 타자를 위한 책임성(Verantwortlichkeit), 자발적인 연대성(Solidarität)과 의무감을 뜻한다. 그런데 이 경제윤리의 원리는 하나님의 절대적인 요구로서, 여기에 도달할 수 있는 경제체제는 현실적으로 존재할 수가 없다. 다만 끊임없이 쉬지 않고 〈하나님의 의〉를 향한 경제체제를 추구해야 하는바, 최선(Maximen)을 다해 기존의 불완전한 경제체제를 개선해 나가야 한다. 이 과정에서, 절대적인 하나님의 요구를 향해 상대적으로 이룰 수 있는 〈인간의 의〉에 상응하는 경제체제를 모색할 수 있다. 그리고 인간의 의에 부합되는 경제체제와

---

13 Arthur, Rich, Wirtschaftsethik, II. Marktwirtschaft, Planwirtschaft, Weltwirtschaft aus sozialethischer Sicht, Gütersloh: Gütersloh Verhagshaus, 1990. p. 13. 이제부터는 이 책을 WE, II로 표기하고자 한다.

14 '불가능의 가능성(unmögliche Möglichkeit)'은 본래 19세기 독일 목회자 블룸하르트 (Blumhardt) 부자(父子)가 변증법적으로 하나님 나라를 이해하면서 파악한 것인데, 이 인식이 그 다음 세대의 신학자 라가츠(L. Ragaz), 바르트(K. Barth)등 에게 전수되었다.

경제질서는 '사람의 권리(Menschengerecht)'와 '경제적 효율성(sachgemäss)'을 동시에 만족시키는 것이다.

현실로 이룰 수 있는〈인간의 의〉에 상응하는 경제윤리를 모색하면서 리히는 (개인의) 자유와 (타자를 위한) 책임성의 역동적이고 변증법적인 관계를 "상대화(Relationalität)"로 설명하였다.[15] 개인의 자유는, 사람됨의 권리를 찾는다는 점에서 충분히 인정되어야 하는데, 그런데 이것은 자칫 이기적이고 자기중심적인 성향을 치우치게 하므로 이것이 절대적인 요구가 될 경우엔, 인간에게서 박애가 없어지게 된다. 따라서 자유를 인정하되 상대적으로 인정해야 한다는 것이다. 이러한 리히의 생각에는 〈하나님의 의와 인간의 의〉에 나타난 츠빙글리의 인간이해(죄인)가 반영되었다고 본다. 또한 같은 맥락에서, 경제행위는 구체적인 생활 현장에서 진행되면서 인간의 기본욕구를 충족시키는 것이다. 여기에서 개인의 경제적인 욕구충족과 타자에 대한 책임윤리가 역동적이고 변증법적인 관계 속에서 상대적으로 적용된다. 이에 관련해서, 리히는 경제질서가 저절로 생겨난 것이 아니라 인간이 인간을 위해 만든 제도라고 파악하였다.[16] 인간을 위한 경제질서의 기본은 사람의 권리 곧 사람의 근본 욕구(의식주 등)를 충족케 하고 정의를 바탕으로 만사(萬事: 소득, 일, 교육 등)를 공평하게 나누게 하는데 있다. 그런데, 인간을 위한답시고 경제질서가 인간중심적인 틀 속으로 갇히지 말아야 한다. 경제질서는 피조 세계(동물, 식물 등)의 근본 욕구도 배려해야 한다. 그 까닭은 인간이 다른 모든 피조물과 더불어 함께 살아가야 할 하나님의 피조물이기 때문이다. 태초에 하나님께서 만물을 지으시면서 인간도 함께 지으셨다는 점은, 인간이 다른 모든 피조물과 피조 공동체로서 이들과 더불어 함께 살아가야 한다는 뜻을 포함하고 있다. 그러나 다른 피조물과 달리 인간은 하나님의 형상(Imago Dei)대로 지은 존재로서 다른 모든 피조 세계를 하나님의 뜻에 따라 다스려

---

15 WE, II, pp. 174-176.

16 WE,II, p.15f.

야 한다. 다스림은 곧 섬김이다. 그러므로, 경제질서의 근본목적은 인간과
더불어 함께 살아가는 모든 피조 세계의 "생명을 위하여 섬기는
것"(Lebensdienlichkeit)이다.

2) 시장경제의 이론과 현실

19세기 이래로 세계의 경제체제는 자본주의 시장경제와 공산주의 계획
경제로 양분되어 있었다. 그러다가 1989년에 동/중부 유럽의 공산정권 국가
들이 몰락하자 계획경제체제도 함께 무너졌다. 따라서 시장경제는 이제 세
계에서 유일한 경제체제이다. 이 점을 파악한 리히는 시장경제가 계획경제
보다 더 나은 점이 무엇인지, 또 시장경제엔 문제점이 없는지, 만일 문제점
이 있다면 개선해야 할 점이 무엇인지 살펴보았다.[17]

리히에 따르면, 시장경제의 장점과 우수한 점은 개인의 자유와 책임성
을 기반으로 한 경제질서이다.[18] 자유를 기반으로 각 경제주체들은(생산자,
소비자 등) 자발적으로 경제질서에 참여하고, 생산자는 무엇을, 언제, 어디에
서, 어떻게 생산할 것인지 결정하며, 소비자는 무엇을, 언제, 어디에서, 어떻
게 살 것인지 결정한다. 생산자의 공급과 소비자의 수요가 만나는 곳이 시
장이다. 이 곳에서 수요가 많고 공급이 딸리면 가격이 올라가고, 반면에 공
급이 많고 수요가 적으면 가격이 내려간다. 생산자와 소비자가 각각 경제주
체로서 자율적으로 경제행위를 하면, 결정한 결과에 대해서도 성공하든 실
패하든 스스로 책임지게 된다. 이것을 리히는 "최선의 삶(Lebensmaxime)"으로
표현하였다.[19] 그리고, 생산자는 생산에 드는 원료와 원가, 생산수단, 수익

---

17 Arthur Rich, "Marktwirtschaft- Möglichkeit und Grenzen', in: 『Zeitschrift für Kultur,
    Polik, Kirche(Reformatio)』(42. Jahrgang, 1993), p. 6.

18 Ibid., 이에 비해서 몰락한 계획경제체제는 공산당의 독재지배 아래 모든 경제계획을 중앙
    권력층이 수립하였다. 국민들은 이 경제계획 속에 타율적이고 강제적으로 동원되었다.

19 op.cit., p. 7.

성 등에 관심을 갖는 반면에, 소비자는 생산품의 가격, 구매력, 구매효과와 만족도 등에 관심을 갖는다. 이렇게 양쪽의 경제주체가 자기 관심을 최대한 이루는 것을 리히는 "최선의 유용성(Nutzenmaximierung)"으로 표현하였다.[20]

그런데 개인의 자유를 기반으로 성립된 시장경제질서에서, 생산자와 소비자의 자유는 쉽게 이기주의적이고 자기중심적인 방향으로 작용하게 된다. 이 점은 츠빙글리가 인간의 본성을 죄인으로 규정한 사실을 떠올리게 한다. 즉, 생산자의 경우에 이윤의 극대를 추구하고 자본의 증식을 추구하는 것이 당연한 것으로 받아들인다. 생산자가 생산요소(자본, 노동)을 투입하면 '최소의 비용으로 최상의 효과(Allokation)'을 추구하게 마련이다(optimale Effizienz der Wirtschaft). 만일 생산자가 이윤을 적게 남기다가 한 걸음 더 퇴보해서 적자운영을 지속할 경우엔, 한동안 허덕이다가, 시장에서 퇴출당한다고 만다. 이 점을 잘 알고 있는 생산자는 자신의 이윤극대화를 위해 일하게 되고 또 그렇게 해야만 한다. 소비자 또한 자신의 입장에서 구매력의 극대화를 위해 최선을 다한다. 이렇게 각자 자신의 유익을 위한 '최선의 유용성'을, 특히 생산자는 이윤의 극대화(Gewinnmaxime)를, 추구하게 된다. 그런데 이렇게 되면, 〈인간의 의〉에 상응하는 경제윤리의 원리인 생명의 섬김이 들어올 여지가 없게된다. 더욱이, 자신의 권리만 추구하고 다른 이의 권리는 무시하게 된다.

이 문제를 해결하는 과정에 관하여 리히는 시장의 법칙(Mechanismen)으로 설명한다. 즉, 생산자와 소비자가 각각 최선의 유용성을 위하여 노력하는 시장에서 "경쟁의 법칙"이 일어난다는 것이다.[21] 생산자는 '모자랄 정도로 빠듯하게(knapp)'하게 '가장 적절한 분량의 생산품을 공급'(optimale Güterversorgung)해서 되도록 이면 높은 가격을 받고자 한다. 반면에 소비자는 질 높은 생산품을 되도록 이면 낮은 가격에 사려고 한다. 양자는 이렇게 각

---

20   Ibid.
21   op.cit., p. 8.

각 자기의 이득과 이윤을 추구하고, 이러한 자기중심적인 경제행위는 사회 모든 구성원의 공공복리를 고려하지 않게 하고 심지어는 시장에서 종종 비도덕적 일도 발생한다. 이러한 자유방임적인 시장현실이 아담 스미스(Adam Smith)의 '보이지 않는 손(unsichtbare Hand)'을 통하여 조정될 것으로 기대하였다. 즉, 개별 경제주체들이 이기적이고 자기중심적으로 경제행위에 여념이 없긴 하지만 보이지 않는 손이 시장에 개입하여서, 이들이 전혀 의도하지 않았지만, 자기도 모르게 모두에게 좋은 공공복리가 일어난다는 것이다.[22] 이렇게 경제주체들이 각각 서로 상충되고 상반된 이윤을 추구하는 가운데서, 보이지 않는 손이 개입하고, 이에 따라 '모두에게 혜택이 돌아가는 최상의 공공의 복리(optimale Wohlfahrt)'가 실현되는 것, 이것이 고전적인 의미에서 시장의 법칙에 따른 시장경제체제의 모델이다.

이어서, 리히는 위에서 서술한 시장경제체제의 모델이 잘 실현되려면 몇 가지 전제조건이 충족되어야 한다고 제시하였다:[23]

첫째, 시장경제질서는 강물이 흐르듯 자연스럽게 흘러가야 하는데, 여기에 보이지 않는 손(아담 스미스)이 개입하여 조정하기를 기대한다. 비록 시장의 현실에서는 경제주체들이 제각기 상충된 이윤과 상반된 이득을 추구하느라 충돌과 갈등이 늘 일어나지만, 이 현실을 보이지 않은 손이 조정하여서 모두에게 유익한 공공의 복리로 나아가기를 기대한다. 이러한 아담 스미스의 생각에는 계몽주의 시대의 신론이 반영되었다. 즉, 세상 모든 일이 창조주 하나님의 섭리에 따라 운용되므로 경제법칙 또한 이 섭리대로 움직인다는 것이다.

둘째, 도덕성을 갖춘 인간이 경제의 주체가 되어야 한다. 인간에게는 한 편 이기적이고 자기중심적인 성향이 있고 또 다른 한편 남의 슬픔에 대한 동정심과 고통을 함께 나누는 연대감도 있다. 이렇게 인간심성의 양면성

22 Ibid.
23 op.cit., pp. 9-10.

을 인정하면서, 경제의 주체인 인간은 이윤추구 외에 도덕성도 추구할 수 있다고 본다.

셋째, 완전한 경쟁(vollkommene Konkurrenz) 곧 기회균등의 원칙이 실천되어야 한다. 시장경제는 경쟁의 법칙을 통하여 그 질서가 잡혀지는데, 이것이 제 기능을 발휘하려면 상생(相生)을 추구하는 경쟁이어야 한다. 이것이 완벽한 경쟁이다. 시장에서는 수많은 공급자들이 서로 다투는 상황이 일어나는데, 이 상황에서 완벽한 경쟁을 이루려면, 독점과 카르텔을 철저하게 막고, 모든 이에게 동등한 기회를 부여해야 한다.

넷째, 기회균등의 원칙은 소비자에게도 주어져야 한다. 소비자의 구매력은 소득에 따라 좌우되는 점을 염두에 두면서, 소비자들에게 소득과 관련하여 균등한 구매기회가 주어져야 한다.

다섯째, 최근까지는 자연(공기, 물, 오촌층 등)을 무한정 공급받을 수 있는 재화로 취급했으나 이제는 자연도 '모자랄 듯 빠듯한(knapp)' 생산요소로 인정해야 한다. 즉 고전적인 의미에서 생산의 3대 요소인 노동, 자본, 토지를 재고(再考)해야 한다. 최근까지는 자본과 노동이 모자랄 듯 빠듯하다고 인식된 생산요소였다. 자본은 이자를 물어야 하고 노동의 대가로 임금을 지불해야 하므로 자본금을 빌어 쓰고 근로자를 고용하는데는 절약과 절제가 요구되었다. 그런데, 환경오염과 생태계의 위기에 직면한 인류는 자연도 모자랄 듯 빠듯한 생산요소임을 깨달아야 한다.

이제, 리히는 스위스의 경제윤리학자로서 유럽 시장을 중심으로 세계 시장경제의 현실을 분석하였다. 그 결과, 그는 현실 시장경제체제에 대하여 대단히 부정적인 평가를 내렸다. 현존하는 시장경제질서는 기대와 달리 강물 흐르듯 자연스럽게 운영되지 않는다는 것이다. 시장에 개입하리라 예견하였던 보이지 않는 손은 전혀 나타날 기미조차 없는 현실이다. 정 반대로 시장의 질서는 몇몇 사람의 의도에 따라 조작(Manipulation)되고 있다. 그래서 완전한 경쟁이 이루어져야 할 시장의 법칙은 한갓 이론에 불과하고 모든 경제주체들에게 공정하고 균등한 기회가 주어지지 않고 있다. 이렇게 불완전한 경쟁을 통하여 이득을 보는 몇몇이 독점과 카르텔이 형성해서 시장가격에 절대적인 영향을 끼치고 그들의 이윤추구가 절대화됨에 따라, 시장 제 기능을 발휘하지 못하고 있다. 이렇게 되면서 "경제적 다윈의 법칙(Wirtschaftsdarwinismus)" 곧 경제질서에 적자생존의 법칙이 적용되고 있다.[24] 결국, 개인의 자유를 기반으로 경쟁의 법칙을 통하여 공공복리로 나아가야 하는 시장경제의 이론은 현실성이 없는 하나의 '허상(Illusion)'이라는 판명이 나고 있다.[25] 따라서 현실 시장경제는 자본주의적 시장경제의 형태를 띠고 있으며, 시장의 기능이 자본의 지배아래로 묶여지고 있다. 자본을 많이 가질 수록 시장에서 더욱 큰 힘을 발휘하고 있는 실정이다.

여기에서 리히는 자본주의와 시장경제를 뚜렷하게 구분하고자 한다. 막시스트와 자유주의 경제이론가들은 자본주의와 시장경제를 동일시하는데, 리히는 자본주의를 시장경제의 체제가운데 하나라고 보면서 양자를 구분시킨다.[26] 시장경제체제에서 자본 없이는 생산이 불가능하므로, 그는 자본을 부정적으로 보지 않고 결코 자본주의를 섣부르게 부정하지는 않는다. 그러나 다만 산업화 시대 이래로 이제까지 자본주의적 시장경제체제에 내재해 있는 불공정한 경쟁으로 말미암아 경제주체들 사이에 심각한 충돌과 갈등이 일어나고 있으므로, 이것을 그가 문제점으로 보는 것이다. 예컨대, 기업주와 노동자 사이에 존재하는 불공정과 불공평을 살펴볼 수 있다. 대다수 노동자의 경우, 자본가와 소수 전문경영인(자본가에게 위탁을 받은)을 제외하고는, 그가 생산활동에 직접 참여함에도 불구하고 생산과 관련된 기업경영에 소외되어 있고 또 생산결과에 따른 이익분배의 결정과정에서도 소외되

---

24 op.cit., p. 11.

25 Ibid.

26 Ibid. 리히는 19세기에 영국의 멘체스터에서 발전된 경제체제를 자본주의의 전형으로 파악한다. 바로 이 자본주의를 칼 막스가 분석하고 비판하였다고 본다. 참고: WE, II, p. 181.

어 있다. 이처럼 노동자는 이윤에 따른 자본의 소유와 축적과 분배에서 소외되고 있고 더 나아가서 기업의 가치창출과 자본확장에도 제외되어 있다. 이러한 현실 속에서 생산의 주체인 노동자는 경제의 주체이긴 커녕 동역주체(Mitsubjekt)마저 되지 못하고 단지 노동력을 제공하는 대가로 임금만 받고 있다. 상황이 이러하므로 노동자는 시장경제의 기본 원리인 자유를 누리지 못하고 부자유한 노동자로서 생산활동에 참여하고 기업주나 자본가에게 예속되어 있는 실정이다. 심지어, 산업체의 일자리가 부족한 현실을 기업주가 이용하여서 노동자의 임금을 삭감하고 노동력을 착취하는 경우가 허다하다. 이렇게 하여서 결국 현실 자본주의적 시장경제체제에는 정의의 결핍이, 특히 분배과정(자본, 노동 등)에서 정의의 결핍이, 중요한 문제점으로 등장하였다. 이 문제는 최근 들어 환경오염과 생태계의 위기와 함께 그 심각성이 더욱 깊어지고 있다.

3) 〈인간의 의〉에 상응하는 시장경제를 위하여

이제까지 살펴본 대로, 현실 시장경제는 맨 처음에 세웠던 원리대로 실행되지 않고 있다. 그래서 많은 사람들이 현재의 자본주의 시장경제에 대하여 우려하면서 회의적인 반응을 보이고 있다. 그러나 리히는 시장경제 외에 다른 마땅한 대안이 없다고 보면서 이 경제체제의 좋은 점은 계속 장려하고 잘못된 점은 고치면서 현실 시장경제를 보완하고 개선해 나갈 것을 주장한다.[27] 그는 자본주의 시장경제에서 드러난 가장 심각한 문제점이 정의의 결핍에 있다고 파악하였다. 이것은 공공의 복리를 위해 시장에 개입하고 조정의 역할을 맡아야 할 보이지 않는 손이 나타나지 않는 것과 경제의 주체인 인간이 시장의 법칙대로 운영하지 않는데 가장 큰 원인이 있다고 보았다.

---

27 op. cit., p. 14.

그리고 나서, 리히는 츠빙글리의 사회윤리인 〈하나님의 의와 인간의 의〉를 향한 시장경제체제의 새 "틀(Rahmenordnung)"을 짜야 한다고 강조했다.[28] 이 틀은 시장의 법칙이 지켜지는 시장경제체제인데, 최소한 〈인간의 의〉에 상응하는 세계 경제질서라야 하며, 구체적으로 사람의 권리와 경제의 효율성이 동시에 이루어 져야 한다.

이제, 리히는 자본주의 시장경제대신에 "사회적 시장경제(Soziale Marktwirtschaft)"를 제안한다. 이 경제체제는 자본주의 시장경제의 약점을 고치고 모순을 극복하면서 정의를 실현하고 친환경적인 성격을 강하게 띤다.[29] 이와 함께 리히는 보이지 않는 손의 역할을 '보이는 국가(정부)'가 맡아야 한다고 제안한다. 이 구상은 츠빙글리의 현실주의(Realismus)에게서 빌려온 것이 분명하다. 즉 국가는 시장의 규칙을 만들어서 이를 시행하되 시장경제의 원칙인 기회균등을 실천케 하여 경제주체들 사이에 경쟁이 공정하게 이루어지고 모든 불평등을 없애야 할 것이다. 물론 이 과정에서 독점과 카르텔도 사라져야 할 것이다. 이와 함께 사회적 시장경제는 이제까지 자본과 노동을 분배하는 과정에서 불공정한 대우를 많이 받은 중소기업을 살려내고 또 임금노동자에게도 어떤 형태로든 기업경영에 참여할 수 있는 제도장치를 마련해야 한다. 그래야만 이들도 경제의 주체로서 사람의 권리를 찾을 수 있게 된다.

좀 더 세부적으로, 리히는 사회적 시장경제체제가 분배의 문제와 생태계 위기와 환경오염문제를 잘 해결할 수 있기를 기대하였다. 먼저 분배의 문제와 관련해서, 현실적으로 기업가의 관심은 자본에 집중하고 그 반면에 노동자의 관심은 복지향상에 크게 쏠린다. 이러한 상황에서는 임금투쟁을 둘러싸고 양자의 힘 겨루기가 잦다. 이렇게 되면 시장경제는 대단히 위험한 상황으로 치닫게 되는데, 그 까닭은 힘을 휘두르는 곳에는 언제나 그 힘을

---

28 op.cit., p. 15.
29 리히는 사회적 시장경제의 모델이 이미 독일에서 잘 추진되고 있다고 본다.

자기편에 유리하게 이용하려는 세력이 존재하기 때문이다. 이것은 기업가 편에서나 노동자 편에서나 모두 다 마찬가지로 적용된다. 이 문제를 해결하기 위하여 리히는 경제학자 오타 시크(Ota Sik)[30]의 제안을 받아 들였다. 그의 제안은 재단법인의 형태로 노동자(사원)조합을 만드는 것이다. 그리고 이 재단은 회사의 자본을 최소한 51% 이상 갖고 있어야 하고, 재단의 자본은 사원들의 모금과 기업 이윤을 통해서 형성되는 것이다. 이 자본으로 재단은 경영위기를 이겨내는 투자수단으로 활용할 수 있고, 최고 경영진에게 적법한 절차를 밟는 기업경영을 주문할 수 있고, 경영정책의 기본노선을 결정할 수 있다. 재단자본과 관련하여, 기업이윤이 높아지면 그 이윤을 사원들에게 분배하고, 반면에 기업손실이 오면 그 손실도 사원들에게 나눈다. 이를 통하여 회사의 모든 구성원(자본가, 경영인, 노동자 등)이 생산계획, 이윤분배, 자본의 증식과 확충 등에 참여할 수 있게 된다. 그리고 노동자의 관심(임금, 근로복지, 사회 안전망)과 경영인의 관심(이윤, 자본)이 대화와 양보를 통하여 조화를 이루게 될 것이다. 만일 이것이 실현된다면, 그 무엇보다도 분배의 정의가 이루어지게 될 것이다. 그 다음, 환경친화적인 사회적 시장경제체제를 위하여 리히는 생산요소인 자연의 귀중한 가치에 대하여 다시 한 번 강조한다. 이제까지 경제주체들이 자연을 너무 저렴한 가격으로 무한정 사용해 왔는데, 이제는 자연을 모자랄 정도로 빠듯하게(knapp) 소중히 아껴서 사용해야 한다는 것이다. 그러기 위해서는 자연사용의 가격을 높이고 이를 현실화 시켜야 한다고 리히는 제안한다. 그렇게 되면 원료수출을 주로 하는 개발도상국에게도 유익을 주게 되고, 또 세계 경제의 분배정의에 어느 정도 기여할 수 있다고 본다. 사회적 시장경제체제는 이렇게 해서 지구촌의 모든 인류와 모든 피조물에게 유익을 줄 것으로 기대한다.

---

30 오타 시크는 스위스 쌍 갈렌(St. Gallen)대학의 경제학 교수로 일하였다.

4. 이 글을 마치면서

지금까지 살펴본 대로, 아르투어 리히의 경제윤리학은 1989년 유럽의 대변혁과 공산주의국가들의 몰락을 겪으면서 이제 세계 유일(唯一)의 경제체제인 시장경제를 비판적으로 분석하고 그 대안을 모색하였다. 그는 현실 시장경제를 자본주의 시장경제체제로 파악하면서 그 한계점을 지적하였다. 그리고 그는 하나의 대안으로서 '사회적 시장경제(Soziale Marktwirtschaft)'를 제시하였다. 그는 자본주의 시장경제를 비판하면서, 본래 시장경제의 기본원리는 개인의 자유를 기반으로 고안되었는데 그러나 이 자유는 이기적이고 자기중심적인 방향으로 나아갔고, 그 결과 경쟁의 원칙이 무시되고 불공정한 시장독점이 난무한 현실이 되었다고 지적하였다. 이러한 현실을 극복하는 방안으로서 리히는 정의로운 시장질서를 강조하였다. 또한 그는 자본주의 시장경제체제를 통해 전개되는 억압과 지배와 착취의 구조를 지적하였고, 이 구조가 인류뿐만이 아니라 모든 피조 세계도 예속시켜서 오늘날 전지구적인 환경오염과 생태계의 위기가 초래했다고 지적하였다. 그러면서 그는 친환경적인 시장경제 곧 만물의 생명을 섬기고 그 생명을 살리는 경제체제를 제시하였다. 이를 위한 전제조건으로서 피조 세계에 대한 인간의 회개를 강조하였다. 이로써 경제윤리학자 리히의 사회적 시장경제는 하나님 나라를 위하여 경제적 정의를 구현하고 지구 모든 생명체의 생명을 살리는 경제체제라고 요약할 수 있다.[31] 이와 함께 우리는 정의와 생명을 위한 사회적 시장경제체제를 기대한다.

리히의 주장대로 경제살리기와 환경생명운동이 함께 진행되어야 하는 까닭은 이 두 가지 주제가 서로 긴밀하게 연결되어 있기 때문이다. 예컨대 경제적으로 잘사는 나라(북)는 산업을 발전시키는 과정에서 환경을 오염시

---

31   참고: H. Küng, Projekt Weltethos, (Muenchen: Piper, 1990), pp. 31-34.

켜 왔고, 못사는 나라(남)는 다른 나라에게 빌린 돈(외채)을 갚고 가난에서 벗어나고자 원시림의 나무를 마구 베어다가 헐값으로 수출하고 있다. 남반구의 나라들은 주로 가난(화전민), 외채, 인구폭발로 인해서 자연을 파괴하고, 북반구의 나라들은 남반구의 나라에서 원자재(목재)를 사고 자국으로 운반하면서 바다를 오염시키고 또 이 원자재로 공장을 운영하면서 굴뚝에서 내 뿜는 연기로 환경을 오염시켰다. 그리고 나무와 숲이 사라지자 그 자리에 살던 들짐승과 식물이 멸종하고 있다. 이리해서, 북반구의 나라들에게(세계인구의 1/5) 지구 환경오염의 4/5정도 책임이 있다고 한다.[32] 이 주제는 1992년 6월에 열린 세계환경회의(일명 리오(Rio)회의)를 전후로 많이 논의되었다. 이 회의에서 환경문제는 잘사는 나라들이 책임을 많이 져야 한다는 목소리가 높았고, 이를 위해서 제1세계는 제3세계에 첨단 기술을 넘겨주고 재정도 지원하고 양자 사이에 정의로운 교역이 있어야 한다는 공감대를 형성했다.

종합적으로 정리하면: 정의로운 경제질서를 지향하는 사회 시장경제체제(soziale Marktwirtschaft)와 생명공동체를 지향하는 생태적 시장경제체제(Oeko Marktwirtschaft)를 합치고, 그리고 이 둘을 동시에 지향하는 사회-생태적 시장경제체제가 (Oeko-soziale Marktwirtschaft) 현재로선 유일한 대안으로 보이는 경제체제이다.[33]

경제윤리학자로서 리히가 일한 현장은 서유럽 스위스였고 또 그의 경제윤리학은 대체로 그 곳의 현실을 반영하였다. 따라서 그의 경제윤리 이론이 얼마나 세계보편성을 갖고 있는지를 비판적인 눈으로 파악해야 한다. 그런데, 그가 제안한 정의로운 사회적 시장경제, 특별히 분배의 정의가 실현

---

32 Harald B. Schaefer, "Nachhaltigkeit der Entwicklung in Nord und Sued", in: Jahrbuch Oekologie 1993, Muenchen 1992. 102-112.

33 참고: H. Kueng, Projekt Weltethos, Muenchen 1990. 31-34; A. Rich, Wirtschaftsethik(II). Marktwirtschaft, Planwirtschaft, Weltwirtschaft aus sozialethischer Sicht, Gerd Mohn 1990. 345쪽이하. (이 책은 두 권으로 지어졌고, 이 책을 강원돈이 〉경제윤리〈란 제목으로 번역해서 한국신학연구소가 출판했다.)

되는 시장경제는 우리 나라의 경제질서에도 매우 타당하다고 본다. 이제 우리 나라가 '90년대 후반에 몰아쳤던 IMF경제위기를 극복했다고 하지만 그 이래로 빈익빈 부익부 현상이 더욱 심화되었고 중산층의 두께 또한 얇아졌다. 중산층은 한 사회의 허리역할을 하는 동시에 시장경제의 중추역할을 한다. 따라서 중산층의 두께가 얇아지면 시장의 활성화에 적지 않은 타격을 입히게 될 수도 있다. 김대중 정부의 초반기에는 IMF경제위기를 극복하려는 민주주의와 경제살리기를 병행한다는 기본 입장을 분명하게 갖고 있고 또 분배정의를 이루려는 의지도 확실히 보였지만,[34] 국가부도를 막고 경제위기를 극복해야 한다는 명분에 밀려서 이러한 입장과 의지를 크게 후퇴시켰다고 본다. 가령 금융실명제의 유명무실화, 토지거래허가제도의 해제방침, 도시내 개발을 조장하는 조치들(개발제한구역제도의 해제, 그린벨트해제론, 짜투리땅의 개발, 주택가 오락시설 건축허용등의 정책)등, 이러한 일련의 정책들은 경제위기를 넘기는 응급조치는 되겠으나 결국은 가진 사람들의 손을 들어주게 되는 것이 되었다.[35] 이제 새롭게 시작하는 새 정부(노무현정부)는 분배정의를 중심으로 한 정의로운 경제질서를 세워야 할 것이다.

　　리히가 자유방임적 시장경제체제를 통제하는 기관으로서 국가(정부)를 지명하였다. 그런데 이 국가(정부)는 기독교 전통에 젖어있고 복음의 정신을 잘 아는 정부로서 하나님을 두려워하고 그 분의 뜻이 이 세상 속에 이루어

34　참고: 김대중, 대중참여경제론, 서울:도서출판 산하 1997; 같은 저자, 21세기 시민경제 이야기, 서울: 도서출판 산하 1997; 유종근, 경제이야기. 아내에게 들려주는, 서울:도서출판 세훈 1997.

35　우리나라 경제위기의 원인 가운데 하나가 부동산투기라고 분석하기도 한다. 생산수단에 불과한 토지가 예외적인 이익을 남기는 투기의 대상이 되어서, 지금까지 모든 경제주체들이, 특히 정부와 재벌이 주도해서, 땅투기에 열중했던 결과 땅 값이 터무니 없이 치솟는 이른바 고지가가 형성되었고, 고지가는 한국경제의 국제경쟁력을 침식시킨 고비용구조(고임금, 고금리, 고물류비용)의 근본원인이 되었다고 보기 때문이다. 따라서 고지가의 해체는 한국경제의 거품을 제거하는 과정이고 또 경쟁력회복을 위해서 우선적으로 이루어야 할 과제라고 본다. 또한 재벌개혁수단이라고 본다. 참고: 이수훈, '위기 앞에 침몰하는 제도들', 교수신문 (제133호: 1998. 4. 20.) 제3면.

지도록 채찍으로 독려하는 역할을 한다. 그런데 유럽과 달리 기독교는 우리 나라의 전통 국가종교가 아니므로 리히가 생각하는 정부의 성격이 우리의 정부성격과 다르지만, 우리 나라에도 국가(정부)의 역할이 더욱 강조되어야 한다고 본다. 왜냐하면 시장의 경쟁에서 패배한 자, 불평등한 소득분배구조에서 약자, 독거 노인, 노숙자 등 사회 소외계층의 문제를 공정하고도 실질적으로 다룰 수 있는 조직은 오직 국가(정부) 뿐이기 때문이다.[36]

---

36 참고: 최장집, 『민주화 이후의 민주주의. 한국 민주주의의 보수적 기원과 위기』, (서울: 후마니타스, 2002), 215쪽 이하.

8

에큐메니칼 경제사상*
– 에큐메니칼 운동에 나타난 신학적 경제윤리의 이정표들

1. 들어가는 말

　　본 논고의 목적은 에큐메니칼 운동 전체를 통한 신학적 경제윤리의 흐름을 제시여 오늘날 세계교회가 추구해야 할 신학적 경제윤리의 방향을 가늠하는 데에 있다. 그래서 이 글은 1937년 옥스퍼드 '삶과 봉사' 세계대회, 1979년 MIT '교회와 사회' 세계대회, 그리고 1992년 『기독교 신앙과 오늘의 세계경제』를 에큐메니칼 신학적 경제윤리의 중요 이정표들로 보고 이 셋을 소개하려고 한다. 본 논고가 '신자유주의' 경제문제를 집중적으로 논하는 『아가페』문서(AGAPE = Alternative Globalization Addressing Peoples and Earth, 2006)를 논하지 않는 이유는, 이미 1992년의 '경제문서'가 '신자유주의'를 겨냥하기 시작했기 때문이다. 이 두 문건이 주로 신학적 경제윤리에 집중하고 있지만.

---

*　　이형기(장신대학교 명예교수)

2. 1937년 옥스퍼드 제2차 '삶과 봉사' 세계대회

1) 도전/상황

옥스퍼드는 1917년 볼쉐비키 혁명 이후 힘을 더해가는 전체주의적 공산주의, 1919년 세계 제1차 대전 이후 1920년 후반에서 1933년 사이에 등장한 이태리의 무쏘리니의 파시즘, 독일의 히틀러주의, 스페인의 프랑코의 파시즘, 1929년 미국의 경제공항, 케인즈 경제학의 등장, 임박한 세계 제2차 대전의 위협 앞에서 대회를 개최하였다.

2) 응전/신학적 경제윤리

유럽의 바르트 신학, 라인홀드 니버에 의해서 대표되는 북미의 '신정통주의 신학', 불가코프(Sergius Bulgakov)와 베르쟈이에프(Nicolas Berdyaev)로 대표되는 러시아 신학자들의 옥스퍼드 대회참여는 이 시기의 삶과 봉사 운동에 방향을 암시하고 있다.

(1) 라인홀드 니이버와 올드헴

"제2차 삶과 봉사 세계 대회"(Oxford, 1937)가 1934년에 본격적으로 준비되고 있었을 때, 영국 성공회의 템플(William Temple)과 IMC의 총무인 올드헴(J.H. Oldham)이 참여하여 이 운동을 위한 신학적-윤리적 기초를 확고히 다졌다. 이들은 "삶과 봉사" 운동의 신학적-윤리적 기초를 마련하기 위하여 연구그룹들로 하여금 7가지 주제들을 연구케 하고 그 결과물을 출판케 하였으니 (The Christian Understanding of Man; The Kingdom of God and History 등), 이는 교회의 사회적 기능을 위한 신학적-윤리적 이론을 확고히 하려는 노력이었다. 바르트와 라인홀드 니버의 영향이 지배적이었지만, 템플과 올드헴의 영향도 그에 못지않았다.

올드헴은 1934년에 '삶과 봉사'의 연구 위원회 위원장으로 초청받았다. 그래서 그는 1937년 옥스퍼드 '삶과 봉사' 세계 대회의 모든 것을 준비하였고, 1948년 암스텔담 WCC의 "책임적 사회"에 까지 영향을 주었으며, 1949년에 '교회와 사회' 총무를 맡은 아프레흐트가 그의 방법론을 계승 발전시켰다. 그는 급변하는 기술과 사회 경제 문화의 상황에 대응하여 올드헴의 방법론을 확장시켰다.[1]

비셔투프트는 올드헴의 방법론을 4가지로 요약하였다. 하나는 교회들로 하여금 사회의 위기의 본성을 이해하도록 자장 잘 도울 수 있는 남성들과 여성들을 발견하는 것이다. 둘은 이와 같은 사람들의 도움으로 교회들이 사회적 증언을 하기 위하여 관심하여야 할 근본적인 이슈들을 정의하는 데에 도달하는 것이다. 셋은 이와 같은 이슈들에 대한 학문 간 접근을 추진하고 특히 신학자들과 평신도들(각 분야의 전문가들: 역자 주) 사이의 대화를 추구하는 것이다. 그리고 넷은 그 결과를 교회들에게 제시하고 연구하게 하면서 적절한 사회적 행동을 취하도록 하는 것이다.[2] 이와 같은 올드헴의 방법론은 향후 '삶과 봉사' 운동이 믿지 않은 사람들일지라도 각계각층의 전문가들을 동원하여 그 때 그 때의 정치 경제사회문화적인 상황을 파악하고 도덕과 사회윤리차원에서 이들과 대화하고 연대하며 파트너쉽을 추구하는 기독교의 신학적 사회윤리의 방향을 결정한 것으로 보인다. 이제 이 글은 옥스퍼드 보고서 본문에서 올드헴의 방법론을 증명하려고 한다.

옥스퍼드 보고서 중, "경제 질서와의 관계에서 교회, 공동체, 그리고 국가에 대한 주된 보고서"(제 I 부: 경제 질서에 대한 기도교적 관심의 기초)는 "기독교회는 그리스도 안에 나타난 하나님의 계시에 대한 신앙의 입장으로부터 사

---

1 W. A. Visser 't Hooft, "Oldham's Method in Abrecht's Hands", in *Church and Society: Ecumenical Perspectives in honour of Paul Abrecht*(Geneva: WCC, 1985), 3-9.

2 W. A. Visser 't Hooft, "Oldham's Method in Abrecht's Hands", in Ibid., 3-4.

회경제적인 문제들에 접근한다."며, 기독교적 사회경제 윤리를 "하나님의 본성과 뜻"에 기초시킨다. 즉, "우리 주님의 삶과 죽음 안에서 하나님은 죄를 정죄하시는 한 정의로운 하나님과 죄인들을 구속하시는 한 자비로운 하나님으로 계시되었다."[3]고 하였다. 하나님께서는 인간이 죄인임에도 불구하고 예수 그리스도 안에서 인간을 사랑하신다고 하는 말이다. 그런즉, 구속받은 교회와 기독교인들은 이와 같은 계시된 "하나님의 본성과 뜻"에 기초한 이웃사랑과 정의를 실천하여 하나님 나라를 이 땅 위에 실현해야 한다고 본다.

본문은 "복음에 계시된 하나님 나라란 이미 도래하였고 장차 도래할 하나님의 통치이다. 그것은 그리스도의 오심과 성령의 현존 속에서 이 세상에 수립되어진 실재이다."(56)라며, 비록 그것이 이 세상과의 갈등 속에 있음에도 불구하고, "이 하나님 나라가 이미 도래한 이상, 그리스도 안에 계시된 하나님의 뜻(즉, 사랑의 명령)은 기독교적 행위의 궁극적인 표준이다."(Ibid.)라고 한다. 즉, 교회는 이 땅 위에 이 사랑의 나라를 실현해야 된다고 하는 말이다. 하지만 "하나님의 나라가 이 세상과 갈등 속에 있는 한, 그리고 아직 오고 있는 한", 그리고 "인간적인 죄 성을 억제하는 가장 유용한 수단을 발견하고 하나의 죄악 세상 속에서 사랑의 가능성들과 기회들을 증가시켜야 할 필연성을 경험하는 한"(Ibid.) 교회와 기독교인들은 사랑의 명령을 따라 살아야 할뿐만 아니라 정의를 따라 살지 않으면 안 된다고 하는 것이다. 때문에 구속받은 교회와 기독교인들은 사회경제 생활의 표준으로서 '사랑과 정의'를 실천함으로써 하나님 나라를 구현해야 한다고 하는 것이다. 그런즉, 이와 같은 '사랑과 정의'는 죄인들임에도 불구하고 우리를 구속하시는 하나님의 아가페 사랑에 대한 반응이다. 본문은 아래에서 "정의"를 정의(定義)하고 사랑과 이 상대적인 정의와의 관계를 천명한다.

---

3   *Ecumenical Documents on Church and Society*(1925-1953), ed John W. Turnbull(Geneva: WCC, 1954), 55.

모든 사회적 질서들과 제도들, 모든 경제구조들과 정치체제들을 위한 상대적이고 부문별 표준은 정의의 원칙이다. 이 정의는 인간의 삶을 질서 잡는다. 정의란 생명과 생명의 조화로운 관계의 이상(理想)으로서 한 생명이 다른 생명을 이용하려는 죄악의 경향을 전제하는 것이 분명하다. 정의는 각각의 생명이 전체와의 조화 속에서 지니지 않으면 안 되는 바른 자리와 특권을 정의(定義)하고 각자의 의무를 각자에게 부과함에 의하여 이와 같은 죄의 경향을 억제하려고 한다. 정의란 한 자아가 이웃의 선을 위하여 완전하게 그 자신을 희생시키는 것이 아니라 공동체의 각 지체가 전체의 조화 속에서 주장해도 좋을 그와 같은 선을 정의하고 지속시키려고 한다(56-57).

그리고 본문은 이상과 같은 정의(正義)의 두 측면을 소개한다. 하나는 소극적인 차원이고 다른 하나는 적극적인 차원이다. 전자는 비록 기독교인들에게는 바람직하진 않지만 악과 행악 자를 억제하기 위하여 "강제력의 체계"(the systems of coercion)(57)가 필요하다는 것이요, 후자는 "정의의 법들"로서 정치경제적인 구조와 제도들 속에서 사랑을 나타내야 한다고 하는 것이다. 즉,

   … 사회의 정치적이고 경제적인 구조는 또한 사회 안에 유기적인 요소를 운반해 주고 있는 기계적인 골격구조이다. 생산의 형태들과 협력의 방법들은 순수하게 개인적인 관계들의 영역을 넘어서 사랑의 원칙을 섬기고 확장함에 의하여 인간적 형제애의 대의를 위하여 섬길 수 있다(57).

그러나 기독교인들은 방금 위에서 언급한 "정의의 법들"(the laws of justice)의 실천보다 더 높은 수준의 사랑의 법을 실천할 수 있고 실천해야 한다고 한다. 본문은 이것을 "율법의 성취인 사랑의 의무"(57)라고 부른다. 그리고 이와 같은 "사랑"과 "정치적 경제적 체제들의 정의에 대한 관계"는 이중적이다. 즉, "사랑은 정치적 관계의 영역에서 가능한 모든 성취들을 초월하

는 하나의 이상이지만 그럼에도 불구하고 정의의 여러 가지 도식들이 판단
되어 질 수 있는 표준이다."(58)

(2) 중간공리

위에서 지적한 대로 라인홀드 니이버의 '사랑과 정의'의 관계와 올드헴
의 방법론은 이미 '중간공리'로서의 윤리를 암시하였다. "옥스퍼드 대표들은
역사 속에 하나님 나라를 건설한다거나 기독교적 도덕 원리들을 사회정치
적 딜레마들에 직접 적용한다고 하는 그 어떤 생각도 거부당했다."[4] 즉, 옥
스퍼드는 스톡홀름의 낙관주의에 대하여 반성적이었다. 그리하여 "옥스퍼
드 사회사상의 열쇠는 '중간 공리들'인데, 이것은 성서적 절대치들을 실용적
인 도덕적 결단을 위하여 요청되어지는 에토스로 가치들을 하향 조정하는
도덕적인 입장이다. 그리고 에큐메니칼 논의를 통하여 확인된 이와 같은 '중
간 공리들'은 교회들로 하여금 죄 악 세상 속에서 상대적인 정의에 기여하도
록 도와주었다."[5] 이와 같은 "기독교적 현실주의"는 신정통주의를 배경으로
하고 있고, 특히 라인홀드 니버 같은 신학자의 주장에서 연원하였다.

비셔투프트와 올드헴은 "옥스퍼드 삶과 봉사 세계 제2차대회"를 준비
하여 저술된 *The Church and Its Functions In Society*(1937)에서 "중간 공리"에 대하여
다음과 같이 적고 있다.

복음이란 도덕률의 모음집이나 하나의 새로운 법전이 아니다. 그리스도 안
에 있는 새로운 실재의 계시에 응답한 사람들 안에서 형성되는 새로운 마음이
란 그 자체가 새로운 형태의 행동들로 표현되지 않으면 안 된다. 기독교적 삶

---

4 *The Ecumenical Movement: An Anthology of Key Texts and Voices*, ed. *Michael Kinnamon and
   Brian E. Cope*(Geneva: WCC Publications, 1997), 277; W. A. Visser't Hooft and J. H.
   Oldham, The Church and Its Functions in Society(London: George Allen and Unwin,
   1937), 209-210.
5 Kinnamon, op. cit., 264.

이해의 함축들을 해명하고 복음에 대한 신앙으로 추동되는 그와 같은 종류의 행동을 분명하게 만드는 것은 교회의 예언자적 직무요 가르치는 직무(교도권)이다.

기독교인들이 사랑의 법에 순종해야 하고 사회정의를 위하여 투쟁해야 한다고 하는 그처럼 광범위한 주장들은 개인 기독교인으로 하여금 특수한 상황들에서 무엇을 하지 않으면 안 되는가를 알게 하기에 충분하지 못하다. 그렇다고 그와 같은 구체적인 상황에서 그 기독교인 개인이 결단의 책임으로부터 자유로울 수 있는 것도 결코 아니다. … 바로 여기에서 "중간 공리들"이 필요하다. 즉, 복음의 윤리적 요구들에 관한 순수하게 일반적인 진술들과 구체적인 상황들에 직면하여 내려지지 않으면 안 되는 결단들 사이에 중간 공리라 불러 좋음 직한 어떤 필요가 발생한다. 바로 이와 같은 중간 공리야 말로 기독교적 윤리를 현실 상부하게 하고 생명력 있게 만든다. 그와 같은 공리들은, 기독교 신앙이 사회의 어떤 특수 상태에 직면하여 그 자신을 표현하지 않으면 안 되는 방향들을 정의하는 하나의 시도이다. 그것들이 물론 항상 모든 상황에서 타당성을 갖는 것은 아니지만 어떤 주어진 시기 동안이나 어떤 주어진 상황들에서 기독교인들에게 요청되는 행동 유형에 대한 잠정적인 정의들 (provisional definitions)이다.[6]

베넷(John C. Bennett)은 "중간 공리들이란 하나의 보편적인 윤리적 원리보다는 구체적이고 법제화와 정치적 정책과 같은 것들보다는 덜 특수적인 것이다. 그것은 기독교적 신앙이 하나의 특수한 사회 상태에서 표현하지 않으면 안 되는 방향들을 정하려는 시도들이다."[7]라고 정의하였다. 베네트는 이와 같은 "중간 공리들"에 근거하여, 경제제도에 관련된 다섯 가지 원리들을 "옥스포드 삶과 봉사 세계 제2차대회" 문서로부터 요약 소개한다.

---

6   Kinnamon, op. cit., 277.

7   John C. Bennett, *Christian Ethics and Social Policy*(New York: Charles Scribner's Sons, 1946), 17-88, In *Social Christianity*. ed. John Atherton(Cambridge: the University Press, 1994), 249.

① 인간이 하나님과 누리는 코이노니아에 근거하여 사람과 사람 사이의 바른 관계가 형성되게 하여야 한다 모든 경제적인 활동은 이것에 준하여 변형되어야 한다.

② 인종과 계층에 관계없이 모든 어린이와 청소년은 그들에게 주어진 특별한 능력들을 충만히 계발하기에 적절한 교육의 기회들이 주어져야 한다.

③ 질병이나 연약성이나 나이로 인하여 경제활동을 할 수 없는 사람들(persons)은 그들의 무능력 때문에 경제적으로 궁지에 몰리게 되서는 안 되고 반대로 특별한 보살핌의 대상이 되어야 한다.

④ 노동은 인간의 복지를 위하여 하나님께로부터 계획된 본유적인 가치와 존엄성을 지니고 있다. 따라서 인간의 노동의무와 권리가 보장되어야 한다. 산업화 과정에서 노동은 결코 하나의 단순한 상품으로 여겨져서는 안 될 것이다. 일상적인 노동에서 사람들은 하나의 기독교적 소명을 인정해야 하고 성취해야 할 것이다.

⑤ 땅과 광물자원과 같은 땅의 자원들은 모든 인류에게 주어진 하나님의 선물들로 인식되어야 하고 현 세대와 미래 세대들의 필요를 위한 적절하고 균형 잡힌 고려로써 사용되어야 한다(249-250).

이상과 같은 '중간공리'는 성서 및 교회 밖의 도덕과 윤리와 연계를 가능하게 만든다. 복음이 요구하는 하나님의 과격한 뜻이 '중간공리'를 통하여 특수상황에 현실 상부하게 된다고 하는 말이다.

3) 적용

옥스퍼드는 이상과 같이 설정된 기독교 신앙과 신학에 입각한 기독교적인 사회경제적인 삶을 위한 표준(도덕과 윤리)을 경제문제에 적용하였다.

첫째로 제Ⅱ부는 "현 경제적 상황에 대한 분석"을 다룬다. 본문은 그 당시에 현존하고 있었던 여러 경제체제들을 소개한다. 하나는 구소련 정부의 그것에 대하여, 둘은 독일의 국가사회주의의 그것에 대하여, 셋은 이탈리아의 파시스트정부의 그것에 대하여, 그리고 넷은 스칸디나비아, 프랑스, 미국, 대영제국의 각기 다른 자본주의 경제체제에 대하여 논한다(60). 그리고 본문은 "중세적 사회문화적인 제약으로부터의 개인의 탈출의 소산"으로서 자본주의 초기를 적극적으로 본다.

> … 자본주의 시대의 동터 오름은 인류의 진보를 향한 하나의 확실한 발걸음으로 사료되지 않으면 안 된다. 이는 그 시대의 정치적이고 경제적인 성취들뿐만 아니라 지성적인 성취에 대하여도 사실이다. 자유로운 기업체제는 산업 발전에 기여하였으니, 인류역사 상 처음으로 성공적인 기술의 발달로 경제자원의 자연적 결핍을 극복할 수 있게 하였다. 그리고 그것은 인구의 폭발에도 불구하고 일반적인 소비생활의 표준을 상당 수준으로 상승시켰고 산업의 기계회로 노동자들의 육체적인 노동을 감소시켰다. 또한 역사 상 처음으로 그것은 세계의 모든 부분들을 상호 관련시켰으며 일류의 하나 됨에 대한 생각을 공통의 경험적 사실로 만들었다(61).

그러나 본문은 이상과 같은 초기 자본주의의 장점에도 불구하고 18-19세기 그리고 제1차 대전 발발에 이르는 자본주의 역사과정 속에 나타난 온갖 병폐들을 지적한다. 본문은 이미 제시한 기독교 신앙과 신학("사랑과 정의")을 표준으로 자본주의를 철저하게 비판한다. 심지어 자본주의는 "영적 중심을 결여한 경제 질서로 인하여 서양의 삶의 영적 유산을 점진적으로 해체시켰다."(61)고 까지 말한다. 하지만 본문은 "유토피언이즘", "모든 도덕적이고 영적인 가치들을 경제적 필요와 경제적 조건들 밑에 놓는 물질주의", "인격적이고 문화적인 삶으로부터 그것의 창의적 자유를 박탈하는 것", 그리고

"개인의 존엄성에 대한 무시"와 같은 공산주의의 약점들을 지적한다.

제III부는 "인간의 삶에 대한 기독교적 이해에 도전해 오는 것들"에 대하여 논한다. 오늘날 은 절대빈곤의 시대는 뒤로 하고 있지만, 분배정의가 문제라며 신약성서 시대나 다른 시대들을 지배했던 "시혜주의(paternalism)로부터 "좀 더 평등한 정의"(more equal justice)의 실현에로 전환되어야 한다."(65)고 하면서 "인간의 도덕적이고 영적인 본성"을 모독하는 4가지 자본주의의 병폐를 제시한다. 하나는 "탐욕스러운 취득본능의 증대"이다. 물론, 경제 차원 그 자체도 중요하긴 하지만 이것은 삶의 더 중요한 차원들에 종속되어야할 경제 질서를 거부하는 것이나 마찬 가지이다. 둘은 사회경제적 "불평등"이다(67). 셋은 "무책임한 경제 질서의 소유"이다. 유기체적 사회 공동체에 대해서 책임은 지지 않은 채, 여러 나라들에서 몇몇 개인들이나 집단들이 경제적 권력을 휘두르는 경우이다. 이는 고전적으로 정치 차원의 폭군이나 마찬 가지이다(68). 넷은 "기독교적 소명의식의 좌절이다." 예컨대, 불의한 경제 질서 속에서 일을 하지 않으면 안 되거나 공공의 이익과는 무관하게 고용주의 이익만을 위해서 일을 해야 하거나 속임수를 포함하는 일종의 상품 판매술을 위해서 일을 해야 하거나 실직할 경우, 일에 대한 하나님의 뜻에 맞는 소명감이 없어지고 삶의 의미를 상실한다고 하는 것이다(73-74).

제IV부는 "이상과 같은 도전에 대응하는 기독교적 결단"에 대한 것이다. 본문은 복음이란 개인에게 주어지는 메시지일 뿐만 아니라 "집단들과 공동체들"에게 주어지는 메시지라며, "신앙"과 "하나님과 인간의 본성에 대한 기독교적 교리"에 비추어서 개인이든 기업체든 어떤 경제주체의 경제행위를 위한 도덕적인 신임장들을 평가하고 비판해야 한다고 본다. 그런데 본문은 위에서 제시한 기독교 신앙에 대한 도전들이 두 정치경제 체제 안에서 각각 응전되어야 한다고 한다. 하나는 자유기업체제요 다른 하나는 생산수단들을 사회화하는 체제인데(71), 본문은 "교회의 구성원들과 확정적으로 양립할 수 없어 보이는 정치적이고 경제적인 문제들에 대한 두 가지 태도가 있다며, 그 중 하나는 배타적인 특권에 대한 자기만족적인 방어요 다른 하나는 조정불가하고 자기 의를 내세우는 열광주의라고 본다."(72) 즉, 본문은 이 양극단을 모두 피하라고 한다.

그리고 "자유방임적 자본주의 체제의 위험성은 무책임한 권력과 불평등"이라며 이를 극복하는 다양한 방법들이 있어 왔고, 현재 풀뿌리 민주주의 정치형태를 통한 생산수단의 사회화 대안(73)과 재산의 사회화에 대한 다양한 주장들, 그리고 사유재산 체제를 지속시키는 정책과 그것의 사회화 정책 사이의 어떤 사회적 제안들이 있다고 주장하면서(72-73), 결국 "기독교회는 구체적인 경제적인 상황과의 관계에서 판단의 다름들과 행동의 갈레들을 초월하는 그리스도 안에 있는 하나의 교제이다."(74)라고 한다. 그런즉, 옥스퍼드는 교회가 '제3의 세력'으로서 신앙과 신학의 가치에 입각하여 모든 정치경제적인 형태들과 체제들을 비판도 하고 거기에 참여도 해야 한다고 하는 것으로 판단된다.

제V부는 "경제 질서에 관련된 기독교적 가르침"에서 "경제 질서에 대하여 결단을 내리는 기독교인들('제IV부')이 그들의 기독교 신앙으로부터 과연 어떤 지침을 끌어 낼 수 있는가?"를 묻고 있다. 이는 다름 아닌 '중간 공리'에 해당하는 도덕과 윤리로 보인다. 특히, 본문은 여러 경제 집단 출신의 평신도들과 연대하여 이를 작성도 하고 실천도 해야 한다고 본다(74-75). 그리하여 본문은 향후 10년 동안 경제 질서에 관련된 기독교 메시지의 틀 거리를 3영역 안에 국한시킨다. 그것을 요약소개하면 아래와 같다.

(1) 기독교적 가르침은 장기 목표의 의미에서 목적들과 표준들과 원칙들을 다루어야 한다. 그리하여 우리는 모든 구체적인 상황과 이 상황을 개선하기 위한 모든 제안을 이것에 비추어서 검증하지 않으면 안 될 것이다.

(2) 기독교의 메시지는 현존 상황의 실제적인 사실들에 참조 등을 비추

고 특히 현행 경제행동의 인간적인 결과들을 밝힌다.

(3) 기독교 메시지의 이와 같은 참조 등은 인간의 마음속에 있는 경제 정의에 대한 장애물들을 분명히 밝히고 특히 교회 안에 있는 사람들의 마음속에 있는 그와 같은 장애물들을 밝히 드러낸다.

끝으로 제VI부는 "직접적인 기독교적 행동"을 둘로 나누어서 논한다. 하나는 "A. 교회들에 의한 행동"이요 다른 하나는 "B. 기독교인들에 의한 행동"이다. 본문은 "A. 교회들에 의한 행동" 세 가지를 논한다. 하나는 "교회 자체의 제도적인 삶에 대한 개혁"이요 둘은 "연구와 행동을 위한 새로운 기구의 발전이"요 셋은 "일과 예배의 통합"에 대한 것이다. 그리고 "B. 기독교인들에 의한 행동"에서도 3가지를 언급한다. 하나는 "기존 경제 질서 안에서의 행동"이요, 둘은 "집단 실험"이요 셋은 "경제 질서의 변혁"에 대한 것이다. 첫째는 교회 공동체 차원에서가 아니라 기독교인 개인들 차원에서의 "기존 경제 질서 안에서의 행동"에 대한 것이다. 기독교인들은 매일 매일의 사업들과 삶의 인간적 관계들에서 "하나님의 창조적 사역과 정의와 자비의 도구들"로서 살아가도록 강권함을 받고 있고, 나아가서 기업과 산업과 전문직들의 영역 밖에서도 봉사의 기회들이 많다. 예컨대, 근대 국가 안에서의 산업 활동과 사회적 삶을 제어하는 법과 법 제정이 증가하고 있는데 이것이 좋은 경영과 좋은 결과를 얻기 위해서 사용자들, 노동조합들, 정부 관료들, 그리고 사회사업가들의 연합행동들이 있어야 한다고 하는 것이다. 그리고 한 걸음 더 나아가서 기독교인들은 넓은 영역, 곧 정부 및 지자체 그리고 협력적 운동들의 발전이 제공하는 사회적 행동과 교제의 큰 영역들에 동참해야 한다(86-87).

둘째로 어떤 경우들의 변혁이 비록 국가의 행동이나 국제적인 조정이 없이는 불가능하다고 해도 "확신에 찬 두 세 집단"의 효과적인 능력이 중요하다. 전 세계를 통하여 "다리를 놓을 수 없이 깊어진 골에 다리 놓고 스스로 버림받았고 주변으로 밀려 났다고 느끼는 사람들을 제 자리로 돌아오게 하려는 집단들"(87)이 있어야 한다고 하는 는 말이다. 셋째로 기독교인들은 "제IV부"에서 주장되어진 내용에 따라서 "정당들, 노동자 조합들, 사용자 조직체들과 같은 집단운동 체의 구성원이 됨으로써 기존 정치 및 경제체제의 변혁과 필요하면 철저한 재구조화를 위하여 그 어떤 기여든 기여를 해야 할 하나의 특수한 책임을 지니고 있다."(87)고 한다.

3. 1979년 MIT '교회와 사회' 세계대회

1) 도전/상황

'창조세계 보전'의 문제는 1961년 뉴델리 WCC 총회에서 골로새서 1:15-20을 토대로 우주적 기독론에 입각한 창조세계 보전에 대한 주장을 펼친 지틀러(Joseph Sittler)에게서 시발되었다. 그러나 1960년대의 세계사적 격변들로 WCC는 관심의 초점을 '역사'로 집중하였다. 그러다가 1972년 유럽의 경제학자와 과학자, 기업인 등 36명으로 구성된 '성장의 한계'(The Limits to Growth)와 '스톡홀름 유엔인간환경회의'가 출범하면서, 지구환경문제는 글로벌 이슈가 되었다. 이와 같은 맥락 속에서 1975년 나이로비 WCC 총회가 교회의 사회참여의 이상(理想)으로서 JPSS(a just, participatory and sustainable society)를 내세우고, 1979년 MIT '교회와 사회 세계대회'가 그것을 완성시켰다. 그리고 1970년대는 고(高) 물가, 고(高) 인플레션, 저 성장, 두 차례의 오일 쇼크(1973년과 1979년) 등으로 혼란에 빠졌으며, 1970년대 후반으로 오면서 케인즈의 경제가 '신자유주의 경제'로 대치되기 시작하였고, 1980년대 후반부터는 대처와 레이건이 추진하는 '신자유주의 경제의 글로벌화'의 시대로 돌입하여 오늘에(2008년) 이르고 있다.

그리고 이어서 1983년 벤쿠버 WCC 총회의 JPIC(Justice, Peace and Integrity of Creation)와 1990년 서울 'JPIC 세계대회' 이래로 오늘에 이르기 까지 '창조세계의 보전'(integrity of the creation)의 틀 안에서 '생명의 신학'이 신학의 큰 흐름을 형성한바, 이와 같은 '생태계 파괴'문제는 전적으로 '신자유주의의 글로벌화'와 맞물려 있었다. 그리하여 1991년 호주 캔버라 WCC 총회는 전체주제를 '성령이여, 오소서! 전 창조의 세계를 새롭게 하소서!"로, 제1 분과의 제목을 "생명의 시여자시여, 당신의 창조세계를 지탱하소서!"로 정했으니, 서울 JPIC 이래로 특히 "IC"의 문제가 역사상 유래 없이 크게 부각되었다. 서울 JPIC를 계기로 WCC 중앙 위원회는 향후 100년 동안 JPIC야 말로 세계교회의 과제가 될 것이라 하였다.

2) 응전/신학적 경제윤리

1949-1966년 까지 '교회와 사회' 분야에서 획기적인 업적을 남긴 아프레히트는 또한 1968-1983년 동안에도 '삶과 봉사'의 총무로서 '교회와 사회' 분야에서 큰 족적을 남겼다. 그는 바야흐로 "기술이 문화에 주는 영향들, 세계 자원의 한계들, 자연과학에 의해서 제기되는 윤리적인 이슈들"[8]에 관심을 집중하면서, MIT '교회와 사회' 대회를 위하여 크게 공헌하였다. 그리고 MIT대회의 결과물에서 아프레히트는 올드헴으로부터 물려받은 방법론을 사용했다. 그래서 그는 분과 연구와 토의를 위한 전체 참석인원 900명 중, "물리학자들과 자연과학자들과 기술학자들을 50%, 그리고 사회과학자들과 정치학자들과 신학자들을 50%로 채웠다."[9]

---

8   John C. Bennett, "The Geneva Conference of 1966 as a Climactic Event", in op. cit., 26.

9   *Faith and Science In An Unjust World: Report of the World Council of Churches' Conference on Faith, Science and the Future. MIT, 12-24, 1979. Vol. 2: Reports and Recommendations*, ed. Paul Abrecht, 3.

이제 필자는 10개 분과 보고서들 가운데, 두 항목만을 요약분석하려고 한다. 하나는 "X. 교회들을 위한 하나의 새로운 기독교적 사회윤리와 새로운 사회정책"에 대한 것이고, 둘은 "Ⅷ. 하나의 정의롭고 참여적이며 지속 가능한 사회의 경제"에 관한 것이다. 그 이유는, 전자가 마지막 날 모든 분과의 대표들이 한 자리에 모인 가운데 모든 분과들의 토의들을 아우르는 윤리적 이슈들을 다루었기 때문이요[10], 후자는 '경제'문제를 종전과는 다르게 JPSS의 틀에서 보고 있기 때문이다.

(1) "X. 교회들을 위한 하나의 새로운 기독교적 사회윤리와 새로운 사회정책"

"예수 그리스도 안에서 시행된 하나님의 사역은 사랑이다. 그것은 한이 없는 사랑으로서 정의를 추구하는 사랑이다. 하나님의 사랑의 성취가 다름 아닌 이 세상의 목적이다. 그리고 그것의 상징은 십자가이다."[11]라고 하여, 본문은 "그리스도 중심적 보편주의"에 입각한 하나님의 '아가페 사랑'을 힘주어 주장하고 이 사랑은 "정의"를 추구하는 사랑에 다름 아니다. 사랑은 정의를 추구하게 하는 원동력이고 그것의 표준이다. 그리고 "정의"를 추구하는 "사랑"의 성취가 다름 아닌 이 세상의 목적이라 하였다.

그런데 우리 인간은 하나님의 피조물로서 예수 그리스도 안에 나타난 하나님의 사랑과 정의를 따라 살아야 하지만, 현재 죄 악 속에서 실존할 수밖에 없다. 그럼에도 불구하고 기독교인들은 "하나님의 사랑이 우리 인간의 죄 책과 악의 초개인적 구조들(정사와 권세)을 극복 하신다."고 하는 예수 그리스도 안에서 일어난 승리에 대한 믿음과 종말론적 승리에 대한 희망 가운데, "하나님의 사랑의 나라의 도래를 확신하고 있다. 장차 모든 사람들은 이 사랑의 나라에서 정의와 평화와 희락을 알게 될 것이고 하나님께서 모든 것

---

10   Ibid., 4.
11   *Ibid.*, 147.

안에서 모든 것이 되실 것이다."(4)라고 희망한다고 하는 것이다. 이처럼 본 문은 사랑과 정의가 완전히 실현되는 미래 지향적인 하나님 나라에 대한 희 망을 주장하고, 이 희망 속에서 "정의롭고 참여적이며 지속가능한 사회"(4) 의 구현을 말한다. 물론, 역사와 창조세계의 과정 속에서 실현되는 JPSS의 인류사회란 늘 불완전할 수밖에 없지만 말이다. "그것은 하나님의 때에 하 나님에 의하여 완성될 것이다. 우리는 그분의 성령에 의존할 뿐이다."[12] 이 상과 같은 "서론"부분에서 우리는 미래 지향적이면서 현재적인 "하나님 나 라"에 대한 주장을 발견한다.

이제 우리는 위에서 언급한 보편주의적 기독론을 통하여 계시되고 약 속된 하나님 나라에 대한 희망을 염두에 두면서, "정의롭고 참여적이며 지 속가능한 사회"에 대하여 소개한다. 첫째로 "정의로운 사회"란 무엇인가? "정의"에 대한 정의는 예언자들과 예수님의 지상명령으로서 하나님의 뜻일 것이다. 그것은 사랑으로 추동되고 사랑을 지향하며 사랑을 척도로 한다. 그리고 이 정의는 단순히 개인의 권리주장이나 부정부패에 대한 비판의 척 도나 잘못한 사람을 벌주거나 선행을 한 사람에게 상을 주는 정의에 불과한 것이 아니라 개인들과 집단들이 공동체 전체의 생명(사랑)을 추구하는 정의 이다. 개인과 집단이 모두의 유익을 위하여 상호 간의 관계 맺음 속에서 사 랑의 공동체를 누리는 것이 정의로운 사회의 목적인데, 이것을 이루는 과정 에서 타자들의 권리를 침탈하거나 전체 공동체의 이름으로 특수한 공동체 들이 억압하거나 기타 불이익을 당해서는 안 되는 사회를 말한다. 그리하여 정치적 법적인 구조적 장치를 통하여 강자의 횡포와 강자의 약자에 대한 착 취가 방지되어야 하고, 인간의 생태학적 체계에 대한 유린과 파괴 역시 제 어되는 공동체야 말로 미래 지향적 하나님 나라에 대한 표지판일 것이다. 그리고 이와 같은 "정의"는 "황금률"을 매개로 하여 혹은 도덕과 윤리 차원

---

12   *Ibid.*

에서 타 종교들 및 철학을 포함하는 타 학문들과의 관계 및 다양한 사회들과 문화들 속에 있는 그것과 대화하고 연대하며 파트너쉽을 가질 것이다. 예언자들의 목소리와 예수님의 긍휼의 정의와 '제자의 도'는 "황금률"을 매개로 기독교적 현실주의로 이동하고, 나아가서 헌법들과 실정법들의 차원과도 연계된다(148).

둘째로 "참여사회"란 무엇인가? 본문은 단순히 남성사회에 대한 여성의 참여, 제1 세계의 기술사회에 대한 제3 세계의 참여, 백인사회에 대한 흑인들의 참여와 같은 구조적인 참여의 의미에서 "결의"뿐만 아니라 일반적으로 모든 인간 사회에서 공동체 전체의 유익을 위한 "결의"들을 말하고 있고 "물질적이든 영적이든 자원의 나눔" 및 "고통과 이익들의 분담"도 의미한다(Ibid.).

셋째로 "하나의 지속 가능한 사회"란 무엇인가? 인간이 생태계를 파괴하는 삶을 사는 한 인간사회 자체도 파괴된다고 하는 것이, 다름 아닌 지속 불가능한 사회이다. 인간이 인간들 상호 간에 정의를 따라 살라야 하는 것처럼 자연과의 관계에서도 정의를 따라 살아야 한다고 하는 것이다. 잘못된 소비관행들과 생태계파괴야 말로 인류 사회를 결코 지속 가능하게 만들 수 없다고 하는 말이다(149).

이상과 같은 "서론"부분은 "X … 기독교적 사회윤리와 새로운 사회정책"이란 제(題) 하의 15 조항들을 주도하는 신학적 주장이다. 그 이유는 예수 그리스도 안에서 계시된 하나님의 사랑과 하나님의 나라를 초석으로 하는 (도덕과 윤리의 계시적이고 신학적인 근거), 사랑으로 추동되고 사랑을 표준으로 하는 정의추구(윤리)를 통하여 역사와 창조세계 속에서 실현되어야 할 JPSS의 사회를 주장했기 때문이다.

그 다음 이상과 같은 "서론"의 주된 신학적인 주장을 가장 잘 담아내고 있는 조항은 "14. 하나님 나라의 윤리가 인간의 결단들 및 정치적 행동들과 무슨 관계가 있는가?"와 "15. 다양한 문화적 상황들에서 어떤 사회적 정책들이 가능할 것인가?"이다. 먼저 "14 조항"의 신학적인 주장에 근거한 윤리를 소개하려고 한다. 우리는 사랑의 하나님 나라 안에서 정의와 평화와 희락을 알게 될 것이라고 하는 "서론"의 주장을 염두에 두면서, 다음의 인용을 읽어야 한다.

성 바울은 하나님 나라가 정의(righteousness)와 평화에 의하여 특징 지워진다고 힘주어 말한다. 더욱이 하나님 나라란 하나의 미래의 가능성만은 아니다. 그것은 예수 그리스도의 삶과 살아계심 안에서 하나의 과거요 하나의 현재이다. 그러나 그것은 각 인격과 각 사회의 삶들 안에서 활동적인 노력을 요청하는 현존이다. 그것은 단순히 전제될 수 없다. 기독교인들은 사회 안에서 사역하도록 부름을 받는다. 그 목적은 사회로 하여금 하나님 나라의 가치들을 더욱 더 지지하게 하고 그리스도 안에서의 하나님의 목적들을 표현하게 만드는 것이다… (162)

위의 인용은 미래 지향적인 하나님 나라에 대한 희망을 주장하면서도 역사 속에서 기독교인들은 자신들뿐만 아니라 인간사회로 하여금 "하나님 나라의 가치들"과 "그리스도 안에 있는 하나님의 목적들"을 역사와 창조세계 속에서 실현해야 할 것을 주장하였거니와, 아래의 글은 인류의 보편사 속에서 사역하고 계시는 하나님의 하나님 나라 실현 운동에 모두가 동참할 것을 촉구한다.

우리는 하나님께서 그의 목적들의 성취를 위하여 사역하고 계신다고 믿기 때문에, 우리는 그의 활동을 찾아내어 그것에게 물리적인 형태를 부여하려는 시도를 해야 한다. 하나님께서 어디에서 일하고 계시는가를 인식하려고 하는 우리의 시도들은, 끊임없이 성서가 증언하고 있는 그리스도의 과격한 심판 밑에 놓여 져야 한다. 이와 같은 심판은 계속적으로 일어나야 한다… 그래서 기독교적 사명과 기독교적 도덕적 심판의 과제란 끊임없이 이 세계로 하여금 정의와 평화를 실현하시기 위하여 세상 안에서 활동적이신 하나님을 지향하도록 하는 것이라고 우리는 말할 수 있다. 기독교 공동체가 이와 같은 일을 할 수 있는 것은, 그것 자체가 주님을 위하여 고난을 감수할 준비가 되어 있는 사랑의 공동체가 될 경우이다(162).

이제 본문은 본격적으로 사랑의 나라인 하나님 나라의 윤리를 주장한다. 그것은 사랑을 구조들로 바꾸는 것을 포함한다.

> 정치윤리는 사랑을 구조들로 바꾸는 과제를 가지고 있다. 사랑이란 하나의 정서라기보다 하나의 의지의 결단이기 때문이다. 인간 사회 안에 있는 그 어떤 형태의 권력이라도 그것이 섬겨야 할 개인 인격들과 집단들과는 무관한 그것 자체의 제도적인 이익을 섬기는 경향을 가지고 있다… (162)

> 끝으로 본문은 헌법과 실정법을 '사랑의 표현'으로 보고, 그것들의 목적은 "사랑을 정의로 구조화하는 것"이라고 하였다. 그리고 그와 같은 헌법과 실정법은 '사랑'과 '정의'(예언자들과 예수님의 그것)를 척도로 하여 끊임없이 수정 보완될 것을 힘주어 언급한다. (163)

이상에서 우리는 사랑의 하나님 나라, 정의를 추구하는 사랑, 사랑의 구조화, 정의의 구조화로서 사랑, 그리고 사랑과 정의에 입각한 헌법들과 실정법들에 대한 신학적인 이해를 발견하였다.

끝으로 '15항목'의 신학적 윤리를 살펴보자. 본문은 '14항목'처럼 미래 지향적 새 하늘과 새 땅에 대한 희망을 주장하면서 종말 이전 역사와 창조 세계 속에서 해산의 고통을 감수하면서 하나님의 나라를 이 땅 위에 실현할 것을 힘주어 말한다.

> 기독교인들은 하나님의 통치가 창조와 우주 전체에 대한 구속적 새 창조를 통하여(롬 8; 고후 5; 골로새서)자연과 역사 속에 이미 현존하고 있는 것으로 믿는다. 기독교인들은 이와 같은 우주적인 새 창조를 인정하고 그것의 "산고들"

(産苦)을 인정하면서, 전 세계에 대한 하나님의 새 창조에 동참하고 마르크스주의자들을 포함하는 세속적인 집단들 및 타 종교 공동체들과 협력할 수 있고 협력하지 않으면 안 된다(Ibid.).

그리고 본 항목 역시 "기독교 공동체의 특수 소명"을 하나님의 보편적인 구속활동에 대한 응답으로 보아, 기독교의 도덕과 신학적 윤리를 교회 밖의 도덕과 윤리로 잇는다.

그러나 기독교 공동체의 특수한 소명이 있다. 그것은 하나의 신실하고 예배하며 활동적으로 순종하는 공동체(fellowship)로서 하나님의 보편적인 구속활동에 응답하는 것이다. 기독교 공동체 안에는 기독교적 행동을 밝혀주고 지도하며 지지하는 특수한 그리고 확인 가능한 행동들이 많이 있다. 그러나 기독교 공동체 안에서 기도와 예배는 성령을 통하여 모든 백성들의 궁극적인 일치에 대한 기독교 공동체의 기본적인 헌신을 표현하는 수단이 되어야 한다. 기도와 예배는 결코 그것으로부터 고립되어서는 안 될 것이다. 기도란 행동에 반대 입장에 놓여있는 것이 아니다. 오히려 그것은 정치적이고 사회적인 행동의 시작이요 원천 모두이다(Ibid.).

그리고 교회의 사회적 정책들은 사회문화적 상황과 정치적인 상황에 따라 다양하지만, "교회들은 자신들의 특수한 정책들을 형성시킴에 있어서, 하나의 특수 상황의 가치들과 결정적 요인들을 초월하는 하나님의 도래하는 통치의 보편적인 성격을 인식하지 않으면 안 될 것이다."(164)라고 하여 교회의 사회적 정책들의 다양성과 다양성을 넘어서는 초월적 통일성을 역설하고 있다.

(2) "Ⅷ. 하나의 정의롭고 참여적이며 지속 가능한 사회의 경제"
본문은 JPSS가 요구하는 경제의 신학적인 기초를 간단히 제시하는 말로 시작한다. 즉, "우리의 하나님 나라에 대한 희망이 사회정의 탐구를 통해서도 부분적으로 반영되지 않으면 안 된다."[13]고 한다. 본문은 하나님께서 베풀어 주신 "이스라엘 자손들의 해방, 예언자들을 통한 해방, 그리고 궁극적으로 예수 그리스도를 통한 해방"(125)에 대한 신앙을 바탕으로 이룩되는 공동체적 정의을 말한다. 그래서 본문은 정의로운 사회란 "참여적이고 지속 가능한 사회"(126)로서, 하나님 나라 실현의 일부라고 하는 말이다. 그리고 본 대회 역시 올드헴의 방법을 잇고 있다(126). 사회학과 경제학 등의 사회문제 분석과 이슈 제기를 받아들이고, 도덕과 윤리 차원에서 타 종교들과 타 학문들의 접근들과 활동들과 대화하고 연대하며 파트너쉽을 갖는다고 하기 때문이다.

본 대회는 경제정의문제에 관한 한, 1978년 "정치적 경제, 윤리, 그리고 신학"라고 하는 주제로 모인 취리히 신학협의회에 빚지고 있다. 취리히는 "정치적 경제(a political economy)에 있어서 하나의 새로운 패러다임이란 JPSS의 요구들이 작동되는 사회에 맞먹는 그 무엇이다."(125)라고 하면서, 3가지 점에 대한 새로운 이해를 촉구하고 있다. 하나는 세계 속에서 빈곤의 차원들(저개발 국가들과 개발도상국들뿐만이 아니라)이요 둘은 현 세계의 사회질서의 비참여적인 성격이요 셋은 현재 기능이 불능한 세계 경제체계이다(125).

① "하나의 정의로운 사회의 정치적 경제"

본문은 "적극적인 경제"와 "정치적 경제"를 구별한다. 전자가 개인주의적이고 성장위주와 소비위주의 경제를 추구한다면, 후자는 "광범위한 사회적 목적들을 가진 경제 분석"을 주장하고, 가치판단들의 필요와 행사를 허용하고 개인들에 대해서뿐만 아니라 사회계급들에 대하여 관심을 갖는다."(126) 또한 "정치적 경제"는 "개인"이 아니라 "공동체와 나머지 세계 속에

---

13 *Ibid.*, 125.

서 자신의 사회적 책임"을 인정하고 수행하는 공동체 안에 있는 "인격"을 말한다. 결국 본문은 이상과 같은 "정치적 경제"야 말로 오늘날 동서와 북반구와 남반구의 가난의 문제를 해결할 수 있을 것이라고 본다(127).

② "참여의 정치"

본문은 오늘날 세계가 직면하고 있는 어마어마한 빈곤과 점증하는 불평등의 문제에 있어서 '정의와 참여와 지속 가능성'의 문제를 상호 불가 분리한 관계 속에 있는 것으로 본다. 즉, 인류 사회에서 "정의"가 아무리 중요하다고 해도(그것이 중심적 관심사인 것이 확실하지만)(127), 로컬 차원과 광역 차원과 세계적인 차원에서의 "참여"가 없이는 "구조들을 변혁시키고 인간화"할수가 없기 때문이다(128). 그리고 이와 같은 "참여"는 정치적이고 경제적인 "권력"이 없이는 가능할 수 없다고 본다. 여기에서 요청되는 것은 정치적이고 경제적인 "권력"이 소수의 사람들에게 집중되는 것이 제어되어야 하는 것이다. 그리하여 "참여란 나라들 안에서 그리고 나라와 나라 사이에서 우선순위들에 대한 적절한 감각을 확보하고 기존의 자원들(이 자원들은 이미 세계의 모든 나라들에 있어서 모든 사람들의 기본적인 필요를 채워주기에 충분하다)이 모든 사람들의 필요를 충족시키는 그와 같은 방법으로 사람들의 에너지들을 표출시키기 위해서 꼭 필요하다."(128)고 한다.

이제 본문은 현재 상이한 나라들 안에 있는 정치체제들을 가치들의 위계질서에 있어서 좀 더 고차적인 차원에로 변혁시키고 진화시켜야 할 필요를 말한다. 그리하여 기독교 윤리에 입각한 가치론을 제시한다. 본문은 1948년 12월 10일 유엔 총회가 채택한 "인권들에 대한 보편적인 선언"(the Universal Declaration of Human Rights)(128)을 제안하면서 보다 고차적인 기독교적 가치론에 입각한 변혁을 촉구한다. 그것은 다름 아닌 JPSS의 요구가 충족되어진 사회일 것이다.

③ "지속 가능성의 경제"

본문은 "지속 가능성이란 사회정의의 한 조건이다."라며, 우선은 산업화된 강대국들의 자연 자원의 낭비로 인하여 글로벌 불평등과 빈곤이 초래되었다고 본다. 하지만 지속 가능한 사회 이미지가 강대국들에겐 "재생 불가능한 자원의 소모적 소비, 정신과 정의를 무시하는 물질적 성장에의 심한 의존, 그리고 거대하고 비참여적이며 복합적인 조직체들에로의 점증하는 경향"을 판단하는 표준이 될 수 있으나, 제3세계는 자신들이 초래시키지 않은 "지속 가능성"에 대하여 관심이 크지 않다고 하는 것이다. 그리고 본문은 "지속 가능성"의 문제를 오늘날 굶주리는 수백만의 사람들에 대한 생각과 더불어 미래 세대들에게도 관련되어 있다며, 어떤 균형감각만이 지속 가능성과 사회정의의 현실상부성을 이해할 것이라고 한다. 그리고 강대국들의 지속 가능성에 대한 문제를 그대로 지3 세계의 문제로 삼을 수는 없다고 본다. 그럼에도 불구하고 "지속 가능성의 규범들은 개발된 나라들뿐만 아니라 저개발 그리고 개발도상국들 모두의 관심을 포함하지 않으면 안 된다."고 한다(130).

4. 1992년 『기독교 신앙과 오늘의 세계경제』[14]

1) 도전/상황

1989년에 공산동구권이 붕괴되며 1990년 구 소비엣 공산체제가 무너지고 신자유주의가 동력을 얻고 있는 상황에서 두흐라우와 리드케는 1970년대 후반과 1980년대의 데이터에 근거하여 생태계 파괴(Destructon of

---

14 *Christian Faith and the World Economy Today: A Study Document from the WCC*(Geneva: WCC Publications, 1992).

Creation)와 경제문제(Oppression of Humanity)와 평화문제(No Peace among Peoples)를 논하면서 특히 경제문제에 대하여 다음과 같이 언급하였다.

> 빈익빈 부익부가 심화되고 있고 이것이 나라들의 관계를 결정한다. 그리고 그 간격은 나라들 안에서도 크게 벌어지고 있다. 부유한 산업 국가들에 있어서 '새로운 빈자들이' 증가하고 사회적 서비스들은 감소하고 있다.

> 1년에 4,000만 명을 죽음으로 몰아가는 기아는 자원의 문제가 아니라 분배의 문제이다. 첫째로 우리의 산업 그리고 우리의 은행들은 발전도상 나라들의 부채를 먹고 산다. 초국적 기업들은 3분의 2 세계의 저임금을 착취하고 그곳의 내수 차원의 취업을 파괴하며 시장을 지배한다. 이들 초국적 기업들은 그곳에서 비밀스러운 카르텔을 만들고 이미 수지계산이 괜찮은 이익균형들을 조작한다.[15]

2) 응전/신학적 경제윤리

본 문서는 경제의 기본적인 이야기부터 시작한다. "economy"란 "oikos"(한 집안)와 "nomos"(법)의 합성어로서 "한 집안의 자원에 대한 경영"을 의미하는 것으로 본다.[16] 경제사적으로는 경제뿐만 아니라 경제의 정치 혹은 정치적 경제에 관심을 보인 아담 스미스의 『국부론』(1776)으로부터 경제에 대한 학문적인 정의가 내려지기 시작했다고 본다.[17] 그리고 경제란 "권력의 영역"으로서 여러 차원에서 "권력"과 관계되어 있는데, 오늘날엔 경제의 "글로벌 네트워크의 권력"으로 인하여 각 나라들의 경제에 대한 제어 능력이 크게 한계를 보인다고 본다.[18] 그리고 이상과 같은 권력으로서 경제의

---

15   Ulrich Duchrow and Gerhard Liedke, Shalom: Biblical Perspectives On Creation, Justice and Peace(Geneva: WCC Publications, 1987). 22-27.

16   *Christian Faith and the World Economy Today*, 4.

17   *Ibid.*, 4-5.

전제는 "가치판단들"이라고 본다.

결정적으로 중요한 것은 '경제'란 항상 가치판단들을 포함하고 있다고 하는 사실이다. 그러니까, 경제는 그 자체의 중성적이고 글로벌 차원에서 적용될 수 있는 법들에 의하여 지배를 받는 그 어떤 종류의 독립적인 실재영역이 아니다. 우리가 경제체제들과 정책들을 검증하려면 그것이 전제하는 가치판단들과 '가치의 위계질서'를 찾아내야 하고 결정적인 행동자(주체: 역자 주)들을 확인해야 한다.[19]

(1) 기독교 신앙의 본질적인 전망들

이 부분은 방금 위에서 언급한 경제 차원의 '가치 판단의 표준'의 반대 급부에 해당하는, 기독교적 '가치판단의 표준'이다. 본문은 창조 이야기로부터 시작한다. 창조는 인류의 것이 아니라 하나님의 것이요(시 24) 하나님께서는 무로부터 그의 순 사랑으로 우주만물과 인간을 지으셨다고 하는 이야기이다. 그리고 하나님께서는 그가 지으신 모든 만물을 끝 까지 지탱하시고 보전하시는 바, 이와 같은 창조에 대한 기본적인 신앙 항목들에 대한 증인들로서 인류를 대표하여 이스라엘과 교회를 부르셨다고 한다. 그리고 성경은 하나님 아들의 성육신을 통해서 하나님께서 인간의 모습으로 오셨고, 특히 창조주께서 그의 낮아지심과 사랑으로 예수님 안에 계셨고,[20] 성령을 통하여 모든 피조물들과 그 안의 모든 생명체들과 경제를 포함하는 모든 세상의 변혁을 가져 올 예수님의 하나님 나라에 대하여 약속하고 있다.

예수님은 그의 증언을 '하나님 나라'에 대한 약속에 집중한다. 이 나라는 모든 피조물들이 하나님의 사랑의 목적에 전적으로 응답할, 끝 날 땅 위에 있는

---

18 *Ibid.*, 5.

19 *Ibid.*, 5-6.

20 *Ibid.*, 7.

생명의 변형과 완성을 가져 올 '이상적인 국가'(an "ideal state")이다. 하지만 그것은 이미 예수님 안에 현존하였다. 예수님은 죽음을 이기신 그의 부활에서 계시하신 생명 안에서 성령의 능력을 자신을 따르는 자들에게 부어주시어 이들로 하여금 하나님 나라를 섬기고 증언하게 하셨다. 그 나라에 대한 좋은 소식은 경제를 포함하는 삶의 모든 영역에 적용된다.[21]

그리고 인간은 위와 같은 계시 내용 혹은 약속 내용에 대한 믿음과 사랑과 희망으로 반응하여야 한다.[22] 이렇게 신애망의 반응을 보인 공동체가 다름 아닌 교회 공동체이다. 그런데 예수님의 하나님 나라 선포에 있어서 행동들과 이야기들은 주로 권력에 의하여 희생당한 자들, 최악의 삶을 사는 자들, 주변으로 밀려 났거나 억압 속에 있는 사람들(어부, 여성, 가난한 자들, 오늘날로 말하면 피난민들, 생계가 어려운 한쪽 부모, 농토가 없는 농민, 슬럼가에 사는 사람들)에게 집중되어 있다고 한다.[23] 그리고 본문은 구약과 신약 그리고 기독교 역사를 통하여 발견되는 가난한 자들에 대한 우선 배려에 대하여 소상하게 소개한다.[24]

(2) 세계경제의 방향을 가리키는, 4가지 하나님 나라의 표지판들

우리는 위에서 하나님 나라에 대한 성경적이고 신학적인 비전을 소개하였다. 지금 여기에서 본문은 그와 같은 하나님 나라에 대한 비전을 가지고, 세계 경제가 가야할 방향 "표지판"(signposts)들을 제시한다. 이는 경제를 바라보는 기독교적 가치 표준들일 것이다. 그러나 아래의 4가지 성서적이고 신학적인 근거를 지닌 원칙들은 오늘의 맥락적 이슈들에 대한 경험적 탐구들과 병행되어야 한다고 한다.

---

21 *Ibid.*
22 *Ibid.*
23 *Ibid.*, 8.
24 *Ibid.*, 8-10.

① 창조세계의 본질적 선함과 인류에게 위탁된 그것에 대한 책임

역시 본문은 성서의 내러티브(이야기)를 존중하면서 창세기 이야기를 소개한다. 창세기 1장 창조 이야기에서 하나님께서는 창조의 각 날에 창조되어진 것마다 좋았다고 긍정하셨다. 창조주께서는 존재하게 된 모든 것의 적합성을 인정하셨고 확인하셨다. 하나님께서는 인간에 대하여도 좋다고 하신 것이고 그의 적합성을 인정하신 것이다. 예수님 안에 제시된 하나님의 사랑을 아는 기독교인들은 모든 창조세계와 인류에 대한 하나님의 사랑에 동참한다. 인류 역시 창조세계를 사랑해야 한다. 이 하나님께서는 이 목적을 실현하기 위하여 인간을 그의 형상대로 지으신 것이다. 이 맥락에서 창세기는 인간만이 인격적인 관계들과 도덕적으로 책임을 지는 결단을 내릴 능력을 지니고 있다고 한다. 하지만 창세기 3장 이하부터는 인간의 죄 성이 언급된다고 한다.[25] 그런즉, 본문에 따르면, 경제적 결단 역시 위와 같은 성서 내러티브가 이야기하는 실재와 결코 무관할 수 없다. 즉, 경제적 결단 역시 창조세계와 인간에 대한 사랑을 바탕으로 해야 한다고 하는 말이다. 이것은 기독교인들과 교회들이 믿기에, 모든 인류에게도 타당할 것이다.

창조주의 창조사역에 이어 삼위일체 하나님의 보편적인 구원경세를 이야기하는 성서의 내러티브에 근거한 신앙과 신학적인 주장은 경제체제와 경제정책을 판단하는 기독교적 가치관의 근본에 해당할 것이다. 본문은 신학적인 주장을 인간구원에만 집중하지 않고, 항상 창조주 하나님의 창조사역을 포함시킨다.

그러나 기독교인에게 있어서는, 항상 창조주 하나님의 좀 더 기본적인 '예'(yes)에 뒤 따르는 하나님의 심판의 '아니요'(no) 다음에는 예수님의 십자가와 부활을 통하여 하나님에 의하여 말해진 확정적인 '예'가 또 다시 뒤 따른다. 하나님께서는 그 자신을 취약하게 만드시고 자기편에서 그의 아버지에 대한

---

25 *Ibid.*, 13.

사랑의 관계를 단절시키지 않으시면서 인류가 하나님께 행한 죄악을 받아드리신 분을 통하여 인류를 구원하셨다. 하나님께서는 아직도 예수님을 통하여 우리 주변을 맴도시면서 우리를 용납하시며 우리를 자유하게 하심으로써 우리를 협동 창조의 책임을 위한 파트너로 삼으신다.

죽음 가운데서 조차 새 생명을 주시는 분이신 하나님의 영은 우리 개인들 안에 있는 대립갈등뿐만 아니라 우리의 결단을 체현하고 우리의 집단적 힘을 표출시키는 제도들과 구조들 안에서도 화해케 하시는 분이시다. 이 성령께서는 우리가 행하는 모든 것 위에 '운행하시면서' 우리의 모험적인 자유를 억압하시지 않고 하나님의 사랑에 대하여 증언하고 반응하게 하신다. 우리는 우리들이 예수님 안에서 본 하나님의 뜻 이상을 확실히 알 수 없지만, 우리는 성령의 도움에 우리들 자신을 개방하여 시대의 징표들을 분별할 수 있을 것이다.[26]

본문은 다시 창조에 대한 하나님의 관심과 이에 따른 인간의 창조에 대한 관심에 대하여 언급한다. 인간은 창조주 하나님의 창조에 대한 관심을 함께 나눌 책임을 하나님께로부터 부여 받았다는 것이다. 하나님께서 만인을 위한 풍성한 삶을 원하시는 것처럼 우리도 그래야 한다고 한다. 그래서 본문은 이와 같은 창조신학에 입각하여 다음과 같이 인간의 책임을 예증한다.

… 만약에 사람들이 굶어 죽고 있다면, 그것은 '경제적인 문제'일뿐만 아니라 '종교적인 문제'이기도 하다. 만약에 지구의 미묘하고 서로 맞물린 균형들과 관계들이 산업 폐기물들에 의하여 위협을 받고 있다면, 우리는 우리 자신의 미래를 위태롭게 할뿐만 아니라 하나님의 지구에 대한 좋으신 의도들을 공격하고 있는 것이다. 만약에 사람들이 품위 있는 삶을 위한 요구조건들(의식주, 가정과 공동체 관계들, 교육, 그리고 공통의 미래에 대하여 의미 있는 기여를 할 수 있는 가능성)을 거부당한다면, 이는 단순히 하나의 우연한 경제적인 결단이 아니라 '하나님의 형상'에 대한 거부이다.[27]

---

26 *Ibid.*, 13-14.

이상과 같은 하나님 나라를 향한 "표지판"은 기독교인들과 교회가 보기에 모든 인류와 창조세계에 타당하다. 성서적 내러티브의 특수성이 '보편성' 혹은 '공적인 세계'를 지향한다고 말일 것이다.

② 각 인간과 모든 인류의 본유적 가치와 자유

역시 본문은 창세기의 내러티브에 근거하여 남자와 여자로 창조하신 하나님의 인간창조를 그의 창조사역의 절정으로 본다. 진화론이 암시하듯이, 이 인간은 "의식적인 관계들을 형성하고 결단을 내릴 수 있는 능력들"(Ibid.)을 지니고 있다. 그런즉, 비록 모든 인간이 종종 파괴적이고 하나님의 뜻에 충돌하는 것을 선택할지라도 그와 같은 가능성 자체는 우리 스스로 결단할 수 있는 자유라고 하는 높은 가치의 필연적인 결과이다. 이는 역설적으로 "하나님 나라에 대한 좋은 소식"을 가리키고 있는 표지이다. 그래서 본분은 그 어떤 부정성에도 불구하고 우리 인간 안에 있는 하나님의 형상은 전부 지워지지 않는다고 말이다.

… 사람들이 상호 간에 나쁘게 대할 때에도 그리고 사람들이 악을 택할 것을 고집하여 자신을 파멸로 몰아갈지라도 하나님의 선물인 인간의 가치와 자유는 결코 지워지지 않는다. 이것은 개인에게 뿐만 아니라 인간의 삶의 집단적이고 사회적인 실재들에도 적용된다. 개인이 받은바 자유의 선물은 인류 공동체의 타 구성원들 및 창조세계 전체에 대한 책임과 함께 동 행하지 않으면 안 될 것이다.[28]

③ 하나님의 관심, 특히 그리스도 안에서 맺어진 은혜의 언약은 모든 인류를 위한 것이어서, 우리들이 우리들 사이에 쌓아 올린 그 어떤

---

27 *Ibid.*, 14.

28 *Ibid.*

장벽들도 무너뜨린다.

이미 앞에서 삼위일체 하나님의 보편주의적 구원경세에 대하여 언급되었거니와, 이제 본문은 하나님께서 그리스도 안에서 행하신 보편주의적 구원경세에 대하여 언급한다. 바로 이것이 인간이 만든(과거), 만들고 있는(현재), 그리고 만들(미래) 모든 장벽들을 없애버린다고 한다.

하나님께서는 그리스도 안에서 모든 인간에게 손을 뻗치시어, 그 어떤 선결조건들을 요구하시지 않으시면서 무상으로 사랑과 관계를 제공하신다. 이와 같은 사랑은 국적과 인종과 계층과 성과 종교에 관계없이 모든 사람들에게 선사된다. 진실로 이와 같은 사랑의 주목할 만한 결과들 가운데 하나는 인간들이 상호 간에 쌓아 올리는 장벽들을 깨뜨린다고 하는 것이다.[29]

그럼에도 불구하고, 이상과 같은 사랑은 경제현실 속에서 실천되지 않고 있다.

그것은 행동으로 실천되기 보다는 말해지기가 쉽다. 경제활동에서도 마찬가지인 바, 어떤 집단이 다른 집단보다 유리한 자리를 차지하는, 하나의 끊임없는 관계들의 왜곡이 있다. 흔히 경제적 정책들과 구조들은 인간을 연합시키기 보다는 분열시키고, 이로써 하나님의 사랑이 모든 인간들에게 미친다고 하는 사실을 거부하고 있는 것이다.[30]

④ 인간들 사이의 관계들과 행동의 포괄적인 표준은 '가난한 자들에 대한 우선배려'를 통하여 발견되어야 할 하나님의 정의이다.

본문은 하나님의 정의야 말로 여기에서 언급되어야 할 마지막 그러나 결코 중요성이 덜하지 않는 '표지판'이라면, 성경의 러티브에서 발견되는 '하

---

29   *Ibid.*

30   *Ibid.*

나님의 정의'란, 아리스토텔레스가 주장하는바, "한 개인이 마땅히 받아야 할 것을 받을 권리"로서 정의개념을 훨씬 넘어선다고 한다. 이는 사랑을 전제하는 정의요 바른 관계를 중요시하는 긍휼의 정의이다.

> 성서적 정의(히브리어에서 'justice'와 'righteousness'는 동의어이지만)란 인간과 하나님과의 바른 관계, 인간들 상호 간의 바른 관계, 그리고 인간과 창조세계 전체와의 바른 관계를 말한다. 정의는 책임들과 상호의무들에 관한 것이지, 서로를 향하여 강변되어지는 '권리들'에 대한 것이 아니다. 무지개 언약(창 9:13)은 각자의 행복이 타자에 달린 것임을 암시한다. 하나님의 정의로운 행동은 인류에게 바른 관계들을 수립하는 노력에 참여할 것을 요청한다.[31]

따라서 다음과 같은 경우는 위와 같은 하나님의 정의와 충돌한다.

> 착취와 지배와 억압이야 말로 상호 책임의 언약을 어기는 것이고 하나님께서 의도하시는 바른 관계를 깨는 것이다. 이와 같은 상황들에서 정의를 행한다고 하는 것은 구출과 저항, 힐책과 배상이다. 억압당하는 사람들에 대한 하나님의 정의는 억압으로부터의 해방(출 3:15)이요 억압하는 자에 대한 힐책이요 억압당하는 사람들에 대한 되돌림이다.[32]

본문은 특히 "가난한 자에 대한 우선배려"를 강조 한다.

> 그러나 한 가지가 확실하다. 하나님의 정의에 대한 참된 깨달음은 가난한 자들과 억압받는 자들과 약한 자들에게(렘 22:16) 귀를 기울이는 참여로 시작되지 않으면 안 된다. 이와 같은 '가난한 자에 대한 우선배려'는 철저히 성서와 그 후 기독교 전통의 최선의 부분들에 뿌리를 두고 있는 것이다. 그래서 그 어

---

31 *Ibid.*, 15.

32 *Ibid.*

떤 경제정책이나 경제체제도 그것이 어떻게 가난한 자들의 처지에 영향을 줄 것인가에 대한 전망으로부터 검증되지 않으면 안 된다.[33]

하지만 그렇다고 사람들이 "가난 하지 않은 사람들"을 미워하라고 하는 말은 아니다. 기독교인들 역시 그래야 하지만. 우리는 앞에서 언급한 그리스도 안에서 계시된 하나님 보편적인 사랑을 언급하였고, 삼위일체 하나님의 보편주의적 구원경세를 주장하였거니와, 이는 결국 "가난한 자에 대한 우선배려"를, "포용적 공동체를 위한 하나의 편견"(a bias for inclusive community)으로 보는 것으로 보인다.

본 문건은 이상과 같이 정치경제사회가 추구해야 할 4가지 하나님 나라의 표지판들을 소개하였다. 이제 본문은 이 4가기 기독교적 가치판단들을 오늘의 맥락적 이슈들과 현실 상부시키고, 끝으로 " '우리는 무엇을 할 수 있을까?'라며 기독교인들이 할 수 있는 행동 가능성들"에 대하여 제안한다.

3) 적용

본 문서는 삼위일체론에 입각한 미래 지향적인 그러나 현재적인 보편주의적 '하나님 나라'에 대한 희망을, '경제'이해와 경제활동의 가장 기본적인 신학적인 틀로 보고, 이 "하나님 나라"를 바라보고 순례하는 사람들에게 꼭 필요한 4가지 방향 표지판들을 성서의 내러티브에 근거하여 제시하였다. 그렇다고 '그리스도 중심적 보편주의가 폐기처분 된 것은 아니다. 이것은 비단 '경제'뿐만 아니라 인간의 삶 전체가 지향해야 할 삶의 "닻"이요 "나침판"인 것이다. 그것은 "가치 표준들"이다. 그리하여 본문은 "하나님 나라에 대한 희망"과 순례하는 교회가 경제에 관련하여 추구해야 할 4가지 표지판을 중요시 여겨야 하지만, 그것이 동시에 "맥락적 이슈들에 대한 경험적인 탐

---

33 *Ibid.*

구"와 병행되어야 한다고 하였다. 본 문서가 주장하는 4가지 가치표준들의 요구들에 부응하는 신학적 경제는 '사랑의 복음'과 '사랑의 하나님 나라'에 응답하는 1937년 옥스퍼드의 신학적 도덕과 윤리에 다름 아니다. 이제 이 글은 아래에서 4가지 하나님 나라에 대한 '표지판들'을 '신자유주의'라고 하는 맥락적 이슈들에 관련하여 정리한다.

첫째 표지판은 생태윤리와 불가 불리한 경제윤리인데, 그것의 맥락은 세 가지이다. 하나는 "창조세계의 온전성과 조화롭게 살아갈 수 있는 하나의 인류문화를 건축하는 것"이요, 둘은 "하나님의 선물인 지구의 대기권을 보전하여 세계의 생명과 삶을 양육하고 지탱하게 해야 할 것"이요, 셋은 "지구의 기후를 변화시키고 고통의 확산을 가져오려고 위협하는 대가권의 파괴적인 변화들의 원인을 제거할 것"이다.

둘째는 하나님의 형상인 인간의 본유적 가치와 자유에 근거한 경제정책인데, 그것의 맥락은 창조세계를 일원으로 포함하는 공동체 안에서 개인과 연대성의 조화를 위한 정책, 풀뿌리까지 동참하는 결의구조를 만드는 정책, 가난한 자들과 억압받는 자들을 배려하는 노동과 사회적 안전망을 구축하는 정책, 재정투명성과 책임소재를 위한 정책, 시장의 역할과 그것의 규제를 조화롭게 실행하는 정책, 그리고 경쟁과 협력의 조화를 추구하는 정책이다.

세 번째로 보편적인 은혜의 언약 혹은 예수 그리스도를 통한 삼위일체 하나님의 보편주의적 구원경세(그리고 갈라디아서 3:28)에 유추하여 경제 영역에서의 "보편성"이라고 하는 "표지판"을 제시하였다. 시장을 시장에게만 맡겨 두거나 어느 한 국민국가에게만 맡겨 두지 말고 국제적 기구에 의해서 제어하자고 하는 유추를 말한다. "경제적 권력이 온 세계를 포괄하고 있는 오늘날 우리 시대에 있어서, 시장들을 규제하는, 글로벌하게 이해되고 도덕적으로 받아 들려지는 방법들을 찾아내는 것이 시급하게 되었다고 하였다. 이는 국제적인 '틀 거리'(a framework) 안에 있지 않으면 안 된다. 그것은 자주

권을 주장하는 국민국가들에 의한 자기규제에 내 맡겨질 수는 없다. 그럼에
도 불구하고, 이와 같은 "보편성"은 개인과 지역 차원에서도 타당성을 지니
는 보편성이다. 즉, 유대인, 헬라인, 남성과 여성, 종이나 자유자의 배타적
실재들을 인정하면서 인간상호 간에 배제가 극복되는 방법을 말하는 바울
처럼 "경제 영역의 경우, 각 공동체(그리고 원칙적으로 각 개인)는 보다 넓은 공동
체를 위하여 가능한 한 자신을 신뢰하는 가운데(이것이 반듯이 자신을 위한 것만은
아니지만) 그 자신의 일들을 돌봐야 하는 기회를 누릴만하다. 그러니까, 각 공
동체는 더 큰 공동체에게 건강한 세포를 공급하고 더 큰 곤경에 빠진 타자
들에게 어떤 도움을 주어야 하는 것이다." 이와 같은 주장은 각 경제주체들
과 지역적 경제 조직체들의 자율성과 정체성과 고유성과 특수성을 인정하
면서 그것으로 하여금 보다 넓은 인간 공동체들과 이 공동체들의 공동체의
웰빙에 기여할 수 있게 하자고 하는 의도 같이 보인다. 그것은 어느 정도로
'다원적 영역자율'을 허용하는 공동체 지향주의를 뜻하는 것으로 판단된다.

네 번째 표준은 미가서 6:8에 근거하여 '히브리 예언자들과 예수님의
정의'를 소개하였다. 정의란 "무엇이 창조주께서 지구와 우리를 창조하신
목적에 좀 더 가깝게 되는 것"인가를 알려고 씨름하는 것이다."[34]라고 하면
서, 경제란 우리의 경배를 받으실만한 창조주 하나님에 대한 예배와 직결되
어 있는 것으로 본다. 그도 그럴 것이 경제의 예배를 받으시는 분은 맘몬이
아니라 사랑과 긍휼에 넘치시는 정의의 하나님이시기 때문이라고 하였다.
경제 차원에서 구현되어야 할 정의는 다름 아니라 바로 이와 같은 정의인
것이다. 그런데 본 항목은 특히 "가난한 사람들에 대한 우선배려"가 이 정의
개념에서 중요한 자리를 차지하고 있는 것으로 보아, "토착민들의 토지"문
제, "남반구 나라들의 부채"문제, 그리고 "국제적인 제도들"에 대한 정책을
말한다. 이는 '그리스도 중심적 보편주의'와 '삼위일체론적 보편주의적 구원

---

34 *Ibid.*, 39.

경세'를 전제하는 "포괄적 공동체를 위한 하나의 편견"(a bias for inclusive community)일 것이다. 그리고 이를 위하여 글로벌 차원의 기구의 필요성을 주장하면서, 그와 같은 기구를 현 유엔 안에 설치하자고 제안하였다. 이는 다시 세 번째 표준에서 언급한 "보편성"의 표지판일 것이다.

끝으로 제IV장은 교회들과 기독교인들이 "신앙과 영성의 차원"에서 기여할 수 있는 행동 가능성들을 제시하였다. 본문은 교회들과 기독교인들이 상황에 걸 맞는 방법들로 '글로벌하게 생각하고 로컬 차원에서 행동하라.'고 권하였다. 이 모든 행동은 교회들과 기독교인들 자신을 위한 것이 아니라 "하나님 나라"를 위한 것이기 때문에, 교회들과 기독교인들은 다른 배경(타 종교들, 타 학문들, 사회의 각계각층들)의 사람들과 대화하고 파트너쉽"을 가지고, "인간 공동 삶의 좀 더 나은 인간다움"과 "창조세계 전체를 돌보는 관계"를 위한 삶을 위하여 힘써야 할 것을 말한다.

그리하여 본문은 기독교인 개인들과 교회들이 나가야할 길을 네 가지로 제시하였다. "① 개인적 차원의 혹은 가정 그룹들의 행동", "② 지역별 기독교 공동체들 혹은 회중들 차원 안에서 그리고 그 차원에 의한 행동", "③ 국가차원의 교회들에 의한 행동", 그리고 "④ 국제적 기구들과 네트워크들 안에서의 행동"에 대한 정책을 제안하였다. 이 중에서 WCC의 경제관련 활동은 네 번째 것에 해당한다. 그런 즉, 이상과 같은 네 가지 기독교적 경제정책과 경제행동은 그 어떤 하나의 경제체제나 정치체제에 대한 선택이 아니라 기독교인들과 교회들은 그 어떤 정치경제 체제 하에서도 그와 같은 정책을 제시하고 그와 같이 행동을 해야 한다고 하는 것이다.

우리는 본 문서에서 성서의 내러티브에 근거한 신학을 발견하였다.[35]

---

35 필자는 본인의 졸저 『포스트모던 시대의 성경읽기』(서울 한들 출판사, 2006)(99-153)에서
    The Bible: Its Authority and Interpretation in the Ecumenical Movement(Geneva: WCC, 1983)
    (신앙과 직제 문서. No. 99)에 나타난 에큐메니칼 성서관의 핵심을 내러티브 신학으로 보
    았다.

창세기 내러티브와 복음서의 그것이 중요하였거니와, 예수 그리스도와 성령을 통한 삼위일체 하나님의 구원경세 역시 성서적 내러티브를 떠나서는 있을 수 없을 것이다. 하나님의 정의 역시 히브리 예언자들과 예수님에 관한 내러티브에 근거한 것이었다. 본문은 개 교회들, 지역교회들, 국가 차원의 교회들, 광역지역의 교회들, 그리고 WCC를 언급하면서 교회의 경제생활에의 동참을 논하는 것으로 보아, 우리는 본 문서가 교회들이 다양성 속에서 코이노니아를 추구하면서 경제문제 뿐만 아니라 정치 사회 문화 분야에 참여해야 할 것을 주장하고 있다고 본다.

우리는 여기에서 오직 어느 하나의 정부형태나 정치체제 그리고 오직 어느 하나의 경제체제나 경제정책을 자기 것이라고 하거나 그것을 편들려고 하지 않는 것이 에큐메니칼 운동의 입장임을 확인할 수 있으나, 우리는 본문에서 에큐메니칼 입장이 철저히 풀뿌리 민주주의와 예언자들과 예수님의 사랑을 전제하는 긍휼의 정의를 추구하고 있음을 알 수 있다. 즉, 자유방임적 자본주의체제와 마르크스 레닌적 공산주의적 경제체제 모두를 비판할 뿐만 아니라 사회적 자본주의, 공동체적 자본주의, 사회적 민주주의 등 좀 바람직한 경제체제와 정치체제에 대하여도 항상 예언자들과 예수님의 사랑을 전제하는 긍휼의 정의 입장에서 비판적으로 참여한다. 물론, 좀 더 넓게는 성서의 내러티브들과 그것에 근거한 신학적 주장들이 그것의 표준일 것이다. 우리는 이미 하나님 나라에 대한 비전과 4가지 "표지판들"을 제시한 바 있다. 이와 같은 의미에서 하나님 나라를 희망하는 가운데 믿음과 사랑(+정의) 가운데 행하는 기독교인들과 교회야 말로 지상의 정치체제나 정책 그리고 경제체제나 정책에 비판적으로 참여하지만 자기 자신을 그 어느 하나와 완전히 동일시하거나 어느 하나에 빠져버리지 않는 '제3의 세력'(the third force)이다.

5. 나가는 말

1) 신학적 경제윤리의 초석

1937년 옥스퍼드는 복음에 계시된 '하나님의 아가페사랑'과 이에 대한 교회의 믿음과 사랑과 희망, 이 맥락에서의 '이웃사랑'과 '정의', 그리고 이 '이웃사랑'과 '정의'에 의한 '사랑의 하나님 나라'구현을 주장하였다. 우리는 이 글에서 칼 바르트, 라인홀드 니이버, 윌리엄 템플, 그리고 올드헴 등에 의하여 복음과 하나님 나라에 입각한 도덕과 윤리를 발견하였다. 이와 같은 복음의 도덕과 윤리, 하나님 나라의 도덕과 윤리, 혹은 '긍휼의 정의'(a compassionate justice)는 1960년대 까지 뿐만 아니라 2006년 『아가페』문서에 이르기 까지 에큐메니칼 운동의 사회윤리(social ethics)를 지배하고 있다. 그리고 복음의 과격한 요구들이 '이웃사랑' 혹은 '황금률'을 매개로 성서와 교회 밖의 도덕과 윤리로 연결되어야 한다고 하는 신학적 논리는 '중간공리'로 이어졌다. 이 또한 오늘에 이르기 까지 '삶과 봉사'의 사회윤리의 특징이다. 그리고 적어도 1925년 스톡크홀름으로부터 1970년대 이전 까지 '그리스도 중심적 보편주의'가 지배적이다.[36] 이상과 같은 신학적 경제윤리는 칼 바르트와 라인홀드 니이버 등의 영향으로 스토크홀름의 낙관론을 극복하기에 충분하였다.

---

36 참고: 필자는 콘라드 라이저 WCC 총무의 *Ecumenism in Transition: A Paradigm Shift in the Ecumenical Movement*(Geneva: WCC, 1991) 주장을 따르면서 보완하였다. 그는 대체로 1948년 암스텔담 WCC로부터 1968년 웁살라 WCC 까지는 "그리도 중심적 보편주의"가 에큐메니칼 운동의 신학을 지배하였고, 1970년대부터, 아니 본격적으로는 1991년 캔버라 WCC 총회로부터 '삼위일체론'으로 패러다임 이동을 하였다고 하였다. 그러나 "그리스도 중심적인 보편주의"가 폐기처분되지는 않으면서 말이다. 그런데 필자가 보기에 그것은 이미 '신정통주의' 신학이 지배하던 1937년 옥스퍼드 '삶과 봉사'에서도 발견된다.

2) JPSS와 JPIC의 요청을 구현하는 '하나의 정치적 경제'

1975년 나이로비의 JPSS, 1979년 MIT의 JPSS, 1983년 벤쿠버의 JPIC, 그리고 서울 JPIC는 향후 에큐메니칼 신학적 경제윤리의 틀을 결정하였다. 특히, MIT야 말로 1937년 옥스퍼드 이래의 신학적 경제윤리의 패러다임 이동을 극명하게 보여주었다. 그도 그럴 것이 MIT는 옥스퍼드의 복음과 하나님 나라를 초석으로 하는 신학적 경제윤리를 유지하면서도 하나님 나라에 대한 비전을 확장시켰다. JPSS의 요구가 실현되는 사회가 그것이다. 즉, MIT는 복음과 하나님 나라를 바탕으로 하는 옥스퍼드의 신학적 경제윤리를 유지하면서도 공동체적 정의(Justice)에 따른 경제, 풀뿌리 민주주의적 참여에 의한 경제, 생태계의 파괴에도 불구하고 지탱되어야 할 경제, 그리고 가난한 자들에 대한 우선배려에 의한 경제라고 하는 신학적 경제의 큰 틀을 형성하였다고 보여 진다.

그리고 JPSS와 JPIC는 복음과 하나님 나라의 과격한 도덕과 윤리가 이웃사랑과 정의 그리고 창조세계에 대한 사랑과 정의로 하향 조정되는 '중간공리'로서 기독교인들뿐만 아니라 교회 밖의 사람들, 곧 모든 학문의 분야들, 각계각층의 사람들, 이웃 종교의 사람들에 의해서도 공유되어 지고 있는 것으로 보인다. 이미 지적한 "공동체적 정의에 따른 경제, 풀뿌리 민주주의적 참여에 의한 경제, 생태계의 파괴에도 불구하고 지탱되어야 할 경제, 그리고 가난한 자들에 대한 우선배려에 의한 경제"는 성서적 내러티브에 근거한 JPSS와 JPIC의 경제임에도 불구하고 교회의 밖의 모든 사람들도 알고 있고 동참할 수 있는 것임에 틀림없다 하겠다.

3) 하나님 나라의 4가지 표지판들(가치 표준들)을 추구하는 정치적 경제

『기독교 신앙과 오늘의 경제』(1992)는 1937년의 옥스퍼드의 신학적 경제윤리를 이어 받았고, 1979년의 MIT의 JPSS, 1983년 벤쿠버의 JPIC, 그리고 1991년 서울 JPIC를 물려받았으며, 특히 1979년 MIT의 '하나님 나라의 신학'을 자기 것으로 하여 하나님 나라에 대한 4가지 "표지판들" 혹은 "가치 표준들"을 제시하였다. 즉, 본 문서는 경제와 경제활동이 이 4가지 "표지판들"을 세우는 하나님 나라 운동이라고 본 것이다. 그리고 1990년대로 들어서면서 '그리스도 중심적 보편주의'와 이에 근거한 '보편주의적 하나님 나라' 신학으로부터 '삼위일체론적 보편주의'와 '보편주의적 하나님 나라'의 신학으로 패러다임 이동을 보여 주었던바(그렇다고 전자가 폐기처분된 것은 아니지만), 1992년의 『기독교 신앙과 오늘의 경제』 역시 그와 같은 '패러다임 이동'을 보여주고 있다.

4) 21세기 경제와 경제생활의 신학적인 비전과 방향

우리는 교회들이 이상과 같은 에큐메니칼 운동에 나타난 신학적 경제윤리의 이정표들에 따른 경제와 경제생활을 추구해야 할 것을 촉구한다. 교회들은 '신앙과 직제'운동과 보조를 맞추어서 다양성 속의 코이노니아와 가시적 일치를 추구하면서, 1937년 옥스퍼드의 신학적 경제윤리에 입각하여 하나님 나라의 4가지 표지판들의 요구에 부응하는 경제와 경제생활을 실천해야 할 것이다. 그리고 교회들은 이상과 같은 '이정표'와 '신학적 경제윤리'와 '4가지 표준들'을 표준으로 경제학자들, 타 학문들의 학자들, 그리고 타 종교의 종교인들과 대화하고 연대하는 가운데 오늘날의 '신자유주의'를 극복해야 할 것이다. 그리하여 교회들은 다양성 속에서 코이노니아와 가시적 일치를 추구하면서 이상과 같은 비전과 방향에서 『아가페』문서37의 요청에 따른 '신자유주의' 극복에 더욱 힘써야 할 것이다.

---

37   참고: 이형기, 『에큐메니칼 운동의 패러다임 전환』(서울: 한들 출판사, 2011), 335-354.

5) 복음에 계시된 사랑에 대한 신망애와 사랑의 하나님 나라에 대한 희망을 전제하는 신학적인 도덕과 윤리

우리는 이 글에서 JPSS, JPIC, 그리고 하나님 나라의 4가지 표지판들이 1937년 옥스퍼드의 신학적 도덕과 윤리전통을 이어 받고 있고 '중간공리' 및 '기독교 현실주의'와 결코 무관하지 않다고 하는 사실을 발견하였다. 이제 필자는 서울 JPIC 대회를 겨냥한 저서[38]의 저자인 두흐라우와 리드케의 주장을 통하여 이 글의 논지를 강화시키려고 한다. 그들은 "창조세계에 대한 해방"(47-72), "인류의 정의"(76-108), 그리고 "모든 사람들의 평화"(112-141)를 논함에 있어서 각각 모든 인류와 공유하는 인간의 책임(도덕과 윤리)을 논하기 전에 하나님의 사랑과 은혜, 그리고 이에 대한 신앙을 주장한다.

첫째로 "창조세계에 대한 해방"(47-72)에서 저자는 "창조세계에 대한 인류의 과제와 책임: 폭력을 축소하기 - 생명을 진척시키기"를 논하기에 앞서 "지속적인 창조 - 창조세계의 고난에도 불구하고 항구적인 하나님의 신실성", "위험에도 불구하고 우리를 격려하는 회상들: 창조세계에 대한 하나님의 오리지널 의도", 그리고 "위험에도 불구하고 우리를 격려하는 약속: 그리스도 안에 해방된 창조세계"를 먼저 논한다. 둘째로 "인류의 정의"(76-108)에서는 "이스라엘의 부정의와 우상숭배"(79 이하)와 "정의의 예언자들"(82 이하)을 논하기 전에 이스라엘에 대한 "하나님의 해방시키시는 정의"(76 이하)를 논하고, "오늘날 경제에 있어서 사람들에 대한 폭력"(103 이하)과 "사회적 폭력에 대한 하나의 표준: 기본적인 필요들과 소비자 선호도들"(106 이하)을 논하기 전에 "하나님 나라와 그것의 의: 비폭력적인 왕"(86 이하)과 "위험하지만 우리를 격려하는 장차 도래하실 인자의 정의로운 통치"(93 이하)를 먼저 논하였다.

---

38   Ulrich Duchrow and Gerhard Liedke, *Shalom: Biblical Perspectives On Creation, Justice and Peace*(Geneva: WCC Publications, 1987).

셋째로 "모든 사람들의 평화"(112-141)에서 저자는 "로마제국적인 평화의 현존: 강제력을 통한 평화"(124 이하)를 논하기 전에 "샬롬의 현존: 우리와 동행하는 평화"(113 이하)와 "미래의 샬롬: 힘에 근거한 평화가 무너진 후"(116 이하)에 대하여 논하였고, "기독교인들의 평화에 대한 과제: 폭력을 축소시키기 - 생명을 진척시키기"(133 이하), "근대 국가와 민족들 사이의 폭력"(136 이하), 그리고 "폭력에 대한 표준: 인권유린과 군비지출"(138 이하)을 논하기 전에 "예수님의 평화의 현존: 폭력과 분열의 근절"(123 이하)과 "예수님의 평화의 미래: 도래하고 있는 하나님의 나라"(131 이하)를 먼저 논하였다. 그리고 본 저서의 끝 장은 "샬롬: 창조세계의 평화, 인류의 정의, 모든 사람들을 위한 평화"(145 이하)이다. 즉, 샬롬의 세계란 창조세계와 인류가 정의와 평화를 함께 누리는 세계를 말하고 있다.

뿐만 아니라 위에서 제시된 3가지 주제들을 '은혜와 과제', '복음과 율법'(하나님의 뜻), 'Indicative와 Imperative'의 구조로 볼 때, '과제'와 '율법'과 '명령'(Imperative)는 성경에 제시되어 있는 '하나님의 높은 뜻'일뿐만 아니라 '유엔 인권헌장'과 같은 인류의 보편적 가치로서의 정의를 포함한다. 이는 칼 바르트가 '복음과 율법'논의에서 '율법'에 관하여는 성경의 '하나님의 높은 뜻'과 인류가 알고 있는 '정의'와 하향식 '연속성'(continuum)[39]을 지니고 있

---

39 칼 바르트는 1938년 『칭의와 정의』(*Rechtfertigung und Recht*)에서 교회와 국가의 관계를 논하는 맥락에서 하나님 나라의 표준으로서 예언자들의 목소리와 예수님의 요구와 명령 그리고 사도들의 훈령을 따라 살아야 하는 교회가 보편적인 도덕법(롬 13:5-7절이 언급하고 있는 교회의 국가에 대한 구체적인 의무들)과 때에 따라서는 헌법과 실정법(히틀러의 국가사회주의의 그것에 대하여는 제한적이지만)도 지켜야 한다고 하는 뜻에서 "continuum"을 주장한다. 아마도 세계 제2차 대전 직후에 쓰여 진 『기독교인들의 공동체와 시민들의 공동체』(1946)부터 등장하기 시작한 "신앙의 유비" 역시 이와 같은 "continuum"에 대한 주장의 확대로 보인다. 그리고 우리는 이와 같은 흐름 속에서 1956년 *The Humanity of God*이 주장하는 인류문명 속에 나타난 '하나님의 인간성과 1959년 CD IV/3-1, 40-188과 CD IV/3-2, 375-379이 주장하는 'Light-lights', 'Word-words', 'Truth-truths'의 관계를 이해하여야 할 것이다. 참고: 이형기, 『성경의 내러티브 신학과 교회의 공적책임』(한들 출판사, 2010), 88쪽 이하.

다고 하는 뜻으로 이해 될 수 있을 것이다.

　　이상과 같은 주장에서 필자는 JPSS, JPIC, 그리고 하나님 나라의 4가지 표지판들에 대한 논의에서 삼위일체 하나님의 창조세계와 인류에 대한 사랑과 은혜가 인류의 도덕과 윤리의 대전제임을 다시 확인하면서, 본 소논문의 논지가 좀 더 강화되기를 기대해 본다. 루흐라우와 리드케는 기독교의 신학적 도덕과 윤리의 기본을 매우 설득력 있게 제시한 것으로 보인다. 이에 비추어 볼 때, 우리 한국교회의 에큐메니칼 운동, 특히 '삶과 봉사'운동은 이상에서 살펴 본 '사랑과 은혜'보다는 도덕과 윤리에 치중하고 있는 것이 아닌지?

6) JPSS, JPIC, 그리고 '4가지 표지판들'과 성령

　　끝으로 본 논고의 주제들에 있어서 성령에 대한 부분이 매우 약한 것으로 보아, 필자는 이 부분을 덧붙인다. 1991년 캔버라 WCC의 전체 주제는 "성령이여 오소서, 전 창조세계를 다시 새롭게 하소서"였다. 본 대회는 성령 초대의 기도로 시작하여 모든 에큐메니칼 운동(신앙과 직제, 삶과 봉사, 세계선교)을 성령론에 연결시켰다. 우리는 이 글에서 JPSS, JPIC, 그리고 하나님 나라의 4가지 표지들에 대하여 논했으나, 이를 특별히 성령의 현존과 사역에 관련시켜 논하지는 않았다. 우리는 복음에 계시된 하나님의 사랑과 사랑의 하나님 나라가 JPSS, JPIC, 그리고 4가지 표지판들의 대전제임을 주장한 것처럼 성령 역시 이 주제들에 관련하여 직설법(Indicative) 차원과 명령법(Imperative)의 차원을 지닐 것으로 보인다.

　　캔버라 보고서는 성령을 삼위일체론적 틀 안에서, 기독론 및 종말론적 완성과 관련하여, 성령의 현존으로 모든 피조된 생명체들과 묶인 모든 인간이 창조세계에 대하여 책임이 있다고 한다.

… 우리는 삼위일체 하나님을 모든 생명의 원천으로 고백한다. 이번 총회의 주제가 기도하는 성령께서는 만유 안에 현존하시는 생명의 에너지를 나타내신다. 만유는 예수 그리스도를 통하여 창조되었고 이 분 안에서 하나님의 창조세계는 완성되어 간다. 우리는 그리스도의 십자가와 부활을 통하여 전 창조세계가 새롭게 되었음을 확신한다. 만유가 예수 그리스도 안에서 하나님께 화해되었고 성령을 통하여 우리는 하나님의 미래를 경험하기 시작한다(S. I. I. A. 1).

창조세계 안에 성령의 신적 현존은 우리를 인간들로서(as human beings) 모든 피조 된 생명체들과 묶어 주신다. 그래서 우리는 하나님 존전에서 생명의 공동체 안에서 그리고 생명의 공동체에게 책임이 있다. 그런즉, 이와 같은 책임성은 여러 가지 이미지들로 표현되었다. 머슴들과 청지기와 후견인들로서, 경작자들과 관리자들로서, 창조세계의 제사장들로서, 양육자들로서, 그리고 공동 창조자들로서 표현되어 있다. 이는 인간들에게 긍휼과 겸손, 존경과 경외를 요구한다(S. I. I. A. 2).

그리고 이어서 분과 보고서는 "경제와 생태계에 대한 책임"(Towards an ethics of economy and ecology)(S. I. II. A. 17) 역시 삼위일체론의 맥락 안에서의 성령의 만유현존과 사역을 전제로 하면서, 이웃 종교들과 타학문분야들을 포함하는 인류의 책임을 말하고, 나아가서 안식일과 안식년과 희년에 있어서 경제와 생태학의 불가분리성을 말한다(S. I. II. A. 18). 즉, 보고서는 후자를 성서와 교회 밖의 보편적 세계가 추구해야 할 경제와 생태학의 척도로 보고 있다. 따라서 아래의 인용이 교회가 성령의 현존과 사역 가운데 JPIC의 책임을 잘 감당해야 한다고 할 때, 그것은 교회의 밖의 세계가 수행해야 할 JPIC를 결코 배제하는 것이 아니다.

교회는 깨어짐으로부터 온전함으로, 죽음으로부터 생명으로 구속함을 받은, 그리스도 안에 있는 '새 창조'의 한 징표이다. 교회는 하나의 구속받은 공동체로서 창조세계의 갱신에 있어서 하나의 중차대한 역할을 담당하고 있다. 그것은 교회의 예언자적 과제요 교회는 신앙과 용기와 희망으로 응답하도록 부름을 받고 있는 것이다. (S. Ⅰ. Ⅲ. C. 49).

성령의 능력은 교회로 하여금 생명을 부여하고 치유하며 지탱하는 공동체가 될 수 있게 만드셔서, 이 공동체 안에서 상처받고 낙담한 사람들이 온전함과 갱신을 획득하게 하신다. 이와 같은 힘주심에 의하여, 정의롭고 지속 가능한 사회적이고 경제적인 제도들을 탐구하고 이와 같은 책임을 성취할 창의적이고 맥락적으로 현실 상부한 방법들을 발견할 수 있는 기회들이 마련되는 것이다(S. Ⅰ. Ⅲ. C. 50).

따라서 JPSS, JPIC, 그리고 '4가지 표지판들'은 동일한 성령의 현존과 사역에 대한 반응으로서 교회와 교회 밖의 모든 인류가 공유해야 할, 복음에 계시된 사랑과 사랑의 하나님 나라를 전제하고 있는 것이다. 다시 말하면, 성서적 내러티브가 선포하는 진리들은 모든 인류들에게도 타당한 보편적인 공적진리들이라고 하는 말이다.

9

한국교회의 경제사상
– 일제하 기독교인들의 경제운동

1. 들어가는 말

최근에 한국신학계는 공공신학(a public theology)에 대한 연구가 붐을 이루고 있다. 기독교 윤리학에서 뿐만 아니라, 기독교교육, 교회사, 성서신학을 막론하고 다양한 세미나와 연구가 진행되고 있다.[1] 원래 "공공신학"이란 용어를 처음으로 사용한 사람은 시카고 대학의 교회사 교수인 마틴 마티였다. 그는 1970년대에 라인홀드 니버의 신학을 특성화하기 위한 개념으로 이용어를 사용했다.[2] 라인홀드 니버는 국가와 개인 사이에 존재하는 제3의 영역으로서 공공을 강조하고, 교회를 이러한 공공에 속하는 자발적인 결사체

---

* 김명배(숭실대학교 베어드학부대학)
이 논문은 한국기독교사회윤리학회편 『기독교사회윤리』 제23집에 수록된 것을 수정 보완하였다.
1 문시영, "니버의 사회윤리에 관한 공공신학적 해석," 한국기독교사회윤리학회, 『기독교사회윤리』 제16집(서울: 선학사, 2008), 106.
2 M. 스택하우스, "공공신학이란 무엇인가?," 새세대교회윤리연구소편, 『공공신학 어떻게 실천할 것인가?』(북코리아, 2008), 15; 문시영, 앞의 글, 104.

로 보고 그 역할의 중요성을 역설하였다. 그는 공공신학의 과제를 교회와 국가 사이의 관계뿐만 아니라 교회와 시민사회, 국가와 시민사회의 관계를 포함시켰다.[3] 미국의 대표적인 공공신학자인 맥스 스텍하우스(M L. Stackhouse)는 니버의 입장을 이어받아 시민사회를 위한 기독교사회윤리로서 의 공공신학을 전개하였다. 즉, 그는 국가와 개인을 중재하는 제3의 영역인 공공영역 또는 시민사회를 위한 기독교 사회윤리라는 차원에서 공공성을 다룬다.[4]

이글은 시민사회를 위한 기독교 사회윤리를 다루는 스텍하우스의 공공 신학의 관점에서 1920-30년대 일제하 기독교인들의 경제운동을 성찰하고, 오늘의 한국교회가 경제적 차원에서 감당해야할 교회의 공적 책임과 과제 가 무엇인지 통찰을 얻고자 한다. 일제하 한국인들은 조선총독부의 경제적 수탈로 인하여 대다수 국민들이 경제적 고통을 겪고 있었다. 이러한 상황 속에서 서울과 평양을 중심으로 한 기독교계는 실력양성론에 터하여 자본 주의 경제 건설을 목표로 물산장려운동을 비롯한 다양한 경제운동을 전개 하였다. 특히 이들은 청교도적 개신교윤리에 근거하여 민족자본을 육성하 기 위하여 다양한 경제운동을 펼쳐 교회의 공적책임을 훌륭히 수행하였다. 이글은 이러한 일제하 기독교인들의 자본주의 경제운동을 공공신학적 관점 에서 평가해보고자 한다. 그리고 이를 통해 신자유주의 경제체제 아래에서 고통 받고 있는 한국사회에 교회가 수행해야 할 공적책임의 내용이 무엇인 지 공공신학적 통찰을 얻고자 한다.

이를 위해 이글은 첫째로 제2장에서 일제하 기독교인들의 경제운동의 역사적 전개과정을 살펴볼 것이다. 이를 위해 일제하 기독교 경제운동의 역 사적 배경을 살피고, 이어 1920-30년대 일제하 한국기독교회가 일제의 식민 지 수탈경제 속에서 고통당하는 한국인들을 위해 어떻게 경제영역에서 공

---

3   장신근, "공적신학이란 무엇인가?," 『공적신학과 공적교회』(서울: 북코리아, 2010), 72.
4   장신근, 앞의 책, 72.

적책임을 수행했는지, 그 구체적 운동들을 살필 것이다. 두 번째로 제3장은 공공신학의 관점에서 일제하 기독교인들의 경제운동을 평가하고 성찰해 볼 것이다. 이를 위해 먼저 경제영역에서의 교회의 공적책임을 강조하는 스텍하우스의 공공신학을 소개하고, 이어서 1920-30년대 일제하 기독교인들의 경제운동을 스텍하우스의 공공신학적 관점에서 평가해 봄으로, 그 공공신학적 의미를 성찰해 볼 것이다. 마지막으로 제4장은 오늘날 전지구적 차원에서 경제체제를 규정짓고 있는 신자유주의 경제체제가 한국사회와 교회에 미치는 영향이 무엇인지 살펴보고, 일제하 한국 기독교인들의 경제적 공적책임수행의 내용을 통하여 신자유주의 경제체제 하에서의 한국교회의 과제를 제안해 보고자 한다.

2. 일제하 기독교 경제운동의 역사적 전개

1) 일제하 기독교 경제운동의 역사적 배경

1910년대 조선의 강점 이후 일제는 한반도를 식량기지와 원료 생산지, 그리고 상품시장으로 육성하는 식민지 경제정책을 폈다. 조선총독부는 토지조사령(1911)을 발표하여 한국인의 토지를 약탈하였고, 동양척식주식회사를 설립하여 일본 농민을 한국에 진출시켜 그들에게 유리한 조건으로 토지를 제공하였다. 그 결과 1918년 토지조사사업이 매듭지어진 후 다수의 한국 농민들이 영세한 소작농으로 몰락하거나 유민화 또는 화전민화 되어갔다.[5]

1920년대에 들어와서는 '무단통치'로 3.1 운동과 같은 민족적 저항에 부딪치자, 일제는 '문화통치'를 표방하면서 '이식자본주의'를 도모하기 시작

---

5   강만길, 『고쳐 쓴 한국현대사』(서울: 창비, 2011), 156-159; 조기준, "일제의 경제정책", 국사편찬위원회, 『한국사 21: 3.1운동 전후의 사회와 경제』(서울: 탐구당, 1980), 49-106.

했다.[6] 이 당시 식민지 한국은 도시가 발달하면서 고용이 창출되어 농촌인구가 도시로 밀려들어 왔다. 도시의 인구가 증가하자, 다양한 새로운 퇴폐향락문화가 도시의 중심부에 형성되었다. 요리집과 유곽이 들어서고 공창이 문을 열었다. 종로와 북촌의 주택가를 중심으로 수십명의 여종업원을 둔 대형 카페가 생겨났다. 이는 일제가 1909년 주세법과 1916년 주세령을 발표하여 향락문화를 유포시키고 주류 생산과 주류 소비량을 크게 증가시켰기 때문이었다.[7]

한편 일제는 1910년 12월 회사령을 발표하여 한국인의 회사 설립을 억제하여 한국인의 자본의 성장과 발전을 저지하고, 산업부르주아지의 성장을 억제하였다.[8] 그러나 일제는 1920년대 들어서 전쟁을 통해 성장한 일본 독점 자본의 조선침투를 용이하게 하기 위해 회사령을 철폐(1920.4)하였고, 1930년 이후에는 대륙침략을 위한 병참기지를 위해 한국의 공업화를 추진하면서 일본의 거대 자본이 한국의 산업분야를 주도하게 하였다. 이는 일제가 자국의 내부모순을 타개하기 위해 한국에 과잉자본을 투자하는 가운데 한국 노동자들을 저임금으로 착취함으로 식민지 체제를 더욱 굳혀갔던 것이다.[9]

이러한 시대적 상황 속에서 한국의 민족주의 진영의 지도자들은 실력양성운동을 추진하였다. 워싱턴 군축회의(1921-1922)가 아무런 성과 없이 끝나자, 민족주의자들은 즉각적 독립운동보다 민족의 실력을 키워 후일을 도모하자는 실력양성론으로 운동노선을 선호하였다. 정치적 권리를 주장하기 위해 경제적 실력이 먼저 필요하다고 생각한 기독교 민족주의자들은 경제

---

6   김권정, "1920-30년대 한국 기독교의 농촌협동조합운동," 숭실사학회, 『숭실사학』, 제21집, 2008. 258.

7   백종구, "한국 개신교 절제운동의 기원과 전개," 한국기독교학회, 『한국기독교신학논총』 27집, 386.

8   강만길, 앞의 책, 185-186.

9   백종구, 앞의 글, 337-365.

적 실력양성운동으로서 물산장려운동, 기업과 조합설립운동, 절제운동 등을 전개했다. 물산장려운동을 비롯한 기독교계의 자본주의 경제운동과 기독교 절제운동은 이러한 맥락에서 사회전반에 등장하였던 것이다.[10]

2) 일제하 기독교 경제운동의 역사적 전개

(1) 서북지역의 자본주의 경제운동

1920년대 들어와 국내의 민족주의 진영은 실력양성론을 기치로 경제부분에서 자본주의 경제운동을 본격화하였다. 이 가운데 평양과 서울에서 기독교 시민운동단체인 YMCA를 중심으로 전개된 물산장려운동은 기독교계가 자본주의 경제건설을 위해 전개한 대표적인 경제운동이었다. 평양의 물산장려회(物産獎勵會)는 조만식과 평양YMCA를 정점으로 1922년 6월 20일 발족되었다.[11] 이 물산장려회의 설립취지서는 "조선물산장려와 상공업의 진흥을 통해 삼천리가 삼천만 민족의 眞個낙원, 眞個 에덴이 되기를 지성으로 갈망하는 바로다."고 하여 그 기독교적 배경을 말하고 있다.[12] 평양 물산장려회는 1922년 평양 YMCA회관에 간판을 걸고, 1937년 일제에 의해 해산될 때 까지 매년 음력 설날과 5월 단오에 시가행진을 하며 토산품의 애용을 선전하고 강연회를 개최하는 등 다양한 활동을 전개하였다.[13] 특히 평양 물산장려회는 시내 각 교회의 청년회와 부인회, 상공업자, 일반사회단체까지 폭넓게 끌어들여 운동을 전개하였다.[14] 당시 평양 YMCA를 모체로 한 평양

---

10 윤은순, 1920-30년대 "한국기독교의 절제운동", 『한국기독교의 역사』 16. 한국기독교역사연구소, 2002, 185.
11 강영심, "조선물산장려운동의 전개와 성격," 국사편찬위원회, 『국사관 논총』 47, 1993. 154-155; 장규식, 『일제하 한국 기독교민족주의 연구』(서울: 혜안, 2001), 258.
12 「동아일보」, 1920. 8.23
13 장규식, 앞의 책, 262.
14 「동아일보」, 1923. 2.9, 2.21, 1924. 2.8, 1925. 1.26, 1927.2.18; 장규식, 앞의 책, 263.

의 물산장려회는 지역의 자본주의 경제운동의 협의체로 존재하면서 기독교계, 상공업계, 여성계 등을 끌어들여 물산장려, 상공업진흥, 생활개선이라는 세 영역의 경제운동으로 확산되어 나아갔다. 이렇게 평양의 물산장려운동이 영향력을 발휘할 수 있었던 것은 평양 상공인층의 적극적인 참여, 프로테스탄티즘을 통해 계발된 시민사회적 가치에 대한 지역 내의 폭넓은 공감대, 그리고 몸소 토산품 애용을 실천한 기독교계의 지도자인 조만식의 개인적 카리스마 등이 작용한 결과였다.[15]

한편, 일제하 기독교인들은 기독교 시민운동단체인 YMCA의 물산장려운동을 넘어 토착자본가의 자본축적을 계기로 조선인들이 운영하는 기업설립운동으로 나아갔다.[16] 당시 설립된 대표적 기업은 양말공업과 고무공업이었다. 이 공업들은 일본인 자본에 비해 작은 규모였으나, 물산장려운동이 본격화하는 1923년-1925년에 지역경제에서 확실한 우위를 확보하였다.[17] 여기에서 주목할 점은 평양의 양말공업과 고무공업의 경영자 대부분이 기독교인이었다는 것이다.[18] 또한 평양의 기독교계는 청교도적 프로테스탄트 경제윤리에 기초하여 근검저축식산운동(勤儉貯蓄殖産運動)을 전개하였다.[19] 1921년 12월에는 김동원, 조만식 등이 평양 YMCA를 중심으로 평양실업저금조합을 설립하였으며,[20] 또한 조만식은 조선물산을 장려하고 주초와 사치로 허비되는 금전을 절약저축하여 산업에 투자하자는 취지로 1926년 10월 평양절약저금식산조합을 창립하였다.[21] 이 밖에도 1930년 3월 조만식에 의

---

15 장규식, 앞의 책, 264-265.

16 오미일, "1910-1920년대 평양지역 민족운동과 조선인 자본가층", 『역사비평』, 1988 여름, 298-299.

17 강만길, 앞의 책, 185-193을 참조하라; 장규식, 앞의 책, 266.

18 주요섭, "十年만에 본 平壤", 「別乾坤」 5-8, 1930. 9. 47; 장규식, 앞의 책, 267.

19 조기준, 「韓國資本主義成立史論」, 大旺社, 1977, 507-512.

20 「동아일보」, 1921. 9. 3.

21 「동아일보」, 1926. 10. 3.

해 평양협동저금조합과 1935년 5월 김동원을 비롯한 동우회원들에 의해 동우저축조합이 조직되기도 하였다. 이러한 근검저축식산운동은 실제 산업자본으로 전환해 나가면서 평양지역 자본주의 경제운동의 한 특징을 이루었다. 이와 같이 기독교계를 배경으로 한 평양의 기업설립운동은 근검저축식산조합의 설립, 한국인 금융기관 설립시도, 평양상공협회의 설립 등으로 이어지면서 조선인 자신의 손으로 조선인을 본위로 한 경제적 부흥운동의 촉매가 되었다.[22]

(2) 기호지역의 자본주의 경제운동

서울 중앙YMCA를 중심으로 한 기독교계 인사들은 1923년 1월 20일 공식출범한 서울의 조선물산장려회(朝鮮物産奬勵會)의 주요세력의 하나로 참여하였다. 물산장려운동의 실행을 표방하며 연희전문의 염태진, 박태화 등에 의해 발기한 자작회(自作會)는 "조선물산을 장려하여 자작자급의 정신"을 길러 "산업의 진흥을 도모하여 경제적 위기를 구제"하자는 목적아래 출범하였다. 자작회는 발족이후 강연회를 열어 자작자급의 취지를 널리 알리는 한편, 서대문에 사무소를 두고 판매부를 개설하여 조선물산을 각 지방으로부터 주문하여 일반에 싼 값으로 공급코자 하였다.[23]

그런데 서울의 중앙YMCA를 중심으로 한 기독교계 인사들은 그들의 경제운동의 목표를 주로 실업교육운동에 두었다. 대표적으로 중앙YMCA학관 공업부(工業部)와 송고실업장(松高實業場)이 그것이었다. 중앙YMCA학관 공업부는 1906년 11월 개설한 황성기독교청년학관 공예교육과에 그 연원을 두고 있다.[24] 중앙YMCA의 공업교육은 육체노동을 천시하는 의식을 개혁하고 유능한 기독교적 시민을 양성하며 장차 중소공장을 창업할 기술 인력을

---

22 장규식, 앞의 책, 271- 273; 「동아일보」, 1928. 12. 22.

23 장규식, 302-303. ; 「동아일보」, 1923. 1. 12.

24 「雜報」, 「大韓每日申報」 1906.11.6.; 「雜報」, 「皇城新聞」, 1907.1.8., 1.10.

배출하는 데 그 주안점을 두고 있었다. 그리하여 1923년 조선물산장려회가 발족할 당시 서울 시내 한국 사람이 경영하는 목공장, 사진관, 철공장에서 일하는 사람들 대다수가 이곳 출신이라고 할 정도로 중앙YMCA 공업부는 물산장려운동에 부응하는 토착적 공업진흥의 유력한 전진기지였다.[25]

한편 송고실업장은 윤치호가 기독교계 지도자의 배출과 한민족의 경제적 향상을 목적으로 1906년 10월 설립한 한영서원 실업과를 모체로 하였다. 윤치호는 한국인에게는 단순한 인문교육보다 직조, 목공, 인쇄, 제혁, 과수, 원예, 낙농 등의 실업교육을 강조하였다.[26] 그리하여 한영서원은 1908년 실업과를 개설하여 중학과, 예비반, 초등과 학생들을 대상으로 목공과 기계공업을 가르쳤다. 그러나 일제에 의해 '사립학교규칙'이 개정 공포되자, 한영성원은 1916년 실업과를 폐지하고 인문계 중심의 송도고등보통학교로 개편하였다. 그에 따라 실업장은 일반직공들과 고학생들로 운영되는 독립된 공장으로 탈바꿈하였다.[27] 송고실업장은 1929년에는 조직을 변경하고 남감리회 선교부 경영에서 일반회사로 개편되었다. 그런데 송고실업장의 사장 김정호와 상무 황중현은 조선물산장려회에 상공인 출신 이사로 참여하여 물산장려운동과 더욱 긴밀한 관계를 유지하고 있었다.

(3) 기독교 절제운동

금주, 금연을 내용으로 하는 절제운동은 기독교 수용 초기 청교도적 신앙을 지닌 선교사들에 의해 기독교 신자가 마땅히 가질 덕목으로 여겨졌다. 그런데 일제에 의해 식민지화 된 후 사회경제적 상황과 맞물려 절제운동은 개인의 신앙의 차원을 넘어 사회운동으로 발전하게 되었다.

---

25 「동아일보」, 1923. 11. 6. 「靑年會 實業部」

26 T. H. Yun, "The Anglo-Korean School, Song Do," *Korea Mission Field* Vol. III No. 9, 1907.7. 144.

27 장규식, 앞의 책, 309.

    감리교의 절제운동은 1912년 '사회개량위원회'라는 명칭으로 시작된
후, 1930년 양 감리회가 통합하면서 총리원에 사회사업국을 조직하고, 그
아래 절제부와 각 지방에 절제회를 설치하였다.[28] 감리교는 각 지방에 순회
금주강연을 실시하였으며, 1924년부터는 금주선전주일로 정하고 각 교회마
다 가두시위선전을 행했다.[29] 특히 감리교 엡윗청년회는 각 지방의 금주운
동을 전개하였는데, 금주운동 선전삐라 배부, 시위행렬, 가극, 음악회, 강연
회가 그 대표적 방식이었다.[30] 장로교의 절제운동은 처음에는 기독청년면
려회를 중심으로 이루어졌는데, 1932년 5월 5일 평양신학교에서 '조선기독
교절제운동회'를 조직하면서 본격화 되었다. 조만식, 채필근, 송상석 등이
결성한 이 단체는 "주류, 연초, 아편, 창기, 악질, 폐습 등의 해악을 제거하여
자아의 영원한 인격을 건설하고 가련한 생명을 구제하며 사회 일반의 복지
를 증진시키는 것"을 그 취지로 삼았다.[31] 장로교의 기독청년면려회는 1920
년대부터 지회별 금주선전 운동을 해오다가 1930년부터는 정기적으로 매년
오월 단오를 기하여 연합회 주최로 전조선 금주운동을 실시하였다. 1938년
면려회가 해체되기까지 전개된 금주선전은 경성을 중심으로 전국의 면려회
가 총망라된 운동이었다.[32]
    또한 1911년에 초교파적 절제운동단체로 결성된 조선여자기독교절제
회는 1922년 세계여자기독교절제회연합회 총무 틴링(C.I. Tinling)의 내한을
계기로 활발한 활동을 전개하였고, 1923년 9월 여선교사 중심의 기독교여
자금주회를 조직하였다.[33] 이후 틴링과 함께 순회강연을 하며 큰 활약을 한
손메례를 중심으로 1924년 8월 28일 이화학당에서 조선여자기독교절제연

---

28   윤은순, 앞의 글, 136.

29   『제17회 조선기독교미감리교회 연회회록』, 1924년.

30   윤은순, 앞의 글, 191.

31   「조선일보」, 1932. 5. 20;「기독신보」, 1932. 5.25.

32   「조선일보」, 1930. 5. 4./ 1930. 5. 27/ 1931. 8. 17/ 1931. 8. 29/1931. 9. 2/ 1931. 9.11.

33   C. I. Tinling, "The W. C. T. U in Korea," *The Korea Mission Field*. Jan., 1924. 227-228.

합회가 결성되어, 산하 각 지역에 지회를 조직하였다.[34] 이들은 순회총무를 두어 각 지방을 순회하며 강연회를 개최하고 절제회 지회를 조직하는 일에 주력하였다. 뿐만 아니라 강사를 초청하여 금주강연회를 개최하였으며, 가두시위와 소비조합, 물산장려조직, 야학설립, 구제활동도 있었다.[35] 이처럼 1920, 30년대에 각 교단은 물론 초교파적으로 이루어진 금주, 금연, 소비절약 등의 절제운동은 물산장려운동, 기업설립운동과 더불어 기독교계가 전개한 대표적인 경제운동의 하나가 되었다.

3. 일제하 기독교 경제운동에 대한 공공신학적 성찰

1) 맥스 스텍하우스의 공공신학

스텍하우스에게 신학은 본질상 '공공신학'이다.[36] 그에 의하면, "공공신학이란 공적인 논쟁들이나 문화, 사회, 과학, 기술, 경제, 정치에 관한 문제를 다루고자 하는 신학의 한 종류이며, 또한 비기독교 정통들이나 사회과학, 역사학자들과 더불어 비판적인 대화를 하고자 하는 신학의 한 종류이다."[37]

---

34 「기독신보」, 1932. 4. 27.

35 「동아일보」, 1933. 2. 8; 「기독신보」, 1933. 7. 26.

36 김현수, "자유주의자 vs 분파주의자", 한국기독교학회, 『한국기독교신학논총』, 80집, 2012, 279.

37 Max L. Stackhouse, 심미경 역, 『지구화, 시민사회, 기독교윤리』(서울: 도서출판 패스터하우스, 2005), 15. 한편 독일의 공공신학자인 몰트만은 '공공신학'을 그리스도 안에서 인간 역사의 공적 세계 속으로 하나님 나라가 임한다는 관심과 희망에서 비롯되는 것으로, 그것은 기독교의 정체성의 핵심을 이룬다고 말한다. 즉, 공공신학은 사회의 공적 문제들에 대한 신학의 공적 상관성을 강조한다는 것이다. 노영상, "교회와 신학의 공공성에 대한 논구: 공공신학의 이해와 수용에 대하여," 새세대교회윤리연구소편, 『공공신학이란 무엇인가?』(북코리아, 2007), 67; 예일학파의 티먼은 "공공신학은 기독교적 확신과 기독교 공동체가 살고 있는 더 넓은 사회 문화적인 맥락 사이의 관계를 이해하려는 것을 추구하는 신앙이다."

그런데 그에게 신학은 두 가지 이유로 공공의 성격을 띤다. 첫째 우리가 그리스도인으로서 세상을 구원하기 위하여 제공해야만 한다고 믿는 것이 소수에게만 전해지는 난해한 것(esoteric)이거나, 권력자의 전유물이거나, 비이성적이거나, 접근 불가능한 것이 아니고, 모든 사람에게 이해가 가능하며 필요불가결하며, 또한 힌두교도, 불교도, 유대교도, 이슬람교도, 마르크스주의자들과도 이성적인 대화를 할 수 있기 때문에 공적이 될 수 있다. 둘째 이와같은 신학은 공적인 삶의 구조들과 정책들에 대하여 방향을 제시해 줄 수 있다는 점에서 공적이다.[38] 그러므로 스택하우스에게 신학은 본질적으로 사회윤리적인 '공공'의 성격을 띠며, 이 '공공신학'은 개인과 국가를 중재하는 제3의 영역인 시민사회에서의 기독교윤리에 관해 성찰하는 '시민사회를 위한 기독교 사회윤리학'이다.

스택하우스는 이 '공공신학'의 구체적인 실천적 주제들로 종교, 정치, 경제 문제를 비롯하여 결혼과 가족의 문제, 인권, 심지어 교역에 이르기까지 다양하게 정의한다.[39] 그는 공공신학의 중요한 주제로 종교의 역할을 강조한다. 그에 의하면, 종교는 계몽주의 이래 삶의 사적인 영역으로 밀려나 공적인 영역에서 퇴거당하였다. 그러나 이제 현대사회의 정치경제구조에 대한 종교적 해석이 필요하다.[40] 특별히 그는 세계화의 문제에 관심을 기울

Ronald F Thiemann, *Constructing a Public Theology: The Church in a Pluralistic Culture*(Louisville: Westminster/ John Knox Press, 1991), 21; 한편 벤은 공공신학은 신학이 "살아있는 종교적 전통의 공적인 환경인, 우리의 공동적 삶의 경제, 정치 문화적인 영역에로의 침투를 말한다"고 하였다. Robert Benne, The Paradoxical Vision: A Public Theology for the twenty-first century(Minenea polis: Fortress Press, 1995), 4.

38 Max L. Stackhouse, *Public Theology and Political Economy*(Grand Rapids, Mi:Eerdmas, 1987), xi; 이장형, "세계화 문제에 대한 공공신학적 성찰", 새세대교회윤리연구소편, 『공공신학 어떻게 실천할 것인가?』(북코리아, 2008), 65를 참조하라; 장신근, "공적신학이란 무엇인가?", 56;

39 김명배, "구한말 사회민족운동에 대한 공적신학적 성찰", 『공적신학과 공적교회』, 419.

40 문시영, "공공신학 실천을 위하여: 公-私 이분법을 넘어서", 새세대교회윤리연구소, 『공공신학 어떻게 실천할 것인가?』(북코리아, 2008), 52.

이면서, 기독교 신학은 비기독교 전통들, 혹은 타종교들과 때로는 상호보완적이며 때로는 갈등하면서 세계화의 신학적 의미를 분석하는 작업을 해야 한다고 강조한다. 그러므로 스택하우스의 공공신학은 종교의 사사화(私私化)에 대한 문제 제기이며, 종교와 신학의 사회적 본성을 회복하자는 것이다.

한편 스택하우스는 공공신학의 또 다른 주제로 인권을 들고 있다. 그에 의하면, 인권은 종교적 신앙고백에서 중심적인 위치에 있으며, 사회적으로 서구의 교회와 자발적 결사체의 중심 가치로 정의된다.[41] 그는 이런 차원에서 인권운동에 적극 참여하기도 하였다. 또한 스택하우스는 결혼과 성의 문제도 공공신학의 중요한 주제로 다룬다. 그는 동성애를 포함한 가족과 가정의 문제에 대한 제도적 요소들을 망라하면서, 이를 하나님의 주권에 기초한 계약이라는 맥락에서 이해한다.[42] 이러한 공공신학의 실천적 주제들은 스택하우스가 시민사회의 모든 영역에서 공공의 문제에 대한 신학적 관심을 촉구한 것이다.[43]

그런데 스택하우스의 공공신학은 특히 삶의 경제적 요인들에 대한 관심을 가져야 한다고 강조한다.[44] 여기에서 경제적 요인은 경제활동 혹은 경제학에 국한된 것이 아니라, 역사적, 사회적 문화적, 윤리적 요소를 포괄한 광의의 개념으로 이해된다.[45] 스택하우스는 막스 베버(Max Weber)의 영향을 받아 기독교가 경제 및 사회관계의 형성에 지대한 영향을 미친다는 점을 확신하였다. 베버에 의하면, 한 사회의 종교적 특성이 그 사회의 경제발전, 인

---

41 Max L, Stackhouse, *Creeds, Society, and Human Rights: A Study in Three* (Eerdmans Pub, 1984), 259; 문시영, 앞의 글, 53.

42 Max L, Stackhouse, *Covenant and Commitments: Faith, Family, and Economic Life*(Westminster John Knox Press, 1997), 23; 문시영, 앞의 글, 53.

43 문시영, "니버의 사회윤리에 관한 공공신학적 해석", 119.

44 문시영, 앞의 글, 112; Max L, Stackhouse, *Christian Social Ethics in a Grobal Era: Reforming Protestant Views in Stackhouse,ed.*(Abingdon Press, 2003), 11.

45 문시영, 앞의 글, 113; Max L, Stackhouse, 앞의 글, 16.

권의 보호와 강조, 그리고 다원주의적 시민사회의 발달을 촉진시키거나 억제하는 문화형성에 결정적인 역할을 한다.[46] 스텍하우스는 이 과정에서 베버의 '자본주의 정신'을 에토스의 중요한 예로 들면서 자본주의 에토스 형성에 기독교가 지대한 영향을 주었다고 본다.[47] 나아가 그는 기업의 문제와 경제윤리의 문제와 관련하여 시장의 자본들 중에 도덕자본(moral capital)의 중요성을 강조하고, 그 핵심은 기독교의 신앙체계와 삶의 방식, 즉 에토스에 있다고 주장한다.[48]

한편, 스텍하우스에 의하면, 올바른 기독교 신앙은 세상의 변화와 개혁을 추구하며 사회에 정직을 심어주고 인격적 공동체와 윤리적 원칙과 도덕적 목적을 추구한다는 점에서 공적인 삶과 공적 영역에 유익하다.[49] 그는 이러한 기독교의 공적 특성을 고려하는 가운데 세계화의 상황에서 과학기술의 신학적 성격, 기업의 교회적 성격, 경영의 청지기적 성격에 관한 논의를 전개한다. 그는 오늘의 과학 기술, 기업, 경영이 종교적 전통에 뿌리를 내리고 있음을 밝히면서 여기에 도덕성과 영성을 불어넣어 본래적 정신을 회복시키고, 이를 통하여 세상을 개혁해 나감으로써 공적인 삶에 기여해야 한다고 역설한다.[50]

나아가 스텍하우스는 기업의 교회적 성격을 논하면서, 기업을 구속사의 한 부분으로 이해하고 기업과 영성의 문제를 관련시킨다.[51] 그에게 기업

---

46 이장형, "세계화 문제에 대한 공공신학적 성찰", 78; 이상훈, "신학해제: 스텍하우스의 공공
    신학에 관한 이해," 새세대교회윤리연구소편, 『공공신학이란 무엇인가?』(북코리아, 2007),
    35; Max L. Stackhouse, with Lawlence M. Stratton, *Capitalism, Civil Society, Religion, and
    the Poor: A Bibliographical Eassy*(Wilmington, Delaware: Intercollegiate Studies Institute,
    2002), 24.
47 문시영, "니버의 사회윤리에 관한 공공신학적 해석", 113; 신기형, "스텍하우스 윤리사상의
    특성과 공헌," 새세대교회윤리연구소편, 『공공신학이란 무엇인가?』(북코리아, 2007), 82-85.
48 문시영, 앞의 글, 114.
49 장신근, "공적신학이란 무엇인가?", 57.
50 장신근, 앞의 글, 58; Max L. Stackhouse, 이상훈 역, "공공신학이란 무엇인가?" 25.

의 목적은 주주나 기업경영인을 위한 이윤창출보다 더 중요한 의미를 지닌 다. 그는 기업을 하나님이 주신 기관이라고 보았다. 기업이란 공동체의 물질적 복리에 기여하는 소명을 지니고 있다. 뿐만 아니라, 그는 기업을 인류를 위한 은혜의 대리인 또는 은혜의 표시요, '세속에 봉사하는 공회'(worldly ecclesia)로 부르기도 한다.[52] 그러나 스텍하우스에 따르면, 기업과 기업인이 모든 이윤을 포기하는 것은 아니다. 기업의 이윤창출은 기업생존의 필수조건이다. 그러나 기업의 이윤은 봉사의 결과이며 더 나은 봉사의 조건으로서 이윤이다.[53] 요컨대 기업은 이윤의 창출을 통해 그 신적 소명을 감당할 기관이라는 것이다.

이러한 관점에서 스텍하우스는 청지기 개념의 확대적용 하였다. 교회 안에서 특정한 직분에 충실한 것만을 청지기로 볼 것이 아니라, 공공의 영역에서 감당하는 몫까지도 청지기 개념 안에 포함시켜야 한다는 것이다. 이러한 배경에서 스텍하우스는 사회의 공동선에 기여할 청지기의 책임을 말하기도 한다. 교회는 각자에게 이기적 관심을 극복하고 섬김을 통한 소명을 실천하고 청지기적 사명을 완수할 수 있도록 이끌어 주어야 한다는 것이다.[54] 이런 차원에서 소명은 단순히 개인적인 삶에 관계된 것이 아니라, 공적인 제도의 다양성에 대한 의미와 관련되며,[55] 기업의 소명과 기업인의 청지기적 사명은 공적신학의 대상이 된다. 이러한 스텍하우스의 공공신학은 '시민사회를 위한 기독교 사회윤리학'이다. 그는 라인홀드 니버의 사회윤리에 대한 통찰을 더욱 확장시켜 그 범위를 시민사회라는 공공의 영역으로 확장시킴으로 사회윤리를 공공신학으로 발전시켰다고 할 수 있다.[56]

---

51 이장형, 앞의 글, 77.
52 문시영, "교회 안에서 시작하는 공공성," 『공적신학과 공적교회』(서울: 북코리아, 2010), 146.
53 문시영, 앞의 글, 146.
54 문시영, 앞의 글, 147.
55 이장형, 앞의 글, 69.

2) 일제하 기독교 경제운동에 대한 공공신학적 성찰

1922년 민족자결원칙에 입각한 독립을 추구했던 민족주의 진영은 워싱턴 군축회의가 성과 없이 끝나자, 실력양성론을 주장하며 교육, 경제방면에서 민족운동을 본격화하였다. 이 가운데 물산장려운동을 비롯한 경제운동은 민족국가 건설 혹은 민족경제건설을 그 목표로 하고 있었다. 특히 물산장려운동은 한국인 소유 민족기업을 육성하고 일본인 대자본의 경제침략을 저지하여 민족경제의 자립을 추구하는 민족운동이었다.[57] 그런데 물산장려운동을 비롯한 기업과 조합설립, 실업교육, 절제운동 등 일제하 기독교인들의 경제운동은 스텍하우스 공공신학적 관점에서 다음과 같은 공공신학적 의미를 지닌다고 할 수 있다.

(1) 시민사회를 위한 기독교사회윤리

일제하 한국기독교인들의 경제운동은 현대 공공신학이 지향하는 '시민사회영역'에서의 공적책임을 수행한 '기독교사회윤리'였다. 스텍하우스에 의하면, 공공신학은 국가와 개인을 중재하는 제3의 영역 혹은 시민사회를 위한 기독교사회윤리이다.[58] 그러므로 교회는 공익적 목표나 이타적 목표를 실현하기 위해 설립된 자발적 결사체인 시민운동단체(NGO)와 협력하여 대사회적 공적책임을 시민운동의 담당자로, 내부적 비판자로, 후원자로서 역할을 감당할 수 있다.[59] 이러한 차원에서 보면 일제하 한국 기독교계는 YMCA등 시민사회 단체와 협력하여 사회적 공적책임을 수행하였다.

특히 1920-30년대 서울과 평양YMCA를 중심으로 기독교인들에 의해

---

56 문시영, "공공신학 실천을 위하여: 公-私 이분법을 넘어서", 52.

57 신용하, 『일제강점기 한국민족사(중)』(서울: 서울대학교출판부, 2003), 218.

58 장신근, 앞의 책, 72.

59 이혁배, 『한국기독교윤리쟁점』(서울:동인, 2011), 46.

주도된 물산장려, 기업설립운동, 실업교육운동 등의 자본주의 경제운동은 시민사회영역에서 이념적으로 '시민사회의 자율성 논리'에 기초한 민족경제 건설운동이었다. 이러한 특징은 평양 물산장려회의 취지서에 잘 나타나있다.

> 故로 吾人이 이에 大書特書하고 絶叫高唱하는 바는 自作自給하자 함이니 卽 朝鮮物産을 獎勵함이오. 또 換言하면 保護貿易을 意味함이니 이것이 우리 朝鮮人에게 가장 큰 問題라 하노라…. 現今 歐美各國은 더와가치 商工業이 發達되었으니 自由貿易主義를 행하는 國은 하나도 없고 다 保護貿易主義를 행하나니 由此觀之컨대 先進이오 富强한 國도 如彼히 國産을 壯麗하고 貿易을 保護하거든 又況 落伍이오 貧弱한 朝鮮이리오.[60]

그들은 자신들의 운동을 민족경제의 자립을 목표로 한 '민간차원의 보호무역운동'으로 규정하였다. 이러한 입장은 물산장려회의 대표적인 인물인 조만식에게 나타나는데, 그는 특히 관서지방의 오랜 평민적 자치질서를 바탕으로 산업, 교육, 문화, 사회사업 방면에 걸친 '시민사회의 조직화'를 통해 민족경제건설과 자립의 해법을 찾고자 하였다.[61] 물산장려운동의 인사 가운데 한사람이며 산정현교회의 장로였던 김동원 또한 "정치의 배경을 가지지 못한 우리 조선인으로서는 구태여 위정자들에게 희망할 것이 아니라 민족적으로 경제적 대단결을 만들어서 이 결함에서 구출케 함이 가할 것"[62] 이라고 하여 시민사회 차원의 경제운동의 필요성을 역설하였다.

이러한 사실들은 관서지방의 사회와 기독교계의 정서가 '시민사회 원리'와 결합하여 국가와의 관계에서 시민사회를 앞세우는 운동으로 나갔음을 의미한다. 특히 일제에 의해 수탈당하고, 피폐된 민족경제를 살리기 위하

---

60 『동아일보』, 1921. 9. 22.

61 장규식, 앞의 책, 279.

62 金東元, "平壤人士의 平壤觀," 『동아일보』, 1928. 1. 1; 장규식, 앞의 책, 279에서 재인용.

여, 이들은 대표적인 기독교 시민운동단체인 YMCA를 중심으로 '자작회', '소비조합', '저축조합', '조선기독교절제운동회', '조선기독교여자절제회' 등 기독교 시민운동 단체들을 결성하여 공공의 영역 혹은 시민사회의 영역에서 물산장려운동, 기업과 조합설립운동, 실업교육운동, 절제운동 등을 전개하여 교회의 경제적인 공적책임을 수행했던 것이다.

(2) 청교도적 개신교 경제윤리에 근거한 경제운동

일제하 한국기독교인들의 경제운동은 스텍하우스의 공공신학이 주장하는 기독교적 삶의 태도와 삶의 방식, 즉 막스 베버의 '자본주의 정신'에 나타난 기독교적 에토스에 근거한 경제운동이었다. 베버에 의하면, 종교개혁자 칼뱅은 중세의 극단적인 금욕주의를 배제하고, 절제와 검소를 경제적 도덕적 미덕으로 보았으며, 성실한 노동을 강조하였다. 이러한 칼뱅의 사상은 청교도들에게 전해져 금욕, 절제와 근면, 노동의 신성성을 강조하는 청교도적 개신교 경제윤리를 창출하였다.

1920년대 당시 평양의 기독교인들의 자본주의 경제운동은 관서지방의 신흥 상공인층과 그들의 평민문화를 토양으로 싹튼 경제윤리이자, 청지기적 소명을 근거로 한 청교도적 개신교 경제윤리에 기초한 것이었다. 이러한 기독교적 에토스에 기반한 경제사상은 관서지방의 기독계 지도자였던 안창호의 사상에 잘 나타나 있다. 특히 그의 무실역행론은 일제하 관서기독교 민족운동의 기본이념으로 받아들여졌는데, 이 가운데 '무실'은 '진실의 탐구'로서 사회적 방면에서의 '공동신용'의 확립을 의미하였으며,[63] 또한 신용의 자본으로서 '무실'은 노동역작을 강조하는 평민들의 경제윤리였다.[64]

---

63 장규식, 앞의 책, 282.
64 安昌浩, 『同志 諸位에게』(1921) 『安島山全書(中)』, 汎梁社出版部, 1990.414.

제9장 한국교회의 경제사상: 일제하 기독교인들의 경제운동 333

슬프다. 우리 민족의 역사를 돌아보면 우리 민족의 생활이 소위 하급이라고 일컫는 평민들은 실지로 노동력작하여 살아오앗거니와 소위 중류이상 상류인 사라는 이들은 그 생활한 것이 농사나 장사나 장색이나 자신의 력작을 의뢰하지 아니하엿고 그 생활의 유일한 일은 협잡이엇습니다. 그러므로 그네들은 거짓말하는 것이 자긔의 생명을 유지하는 유일한 방법이엇습니다.[65]

이렇게 신용과 더불어 노동역작을 강조하는 경제윤리로서 '무실'은 막스베버가 자본주의 정신으로 거론한 금욕, 절제, 근면의 개신교의 윤리와 그 맥을 같이 하는 것이었다.[66] 또한 이러한 면에서 전형적인 인물은 이승훈이었다. 그는 청교도적 개신교 윤리인 근면과 성실로 신용을 쌓아 유기공장과 상점을 경영하여 부를 축적하고, 이를 오산학교 설립에 투자하여 교육구국운동을 펼쳤다. 그러므로 이와 같은 사실들은 안창호를 비롯한 관서지방의 신흥 상공인층이 칼뱅주의와 청교도정신으로 대표되는 프로테스탄티즘을 수용하는데 누구보다 앞장섰던 세력이었음을 보여준다.[67]

그런데 이러한 청교도적 개신교 경제윤리는 평양을 중심으로 한 관서지방 뿐만 아니라, 서울을 중심한 기호지역의 자본주의 경제운동에도 그 바탕을 이루고 있었다. 이러한 사실은 중앙YMCA 회원으로 연희전문 상과 교수를 역임한 최순주의 "칼뱅주의에서 말하는 대로 부지런히 일하고 생산을 늘리고 사치를 피해 저축성을 가르는 것이 우리에게 당면한 경제문제를 해결하는 출발점이다"[68] 고 말한 데서 잘 드러난다. 이러한 사실들을 살펴볼 때, 우리는 일제하 기독교인들의 경제운동이 막스 베버의 '자본주의 정신'에 나타난 기독교적 에토스 즉, 기독교의 신앙체계와 삶의 방식이 깊게 자리 잡고 있음을 알 수 있다.

---

65 장규식, 앞의 책, 284에서 재인용.

66 장규식, 앞의 책, 285.

67 이러한 주장은 장규식의 『일제하 한국기독교민족주의 연구』 282-284에 잘 나타나 있다.

68 崔淳周, 「敎會發展과 經濟生活(4)」, 『基督申報』, 1931. 1. 21.

(3) 기업설립과 실업교육을 통한 공적책임의 수행

일제하 기독교인들의 기업과 조합설립운동은 공공의 영역에서 청지기적 소명을 감당한 공적 책임의 수행이었다. 마이클 노박(Michael Novak)에 의하면, 기업은 하나님의 은혜의 표지로 "창조성"이 가장 잘 발휘되는 곳이다. 스택하우스의 공공신학 또한 기업의 문제에 깊은 관심을 기울인다. 그에 의하면, 기업은 하나님이 주신 기관으로 공동체의 물질적 복리에 기여하는 소명을 지녔으며, 인류를 위한 은혜의 대리인 또는 은혜의 표시요, 세속에 봉사하는 공회다. 그러므로 기업은 교회적 성격을 지닌다. 더 나아가 그는 청지기 개념을 넓게 적용하여 기업과 같은 공공의 영역에도 적용하였다.[69]

그런데 일제하 평양의 기독교 경제운동은 청교도적 개신교 경제윤리에 입각하여 아편재배와 매매, 주류제조나 판매, 고리대금업 등과 같은 것들은 신자의 정당한 벌이라 할 수 없다고 규정하면서,[70] 기업을 민족자신의 육성과 하나님이 주신 물질적 복리의 기관으로 생각하면서 기업설립운동을 펼쳤다. 그리하여 이들은 평양에서 양말공업과 고무공업을 중심으로 합자회사와 주식회사를 설립하여 운영하였다. 뿐만 아니라 근면노작(勤勉勞作)함으로써 금전을 저축하여 이것을 공익과 선교와 자선사업에 선용함으로써 빈궁을 구제하고 문명부강과 진정한 생명의 길로 나아가고자 했다.[71] 그리하여 이들의 근검저축식산운동은 저축조합과 소비조합, 한국인금융기관의 설립, 그리고 상공협회를 결성하도록 하였다. 결과적으로 이와같은 사실들은 일제하 평양 기독교인들이 기업을 단순히 이윤창출의 수단으로만 생각지 아니하고 봉사의 기관으로, 청지기적 소명의 기관으로 생각하였음을 보여

---

69 문시영, 앞의 글, 146.

70 鄭尙仁, 「信者와 金錢」, 『神學指南』12-3, 1930.5. 37-40. 정상인은 수양동우회원으로 선천 남교회 목사, 장로회평북노회장(1932)을 역임한 관서기독교계의 중진이었다. 장규식, 앞의 책, 290.

71 「기독신보」 1920. 7.21; 앞의 책, 292.

주며, 오늘날 공공신학이 지향하는 경제적 영역에서의 공적책임을 수행하였음을 보여준다.

한편, 일제하 한국 기독교인들은 실업교육을 통하여 경제영역에서의 공적책임을 수행하였다. 특히 기호지역의 기독교인들은 그들의 경제운동의 목표를 실업교육운동에 두고 중앙YMCA학관 공업부와 송고실업장을 설치하였다. 중앙YMCA의 공업교육은 육체노동을 천시하는 의식을 개혁하고 유능한 기독교적 시민을 양성하여 기업을 운영할 기술 인력을 배출하는데 그 목표를 두었다. 윤치호에 의해 설립한 한영서원내에 설치된 송고실업장 또한 인문교육보다 민족의 경제적 향상을 도모하기 위해 실업교육을 강조하기 위해 설립되었다. 이와 같이 조선물산장려회의 출범을 전후하여 기호지방의 기독교계 자본주의 경제운동인 실업교육은 기독교적 인재를 양성을 통하여 산업화의 기초를 형성하려는 운동으로서의 의미를 지녔는데,[72] 이는 서울지역의 기독교계가 식민지 수탈경제 속에서 실업교육을 통해 기독교계 지도자를 양성하고 민족의 경제적 향상을 도모했던 교회의 공적책임 수행의 대표적인 사례였다.

(4) 금주·금연운동을 통한 공적책임의 수행

금주, 금연을 통한 기독교 절제운동은 공공신학이 추구하는 세상의 변화와 개혁을 위한 경제운동이며, 공적인 책임의 수행이었다. 스택하우스에 의하면, 올바른 기독교 신앙은 세상의 변혁과 개혁을 추구하며 사회에 정직을 심어주고 인격적 공동체와 윤리적 원칙과 도덕적 목적을 추구한다는 점에서 공적인 삶과 공적 영역에 유익하다.[73] 이러한 차원에서 기독교 절제운동은 개인 및 민족의 정신개조, 폐습타파를 목적으로 한 운동이었다. 기독

---

72 「廣告」, 「基督申報」, 1927. 4. 6.

73 장신근, 앞의 책, 57.

교인들은 당시를 국가적, 민족적, 개인적 경쟁의 시기로 파악하고, 금주의 실천으로 시간과 건강을 보전하고 정신수양을 하는 세계적 대세에 부응하는 일이라고 보았다. 그리하여 금주, 금연 등 절제운동은 퇴폐한 사회도덕과 경제를 근본적으로 개조하고, 민족의 생활을 혁신할 수 있는 운동으로 문화를 향상시킬 수 있는 방법으로 제시되었다. 특히 금주, 금연을 비롯한 기독교 절제운동은 열악한 경제 상황을 소비 절약을 통해 극복하려는 의도와 자아개조수양운동, 풍속개량운동, 농촌개량운동 등으로 표출되었던 문화운동의 일환이기도 하였다. 이러한 사실로 볼 때, 일제하 기독교인들이 전개했던 금주, 금연운동 곧 기독교 절제운동은 현대 공공신학이 추구하는 세상의 변화와 개혁을 위한 경제운동이자, 인격개조와 윤리적 원칙, 그리고 도덕적 목적을 추구했던 공공의 영역에서의 책임 수행운동이었다.

4. 오늘의 신자유주의 경제 질서 하에서 한국사회

1973년 제1차 오일쇼크와 1979년 제2차 오일쇼크로 말미암아 세계 경제가 경기불황의 늪에 빠지자, 미국의 시카코 학파의 대표적인 경제학자인 프리드먼(Milton Friedman)과 하이엑크는 신자유주의 경제를 주창하였다. 이들은 불경기의 가장 큰 원인이 기름 값 폭등에 따른 물가상승과 임금인상에 따른 이윤감소에 있다고 진단했다. 시카고학파는 노동자의 높은 임금 때문에 기업이 고용을 꺼리고 또 부자들이 세금을 너무 많이 내야 하므로 이들의 투자의욕이 감소하여 불황이 장기화 되었다고 주장했다.[74] 이 신자유주의 시장 경제는 미국의 대통령 레이건(Ronald Wilson Reagan)과 영국의 수상 대

74　임희국, "하나님의 경제 선언문", 이글은 2012년 4월 6일 공적신학과 교회연구소에서 출판할 "하나님의 경제"에 들어갈 선언문으로 집필한 내용이다.

처(Margaret Hilda Thatcher)가 1980년경부터 국가이념으로 채택하면서 학문적 경제학에서 제국의 경제학으로 탈바꿈했고, 미국이 세계를 지배하고 있던 20세기 후반의 상황 때문에 마침내 세계를 지배하는 경제 질서가 되었다.[75]

그런데 이 신자유주의 경제 질서는 가능한 한 국가의 경제적 간섭을 줄이고 경제 주체들의 자율성을 극대화해서 경제를 성장시키고자 하는 경제 질서이다. 그리하여 기업의 자유로운 경제활동에 걸림돌이 되는 각종 규제들을 완화하고, 정리해고, 파견노동제, 비정규직, 성과급제도 등을 통하여 노동시장을 유연하게 하고, 저소득배려, 실업수당과 같은 복지 프로그램을 축소하고, 부자감세, 불공정거래 행위 규제법 등을 철폐하게 되었다.[76] 이는 세계화 시대 자유로운 국제무역의 바탕을 위한 경제정책이었다. 그런데 이 신자유주의 경제 질서의 장점은 시장을 신뢰하고 시장의 권리를 보장한다는 점에 장점이 있다. 즉, 신자유주의 경제는 국가보다 국민을 가장 중요한 자리에 주권의 자리에 두고 있다는 것이다. 또한 기업과 인간을 노력하게 만들고, 인간의 창의성을 자극해서 기술을 발전시키고 생산과 재화를 크게 증가시키는데 있다. 이 점 때문에 노박(Michael Novak)을 비롯한 북미의 우파 신학자들은 신자유주의 시장 경제를 세계를 경제적으로 구원하는 경제 질서로 신학적으로 축성했다.[77]

그러나 이 신자유주의 경제체제는 다음과 같은 심각한 문제점을 지니고 있다. 첫째로 신자유주의 시장 경제는 세계 경제를 투기 자본주의로 변질시킬 위험이 있다는 점이다. 그런데 이 위험은 그동안 세계 도처에서 일어난 경제위기 속에 실재적으로 나타났다. 둘째로, 신자유주의 시장 경제의

---

75   김명용, "하나님의 시장경제", 4. 이글은 2012년 1월 30일 전주 한일장신대에서 열린 공적 신학과 교회연구소 정기학술 대회에서 발표한 논문이다.

76   임희국, 앞의 글.

77   김명용, 앞의 글, 1-5; 박화경, "하나님의 경제에 대한 교육의 필요성과 방향성에 대한 연구", 11. 이글은 2012년 4월 27일 장신대에서 열린 공적신학과 교회연구소 정기학술 대회에서 발표한 논문이다.

과도한 경쟁은 노동 현장을 잔혹하게 만들고, 노동자들의 권익을 크게 훼손시키고, 노동자들은 이윤과 경쟁을 위한 도구로 전락될 위험이 크다는 점이다. 특히 과도한 경쟁은 원가절감으로 치닫게 되고 원가절감을 위해 하청업체를 피폐하게 만들어 동반성장의 가능성을 차단시킨다. 셋째로 신자유주의 시장 경제는 중소기업은 대기업에 종속되고, 제3세계는 제1세계에 종속되는 종속경제의 위험이 매우 큰 경제 질서이다. 넷째로 신자유주의 시장 경제는 약육강식의 정글경제이기 때문에 너무나 많은 경제적 희생자들을 만들어 낸다. 다섯째 신자유주의의 시장 경제는 공정한 분배를 결정적으로 파괴시키고 승자의 독식을 정당화시켜 빈부격차를 극단적으로 증가시킬 큰 위험이 있다는 것이다.[78]

이러한 신자유주의 경제체제의 모순은 세계경제를 위기로 몰아넣었다. 신자유주의 경제 실천의 30년 동안 세계는 계속적인 경제위기의 연속이었다. 러시아의 경제 위기, 동아시아 여러 국가들의 경제 위기, 아르헨티나를 비롯한 라틴 아메리카 여러 나라들의 경제위기 등 세계는 수많은 경제 위기로 출렁거렸고, 마이너스 성장의 깊은 수렁에 빠졌었다. 미국의 리먼 브라더즈 사태로 시작하여 오늘의 그리스 경제 위기도 신자유주의 경제 위기의 연장선상에 있는 것이다. 이러한 신자유주의 경제의 실패는 그 경제 구조가 갖고 있는 결함과 깊이 관련되어 있다.[79]

우리나라에서 신자유주의는 '세계화'란 이름으로 OECD(경제개발협력기구)에 가입했던 1996년에 금융시장을 개방하면서 그 문을 열었고, 가입 직후에 국회는 정리해고제, 변형근로제, 근로자파견제 등을 날치기로 통과시켰다. 그 이후에 우리나라는 작은 정부, 노동시장의 유연화, 자유 시장경제질서, 규제완화, FTA(자유무역협정)중시, 공기업과 의료, 그리고 방송의 민영화, 세금 완화, 복지예산 축소 등의 신자유주의 경제정책을 시행해왔다. 특히

78　김명용, 앞의 글, 6-12.
79　김명배, "민주화와 기독교", 대한기독교서회, 『기독교사상』, 76, 2012. 4월호,

이명박 정부가 추진한 신자유주의 경제정책은 '작은 정부 큰 시장'을 기본골격으로 삼아 공기업 민영화, 부자감세정책, 금산분리 완화, 노동시장 유연화 등으로 추진되었다.[80] 이는 결과적으로 부의 불공평한 분배로 야기된 20대 80, 혹은 1% 대 99% 사회, 금융자본의 재벌집중으로 인한 중소기업과 자영업자들의 몰락, 노동시장 유연화로 야기된 비정규직 문제와 청년실업의 문제 등을 야기했다.[81] 그리하여 한국사회는 지금 일부 부유층을 제외한 수많은 국민들이 경제적 고통을 당하고 있다.

5. 나가는 말: 공공신학적 관점에서 본 한국교회의 과제

지금 한국교회는 신자유주의 경제체제에 직접적, 간접적 영향을 받고 있다. 이미 산업화 시대에 농어촌인구의 도시 집중화와 맞물려 대도시에 교회가 집중적으로 설립되었고, 포스트모던 시대에 상응하여 다양한 형태의 개(個) 교회들이 도시 여기저기에 우후죽순 성장하여 난립하는 현상을 보였다. 이 현상은 신자유주의 경제 질서의 경쟁논리에 맞물려 사회의 양극화 현상처럼 교회의 양극화, 즉 교인 수의 양극화, 교회 재정의 양극화를 초래하였다.[82] 1970.80년대 한국사회 민주화운동을 견인하고, 세계교회사에 그 유래를 찾아볼 수 없을 정도로 급성장했던 한국교회가 현재 생존자체를 위협받는 극단적 상황에 내몰리고 있는 것이다.[83]

이러한 한국사회와 교회의 경제적 상황 속에서 이제 한국교회는 1920-30년대 일제하 한국기독교인들이 일제의 식민지 수탈에 맞서 공공의

---

80 임희국, 앞의 글.
81 김명배, 앞의 글, 74.
82 임희국, 앞의 글.
83 김명배, 앞의 글, 74.

영역에서 민족자본의 육성을 위해 다양한 경제운동을 펼쳐 교회의 공적책임을 잘 수행했던 것처럼, 신자유주의 경제체제의 모순 속에 있는 한국사회에 교회가 '경제적 정의'와 '경제적 민주화'[84]를 위한 구체적 운동들을 실천해 나가야 할 것을 필자는 공공신학적 관점에서 다음과 같이 제안한다.

첫째로 한국교회는 먼저 신자유주의 경제체제가 무엇인지, 그리고 그 문제점이 무엇인지에 대한 올바른 인식을 위한 학문적 연구와 교육이 실시되어야 한다. 현재 한국사회에서 신자유주의의 경제체제의 중심세력인 재벌은 자신들의 이익을 관철시키고 이를 정당화하기 위해 정치인, 정부관료, 언론, 학자들에 이르기까지 광범위하게 그 영향력을 행사하고 있다. 그리하여 신자유주의 경제체제는 거스를 수 없는 대세로 자리매김 한지 오래되었으며, 유일한 자본주의 경제제도로까지 거론되고 있다. 이러한 상황 속에서 한국교회는 먼저 신자유주의 경제체제가 무엇인지, 그리고 그 문제점이 무엇인지에 대한 올바른 인식이 필요하다. 특히 하나님 나라와 하나님의 경제의 관점에서 한국의 경제적 상황과 신자유주의 경제체제에 대한 신학자들의 진지한 연구와 토론이 요청된다. 더 나아가 신학교를 비롯한 다양한 차원에서의 목회자들에 대한 경제교육과 개 교회 차원에서의 교육을 통한 평신도들의 의식의 각성이 요청된다.

둘째로 한국교회는 경제 민주화를 위하여 시민단체와의 협력을 적극적으로 모색해야 한다. 국가가 민주화되기 위해서는 무엇보다도 시민사회가 활성화될 필요가 있다. 시민사회의 힘이 약할 경우 국가는 친시장적 영역으로 전락한다. 반면 시민사회의 힘이 강할 경우 국가는 시민사회에 우호적이 된다. 결국 시장에 대한 국가의 개입이 사회적 약자에게 도움을 줄 수 있기

---

84 최근 한국사회에서 논의되고 있는 '경제 민주화'는 신자유주의 경제질서 하에서 야기된 부의 불공평한 분배와 양극화의 심화, 대기업 위주의 경제정책으로 인한 중소기업과 자영업자들의 몰락, 노동시장 유연화로 야기된 비정규직과 실업문제 등을 해결하기 위해 다양한 법과 정책들을 확보하기 위한 정책조류라 할 수 있다.

위해서는 시민사회가 국가를 견인할 수 있을 정도로 활성화되는 수밖에 없다. 이런 역학구도를 고려해보면 한국교회의 과제는 시민사회를 활성화하는 데 기여하는 일이다. 이런 과제를 구체화하기 위해 우리가 우선적으로 기독교의 공동체인 교회와 시민사회의 대표적 행위자인 NGO와의 관계를 설정하는 일이다. 특히 한국교회는 앞으로 시민운동의 담당자로, 내부적 비판자로, 후원자로서의 역할을 감당해나가야 한다.

셋째로 한국교회는 시민단체와 협력하여 사회적 양극화 해소를 위한 구체적인 법적, 제도적 장치 마련을 위해 노력하여야 한다. 신자유주의 경제체제가 도입된 후 한국경제는 자본의 재벌집중으로 인한 중소기업과 자영업자의 몰락, 노동시장 유연화로 야기된 비정규직 문제와 청년실업의 문제 등 수많은 문제들을 초래하였다. 이는 결과적으로 부의 불평등한 분배로 이어져 20대 80, 혹은 1% 대 99%로 일컬어지는 사회적 양극화를 심화시켰다. 이러한 경제적 현실 속에서 한국교회는 정부의 신자유주의 경제정책을 감시하고 비판하는 기능에서 더 나아가, 시민단체와 협력하여 하나님의 긍휼과 경제적 정의가 담긴 법적, 제도적 장치를 제안하고, 이를 법제화하는 데 노력하여야 할 것이다.

넷째로 한국교회는 교회안의 경제적 민주화를 위하여 농어촌교회와 미자립 교회문제 해결을 위한 제도적 장치를 마련하여야 한다. 신자유주의 경제체제가 본격화 한 후 한국교회의 성장은 멈추었으며, 대형교회로의 수평이동은 중소교회를 고사 직전에까지 몰아가고 있다. 교회의 빈부격차는 극에 달하여 교회의 80%이상이 미자립 상태이며 대리운전을 하는 목회자 수도 급증하고 있다. 이러한 상황 속에서 한국교회는 농어촌 교회와 미자립교회의 자립과 지원을 위한 제도들을 마련하는데 구체적인 계획을 세워 나가야 할 것이다.

참고문헌

「기독신보」, 1920. 7.21/1923.10.17./1926. 1.23./1927.4.6./1928.1.11./1932.4.27./
1932.5.25./1933.7.26.,

「農民」 4-6, 1933. 6. 26.

「동아일보」, 1920.8.23./1921.9.3./1923.1.21./1923.2.9./1923.2.21./1923.11.6./1924.2.8.,
/1925.1.26./1926.10.3./1927.2.18./1928.1.1./1928.12.22./1933.2.8.

「大韓每日申報」 1906.11. 6.

「別乾坤」 5-8, 1930. 9. 47.

「신학세계」 1926. 7월, 11권 6호.

「조선일보」, 1930.5.4./1930.5.27./1931.8.17/1931.8.29/1931.9.2/1931.9.11/1932. 5.
20.

「皇城新聞」, 1907.1.8., 1907.1.10.

강만길, 『고쳐 쓴 한국현대사』, 서울: 창비, 2011.

강영심, "조선물산장려운동의 전개와 성격", 「국사관 논총」 47, 1993.

김권정, "1920-30년대 한국 기독교의 농촌협동조합운동", 숭실사학회, 『숭실사학』, 제21
집, 2008

金東元, "平壤人士의 平壤觀,"『동아일보』, 1928. 1. 1

김명배, "구한말 사회민족운동에 대한 공적신학적 성찰』, 『공적신학과 공적교회』, 서울:
북코리아, 2010.

김명배, "민주화와 기독교", 「기독교사상」, 2012. 4.

김명용, "하나님의 경제", 공적신학교회연구소, 2012. 1.30일 정기학술 발표문.

김현수, "자유주의자 vs 분파주의자", 한국기독교학회, 『한국기독교신학논총』, 80집,
2012,

문시영, "교회 안에서 시작하는 공공성,"『공적신학과 공적교회』, 서울: 북코리아, 2010.

_____, "니버의 사회윤리에 관한 공공신학적 해석," 한국기독교사회윤리학회, 『기독교사
회윤리』 제16집, 서울: 선학사, 2008.

_____, "공공신학 실천을 위하여: 公-私 이분법을 넘어서", 새세대교회윤리연구소편, 『공
공신학 어떻게 실천할 것인가?』, 서울: 북코리아, 2008.

박정신, 『근대한국과 기독교』, 서울: 민영사, 1997.

박화경, "하나님의 경제에 대한 교육의 필요성과 방향성에 대한 연구", 공적신학교회연구
소, 2012. 4. 27일 정기학술 발표문.

백종구, "한국개신교 절제운동의 기원과 전개", 한국기독교학회, 『한국기독교신학논총』
27집.

신기형, "스텍하우스 윤리사상의 특성과 공헌," 새세대교회윤리연구소편, 『공공신학이란 무엇인가?』, 서울:북코리아, 2007.

신용하, 『일제강점기 한국민족사(중)』, 서울: 서울대학교출판부, 2003.

송상석, 『한국절제교육연구사료집』, 서울: 성광문화사, 1979.

安昌浩, "同志 諸位에게", 『安島山全書(中)』, 汎梁社出版部, 1990.

오미일, "1910-1920년대 평양지역 민족운동과 조선인 자본가층", 『역사비평』, 1988 여름.

_____, 『경제운동』, 서울:한국독립운동사편찬위원회 독립기념관 한국독립운동사연구소, 2008.

이상훈, "신학해제: 스텍하우스의 공공신학에 관한 이해," 새세대교회윤리연구소편, 『공공신학이란 무엇인가?』, 서울: 북코리아, 2007.

이혁배, 『한국기독교윤리쟁점』, 서울:동인, 2011.

임희국, "하나님의 경제 선언문", 공적신학교회연구소, 2012. 4. 27일 정기학술 발표문.

윤은순, 1920-30년대 "한국기독교의 절제운동", 『한국기독교의 역사』 16. 한국기독교역사연구소, 2002,

장규식, 『일제하 한국 기독교민족주의 연구』, 서울: 혜안, 2001,

장신근, "공적신학이란 무엇인가?,"『공적신학과 공적교회』, 서울: 북코리아, 2010.

정태헌, "일제하 주세제도의 시행 및 주조업의 집적 집중 과정에 대한 연구,"『국사관 논총』40. 1992.

鄭尙仁, 「信者와 金錢」, 『神學指南』1930.5.

조기준, "일제의 경제정책", 국사편찬위원회, 『한국사 21: 3.1운동 전후의 사회와 경제』, 서울: 탐구당, 1990.

_____, 『韓國資本主義成立史論』, 서울: 大旺社, 1977.

崔淳周, "敎會發展과 經濟生活(4)", 『기독신보』, 1931.1.21.

M. 스텍하우스, "공공신학이란 무엇인가?," 새세대교회윤리연구소편, 『공공신학 어떻게 실천할 것인가?』, 서울: 북코리아, 2008.

M. Stackhouse, 심미경 역, 『지구화, 시민사회, 기독교윤리』, 서울: 도서출판 패스터하우스, 2005.

Yun, T. H. "The Anglo-Korean School, Song Do," *Korea Mission Field Vol. III* No. 9, 1907.7.

Benne, Robert. *The Paradoxical Vision: A Public Theology for the twenty-first century,* Minenea polis: Fortress Press, 1995.

Stackhouse, Max L., *Creeds, Society, and Human Rights: A Study in Three Cultures,* William Eerdmans Pub, 1984.

_____, *Public Theology and Political Economy,* Grand Rapids, Mi:Eerdmas, 1987.

_____, *Covenant and Commitments: Faith, Family, and Economic Life,* Westminster John

Knox Press, 1997.

Stackhouse, Max L., *Christian Social Ethics in a Grobal Era: Reforming Protestant Views in Stackhouse,ed,* Abingdon Press. 2003.

Stackhouse, Max L with Lawlence M. Stratton, *Capitalism, Civil Soceity, Religion, and the Poor: A Bibliographical Eassy,* Wilmington, Delaware: Intercollegiate Syudies Institute, 2002.

Tinling, C. I. "The W. C. T. U in Korea," *The Korea Mission Field.* Jan., 1924.

Thiemann, Ronald F, *Constructing a Public Theology: The Church in a Pluralistic Culture,* Louisville: Westminster/John Knox Press, 1991.

공적 신학과 교회연구소 선언문

1. 목적(Purpose)

본 연구소의 목적은 세상을 향한 교회의 공적 책임에 대한 신학 연구를 통해 한국교회가 공적 책임을 감당할 수 있도록 격려하고, 실천을 통해 삼위일체 하나님의 나라가 인류 역사와 창조 세계 안에서 온전히 구현되도록 하는 데 있다.

2. 사명(Mission)

한국교회는 역사 안에서 여러 분야에 걸쳐 공적인 책임들을 수행해 왔다. 교육, 의료, 문화, 여권신장, 평등사상, 독립운동, 민주화운동, 통일운동에서 마땅히 져야 할 십자가를 지고, 어두운 시절에 민족의 등대 역할을 감당해왔다. 그러나 다른 한편으로는 배타주의, 물량주의, 분리주의, 성장주의의 폐해를 드러내기도 하였다.

본 연구소는 한국교회의 부정적 모습들을 비판적으로 극복하고, 긍정적 요소들을 되살려 예수 그리스도의 가르침의 핵심이었던 하나님의 나라를 이 땅 위에 세우기 위한 토대를 마련하고자 한다. 하나님의 나라는 샬롬의 공동체요, 생명의 공동체요, 하나님의 주권과 통치가 편만한 새 하늘과 새 땅이다. 교회는 바로 이 하나님 나라의 징표요, 도구요, 선취이다. 따라서 교회는 하나님 나라에 상응하여 변혁되어야 할 공적인 영역에 관심을 가겨야 하며, 정의 · 평화 · 창조세계의 보전을 위해 하나님의 선교운동에 참여해야 한다. 본 연구소는 한국교회가 하나님의 나라의 비전을 품고 공적인 영역에서 하나님의 나라를 실현시키려는 노력을 다 할 수 있도록 이론과 실천의 면에서 협력하고자 한다.

3. 방향성(Directions)

1) 본 연구소는 모든 교파를 포괄하며, 나아가서는 교회의 공적책임 문제에 있어서는 다른 종교나 시민단체(NGO)와의 연대에 대해서도 열려 있는 공간을 추구한다.

2) 본 연구소는 하나의, 거룩한, 보편적, 사도적인 교회를 지향한 보편교회의 전통을 존중하고, 복음 설교와 성례전이라는 참된 교회의 표지를 귀중히 여기면서, 교회가 이 세상 안에서 하나의 대안 공동체가 되어야 한다는 사실을 지지한다.

3) 본 연구소는 정치, 경제, 사회, 문화, 환경 등의 모든 공적인 영역에서 하나님의 정의 · 평화 · 창조 질서가 세워질 수 있도록 최선을 다한다.

4) 본 연구소는 포스트모던 시대에 대응하는 기독교적 가치를 제시하고, 오늘날 제기되는 여러 도전들에 대해 하나님의 나라 관점에서 대안적 해결책을 제시하기 위해 노력한다.

공적신학과 교회연구소의 이정표

전문(a preamble)

본 연구소의 목적은 한국교회에 공적책임을 일깨우고 한국교회를 향하여 공적책임에 대한 신학적임 비판과 검토와 방향을 제시하며, 나아가서 가르침과 글과 행동을 통하여 공적책임을 교회와 세상으로 하여금 알게 하는데 있다. 이 모든 활동은 교화와 세상에 대한 삼위일체 하나님의 온전한 통치(하나님 나라)와 이 하나님의 나라를 역사와 창조세계 속에서 구현하는 하나님의 선교(missio trinitatis)에 동참하기 위한 것이다.

한국 개신교의 공적책임 수행의 역사

한국개신교는 그 동안 역사적으로 하나님의 일터인 이 세상에서 공적인 책임들을 많이 수행해 왔다. 일찍이 한국의 기독교는 계몽차원에서 민족의 희망이었고, 한글을 보급하였으며, 최초의 근대식 병원을 세웠고, 평등사상을 고취시켰으며, 교육에도 적지 않은 기여를 해왔다. 그리고 일부일처제와 여권신장에 힘써왔고, 3.1운동과 같은 나라 살리기 운동에도 동참하였으며, 신사참배운동도 일으켰다. 나아가서 1970년대의 반독재운동과 1990년 남북평화통일운동에도 앞장섰고, 장기기증운동과 태안 앞바다 기름제거운동에도 두각을 나타냈다. 한국 교회의 공적책임의 예는 허다하다.

교회의 공적책임 수행을 방해하는 요소들

하지만 한국 교회는 '이기적이고 배타적인 교회중심주의', '영혼과 몸을 갈라놓는 이분법', '물량적 교회성장주의', 그리고 '맘몬의 지배로 사유(私有)화 되려는 하나님 나라'로 인하여 하나님의 드넓은 작업장인 이 세상에서의 교회의 공적책임 수행에는 너무나도 미흡하였다. 이와 같은 요소들은 교회의 공적책임 수행에 대한 저해 요인들이다.

교회와 세상의 적대관계

한국개신교는 교회를 노아의 방주 유형이나 구명(求命)선으로 여기는 경향이 짙다. 이러한 경향은 '교회와 세상을 분리'시켜서 교회를 '세상이라는 바다'에 떠 있는 외딴 섬으로 만들어 왔다. 또한 한국 개신교는 죄와 죽음의 힘이 세상을 지배한다고 가르치며, 사탄과 마귀가 판을 치고 있는 이 세상은 최후심판과 지옥을 향하여 내달린다고 보면서 이러한 세상과 단절해야만 하나님의 은혜로 구원을 받는다고 가르쳤다(요 7:7; 요 8:23; 요 17:16). 이것이 이기적이고 배타적인 교회중심주의로 이끌어갔다.

하지만 하나님께서는 세상을 이처럼 사랑하사 독생자를 보내주셨다. 예수 그리스도께서는 교회의 머리이신 동시에 창조의 중보자이시요 인류와 우주만물의 재 창조자이시요 따라서 역사와 우주만물의 주님이시다.

영혼과 몸을 갈라놓는 이분법

한국 개신교는 영혼구원을 강조하면서 복음전도를 '구령사업'이라 가르쳤다. 그러다보니 개인의 영혼구원에 치우쳐서 몸과 육체의 영역을 소홀히 여겼다. 전인(全人)의 구원이 아니라 영혼만의 구원을 강조했다. 영혼과 몸을 분리하는 이분법적인 사고가 신앙을 지배한 결과 영혼과 영적인 것의 가치를 높이는 동시에 몸의 영역에 속한 역사적이고 사회 문화적인 가치를 업신여기거나 소홀히 여겼다. 이러한 이분법이 교회의 공적인 책임수행을 방해했다.

물량적 교회성장주의

한국 개신교는 특별히 산업화시대(1960-90년대)의 시대정신인 성장 이데 올로기와 맞물려서 교회성장에 몰입하며 외형적으로 그 몸집을 불려왔다. 그러다보니 교회가 물량적 성장주의를 벗어나지 못했다. 이러한 성장주의 는 하나님 나라의 자람(마태 13장)에 역행하는 것이다.

맘몬의 지배로 사유화되려는 하나님의 나라

한국 개신교의 성장은 자본주의 사회체제 속에서 진행되었다. 권력의 비호아래 권력과 결탁해 온 한국 자본주의 체제는 공공(公共)의 안녕(安寧)과 질서를 추구하기 보다는 대체로 특권층을 양산하고 기득권층을 보호해왔 다. 이러한 사회 현실을 향해 교회가 예언자적 사명을 감당해야 하는데, 오 히려 한국 교회 대다수는 맘몬의 지배에 예속되어서 자주 기득권층을 대변 하였다. 이러한 교회는 이 세상에서 하나님나라를 위한 공적책임을 결코 수 행할 수 없었다.

예수님이 보여주신 작은 자들에 대한 긍휼(compassion), 예언자들이 선 포한 공의와 정의의 나라, 레위기 25장의 희년에 대한 비전과 누가복음 4장 의 은혜의 해는 결코 맘몬의 지배를 허락하지 않는다. 교회와 세상에서 사 랑과 공의와 정의가 강같이 흐르는 샬롬 공동체 형성은 전적으로 공적인 일 이다. 우리는 하나님의 선교(missio trinitatis)에 동참하여 공공(公共)의 샬롬 공 동체 형성에 헌신해야 할 것이다.

교회 지도자들의 정체세력화와 청년선교

지난 참여정부에 대한 사회 보수층의 인식은 소위 '좌파장권'이었다. 특별히, 민주화 이후의 사회개혁과 남북진전을 위한 정부의 정책에 대하여 이들은 강한 거부감을 드러냈다. 이러한 '보수층'의 입방에 적지 않은 기독 교 지도자들이 동의하며 적극 동참했다. 이 점이 의식 있는 교회 청년들에 게 실망감을 안겨주었고, 교회 밖 일반 청년층에게 교회가 보수세력으로 비처졌고 이에 청년 선교를 가로막기도 하였으며, 교회의 공적책임 수행을 방해하였다.

그러나 참여정부의 여러 정책들은 기대와 달리 '신자유주의'를 따르는 결정을 내렸다. 따라서 양극화의 심화와 맞물려, 청년실업문제와 소위 '88만원 세대'의 생성은 계층 간의 갈등은 물론 세대 간의 갈등도 빚어냈다. 이러한 현상은 교회로 하여금 청년 선교를 새롭게 생각하도록 촉구하였고, 교회의 공적책임 수행을 다시 생각하게 하였다.

하나님의 나라

"하나님의 나라가 가까웠으니 회개하고 복음을 믿으라(막 1:15)"고 선포하신 예수님은 하나님의 나라를 위해서 십자가에 달리셨다가 부활하셨고, 하나님의 나라를 계시하시고 약속하시기 위해 40일 동안 사도들에게 나타나셨으며, 하나님의 나라를 건설을 위해 이 땅위에 성령을 파송하셨다. 그리하여 교회는 성령 충만한 사도들에 의해서 선포된 하나님 나라의 복음에서 기원하였다.

예수님의 설교와 가르침의 중심은 '다가오는 하나님의 나라'였다. 그리고 십자가에 달리셨다가 부활하시고 승천하사 영화롭게 되신 그리스도 예수는 역사와 우주만물의 주님으로서 이 하나님 나라의 의미를 더 보편적으로 넓히셨다. 죄와 죽음과 흑암의 권세를 묵시적으로 계시하는 예수 그리스도의 십자가와, 이 모든 부정성을 부정하는 그의 부활(the negation of the negative)은 개인에게 부활의 몸을, 역사에게 하나님의 나라를, 그리고 우주만물에게는 새 하늘과 새 땅을 계시하고 약속하기 때문이다. 그는 다름 아닌 영생과 하나님의 나라, 그리고 새 하늘과 새 땅을 계시하시고 약속하셨다. 이는 역사와 창조세계 속에서 삼위일체 하나님의 통치일 뿐만 아니라 새 창조의 세계(creatio nova)이다. 이것은 삼위일체 하나님과 새 인류와 새롭게 된 우주만물이 함께 어우러지는 샬롬의 '생명 공동체'이다.

생명 공동체인 하나님의 나라와 교회 및 세상

그런즉, 교회는 위와 같은 '생명 공동체'를 미리 보여주는 '생명 공동체' 이다. 교회는 그와 같은 '생명 공동체'의 미리 맛봄이요, 징표요, 도구이다. 교회와 세상의 존재이유는 이와 같은 삼위일체 하나님의 역사와 창조세계 에 대한 통치와 이 하나님의 나라를 이 땅위에 구현하시는 삼위일체 하나님 의 선교에 동참하는데 있다. 또한 하나님의 선교가 인류의 보편사와 창조세 계 속에서도 진행되고 있다고 믿는 한, 교회는 이 세상이 주는 메시지를 깨 달아 알아야 하고, 나아가 이 세상 속에서 하나님 나라의 징표들을 읽을 수 있어야 한다. 따라서 교회는 예수 그리스도에 대한 신앙 고백을 분명히 하 면서 정의와 평화와 창조세계 보전에 관한 한, 타 종교들과 엔지오(NGO)등 비기독교단체들의 목소리에 귀를 기우려야 하고, 이들과 연대하여 하나님 의 나라를 향한 하나님의 선교에 동참해야 할 것이다.

하나님의 나라와 교회의 표지

'하나의 거룩하고, 보편적이며, 사도적인 교회'에서 교회는 공교회(ec-clesia catholica)로서 하나님의 나라에서 완성될 하나 됨과 거룩함과 보편성을 희망하는 가운데, 그것을 역사의 지평 속에서 구현시켜야 한다. 뿐만 아니 라 교회가 생명 공동체인 하나님 나라의 미리 맛봄과 그 징표요 도구로써 하나님의 나라를 위해서 존재해야 하는 한, 교회는 공교회 안에서 뿐만 아 니라 인류와 창조세계 모두를 아우르는 전 생명 공동체 안에서 공적책임을 수행해야 할 것이다. 또한 교회는 사도적 복음을 바르게 설교하고 성례전(세 례와 성만찬)을 바르게 집례해야 한다. 곧 교회는 설교와 성례전을 통하여 하 나님의 나라를 축하하고, 선포하며, 증거해야 한다. 이상과 같은 생명 공동 체인 교회의 표지(4+2)는 하나님의 나라 구현을 향한 하나님의 선교를 위해 서 존재하는 것이다.

'이미'(already)와 '아직 아님'(not yet) 사이에 자리 매김한 교회

'이미' 임한 하나님의 나라와 '아직 임하지 않은' 하나님의 나라 사이에 실존하는 교회는 하나님의 나라를 기다리면서 하나님의 나라가 온전히 임할 때까지 성령의 역사에 힘입어 사도적 직무(the apostolate)를 수행해야 한다. 사도적 직무란 설교, 세례와 성만찬, 코이노니아, 교육, 사회봉사, 복음전도, 하나님의 선교(missio trinitatis), 정의와 평화와 창조세계의 보전, 그리고 교회의 일치추구이다. 다시 말하면 생명 공동체인 교회의 사도적 수행은 교회 내의 책임수행 뿐만 아니라 일치와 연합을 추구하고, 정의와 평화와 창조세계 보전 차원에서 하나님의 나라의 실현을 위한 하나님의 선교에 동참해야 할 것이다. 이것이 다름 아닌 공교회의 공적 책임수행이다.

하나님의 나라와 교회의 본질적 기능

교회는 코이노니아를 통해서 하나님의 나라를 미리 맛보아야 하고 기독교 교육을 통해서 하나님의 나라를 교육해야 하며, 사회봉사를 통해서 하나님의 나라를 증거해야 하고, 복음전도와 하나님의 선교와 JPIC(정의, 평화, 창조 질서의 보존)를 통해서 하나님의 나라를 널리 증거하고 구현해야 한다. 이처럼 우리는 교회 안과 밖에서의 교회의 공적책임의 수행에 공적으로 참여함으로 하나님의 나라 구현을 위한 하나님의 선교에 참여해야 할 것이다.

하나님의 나라와 모이고, 든든히 서가고, 그리고 파송 받는 교회

하나님의 나라의 복음으로 말미암아 이 세상으로부터 부름 받은 교회(ekklesia)는 예배를 위해서 모이고, 세례와 성만찬과 기독교 교육과 코이노니아를 통해서 든든히 세움을 받으며, 복음전도와 하나님의 선교와 사회봉사를 위해서 세상 속으로 파송 받는다. 교회는 하나님의 선교의 장인 이 세상 속으로 파송 받아, 하나님의 나라의 공적인 일들을 책임적으로 수행해야 할 생명 공동체가 되어야 한다.

하나님의 나라와 교역직

하나님의 나라를 위해서 존재하는 교회의 직제에는 일반 교역직(세례 받은 모든 하나님의 백성의 교역)과 특수 교역직(an ordained ministry)이 있다. 특수 교역직은 일반 교역직을 훈련시키고, 교육시키어 모든 공적 영역들에서 하나님의 나라를 건설해야 할 것이다. 교역직은 구심력적 운동과 원심력적 운동의 긴장 속에서 하나님의 선교에 동참하는 일에 있어서 지도력을 발휘해야 한다.

창조세계와 세상과 국가와 교회는 하나의 '생명 공동체'

창조세계와, 세상과, 국가와, 교회는 서로 불가분리한 관계망 혹은 그물망 속에 있다. 이와 같은 관계망의 파괴는 인간과 세계와 창조세계를 죽음으로 몰아간다. 예수 그리스도를 통한 화해론과 예수 그리스도를 통하여 계시되고 약속된 종말론은 이와 같은 관계망 혹은 그물망의 근거이다. 예수 그리스도의 십자가와 부활은 인류뿐만 아니라 창조세계까지도 하나님께 화해케한 사건이다. 특히 그의 십자가는 종말론적인 죽음과 흑암의 권세에 대한 승리요, 그의 부활은 새 창조(개인의 완성으로서 영생, 역사의 완성으로서 하나님의 나라, 창조세계의 관성으로서 새 하늘과 새 땅)를 계시하고 약속하는 것이다. 바로 이 하나님의 나라야 말로 샬롬의 생명 공동체로서, 이 땅위의 교회와 국가와 세상과 창조세계가 추구해야 할 희망의 나라인 것이다.

하지만 이미 임한 하나님의 나라와 아직 임하지 않은 하나님의 나라 사이에 놓인 교회 공동체야 말로 예수 그리스도의 몸이요, 성령의 전이요, 하나님의 백성으로서 이 세상에 대한 '대안 공동체'(a alternative community)이다. 따라서 교회와 세상(국가)은 질적으로 달라야 하고, 구별되어야 한다. 하지만 국가가 교회를 박해하든가, 헌법을 지키지 아니하고 실정법을 어겨, 백성을 억압하든가(교회는 국가의 법을 끊임없이 개정해 나가야 하지만), 직무유기를 하여 백성에 대한 지도력을 온전히 발휘할 수 없는 경우가 발생할 때 교회는 예수 그리스도의 이름과 하나님 나라의 이름으로 이와 같은 정부에 대하여 항의하고 항거해야 할 것이다. 무엇보다 국가와 정부가 잘못된 길로 들어서고 있을 때에도 우리는 그것이 교회와 뗄 수 없는 생명 공동체임을 기억해야하고, 그 속에서 예수 그리스도의 제사장적이고 예언자적이며 왕적인 직무를 수행해야 할 것이다. 즉, 우리는 화해를 선포하고 화해된 공동체로서 공적 차원에서 화해를 위하여 힘써야 하고, 미래에 임할 하나님의 나라를 선포하며, 이에 비추어서 우리의 현 시대를 예언자적으로 비판해야 하고, 모든 공적인 영역들에서 하나님의 왕적 통치에 동참해야 할 것이다.

포스트모던 시대에 대응하는 민주화와 사회정의

포스트모더니즘은 개인들과 소집단들의 작은 목소리를 무시하고 억압하며 소외시키는 모더니즘의 거대담론에 반대하여 '다름'과 다원성과 '타자성'(他者性)을 강조하는 바, 정부는 교회들과 시민단체들의 작은 목소리에 귀를 기울이는 미시정치(micro-politics)를 해야 하고, 가난한자와 병든 자와 소외된 자 편에서는 사회정의를 구현시켜야 한다. 나아가서 정부는 다국적 기업의 신자본주의 거대담론에 압도되어 백성의 미시담론을 외면해서는 안 될 것이다. 예수님께서 선포하신 하나님의 나라는 병든 자, 가난한 자, 소외된 자, 억압받는 자의 목소리를 결코 배제하지 않는다. 성경의 거대담론은 결코 '지극히 작은 자'의 목소리를 묵살하거나 제외시키지 않는다. 민주주의가 하나님의 나라를 지향하는 민주주의가 되려면 '지극히 작은 자'의 목소리를 청조하여야 할 것이다(마 25:31-46). 또한 오늘날 다민족 · 다문화 사회를 맞이하면서 외국인 노동자들과 이주민 결혼가정의 작은 목소리에도 귀를 기울여야 하고, 이기적이고 배타주의적인 단혈적(單血的) 민족주의를 넘어서야 할 것이다.

정의와 생명을 위한 시장경제

1989년에 동유럽이 몰락하면서 공산주의 계획경제 체제가 함께 무너졌고, 이에 시장경제의 원리가 유일한 경제체제로 현존하고 있다. 그런데 현실적으로 현존하는 '신자유주의' 시장경제의 질서는 자본주의 시장경제 체제로서 오늘날 공정한 경쟁원칙이 무시되었고 불공정한 시장독점으로 고착되었다. 정의로운 시장질서가 결핍된 채, 불평등한 소득분배구조에서 빈익빈 부익부의 양극화 현상이 두드러지고 있다. 이 경제 체제는 또한 억압과 지배와 착취의 구조를 생성했고 또한 모든 피조세계(자연)를 착취하였기 때문에 전 지구적인 환경오염과 생태계의 위기를 초래하였다.

이러한 경제 체제에 대응하여 우리는 '세계교회협의회'(WCC, Agape 선언 (2005))와 '세계개혁교회연맹'(WARC, 아크라 신앙고백(2004)) 그리고 '아시아교회협의회'(CCA)의 신자유주의적 세계화에 반대하는 노선(anti-globalization)을 따르면서 '생명을 살리고 정의를 구현하는 시장경제'를 제안한다. 그런즉, 오늘날 남반구의 나라들과 북반구의 나라들, 그리고 6대륙의 인종들과 종교들과 문화들은 동반자 관계 속에서 연대하고 화해하면서 하나의 정의롭고 긍휼이 넘치며 포용적인 공동체'(a just, compassionate and inclusive soceity)를 추구해 나가야 하고, 창조세계를 보전하는 삶을 구현해야 할 것이다.

세계 교회협의회(WCC)의 연합과 일치운동에 있어서 공교회의 공적책임의 수행

세계 교회협의회는 1975년부터 1990년에 이르면서 '창조세계의 보전'에 관한 문제를 '정의'(사회 및 경제 정의) 및 '평화' 문제와 함께 논의하게 되었다. 바야흐로 '땅'을 포함한 온 '창조세계'는 하나님의 것이요, 하나님의 영광을 위해서 인류 전체에게 주어진 '공공'(公共)의 영역으로서 그 어느 나라도 그 어느 사람들도 그것을 사사(私事)화 할 수 없다. 그렇기 때문에 정의와 평화와 맞물린 창조세계의 보전문제는 전적으로 교회의 공적책임의 대상이다.

교회의 공적책임을 위한 신학의 기능

교회의 다양한 신학은 통일성과 코이노니아(Koinonia)를 추구하면서 샬롬(Shalom)의 생명공동체를 향해 나아가야 한다. 이는 다름 아닌 하나님 나라의 신학이다. 신학의 목적과 기능은 교회로 하여금 샬롬의 생명공동체를 추구하게 하고, 그러한 추구를 반성케 하며, 또 다시 새롭게 추구하도록 준비시키는 것이다. 그래서 신학은 하나님 말씀의 삼중성과 예수 그리스도 안에서 이룬 화해의 복음을 표준으로 삼고, 교회가 실천하는 말씀선포(Kerygma), 예배(Liturgia), 교육(Didache), 성도의 교제(Koinonia), 봉사(Diakonia)를 반성케 하고 이를 통해 교회로 하여금 교회되도록 하며, 한 걸음 더 나아가서 신학은 교회로 하여금 하나님의 창조세계를 보전하고 정의와 평화의 세상을 이루며 국가의 공직이 정의롭게 수행되도록 파수꾼의 노릇을 하게 해야 한다. 신학은 하나님의 말씀을 섬김으로서 교회의 여러 기능을 섬기고 또 교회로 하여금 다가오는 하나님의 나라를 희망하면서 창조세계의 모든 영역이 함께 어우러져 조화로운 생명 공동체를 이루도록 해야 한다. 따라서 교회의 공적책임을 위한 신학은 삶의 공적인 영역인 정치, 경제, 사회, 문화, 교육, 그리고 창조세계를 대상으로 신학을 펼치되, 다가오는 하나님 나라의 시각에서 이와 같은 공적인 영역의 모든 것을 평가하고 예언자적으로 비판한다.

이렇게 신학은 교회로 하여금 교회되도록 섬기는 것 뿐만 아니라 세상 속에서 구현되는 하나님의 나라를 위해서 섬긴다. 그런즉, 우리 연구소는 교회의 정체성을 매우 중요시하면서도, 교회로 하여금 삼위일체 하나님의 선교에, 즉 역사와 창조세계를 통치하시고 새 하늘과 새 땅을 가져오는 하나님의 선교에 동참하도록 섬길 것이다.